이승만의 생애와 건국 비전

이승만의 생애와 건국 비전

유 영 익 지음

정신이 살아 있는 출판
청미디어
CHEONG MEDIA

머리말

우남 이승만은 이 땅에 대한민국이라는 자유 민주주의 국가를 세운 건국대통령이다. 영욕이 엇갈렸던 그의 생애와 업적에 대해서는 물론 논란이 많다. 그를 숭배하는 사람들은 그야 말로 역사상 보기 드문 위대한 정치가라고 칭송한다. 반면에 그를 혐오하는 사람들은 그를 우리나라 역사의 수레바퀴를 뒤로 돌려놓은 시대착오적 독재자라고 매도하기도 한다. 그리하여 '4·19 학생의거'(1960) 이후 이 나라의 중론은 후자 쪽으로 기울어져 있었다. 그렇지만 1998년, 이화장에 비장되었던 '이승만 문서'가 세상에 공개되면서 그에 대한 평가는 바뀌었다.

사실, 저자는 서울대학교에서 정치학을 공부하고 미국으로 건너가 하버드(Harvard)대 인문대학원에서 한국 근·현대사를 연구하기 시작한 국사학의 만학도(晩學徒)로 '4·19세대'에 속한다. 1960년에 도미하기까지 이승만을 '부패·무능한 통치자'로 여기고 그에 관해 아무런 관심도 기울이지 않았다. 그런데 1964년에 하버드 대학교의 동양학 도서관에서 우연히 이승만의 처녀작인 『독립정신』(1910)을 발견하여 읽고는 그가 20세기 초 한국의 최고 선각자요 빼어난 문장가임을 깨닫고 그 때부터 그를 새롭게 평가하기 시작했다. 저자는 한때 이승만에 관해 박사학위 논문을 쓸 생각까지 해 보았었다. 그러나 하버드대와 프린스턴(Princeton)대 등 이승만이 수학한 대학들의 도서관에 보존된 이승만 관련 자료들이 많지 않아 결국 그 생각을 포기했었다.

그리고 10년이 지난 1994년 겨울 어느 날 저자에게 행운이 찾아왔다. 이화장(梨花莊)에 거주하시는 이 대통령의 양자 이인수(李仁秀) 박사로부터 이화장에 비장(祕藏)되어있던 '이승만 문서'들을 정리해 달라는 요청을 받은 것이다. 한국 현대사—특히 대한민국 탄생의 역사—를 이승만을 중심으로 연구해 보겠다는 생각을 하고 있던 저자에게 이 제의는 더없이 반가운 것이었다. 저자는 이인수 박사의 요청을 즉석에서 받아들이고, 그 다음 날 봉직하고 있던 대학교의 보직(대학원장직)을 사임한 후, 안식년 휴가를 얻어 이화장 내 일각에 '우남사료연구소(雩南史料硏究所)'를 차리고 이승만 문서 정리 작업에 착수했다. 이것이 저자가 이승만을 전문적으로 탐구하기 시작한 단초이다.

『이승만 문서』는 한글, 국한문·한문 및 영문 등으로 작성된 문서들과 이승만이 소년기부터 수집·보존한 사진들인데, 저자는 우선 그 방대한 분량에 놀랐고 그 내용의 난해(難解)함에 어리둥절할 수밖에 없었다. 약10만 장에 달하는 문서들을 한 줄 한 줄 읽고 정리·편찬·출판하기 위해서는 엄청난 시간이 걸릴 뿐만 아니라 전문가들의 도움이 필요함을 절감하였다. 그래서 저자는—이인수 박사의 동의하에—이승만 문서 전부를 연세대학교로 옮기고 저자 자신도 연세대학교로 직장을 옮겨 1997년 그 곳에 '현대한국학연구소'(현재의 '이승만연구원'의 전신)를 창립하고 본격적으로 정리.편찬.출판 작업을 펼쳤다. 그 결과 1998년부터 2009년까지 10년 이상의 시간을 투입하여 아래의 세 가지 자료집을 출간할 수 있었다.

- (이화장 소장) 우남이승만 문서: 『동문편』, 전18권. 중앙일보사/연세대학교 현대한국학연구소, 1998.
- 『이승만 동문 서한집』(송병기·이명래·오영섭 공편). 3권. 연세대학교 출판부, 2009.
- *The Syngman Rhee Correspondence in English, 1904~1948.* 7 volumes. Institute for Modern Korean Studies, Yonsei University, 2009.

저자는 이 자료집들을 편집하면서 이승만의 생애와 활동 및 사상 등에 대해 자세히 알게 되었다. 어려운 문건들 특히 한문 초서로 쓰인 서한문들의 내용을 하나하나 알게 되었을 때의 기쁨은 이루 말할 수 없었다. 그래서 저자는 이들 자료집에 실린 사실들을 중심으로 2002년부터 지금까지 꾸준히 이승만에 관해 책과 논문들을 발표해 왔다. 그들 가운데 제일 먼저 나온 책이 『이승만의 삶과 꿈』(2002)이다. 이 책은 저자가 이승만 문서 정리 작업을 시작한 지 얼마 되지 않아 성급하게 집필.출판하였기 때문에 미흡한 점이 여럿 눈에 띈다. 그럼에도 불구하고 저자는 발표된 저자의 논저들 가운데서 이 책을 가장 아끼고 사랑한다. 그 까닭의 하나는 이 책이 당시 대다수의 지식인들이 기왕에 갖고 있던 부정일변도(否定一邊倒)의 이승만상(像)을 허무는 데 일정한 기여를 했다고 자부하고 있기 때문이다. 이 책은 '이승만 문서'에 근거하여 이승만의 생애와 사상을 조명한 책으로서 과문한 탓인지 국내·외 역사학자들 가운데에서 처음으로 이승만이 남긴 자료들, 특히 희귀한 사진 자료들을 활용하여 쓴 책이 아니었을까 싶다. 독자들의 흥미 때문인지 이 책은 출판된 지 약 반년 만에 매진되었었다. 출판사측에 이 책의 재판을 요청했었지만 재판이 나오지 않아 결국 희귀본이 되고 말았다.

이번에 발간하는 이 책은 저자가 이승만 연구를 시작한 지 24년 만에 집필한 것이다. 겉보기에는 2002년에 출판된 『이승만의 삶과 꿈』과 닮은 점이 많다. 예컨데, 이 책에는 이승만의 생애에 관련된 사진자료들을 많이 실려 있다. 그러나 내용적으로는 『이승만의 삶과 꿈』과 확연히 다르다. 우선, 2002년의 책에서는 이승만의 생애를 3·1운동(1919) 이전의 삶에 초점을 맞추었었다. 그러나 이 책에서는 2002년에 다루지 못한 3·1운동 이후의 독립운동을 중점적으로 다루었다. 내용을 이렇게 바꿀 수 있었던 것은 2000년대 초에 나타난 이승만 연구 붐(boom) 덕택으로 저자가 대한민국 건국으로 이어지는 이승만의 독립운동에 관해 많은 그리고 질적으로 우수한 2차 자료를 확보할 수 있었기 때문이다.

이 책을 통해 저자는 이승만이 동·서양 학문에 두루 통달했던 천재(天

才)로서, 배재학당을 졸업한 1897년부터 호놀룰루에서 서거한 1965년까지 한시도 쉬지 않고 조국의 독립, 오로지 나라 사랑의 위대한 애국자였음을 확인하고자 한다. 이와 동시에 이승만이 고집스럽게 친미 외교독립노선에 집착한 나머지 자기와 정견을 달리하는 다른 많은 독립운동가들과 융화하지 못해 그들로부터 소외·배척당하는 수많은 고초를 겪었다는 사실 또한 여기에서 함께 더듬어 보고자 한다. 저자는 그가 원칙적으로 친미 외교독립노선을 추구하였음에도 불구하고 시종일관 반탁, 반공, 반소, 반좌우합작 입장을 고수했기 때문에 1941년부터 1947년까지 미 국무부 및 미군정과 사사건건 충돌하고 있었음을 밝히고자 한다.

이 책은 아래의 세 가지 특징이 있다.

첫째, 저자는 이승만의 생애와 사상을 실증주의적 방법론에 입각하여 가치중립적으로 다룸으로서 이 책이 '또 하나의' 영웅전(eulogy)이 아니라 객관적인 이승만 전기가 되도록 노력하였다. 따라서 이 책에서는 주인공 이승만과 궤를 달리했던 그의 정적(政敵)들에 대해서도 가급적 많이 논급함으로써 독자들이 이승만을 공정하게 인식, 평가할 수 있도록 서술하였다.

둘째, 이 책은 소수의 이승만 전문가들보다도 일반 교양인을 대상으로 쓴 책이다. 따라서 저자는 본문에서 저자의 주장이나 창견을 될 수 있으면 간단·명료하게 제시하되 저자의 주장을 뒷받침하는 보충 정보는 모두 주(註)에서 다루었다. 따라서 이 책에는 주가 아주 많다. 이 책의 주들은 '이승만 연표' 및 '참고문헌' 목록과 함께 이승만을 전문적으로 연구하고자 하는 독자들에게 아주 긴요한 가이드(guide)가 될 것으로 믿는다.

셋째, 이승만의 생애와 활동에 관련된 사진들을 풍부하게 게재 함으로써 독자들이 본문 내용을 재미있고 실감나게 파악하는 데 도움이 되도록 하였다.

되돌아보면, 저자는 4반세기 동안 이승만 연구에 몰두해 있었던 것이 된다. 이 기간은 저자가 대학 졸업 후 한국 역사를 연구하는 데 할애한

시간의 약 반에 해당되는 시간이다. 이렇게 오랜 동안 오로지 이승만 연구에만 골몰해 있으면서 물론 저자는 이따금 학문적인 고독감에 쓸쓸해질 때도 있었다. 그렇지만 그것은 저자의 삶 속에서 가장 보람 있는 연구 기간이었음을 밝히지 않을 수 없다. 어느 날 갑자기 어느 누구도 손대지 않은 이화장의 그 귀중한 이승만 문서와 저자와의 만남은 특별히 저자에게 내리신 천운이었다고 생각한다. 산처럼 쌓인 이승만 자료 곧 한국근현대사를 망라한 자료들과의 첫 만남에서 터져 나온 경악! 아니, 그 희열! 저자는 그 날을 지금도 잊지 못한다. 이들을 빨리 정리하여 세상에 내놓음으로써 이승만 연구자나 한국의 근현대사연구의 역사학자들에게 귀중하게 쓰이는 자료들을 제공하고 싶다는 책임감 또는 의무감으로 저자의 가슴은 약동하였었다. 그리하여 '이승만 문서' 정리 작업에 착수하고 그 연구에 몰입할 수 있었던 것은 역사학자인 저자에게 더 없는 영광스러운 천행(天幸)이었음에 감사하지 않을 수 없다.

끝으로 도서출판 청미디어 신동설 대표이사님의 특별한 배려에 감사한다. 그리고 교열과 편집에 온 정성을 다해주신 황인희 선생과 신재은 팀장님의 수고에 의해 이 책이 세상에 나올 수 있었다는 것도 여기에서 밝혀둔다. 덧붙인다면 오늘과 같은 어지러운 세상 속에서 "지금 그 분이 살아있다면…"이라는 생각을 하는 사람들이나 또 그렇지 않은 사람들이나 현재와 미래의 한국 지식인 및 교양인들에게 이 책이 널리 읽혀지기를 바라는 마음 간절하다.

또한 이 자리를 빌어, 이 책의 중요성을 누구보다 더 깊이 이해하고 늘 격려하면서 저자를 위해 헌신적으로 뒷바라지해 준 아내, 이종숙 교수에게 감사하는 마음을 전하고 싶다.

2019년 7월

유영익

목차

제1부
이승만의 생애

제1장

민주 투사의 탄생

가족

만년의 이경선 공. 이승만은
이 사진을 소중히 간직하였
다가 1917년 호놀룰루에서
출판된 자기의 처녀작『독립
정신』의 재판본(再版本)에
실었다.

이승만은 1875년 양력 3월 26일 황해도 평산군(平
山郡) 마산면(馬山面)에서 태어났다. 아버지 이경선(李敬
善, 1837~1912)은 청빈한 왕족이었고, 어머니 김해 김씨
(1833~1896)는 서당 훈장 김창은(金昌殷)의 외동딸이었다.
이승만은 이들의 3남 2녀 중 막내아들로, 형이 둘 있었다.
그런데 형들은 모두 그가 태어나기 전에 홍역으로 세상을
떴기 때문에 사실상 외아들이 되었다.[1] 그의 큰누이는 황
해도 해주(海州)의 우씨(禹氏) 집안으로, 작은 누이는 평산
의 심씨(沈氏) 집안으로 각각 출가했다. 어린 이승만은 가
문의 6대 독자로서 주위의 많은 사람, 특히 부모와 누이들
로부터 극진한 사랑을 받으며 자라났다.

　이승만의 가문인 전주(全州) 이씨 일족은 조선 왕조의 창건자 태조 이
성계(李成桂)의 후예로서 이승만 자신은 세종대왕의 맏형인 양녕대군(讓寧
大君) 이제(李褆)의 16세손이었다.[2] 더 거슬러 올라간다면, 시조인 사공(司
空 : 통일신라 말기 정1품 벼슬) 이한(李翰)으로부터 40세손이 되는 긴 가계의

1912년 부친 경선 공이 별세한 후 이승만에게 남아 있던 유일한 혈육인 둘째 누님(심원봉 씨의 부인). 이승만은 사진을 남기지 못하고 돌아가신 어머니 대신 이 사진을 소중히 간직한 것 같다.

족보를 지니고 있었다. 이승만의 가문은 이처럼 조선 사회에서 으뜸가는 왕족이었지만 그가 태어났을 때 가정 사정은 일반 양반이나 다름없었다. 그의 가계는 세종대왕에게 왕위를 빼앗긴 양녕대군파에 속한 데다 그 파 내에서도 과거(문과) 합격률이 비교적 낮았던 이제의 다섯째 아들 장평정(長平正) 이흔(李訢)의 후손이었기 때문이다.[3] 이렇게 특수한 가문 배경 때문에 이승만은 조선 왕조에 대해 비교적 냉담한 입장을 취했고, 따라서 다른 국족(國族: 임금과 혈통 관계가 있는 친족)들에 앞서 사민평등(四民平等)과 민주주의 사상을 받아들이는 데 앞장섰다고 여겨진다.[4]

그의 부친은 보학(譜學: 족보를 연구하는 학문)과 풍수지리에 조예가 깊은 유교적 선비로서 탄탄한 생계 수단을 갖추지 못한 인물이었다. 그는 자기 가문의 운세가 기울어진 원인이 선조의 묘를 잘못 쓴 데 있다고 판단한 나머지 그래서 전국을 유랑하며 명당을 찾는 일로 소일했던 풍류객이었다.[5] 한마디로, 이승만의 아버지는 아들의 교육과 출세에 결정적인 도움을 주지 못했다.

그와는 대조적으로 시골 서당 훈장의 딸이었던 이승만의 어머니는 이승만의 성장에 큰 영향을 미쳤다. 아들에게 『천자문(千字文)』과 『동몽선습(童蒙先習)』을 손수 가르치며 시작(詩作)을 지도할 정도로, 당시 여성으로서는 드물게 학식이 높았다.[6] 독실한 불교 신자였던 그녀는 남편을 설득하여 황해도 평산의 거처를 서울로 옮겼다. 외아들을 훌륭하게 양육하기 위해서였다. 서울에서 그녀는 삯바느질로 집안 살림을 꾸리면서 아들의 교육에 전력을 다하였다. 후에 이승만이 출중한 학자·언론인·정치가로 대성할 수 있었던 것은 아버지보다 어머니의 극진한 사랑과 정성에 힘입은 바 컸다.

이승만의 가족이 서울로 이사한 것은 그의 나이 만 두 살이었던 1877년이었다. 처음에 이들은 서울 남대문 밖 염동(鹽洞)에 정착했다. 이후 낙동(駱洞)으로 옮긴 후 또다시 도동(桃洞)으로 이사하여 그곳에 오래 살았다. 그곳은 양녕대군의 위패를 모신 지덕사(至德祠)가 있는 곳이었다. 이승만이 행복한 유년기를 보낸 남산 서쪽 도동 집은 우수현(雩守峴 : 비가 오랫동안 내리지 않을 때 기우제를 지내던 마루턱) 남녘에 자리 잡고 있었다. 이 때문에 이승만은 나중에 자신의 아호를 우남(雩南)이라 지었다.

이승만은 열다섯 살 때(1890) 부모가 간택한, 평범한 양반 집안의 음죽(陰竹) 박씨(朴氏, 1875~1950)와 결혼하였다. 우수현 근처에 사는 동갑나기로, 나중에 승선(承善)이라는 신식 이름을 사용했다. 남편의 이름의 '승(承)'자와 시아버지의 이름의 '선(善)'자를 땄을 것으로 추정된다. 박승선은, 남편이 과격한 정치 개혁 운동에 참여했다가 투옥된 해(1899)에 아들 봉수(鳳秀, 아명은 태산〈泰山〉)를 낳았다. 이후 이승만이 5년 7개월 동안의 감옥 생활에서 풀려나 미국에 간 후에는 홀로 시아버지를 모시면서 집안일

을 챙겼던 조강지처였다. 그러나 두 사람은 성격 불화 등의 이유로 1912년
에 사실상 이혼을 했다.[7]

이승만의 유일한 아들 봉수는 1905년 봄 이승만의 옥중 결의 동생 박
용만(朴容萬)의 손에 이끌려 미국으로 갔다. 이승만이 먼저 미국으로 떠난
다음해였다. 미국 서부에서 이승만의 친척인 이관용(李灌鎔)에게 인계되어
미국 동부의 워싱턴D.C.로 갔다. 그곳에서 아버지를 만난 봉수는 장차 기
독교 선교사가 되기를 바라는 아버지의 뜻에 따라 프랭클린학교(Franklin
School)에 입학하였다. 그러나 1906년 2월 25일 필라델피아에 위치한 '서
부아동보육원'(The Western Home for Children)에서 사망하였다. 디프테리
아에 걸렸던 것이다.[8]

이승만은 조선 왕조의 왕족인 탓으로 어려서부터 높은 엘리트 의식과
호국의 사명감을 지니고 자라났다. 게다가 집안의 6대 독자였기 때문에
온 가족의 사랑을 독차지하면서 성장하였다. 이러한 신분 및 가정 배경이

그로 하여금 유아독존적 성격을 갖게 만들었다. 또 그는, 아버지가 늘 집을 비운 상태에서 가족을 대표하는 남자로서 여인들을 감싸면서 자라난 결과 어른이 된 후 민족의 권익을 보호하기 위해 외적(外敵)에 맞서 싸우는 '수탉형(型)'의 성격을 갖게 되었다.[9]

이승만은 부모로부터 이렇다 할 유산을 물려받지 못했다. 그렇지만 그는 양친으로부터 세 가지의 경제외적(經濟外的) 자산을 이어받았다. 즉, 조선의 왕족이라는 자긍심, 남달리 영민한 두뇌, 그리고 튼튼한 체력이었다. 이 자산들을 밑천으로 소년 이승만은 학문과 정치의 세계에 도전하여 끈질기게 분투 노력한 그 결과 자신의 먼 조상인 태조 이성계가 도달했던 수준의 정치적 고지를 점령하는 데 성공했다. 한 마디로, 이승만은 혼자의 힘으로 자기 앞길을 개척한 전형적인 자수성가형 인걸이었다.

●●●
좌 1905년 6월 4일자 《워싱턴 타임스》에 실린 기사. '아버지의 학업이 끝날 때까지 이 아이를 맡아줄 기독교 가정을 찾는다'는 내용이다.

●●●
우 태산 묘(미국 필라델피아)

●●●
『세계여사주병록(世系與四柱幷錄):선원세보(璿源世譜)』. 부친 이경선 공이 손수 만든 휴대용 가첩(家牒)이다. 여기에 적힌 내용은 이승만의 직계 가족에 관한 족보의 머리부분과 맨 끝부분이다. 이승만은 1934년에 결혼한 프란체스카 도너 및 그녀 부모의 인적 사항을 끝부분에 손수 가필하였다.

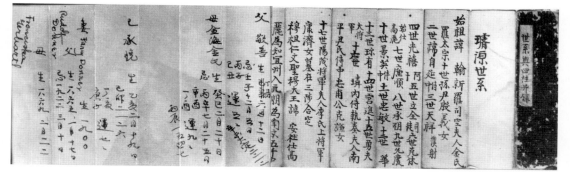

전통적 교육과 신식 교육

이승만은 동·서양 학문을 두루 익힌 학자이며 언론인이었다. 그는 『독립정신』(1910)과 『한국 교회 핍박』(1913) 등 여러 책을 한글로 펴냈다. 또 『미국의 영향을 받은 [국제법상] 중립』(*Neutrality as Influenced by the United States* ; 1912)과 *Japan Inside Out : The Challenge of Today*(일본, 그 가면의 실체 : 1941)라는 저서를 영문으로 저술하였다. 그 뿐만 아니라 서울에서 『매일신문』(1898)을, 하와이의 호놀룰루에서는 『태평양잡지』(1913)를 창간하여 사장 혹은 편집인(주필)으로서 필봉을 휘둘렀다. 이 외에 그는 120여 편의 한시(漢詩)와 많은 붓글씨 휘필(揮筆)을 남겼다. 그의 학자·언론인·시인·서예가로서의 업적은 같은 시대의 다른 세계적 정치가들의 문적을 능가하는 것이었다. 어떻게 이것이 가능했을까?

소년기의 이승만은 여느 양반집 자제와 마찬가지로 과거 등과를 목표로 서당에서 공부하였다. 여섯 살 때 집에서 『천자문』을 완전히 외운 그는 이후 서울의 낙동과 도동에 있는 서당들에 다녔다. 그러다가 만 열 살부터 열아홉 살 때까지 10년 동안 도동서당(桃洞書堂)에 입학하여 유학(儒學)을 닦았다.[1] 양녕대군의 종손으로서 종친부(宗親府) 종정경(宗正卿 : 종2품)과 사헌부(司憲府) 대사헌(大司憲 : 종2품) 등의 요직을 역임한 이근수(李根秀)가 설립한 서당이었다.

서당 시절 이승만은 사서삼경(四書三經)을 독파하고 문장술을 연마하는 데 주력하였다. 서당에서 치르는 도강(都講 : 종합 경시)에서 항상 장원(壯元)을 차지했던 그는 열세 살 때부터 나이를 속여 '해마다' 과거에 응시했지만 연거푸 낙방의 고배를 마셨다.[2] 열일곱 살 때부터 한시를 짓기 시작

한 그는 특히 서당 동료들과 당음(唐音 : 중국 원나라의 양사굉(楊士宏)이 당
나라 때의 시를 엄선하여 엮은 열네 권의 책)을 즐겨 읊었다. 이 무렵의 그는 국
사에도 관심이 컸는데 역사적 위인으로 성삼문(成三問)을 본받으려 했다
고 한다.

　이승만이 서당에서 동양 역사와 충군애국사상에 몰입하던 무렵인
1894년에 청일전쟁이 일어났다. 이를 계기로 이승만은 서당 공부를 중지
하고 서양의 신학문에 눈을 돌리게 되었다. 청일전쟁은 그에게 엄청난 충
격으로 다가왔다. 전쟁 초반, 갑오경장의 단행으로 과거제도가 폐지되고
일본이 노대국(老大國) 청나라를 제압하고 승리하는 것을 보았기 때문이
다. 깜깜하게 닫힌 문의 틈새로 새어드는 희미한 불빛을 감지한 그는 새
세상을 향한 출구를 찾으려고 애썼다. 결국 그는 1895년 4월 2일 신긍우
(申肯雨)의 권유와 안내로 서울 정동(貞洞)에 있는 미국인 선교학교 배재학
당(培材學堂)에 입학했다.[3]

　미국인 감리교 선교사 아펜젤러(Henry G. Appenzeller)가 1885년에 설
립한 배재학당은 청년 이승만에게 서양 문명에 눈 뜨게 만들어준 별천
지였다. 이 학당은 한국, 유럽, 미국, 일본, 중국 학생들이 두루 섞여 배우

●●●●
좌 조선 국왕을 알현하기 위해 조선 관복을 입은 배재학당 창립자 아펜젤러(1885년). 왼쪽에서 두 번째는 배재학당의 한문 선생 조한규, 오른쪽 끝은 송헌성. 『배재사』(배재중고등학교, 1955년) 수록 사진.

●●
우 1898년경의 서재필. 그는 배재학당에서 이승만에게 가장 큰 영향을 끼친 강사였다.

는 '국제적' 분위기의 학교였다. 최대 장점은 훌륭한 교사진이었다. 이 학당의 초대 당장(堂長)인 아펜젤러는 미국 펜실베이니아 주(州)의 명문 프랭클린 앤드 마셜 대학(Franklin and Marshall College)과 드루 신학교(Drew Theological Seminary)를 우수한 성적으로 졸업하고 목사 안수를 받자마자 우리나라를 찾아온 이상주의적 선교사였다.[4] 이승만에게 영어를 처음 가르쳐준 노블(William A. Noble) 목사 등 다른 교사들도 아펜젤러에 뒤지지 않는 실력과 사명감을 지닌 유능한 인재들이었다.[5]

당시 배재학당에서는 이들 미국인 교사 이외에 서재필(徐載弼 : Philip Jaisohn)이 1주일에 한 번씩 세계역사, 지리, 민주주의와 국제 정세 등에 관한 특강을 했다.[6] 그는 한국인으로는 최초로 미국에서 고등학교와 대학 교육 과정을 마치고 의사 자격증을 따낸 미국 시민이었다.

이승만은 배재학당의 영어학부에 입학했다. 이승만이 입학했을 때부터 이 학교는 영어로 '배재대학(Pai Chai College)'이라고 불리고 있었다. 그는

매일 아침 의무적으로 예배에 참석하였고, 1896년 2월에는 상투 머리를 잘랐다. 한국 최초의 근대적 병원인 제중원(濟衆院)의 원장 애비슨(Oliver R. Avison)의 도움을 받아서였다.

이승만은 다른 무엇보다 영어를 잘 배우기 위해 이 학교에 입학하였다. 입학 후 영어 습득과정에서 두각을 나타낸 그는 제중원에서 근무하는 미국인 여의사 화이팅(Georgiana E. Whiting)의 한국어 교사로 뽑혔다. 한 달에 20달러씩 보수를 받으며 그녀에게 한국어를 가르쳤고 자신은 영어 회화를 배울 수 있었다.[7] 그 결과 이승만의 영어 실력은 일취월장(日就月將)하여 입학 후 반 년 만에 배재학당 영어반의 유급 조교사(tutor)로 발탁되었다. 이때부터 주위 사람들 사이에 이승만은 '천재'라는 소문이 퍼졌다.[8] 이승만은 1897년 7월 8일, 입학한 지 2년 반 만에 배재학당을 사실상 졸업했다. 그때 그는 '방학 예식(放學禮式)'에 모인 600여 귀빈 앞에서 한국 역사

미국 유학 후 귀국하여 배재고등학교 교장직을 맡았던 1911년의 신흥우와 그의 맏딸. 이승만과 함께 배재학당에 다녔고 한성감옥에서 옥살이를 같이 했던 그는 이승만의 '의동생'이었다.

상 처음으로 영어 연설을 하는 영예를 누렸다.[9] 「조선의 독립」(The Independence of Korea)이라는 주제였다.

그러나 이승만이 배재학당에서 배운 것 중 가장 소중한 것은 영어가 아니라 민주주의라는 새로운 정치 사상이었다. 그는 개신교 선교사들과 서재필의 영향 아래 자유·평등·민권 등 근대적 정치 사상을 배우면서 미국의 민주공화주의 제도를 흠모하게 되었다. 특히 그는 서재필을 존경하고 따랐다. 서재필이 배재학당 안에 조직한 협성회(協成會)라는 토론회를 통하여 활발한 토론 활동을 펼쳤고 또 『협성회회보』라는 잡지를 창간하여 창간사와 논설을 기고했다.[10] 배재학당을 졸업한 후 그는 서재필이 1896년 7월에 창립한 독립협회(獨立協會)에 가입하여 만민공동회(萬民共同會)의 총대위원(總代委員)으로 맹활약했다. 요컨대, 배재학당에서의 신식 교육을 통해 일개 한학자 혹은 정부 관료(통역관)가 될 뻔했

던 유생(儒生) 이승만은 서구 지향의 급진적 민주주의 개혁가로 완전히 변신한 것이다.

배재학당

제3절 한성감옥 생활

  이승만은 한국인으로서는 드물게 강한 카리스마(charisma)를 풍기는 정치 지도자였다.[1] 이승만의 카리스마는 그가 오랫동안 몸소 실천한 기독교 신앙 생활과 무관하지 않다. 그는 미국 유학 시절 서양사, 정치학, 외교학, 국제법 등을 전공하면서 기독교 신학을 함께 공부했으며, 대학원 졸업 후에는 귀국하여 2년 동안 서울YMCA에서 학감(學監)으로 근무했다. 그 후 1913년 하와이에 망명한 다음 26년 이상 호놀룰루에 살면서 '한인기독학원'과 '한인기독교회'를 설립하고 운영하였다. 해방 후 대한민국 초대 대통령이 된 그는 매일 성경을 읽고 기도하며 주일 예배를 빠뜨리지 않는 등 기독교인 통치자로서의 모범을 보였다. 한 마디로, 이승만은 기독교라는 종교와 민주주의 정치를 함께 묶어 실현하려 했던 인물이다. 이렇게 기독교에 바탕을 둔 그의 정치 활동은 그가 만 24세 때 한성감옥서(漢城監獄署, 이후 '한성감옥', 현재 서울 광화문 사거리에서 종로1가 쪽에 위치했었음)에서 징역살이를 하면서 비롯된 것이었다.

  이승만은 1899년 1월 9일 대한제국의 군졸에게 체포된 이후 1904년 8월까지 만 5년 7개월 동안 경무청 구치소를 거쳐 한성감옥에서 옥살이를 했다. 그가 투옥된 간접적 이유는,『매일신문』과『제국신문』등 자신이 직접 창간하거나 투고한 신문들을 통해 고종(高宗) 황제의 보수 정권을 신랄히 비판함과 동시에 독립협회 산하 만민공동회의 총대위원으로서 과격한 반(反) 정부 데모를 여러 번 조직하고 선동했다는 것이다.[2]

  이승만이 투옥된 직접적 이유는 입헌군주제 정부를 수립하기 위한 급진적 정치 개혁 운동에 가담했기 때문이다. 이승만은, 1898년 11월 19일

에 한국 역사상 최초로 시도된 '태아적(胎兒的) 형태의 의회(議會)'인 중추
원(中樞院)의 의관(議官)으로 임명되었다. 임명 직후 고종 황제를 퇴위시키
고 의화군(義和君) 이강(李堈)을 새 임금으로 옹립하면서 일본에 망명 중
이던 급진 개화파의 지도자 박영효(朴泳孝)를 혁신 정권의 수장으로 영입
하려는 모의에 가담했다.[3] 이런 '대불경(大不敬)'의 정변에 연루되어 고종
의 노여움을 산 이승만은 1899년 1월 9일 시위(侍衛) 제2대대 소속 군졸
에게 체포되어 경무청 구치소에 구금되었다.

　그 후 이승만은 1899년 7월 11일에 열린 평리원 재판에서 혐의 불충분
의 이유로 사형을 면하고 탈옥미수범 죄목으로 종신형 선고를 받았다.[4]
그에게 탈옥미수죄가 적용된 것은 경무청 구치소에 수감되어 있을 때 감
방 동료 두 사람과 함께 탈옥을 시도하다가 실패했기 때문이었다. 평리원
재판 후 그는 한성감옥에 이감되어 그곳에서 복역했다. 복역 기간 그는 고
종 황제로부터 세 차례 감형의 특사(特赦)를 받았다. 주로 북미 개신교 선

이승만의 '옥중 동지'들. 왼쪽 끝 중죄수 복장을 하고 있는 인물이 이승만이다. 앞줄 왼쪽부터 강원달, 홍재기, 유성준, 이상재, 김정식. 뒷줄 왼쪽부터 안명선, 김린, 유동근, 이승린, 그리고 자기 아버지 대신 복역하고 있던 어느 소년.

한성감옥에서 이승만과 함께 성경 공부했던 정치범들. 가운데 어린이는 이승만을 면회하러 온 아들 봉수이다. 부자(父子)가 다 나막신을 신고 있다. 이승만의 양 옆에 서 있는 죄수들 손에 성경과 찬송가가 들려 있다.

교사들의 석방 노력에 힘입은 바이다.

경무청 구치소에서 이승만은 목에 10킬로그램의 무거운 칼(형틀)을 쓰고 자신에게 사형 집행 통보가 내려질 것을 기다려야 했다. 그런 한계 상황에서 그는 기독교에 귀의(歸依)하였다. 어느 날 그는 문득 "네가 너의 죄를 회개하면 하나님께서는 지금이라도 너를 용서하실 것이다"라는 배재학당 시절 예배

실에서 들었던 설교를 기억했다. 그 순간 그는 어깨에 얹힌 칼에 머리를 얹고 "오 하나님! 내 영혼과 내 나라를 구해주옵소서"라며 간절히 기도했다.[5] 이 짧막한 기도를 계기로, 유가(儒家)에서 태어나 독실한 불교도인 어머니 품에서 자라난 이승만은 기독교 신자가 되었다.

옥중에서 종교적 거듭남을 체험한 이승만은 그 후 자기에게 가해진 모진 고문을 거뜬히 이겨낼 수 있었다. 뿐만 아니라 비좁고 누추한 감옥 안에서 형언할 수 없는 마음의 평안과 희열을 경험하였다. 후일 그는 영문 자서전(출간되지 않음)에서 "나는 6년여[원문대로] 동안의 감옥살이에서 얻은 축복에 대해 영원히 감사한다"라고 고백하였다.[6]

기독교에 귀의한 이승만에게 예상치 못한 활력이 솟아났다. 그 활력을 바탕으로 그는 한성감옥 안에서 전도, 교육, 저술 등 다방면의 눈부신 활동을 펼쳤다. 그가 옥중에서 맨 먼저 착수한 일은 동료 죄수들과 함께 『신약성경』을 공부하는 것이었다. 이 성경책은 세계적으로 유명한 미국의 부흥 선교사 에디(Sherwood Eddy)가 서울을 잠시 방문했을 때 제3자를 통해

• • •
1888년판 영문 성경. 한성감옥에서 함께 옥살이를 하던 배재학당 동창 신흥우가 이승만보다 먼저(1903년) 출옥하면서 이승만 '형님'에게 준 선물이다.

• • •
이승만이 한성감옥에서 탐독한 영문 『신약성서』의 사진. 이 성서는 세계적으로 유명했던 미국인 부흥선교사 에디(Eddy)가 1899년에 옥중에 있는 이승만에 차입해 주었던 것인데 1918년에 이승만이 이 책을 에디에게 돌려주자 에디가 미국의 성서협회에서 발행하는 *Bible Society Record*라는 기관지의 1918년 9월호 표지에 실은 것이다.

좌 『신학월보』 편집인이었으며 이승만의 석방을 위해 적극 노력했던 미국인 감리교 선교사 존스 목사.

우 이승만의 「옥중전도」라는 글이 실린 『신학월보』(1901년). 이승만의 친필이 보인다.

차입해 준 것이었다. 가끔 언더우드(Horace G. Underwood)와 존스(George Heber Jones) 등 미국인 선교사들이 감옥에 찾아와 이승만이 이끄는 성경반의 성경 공부와 예배를 인도해 주었다. 성경 공부와 예배를 통해 이승만은 옥중에서 한국 개신교 역사상 처음으로 40여 명을 기독교로 개종시키는 데 성공했다. 이 중에는 양반 출신 개혁파 지식인도 포함되어 있었다.[7] 이승만은 자신의 신앙 체험담을 『신학월보』라는 잡지에 기고했다. 이승만을 무척 아껴 준 존스 목사가 편집한 잡지였다.

이승만은 감옥서장 김영선(金永善)의 특별한 허락 아래 옥중학교를 개설했다. 이 학교에서 그는 고등교육을 받은 동료 정치범들과 함께 글을 읽지 못하는 어린이 13명과 어른 40명(옥리 포함)에게 한글과 한문, 영어, 산학, 국사, 지리 등을 가르쳤다.[8]

이승만은 선교사들이 차입해 준 523권의 책과 잡지, 신문 등으로 옥중 도서실을 만들고 여기 비치된 자료들을 옥중 동지들과 돌아가며 읽었다. 자신은 영문으로 저술된 그리피스(William E. Griffis)의 『은둔국 조선』(Corea : The Hermit Kingdom)이라는 한국 근대사를 다룬 책과 『뉴욕 아우트룩』(New York Outlook)이라는 잡지 등 많은 영문 자료들을 탐독했다. 또 중국 상하이에 서양 선교사들이 설립한 광학회(廣學會)라는 출판사에

서 발간한 신간 서적(한문〈백화〉으로 쓰인)들을 두루 읽었다. 그가 탐독한 한문 책 중에는 미국인 선교사 알렌(Young J. Allen)과 중국인 학자 차이얼 강[蔡爾康]이 공저한 『중동전기본말』(中東戰紀本末)이라는 청일전쟁 외교사와 『만국공법요약』(萬國公法要約 : *Handbook of International Law*의 중국어 번역본)이라는 국제법 개론이 포함되어 있었다. 이승만은 옥중에서 이 두 책을 우리말로 번역하였는데 그 중 앞의 것은 1917년 호놀룰루에서 『청일전기』(清日戰紀)라는 제목으로 출판되었다.

옥중에서 이승만이 벌인 일 가운데 가장 야심적인 것은 '신영한사전(A New English-Korean Dictionary)'을 편찬하는 것이었다. 1903년 초 그는 미국 선교사들이 차입해 준 영어사전과 화영사전(和英辭典 : 일영사전)을 가지고 영한사전 편찬 작업에 착수했다. 1904년 초까지 작업 목표 분량의 1/3 정도(A항부터 F항까지)를 끝냈다. 만약 이 작업이 완결되었더라면 이 사전은 우리나라 역사상 최초의 영한사전으로서 한국 영어 교육사 상 빛나는 금자탑이 되었을 것이다.

이승만이 '신영한사전' 편찬 작업을 끝맺지 못한 이유는 작업 도중 러일전쟁이 발발했기 때문이었다. 우리나라를 중심으로 큰 전쟁이 터졌다는 소식을 들은 그는 사전 만드는 일을 중지하고 『독립정신』이라는 국민 계몽서를 저술하기 시작했다. 놀랍게도 그는 착수한 지 6개월 만에 약 400쪽에 달하는 이 책을 탈고했다. 그가 옥중에서 기명 혹은 무기명으로 『제

●●●
좌 이승만이 한성감옥에서 편찬을 시도했다가 끝맺지 못한 '신영한사전'의 원고. 이승만은 1904년 7월까지 이 사전의 A항부터 F항까지의 작업을 끝냈다. 영어 단어 하나하나에 한문과 한글로 뜻풀이를 했기 때문에 이 사전은 사실상 영(英)·한(漢)·한(韓)사전이었다.

●●●
우 이승만이 한성감옥에서 쓴 한시(漢詩)들을 모아서 엮은 『체역집』과 「감옥잡기」. 「감옥잡기」의 앞머리에 실려 있는 '소람서록(所覽書錄 : 읽은 책들의 목록)'에는 이승만이 옥중에서 읽은 책들의 제목이 실려 있다.

●●●
옥중에서 번역한 청일전기
(1917년 하와이 호놀룰루에서 발행, 이화장 제공)

국신문』에 투고했던 논설들을 골라서『독립정신』에 포함시켰던 덕분에 대작을 이처럼 빨리 탈고할 수 있었다.[9] 이렇게 저술된 이승만의 처녀작『독립정신』은 1910년에 미국 로스앤젤레스에서 출판되었다.

이외에도 이승만은 옥중에서 망중한(忙中閑)을 이용하여 한시를 지었다. 그가 옥중에서 지은 약 120편의 한시는『체역집』(替役集 : 징역을 대신하는 시 모음)이라는 제목의 시집으로 1960년 서울에서 출판되었다.

한 마디로, 이승만은 옥중에서 감옥 밖의 보통 사람들이 하는 일의 몇 배의 일을 해냈다. 그처럼 엄청나게 많은 일을 하고 있던 그와 그의 영향 아래 기독교로 개종한 옥중 동지들은 처음에 지옥같이 여겼던 한성감옥을 '복당(福堂)'이라고 불렀다.[10]

●●●
체역집

●●●
좌 감옥에서 집필하고 미국에서 펴낸 저서『독립정신』
(1910년, 이화장 제공)

●●
우 현대어로 풀어쓴『독립정신』, 도서출판 청미디어 발행

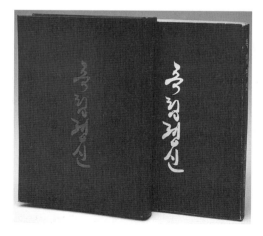

제2장

최초의 대미외교와 미국 유학

제1절 최초의 대미 외교

    이승만은 해외에서 독립운동을 하는 동안 항상 강대국의 원수들, 특히 미국의 대통령들과 직접 담판하는 '정상급' 외교를 펼치는 데 주력했다. 좀 더 구체적으로, 그는 시어도어 루스벨트(Theodore Roosevelt), 윌슨(Woodrow Wilson), 하딩(Warren G. Harding), 프랭클린 루스벨트(Franklin D. Roosevelt), 트루먼(Harry S. Truman), 아이젠하워(Dwight D. Eisenhower) 등 유명한 대통령들과 대면 외교를 시도하거나 문서 외교를 펼쳤다. 이러한 이승만의 고차원적인 외교는 그가 만 30세 되던 해 '한국 평민의 대표' 자격으로 미국 대통령 시어도어 루스벨트를 면담했던 1905년 8월부터 시작된다.

    이승만은 한성감옥에서 풀려난 지 3개월 만인 1904년 11월 4일 서울을 떠나 미국으로 건너갔다. 이 무렵 대한제국은 러일전쟁에 휘말려 그 운명

이 바람 앞의 등불과 같았다. 일본의 침략 야욕도 노골화되고 있었다. 그 시점에서 고종 황제의 측근 중 친미(親美) 개화파였던 민영환(閔泳煥)과 한 규설(韓圭卨)은 '영어를 잘하는' 이승만을 미국에 밀파할 계획을 세웠다. 러일전쟁이 종결될 때 미국 대통령이 1882년에 체결된 조미수호통상조약 (朝美修好通商條約) 제1조의 거중조정(居中調停 : 국제기구, 국가, 개인 따위의 제 삼자가 국제 분쟁을 일으킨 당사국 사이에 끼어 분쟁을 평화적으로 해결하는 일 : good offices) 조항에 따라 대한제국의 독립을 보장해줄 것을 청원하기 위 해서였다.[1] 서울을 떠나기에 앞서 고종 황제는 시녀를 보내 이승만에게 궁 으로 들어오라고 하였다. 밀지(密旨)와 여비를 전달하려는 목적이었겠지만 이승만은 황제 알현을 거절하였다.[2]

난생 처음 태평양을 횡단한 이승만은 1904년 11월 29일 하와이의 호놀 룰루 항(港)에 도착하였다. 그곳에서 그는 하와이 감리교 선교부의 와드맨 (John W. Wadman) 감리사와 윤병구(尹炳求) 목사, 그리고 한인 교포들의 따뜻한 영접을 받았다. 그는 배재학당 동창인 윤 목사와 밤새도록 나라의

앞길에 대해 의논했다. 두 사람은 장차 미
국에서 러·일강화회의가 열릴 경우 그 회의
에 한국인들의 의사를 전달하기로 약속했
다. 이승만은 다음날 미 본토로의 발걸음을
재촉했다.[3]

　샌프란시스코에 도착한 이승만은 로스
앤젤레스와 시카고를 거쳐 미국의 수도 워
싱턴D.C에 도착하였다. 1904년 제야(12월 31일)였다. 숙소에 여장을 풀자
마자 그는 주미 대한제국 공사관을 찾아가 서기관 겸 임시대리공사인 김
윤정(金潤晶)에게 자신의 방미(訪美) 목적을 설명하고 협조를 부탁했다. 그
리고 민영환과 한규설이 지시한 대로 친한파(親韓派) 하원의원 딘스모어
(Hugh A. Dinsmore)를 만나 미 국무장관 헤이(John M. Hay)와의 면담 주선
을 부탁했다.[4] 그 결과 이승만은 1905년 2월 20일 국무부에서 딘스모어
의원과 함께 헤이 국무장관과 30분 동안 면담할 수 있었다. 헤이 장관은
이승만에게 한국에 나가 있는 미국 선교사들의 활동 상황에 대해 물었다.
그 다음 미국은 한국과 맺은 조약상의 의무를 최선을 다해 이행하겠다고
약속했다.[5] 이것은 이승만이 민영환과 한규설의 밀사로서 거둔 최초의 중
요한 외교적 성과였다. 그렇지만 헤이 장관이 그해 7월 1일에 갑자기 병사
(病死)하여 이승만이 얻어낸 약속은 수포로 돌아가고 말았다.

　1905년 8월 4일 오후 세 시 반 이승만은 미국 대통령 시어도어 루스
벨트와 만날 수 있었다. 루스벨트는 이승만과 만나기 한 달 전인 7월 초
에 미국의 뉴햄프셔 주 포츠머스(Portsmouth) 군항에서 자신의 중재 아래
러·일강화회의가 열린다고 공표했다. 동시에 그는 자신의 심복인 육군장
관 태프트(William H. Taft)를 일본으로 보내 미·일 현안에 관해 일본 지도
자와 협의토록 지시했다. 일본 방문길에 오른 태프트 장관 일행은 7월 12
일 호놀룰루에 잠시 들렀다. 태프트가 호놀룰루에 온다는 소식을 들은

이승만을 미국에 밀사로 파견한 충정공 민영환. 이승만은 이 사진을 그의 처녀작 『독립정신』(1910년)에 실었다.

한규설(한국민족문화대백과사전)

하와이 교포들은 '특별회의'를 개최하고 윤병구와 이승만을 강화회의에 파견할 자신들의 대표로 선정했다. 또 미국 대통령에게 제출할 영문 탄원서를 작성했다. 태프트가 호놀룰루에 도착하자마자 윤병구는 와드맨 감리사에게 부탁하여 루스벨트 대통령에게 이승만과 자기를 소개하는 추천장을 태프트로부터 받아내는 데 성공했다.[6]

하와이 교포들은 탄원서에서, 윤병구와 이승만은 고종 황제의 사신이 아니라 하와이에 거주하는 '8,000명 교포'의 대표자로서 조국에 있는 '1,200만 평민'(common people)의 의사를 대변한다고 주장하였다. 이어서 그들은 러일전쟁 중에 일본이 한국에서 저지른 온갖 침략적 배신 행위를 규탄하면서 미 대통령이 포츠머스 회담을 계기로 조미조약에 따라 한국의 독립을 지켜주기를 바란다고 호소했다.[7]

윤병구 목사는 이 탄원서를 가지고 하와이를 출발, 7월 31일 워싱턴에 도착했다. 그를 반가이 맞이한 이승만은 윤병구와 함께 필라델피아에 거주하고 있던 서재필을 찾아가 탄원서의 문장을 다듬었다.[8] 이렇게 만반의 준비를 끝낸 윤병구와 이승만은 태프트 장관의 소개장을 가지고 루스벨트 대통령의 '여름 백악관(Summer White House)'으로 찾아갔다. 여름 백악관은 뉴욕 롱아일랜드 오이스터 베이(Oyster Bay)의 새거모어 언덕(Sagamore Hill)에 위치해 있었다. 루스벨트는 자신을 예방한 러시아강화회의 대표단을 응대하느라 경황이 없었지만 한국 대표를 약 30분 동안 정중히 맞아 주었다.

이승만은 루스벨트에게 하와이 교포들의 탄원서를 제출하고 "언제든 기회 닿는 대로 한미약조를 돌아보아 불쌍한 나라를 위태함에서 건져주기 바랍니다"라고 말했다. 이에 루스벨트는 사안이 워낙 중요하므로 탄원서를 정식 외교 통로를 통해 보내주면 자신이 그것을 강화회의 탁상에 올려놓겠다고 대답했다. 이에 윤병구와 이승만은 루스벨트가 지시한 대로 하겠다고 답하고는 서둘러 응접실을 물러 나왔다.[9]

미국 대통령 시어도어 루스벨
트를 면담했을 때 외교관으로
정장한 이승만.

이승만과 함께 루스벨트 대통
령을 회견했던 하와이 교민 대
표 윤병구 목사. 그의 원명은
우병길이었다.

　이날 루스벨트가 이승만과 윤병구에게 보여준 태도는 그들이 기대했던
것 이상으로 고무적이었다. 이승만과 윤병구는 그날 밤으로 기차를 타고
워싱턴에 달려가 한국공사관의 대리공사 김윤정을 찾아갔다. 당장 필요
한 조치를 취하자고 졸랐다. 그런데 뜻밖에도 김윤정은 그들의 요구를 들
어줄 수 없다고 거부하였다. 자신은 이 안건에 대해 본국 정부로부터 아무
런 훈령도 받지 못했기 때문이라는 것이었다. 이승만은 김윤정에게 '별말
을 다 하고 길길이 뛰고 달래며 을러봤으나' 모두 허사였다.[10] 결국 하와
이 교포들의 탄원서는 미국 국무부에 정식으로 제출되지 못한 채 사문서

(死文書)가 되고 말았다. 포츠머스강화회의에서 한국인의 목소리가 탁상(卓上)에 오르지 못한 것은 물론이다.

이승만의 사행(使行)은 이렇게 무참하게 좌절되고 말았다. 그는 8월 9일 민영환 앞으로 쓴 한글 편지에 사행이 실패한 원인을 '월급이나 벼슬에만 매달린' 김윤정의 협조 거부(비애국적인 행위)라고 적었다. 국가 존망지추(存亡之秋)에 김윤정이 보여준 관료주의적 태도는 규탄받아 마땅하다. 이때 김윤정이 이승만과 윤병구의 요구를 들어주지 않은 것은 그가 일본 측에 이미 매수되어 있었기 때문이라는 설이 유력하다.[11] 그러나 실패의 원인이 과연 김윤정의 협조 거부뿐이었을까?

호놀룰루에서 이승만과 윤병구에게 루스벨트 앞으로 추천장을 써 주었던 태프트 육군장관은 7월 27일 도쿄에서 일본 총리 가쓰라[桂太郎]와 만나 한국과 필리핀에 관련된 미·일 사이의 현안을 논의한 끝에 이른바 '태프트-가쓰라 메모'(The Taft-Katsura Memorandum)라는 문건을 작성했다. 루스벨트는 이 비밀 문건을 7월 31일에 전보로 받아 검토하고 추인하였다.[12] 이렇게 합의된 양국 간의 비망록에서 미국은 일본이 장차 미국의 식민지인 필리핀을 공격하지 않는다는 조건 하에 일본으로 하여금 군사력을 동원하여 한국에 '종주권'(suzerainty)을 수립하는 것, 즉 한국을 보호국으로 만드는 것을 허용하였다. 달리 말하자면, 이승만과 윤병구를 새거모어 언덕에서 면담하기 4일 전에 이미 루스벨트는 일본의 한국 보호국화를 허용해 주었던 것이다. 이는 일본의 지도자들이 러일전쟁을 통해 달성하려는 바였다. 그러므로 루스벨트가 이승만과 윤병구에게 베풀어준 호의는 귀찮은 한국 손님을 정중히 따돌리기 위한 둔사(遁辭 : 책임을 회피하려고 꾸며 대거나 발뺌하는 말)에 불과했다고 말할 수 있다.

이승만이 시도한 최초의 정상급 대미 외교는 이렇게 제국주의 국가들 사이의 막후 흥정에 휘말려 무참히 실패하고 말았다. 이승만은 악명 높은 '태프트-카츠라 메모'가 1924년에 미국 존스 홉킨스대학의 외교사학자

●●●
이승만이 루스벨트 대통령을 만난 후 8월 9일에 민영환 앞으로 쓴 한글 편지. 이 편지에서 이승만은 자기와 윤병구가 미국 대통령을 면담한 경위와 사행(使行)이 실패한 이유를 자세히 보고하였다.

덴네트(Tyler Dennett)에 의해 발굴되어 논문으로 발표될 때까지도 자신이
루스벨트에게 농락당한 사실을 알지 못했다.[13]

제2절 조지 워싱턴대학교 유학

　1882년 조선과 미국 사이에 수호통상조약이 맺어진 이후 1905년 대한제국이 일제의 보호국으로 전락하기까지를 '개화기'라 부른다. 이때 미국에 가서 고등교육을 받은 한국인은 모두 70명 미만이다. 그 가운데 널리 알려진 인물은 유길준(兪吉濬)·서재필·윤치호·김규식·신흥우 등이다. 이승만은 이들보다 늦게 미국 유학을 했지만 그들에 비해 훨씬 돋보이는 학업을 성취하였다. 그는 같은 시대의 다른 유학생들이 다녔던 학교들보다 더 유명한 대학들을 다녔고 또 서양사, 정치학, 외교학, 국제법 등을 공부한 끝에 한국인으로서는 최초로 국제정치학 분야의 박사학위(Ph.D.)를 취득했다. 그는 한 마디로 군계일학(群鷄一鶴)이었다.

　이승만은 1905년부터 1910년까지 약 5년 반 동안 미국 동부의 명문대학 세 곳을 다녔다. 그가 제일 먼저 입학한 대학은 조지 워싱턴대학교(The George Washington University)였다. 이 대학은 세계 정치의 중심지인 워싱턴D.C.의 한복판, 백악관 근처에 자리 잡고 있어 정치 지망생들 사이에 인기가 높은 대학교이다. 이승만은 이 대학교에서 2년 반 동안 공부하며 자연스럽게 미국 정치의 내막을 속속들이 파악할 수 있는 안목을 갖추게 되었다. 그는 어떻게 이 대학에 입학했으며 또 그곳에서 무엇을 공부했던가?

　1904년 말 조국을 떠날 때 이승만은, 민영환과 한규설이 준 외교적 사명을 완수하는 것뿐만 아니라 미국에서 대학 교육을 받으려는 소망을 품고 있었다. 그는 미국으로 떠나기 전에 게일(James S. Gale), 언더우드(Horace G. Underwood), 질렛(Philip L. Gillett), 스크랜턴(William B. Scranton),

벙커(Dalziel A. Bunker), 프레스턴(John F. Preston) 등 한국에 나와 있는 저명한 개신교 선교사 여섯 명으로부터 추천서를 받았다. 미국의 교계(敎界) 지도자들 앞으로 쓴 추천서로, 무려 열아홉 통이나 되었다.[1] 추천서에는 한결같이, 이승만이 정치범으로 '7년 동안'의 감옥 생활 속에서 40여 명의 동료 죄수를 기독교로 개종시켰다는 사실과 그가 장차 한국 기독교계에서 돋보이는 역할을 해낼 것이니 그에게 2~3년 동안의 교육 '완성' 기회를 베풀어 줄 것을 부탁하는 내용이 담겨 있었다.

워싱턴에 도착한 이승만은 1905년 2월, 워싱턴 사교계에서 커다란 영향력을 행사하고 있던 코베넌트 장로교회(The Covenant Presbyterian Church)의 햄린(Lewis T. Hamlin) 목사(박사)를 찾아갔다. 그에게 기독교 세례와 미국 대학 입학에 필요한 지도를 받고 싶다고 요청하자 햄린 목사는, 세례는 부활절(4월 23일)에 베풀기로 하고 그 전에 조지 워싱턴대학교의 니덤(Charles W. Needham) 총장에게 이승만을 소개했다. 니덤 총장은 당시 주미 한국공사관의 법률고문직을 맡고 있었다. 그는 이승만을 조지 워싱턴대학교의 콜롬비아 문리대학(Columbian College of Arts and Sciences)의 '특별 학생'으로 편입시켜 주었다. 이승만은 '배재대학'에서 2년 간 공부한 학력이 인정되어 학부 3학년으로 들어갈 수 있었다. 또 이승만이 장차 한국에 돌아가 기독교 교역자가 되겠다는 의사를 밝혔기 때문에 니덤 총장은 등록금 전액에 맞먹는 '목회 장학금'을 마련해 주었다.[2]

이승만은 1905년 2월 조지 워싱턴대학교에 입학하여 1907년 6월 5일 학사학위(B.A.)를 취득했다. 그때 그의 나이는 만 32세, 만학도였다. 첫 해에 이승만은 영어(성적 : F, C, D), 경제학(E), 역사(B), 철학(E) 등 여섯 과목을 택했다. 둘째와 셋째 해에는 영어(D, B), 역사(C, A), 수학(E, D), 철학(B), 구약학(B, C) 등 아홉 과목을 택했다. 이승만의 첫 해 성적은 매우 '불량'했고, 둘째 해부터 평균 C학점을 땄다. 그런데 당시 조지 워싱턴대학에서의 C학점은 점수로 환산하여 80~89점을 의미했기 때문에 이승만이 얼

THE GEORGE WASHINGTON UNIVERSITY

OFFICE OF THE REGISTRAR

RECORD OF *Syngman Rhee*

COLUMBIAN COLLEGE

Subjects	Year	Hrs.	1st Term	2d Term	Subjects	Year	Hrs.	1st Term	2d Term
Applied Math.					Latin 3				
Archæology 1.					Math. 5	1906/7			C
Architecture					" 7				II
Astronomy					"				
Astro-Physics					"				
Botany					"				
Chemistry 1.					Mechanical Eng.				
" 2.					Meteorology	1906/7			
" 3.					Philosophy 25				B
" 6.					Physics 1.				
Civil Eng.					" 2, 3.				
Economics					Political Science				
Electrical Eng.	1906/7								
English 5				II	Sociology.				
" 1st Pay				B	Spanish				
" 4.					Zoölogy				
French					Semitics 1	1906/7			B
					" 26				C
Geol. and Miner.									
German									
Graphics									
Greek									
" 3	1906/7			C					
History				a					
" 20									
Latin									

A=96-100; B=90-95; C=80-89; D=70-79; E=FAILURE; F=FAILURE TO APPEAR

* REMARKS:_____

_____

_____

July 5, 1907.   *Otis D. Swett*

REGISTRAR

per H.

●●●

조지 워싱턴대학에서 1907년 7월에 발급한 이승만의 성적표.

어낸 C는 오늘날 한국 대학에서의 B에 맞먹는 것이었다. 그리고 E는 낙제를 의미했다.[3]

이승만의 성적표를 분석 평가해보면, 그는 역사, 철학 등 인문학 분야에서는 비교적 좋은 성적을 얻었지만 수학과 경제학 등 계량적 학문에서는 그렇지 못했다. 배재학당에서는 남보다 뛰어난 영어 실력으로 '천재'라고 소문났던 이승만이었지만 그의 영어 성적은 미국 학생들에게 많이 뒤졌다. 이 무렵 이승만은 교역자가 될 희망을 갖고 있었기 때문에 구약언어학(Semitics) 과목을 두 개나 선택했다.

전체적으로 이승만의 조지 워싱턴대학교 학업 성적은 결코 우수한 것이 아니었다. 그 이유는 무엇일까?

첫째, 그는 이 대학 재학 중에 학업보다 더 중요한 사명, 즉 헤이 국무장관과 루스벨트 대통령 등 미국의 최고 지도자들을 만나 미국이 대한제국의 보존을 위해 거중조정을 베풀 것을 요청하는 외교 활동에 많은 시간과 정력을 소모했다.

둘째, 그가 이 대학에 입학한 지 두 달 만인 4월에 외아들 봉수가 미국에 왔기 때문에 그를 돌보느라, 또 그를 맡아 줄 미국인 가정을 물색하기 위해 신문 광고를 내고 인터뷰를 하는 등 동분서주하느라 학업에 몰두할 수 없었다. 그런데 봉수의 일이 순조롭게 해결되지 않았다. 이승만은 결국 필라델피아에 거주하는 독실한 감리교 신자 보이드(Mrs. Boyd) 여사의 도움을 받아 봉수를 '필라델피아 서부 보육원'(Western Children's Home)에 맡겼다. 그러나 불행하게도 봉수는 1906년 2월 디프테리아에 걸려 그곳에서 사망했다.[4]

1906년 여름 매사추세츠 주 노스필드에서 열린 〈만국[기독]학도공회〉에 참가했을 때 외국에서 온 다른 총대들과 함께 찍은 사진. 맨 뒷줄 오른편 끝이 이승만이고, 앞줄 가운데 앉아 있는 사람이 중국의 총대인 쿠웨이쥔[顧維鈞]이다.

조지 워싱턴대를 졸업한 후 이승만이 뉴잉글랜드의 어느 국제기독학생대회에 참석했을 때 찍은 기념 사진. 이 사진의 가운뎃줄 중앙에 앉아 있는 인물이 YMCA 국제위원회의 위원장인 모트 박사이고, 앞줄 오른쪽에서 두 번째가 이승만이다.

이승만이 조지 워싱턴대학교를 졸업한 후인 1907년 7월에 찍은 사진.

조지 워싱턴대 재학 중 이승만이 중국 및 미국인 연사들과 함께 대학의 YMCA 주최 강연회의 연사로 활약할 때 사용한 홍보용 전단.

HEAR

WONG
OF CHINA

BROCK-
MAN

RHEE
OF KOREA

Y. M. C. A. AUDITORIUM
SUNDAY, OCTOBER 27, 3:45 P.M.
MEN INVITED
ADMISSION FREE

셋째, 이승만은 재학 중에 미국인 기독교회와 YMCA 등을 찾아다니며 한국이 어떤 나라인지 홍보하고 한국 선교의 중요성을 강조하는 강연을 하는 데 많은 시간을 할애하였다. 조지 워싱턴대학교 재학 기간에 그는 무려 60회(월 평균 3회)의 강연을 했다.[5] 이러한 선교 활동의 일환으로 그는 1906년 7월에 매사추세츠 주의 노스필드(Northfield)에서 열린 '만국[기독]학도대회'에 한국인 총대(總代)로 참가하였다.[6] 요컨대, 이승만은 조지 워싱턴대학교 재학 시절, 외아들의 사망으로 인하여 엄청난 정신적 충격을 받았을 뿐만 아니라 일반 미국인 학생들이 상상도 할 수 없는 수준의 과외 활동을 하고 있었던 것이다. 그러므로 그의 학업 성적은 좋을 수가 없었다.

이승만은 여름방학마다 뉴저지 주의 바닷가 오션 그로브(Ocean Grove)에 있는 보이드 여사의 별장에 머물며 밀린 학업을 보충하며 시간을 보냈다.[7] 이 별장에 머물 때 이승만은 바로 옆의 별장에 사는 여성 보이어(Miss Ethel Boyer)와 대서양 해변에서 가끔 산책을 즐겼다.

제3절 하버드와 프린스턴대학교 대학원

이승만은 세계적 명문인 하버드대학과 프린스턴대학의 대학원에서 2년 반 만에 석·박사학위를 모두 취득했다. 미국의 일류 대학에서 이렇게 짧은 기간에 사회과학 분야의 박사학위를 취득한 것은 한국인으로서는 물론 미국인에게도 전무후무한 기록인 것 같다. 19세기 후반과 20세기 초에 일본과 중국은 우리나라보다 먼저 수많은 유학생을 유럽 각국과 미국에 파견했다. 하지만 그들 가운데 이승만에 필적하는 학업을 달성한 인물은 찾아보기 힘들다.

이승만의 미국 유학 경력에는 두 가지 수수께끼가 남아 있다. 그중 하나는 조지 워싱턴대학교에서의 학부 성적이 그리 우수하지 못했던 '외국인' 학생이 어떻게 하버드와 프린스턴 같은 명문 대학교의 대학원에 입학할 수 있었을까하는 것이다. 다른 하나는 그가 언제 하버드대 대학원에서 석사학위를 취득했느냐이다.

우선 이승만이 하버드대 대학원에 입학한 비결부터 알아보자. 그는, 조지 워싱턴대에서 네 번째 학기가 끝나가던 1906년 겨울, 필라델피아에 사는 은사 서재필에게 편지를 띄웠다. 하버드대 대학원에 진학하고 싶다는 의사를 밝히면서 은사의 충고를 구한 것이다. 서재필은 1906년 말과 1907년 초에 쓴 답장에서 하버드대 대학원에 진학하려는 이승만의 계획에 찬동한다고 말한 다음, 그곳에 입학하여 역사학을 전공하되 1년 이내에 석사과정을 마치고 귀국할 것을 권고했다. 그러면서 그는 이승만에게 박사학위를 취득할 필요는 없다고 말했다.[1]

서재필의 회답을 받은 이승만은 스승의 충고를 선별적으로 수용했다.

하버드대 재학 시절의 이승만과 그의 급우들. 가운데 앉아 있는 사람은 브라운대에서 초빙되어 온 국제법 담당 객원교수 윌슨이다.

1906년 말과 1907년 초 하버드대 인문대학원 원장 앞으로 보낸 입학지원서를 통해 이승만은, 하버드대 대학원에서 2년 이내에 박사학위를 취득하게 해달라고 요청했다. 자신은 다년간 동양 학문을 연마한 학자로서 한국에 돌아가 할 일이 많고 또 자신의 귀국을 학수고대하는 사람이 많기 때문이라 했다. 그러면서 그는 조지 워싱턴대학교에서는 2년 이내에 박사학위 취득이 가능하다고 덧붙였다.[2] 이러한 조건부 입학지원서를 접수한 하버드대 대학원 당국은 당황하였다. 이유인즉 미국 학생 중에도 인문학 분야에서 2년 이내에 박사학위를 취득한 선례가 없었기 때문이었다(통상적으로 4년 이상의 기간이 소요됨). 하버드대 대학원 원장의 비서 로빈슨(George G. Robinson)은 대학원의 교수들과 협의한 끝에 시한부 조건 없이 입학하되 석사과정부터 차근차근 밟으라고 이승만에게 회답하였다.[3]

물론 이승만에게 이 회답은 불만족스러운 것이었다. 그러나 그는 장차 조국에 돌아가 '서양 문명을 도입하는 일'에 종사하기 위해서는 '하버드대와 같은 명문 대학의 학위가 필요하다'라는 판단 아래 하버드대 대학원 측의 입학 조건을 일단 받아들이기로 하였다.

이승만은, 1907년 가을부터 1908년 봄까지 1년 동안 미국의 문화적 중심지인 보스턴 근처 케임브리지(Cambridge) 시에 자리 잡은 하버드대에서 공부했다. 그러나 이승만의 하버드대 학창 생활은 그리 행복하지 않았다. 가장 중요한 이유는 이 대학의 '세속적'인 교육·연구 분위기가 기독교 선교열에 불타고 있던 '종교적'인 이승만에게 맞지 않았기 때문이다. 여하튼 그는 역사학 분야에서

이승만의 하버드대 인문대학원 성적표.

네 과목(B, B, B, C), 정치학 분야에서 두 과목(B, B), 그리고 경제학 분야에서 한 과목(D)을 택했다. 이수 과목 수로 봤을 때 1년 이내에 석사학위 과정을 끝내고 나머지 기간에 박사과정을 마치려 했던 것 같다. 그러나 불행하게도 이 계획에 차질이 생겼다. 경제학 과목에서 낙제 학점인 D를 받고 또 역사학 한 과목에서 C학점을 받았기 때문이다. 하버드대 대학원에서 2년 이내에 박사학위를 취득하는 것이 불가능하다고 판단한 이승만은 다른 대학원으로 옮겨갈 궁리를 하게 되었다.

이승만은 일단 하버드대 캠퍼스를 떠나 2년 이내에 박사학위를 취득할 수 있는 미국 내 다른 대학원을 물색했다. 이 목적을 위해 그는 1908년 겨울 뉴욕으로 갔다. 유니언 신학교(Union Theological Seminary)의 기숙사에 유숙하면서 콜롬비아대(Columbia University)와 시카고대(University of Chicago)의 대학원 박사과정 입학 수속을 밟았다.[4]

이때 그는 몇 년 전 서울에서 만난 적이 있는 북장로교의 선교사 홀

앤드류 플레밍 웨스트 대학원장

(Ernest F. Hall) 목사를 유니언 신학교에서 우연히 만났다. 프린스턴대 대학원과 프린스턴 신학교(Princeton Theological Seminary)를 졸업한 홀 목사는 자신이 다닌 프린스턴대 대학원에 진학할 것을 이승만에게 강력하게 권했다.

이승만은 홀 목사의 안내로 뉴저지 주 프린스턴 시로 가서 프린스턴대학교의 대학원장 웨스트(Andrew F. West) 박사를 만났다. 이후 뉴욕으로 돌아간 이승만은 곧 바로 웨스트 원장 앞으로 편지를 썼다. 자신이 2년 이내에 박사과정을 마칠 각오를 가졌음을 강조하면서 만약 프린스턴대 대학원이 이 요구를 들어주지 않으면 차라리 콜롬비아대 대학원에 입학하겠다고 으름장을 놓았다.[5] 웨스트 원장은 이승만에게 2년 이내에 박사과정을 끝낼 수 있도록 돕겠다는 약속과 함께 프린스턴 신학교 기숙사에서 무료로 기숙할 수 있는 혜택까지 마련해 주었다.[6] 마치 기적과도 같은 일이 일어난 것이다.

이승만은 1908년 9월부터 1910년 6월 14일까지 2년 동안 아름다운 프린스턴대학 캠퍼스에서 학업에 열중했다. 이때 그는 프린스턴대학교의 총장인 월슨(Woodrow Wilson), 대학원장 웨스트, 프린스턴 신학교의 학장인 어드만(Charles R. Erdman) 박사의 총애를 받으며 즐겁고 행복한 학구 생활을 이어갔다.

그는 프린스턴대 대학원에서 외교학과 국제법을 전공하며 부전공으로 미국사와 철학사 과목들을 택하여 공부했다. 처음 1년 동안은 프린스턴 신학교의 특별 학생으로 신학 과목을 청강했다. 마지막 학기에는 엘리엇(Edward G. Eliot) 교수의 지도 아래 '미국의 영향을 받은 [국제법상] 중립(Neutrality As Influenced by the United States)'이라는 제목의 박사학위 논문을 작성해서 제출하였다. 그의 학위 논문은 심사위원(교수) 세 명의 엄격한 심사에서 합격 판정을 받았다. 제제와 내용이 돋보였기 때문에 이 논문은 졸업 후 1912년 1월 프린

스턴대학 출판부에서 출판되었다.[7] 이승만은 1910년 7월 18일의 졸업식에서 윌슨 총장으로부터 철학박사(Ph.D.) 학위증을 받았다. 나중에 윌슨은 뉴저지 주지사를 거쳐 제28대 미국 대통령이 되었다.

그렇다면 이승만은 어떻게 하버드대 대학원에서 석사학위를 받았을까? 프린스턴대에서 박사학위를 받기 전 이승만은 하버드대 대학원에 편지를 띄웠다. 그 대학원에서 석사학위를 받게 해 달라는 요청이었다. 1909년 6월 하버드대 대학원 측은 여름방학 기간에 미국사 과목 하나를 택하여 듣고 B 이상의 학점을 취득하면 석사학위를 주겠노라고 대답했다. 이승만은 이 권고를 받아들여 하버드대의 1909년도 하계 대학에 등록하여 미국사 과목을 이수했다. 그리고 B학점을 따냄으로써 드디어 1910년 2월 23일 하버드대에서 석사학위(M.A.)를 취득할 수 있었다.[8] 바로 프린스턴대에서 박사학위를 받던 해였다.

이승만은 서양사(특히 미국사)·정치학·외교학·철학사 등 폭넓은 인문·

●●●
1909년 프린스턴신학교 학생들과 함께 찍은 사진. 앞에서 셋째 줄 왼쪽 끝에 앉아 있는 이가 이승만이다. 아래의 설명문은 이승만의 친필.

사회과학의 바탕 위에 국제법을 연구한 한국 역사상 최초의 국제정치학자였다. 말하자면 그는, 19세기 중엽 이후 일본과 서양 제국주의 국가들로부터 외교적인 수모를 거듭 받아온 우리 민족이 처음으로 배출한 미국통의 만국공법(萬國公法 : 국제법) 전문가였다.

1910년 7월 18일 이승만이 프린스턴대의 윌슨 총장으로부터 철학박사 학위증서를 받았을 때의 사진.

1912년에 프린스턴대 출판부에서 출판된 이승만의 박사학위 논문(제목 : "Neutrality As Influenced by the United States").

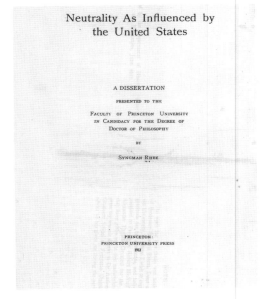

유학 기간의 국권수호운동

   미국에 처음 발을 들여놓았을 때 이승만은 그 곳에 2년 정도 머무를 계획이었다. 그러나 1905년 말 대한제국이 일제의 보호국으로 전락하면서 머지않아 식민지가 될 가능성이 농후해지자 그의 아버지 경선 공은 귀국 일정을 늦추라고 조언하였다. 이승만은 그 조언을 받아들여 미국에서 공부를 계속했다.[1] 하버드대와 프린스턴대 대학원에 적을 두고 공부하는 동안 그는 미국인을 상대로 한국의 독립이 동양의 평화를 위해 필수라는 내용의 강연을 했다. 아울러 재미 교포들과 어울려 틈틈이 국권수호운동을 펼쳤다.

   미국 유학의 전 기간에 걸쳐 이승만은 미국인 교회와 YMCA에서 140회 이상 강연을 했다. 주로 한국을 소개하고 한국의 기독교회를 도와달라는 내용이었다. 이러한 활동의 연장선상에서 그는 1906년 여름 방학 때 매사추세츠 주 노스필드에서 열린 '만국[기독]학도공회'에 한국 총대로 참여하여 3,000여 기독교 청년 대표 앞에서 '강단에 올라서서 독립가를 창(唱)하고 대한제국 만만세와 아메리카 만만세를 세 차례씩 외쳤다.'[2] 이어서 1908년 3월에는 미국 및 캐나다 청년선교운동(Young People's Missionary Movement of the United States and Canada) 주최로 펜실베이니아 주 피츠버그(Pittsburgh)에서 개최된 '제1차 국제선교대회(The First International Missionary Convention)'에 한국 대표로 참석했다. 이때도 3,000명의 회중 앞에서 한국에서의 선교 사업을 소개하고 한국 독립의 당위성을 강조하는 연설을 했다.[3]

   1908년 3월 23일 장인환(張仁煥)과 전명운(田明雲)이 샌프란시스코 근

●●●
1908년 7월 덴버 시의 그레
이스 감리교회에서 열린 '애
국동지대표회'에 참석한 대표
들. 뒷줄 왼쪽에서 다섯 번째
가 이승만이다. 이 사진은 원
래 덴버신문에 게재되었던 것
인데, 방선주 저 『재미한인의
독립운동』(1989년)에 실려
있다.

KOREAN PATRIOTS GATHER HERE
TO FREE NATION FROM JAP RULE

PHOTOGRAPH OF KOREANS WHO ARE HOLDING CONVENTION IN DENVER

처 오클랜드(Oakland)에서 대한제국의 친일 외교고문 스티븐스(Durham W. Stevens)를 저격하는 사건이 발생했다. 이후 두 의사(義士)의 지지자들은 이승만에게 법정 변호를 청탁했다. 이승만은 이 청탁을 거절했다. 암살은 기독교 문화권에서 절대로 용납하지 않는 정치적 범죄라는 이유에서였다.[4] 그 대신 그는 1908년 7월 10~15일 콜로라도 주 덴버(Denver)에서 열린 '애국동지대표자대회(The Korean Patriots' Delegation)'에 참석하여 적극적으로 국권수호운동을 펼쳤다.

이 회의는 이승만의 옥중 동지 박용만이 주선한 것으로 덴버 시내 그레이스 감리교회(Grace Methodist Church)에서 개최되었다. 이 회의에는 박용만 이외에 윤병구, 이상설(李相卨), 이관용, 김처후(金處厚) 등 총 36명의 '애국 동지'가 참여했는데, 참가자들은 주로 샌프란시스코에 본부를 둔 대동보국회(大同保國會)의 멤버들이었다. 이승만과 이상설은 '아령(俄領 : 러시아 영토) 위임 대표' 자격으로 이 회의에 참석했다.[5]

스탠퍼드대(Stanford University)의 조단(D. S. Jordan) 총장의 축사로 개막

된 이 회의에서 이승만은 의장으로 선출되어 회의 진행을 맡았다. 회의 참가자들은 미국에 산재한 한인 단체들을 하나로 통합하여 나랏일을 도울 것과 한국 국민의 교육에 필요한 서적들을 저술 혹은 번역하여 출판할 것을 결의했다. 이러한 온건하고 점진주의적인 성격의 결의는 이 회의를 주재한 이승만의 국권 수호 및 독립운동 방략을 반영한 것이라고 볼 수 있다. 덴버회의를 계기로 이승만은 재미 한인 교포 사회에서 최고 지도자로 인정받게 되었다.

이 회의가 끝난 후 8월 4일 영국의 『데일리 메일』(The Daily Mail) 지 기자인 매켄지(Frederick A. McKenzie)는 런던에서 이승만에게 축하 겸 격려의 편지를 보냈다. 그는 『한국의 비극』(The Tragedy of Korea)(1908)이란 명저를 저술한 인물이다. 편지에서 매켄지는 한민족이 일제로부터 당하는 불공정한 대우와 억압은 거시적으로 볼 때 한민족을 분발시키는 효과가 있을 터이므로 앞으로 한국은 좀 더 위대한 나라, 즉 '아시아 최초의 기독교 국가이자 20세기 진보의 선구자'가 될 것이라고 예언했다. 또 이승만과 박용만 등 대회 지도자들의 '용기 있는' 국권 수호 노력을 치하하였다. 그

1908년 여름 로스앤젤레스를 방문했을 때 옥중동지 신흥우 등 현지 교포 지도자들과 함께 찍은 사진. 앞줄 오른쪽 끝이 신흥우이고 왼쪽 끝이 이승만이다.

는 덴버회의 참여자들이 한민족의 정신력 강화와 서양 학술의 도입 및 보급을 향후 독립운동의 목표로 설정한 것은 현명한 처사였다고 평가·칭찬하면서 "스티븐스를 저격한 일부 [한국] 인사들의 행위는 '바보짓'(folly)"이라고 혹평하였다.[6]

●●●●
1908년 8월 4일 이승만에게 격려의 편지를 보내준 캐나다 출신 영국 『데일리 메일』지 기자 매켄지와 이승만(1919년).

스티븐스 포살 사건에 대한 매켄지의 이러한 부정적 평가는 대체로 기독교 국가의 국민들이 갖고 있던 테러 행위에 대한 공론을 대변한 것으로 당시 이승만의 정치 의식과 일치하는 것이었다.

덴버회의를 마친 후 이승만은 샌프란시스코와 로스앤젤레스를 방문하여 그곳에 설립된 두 개의 한인 단체, 즉 '공립협회(共立協會 : The United Korean Association)'와 '대동보국회(The United Korean Protection Society)'의 지도자들을 만났다.[7] 안창호(安昌浩)를 비롯한 관서(關西) 출신 인사들로 구성된 공립협회는 이승만에게 비교적 담담한 반응을 보였다. 이에 반해 문양목(文讓穆)·안정수(安定洙)·장경(張景) 등 기호(畿湖) 출신 인사들이 설립한 대동보국회는 이승만을 자신들의 영도자로 영입하려 했다. 이 단체의 문양목 회장 등 간부 다섯 명은 8월 29일 연명으로 '이승만 대정각하(大政閣下)'에게 자기들의 영도자가 되어줄 것을 요청하는 내용의 혈서를 바쳤다. 교포 단체의 통합을 중시한 이승만은 이 요청을 완곡히 거절하고 대동보국회의 가입을 보류하였다. 그럼에도 불구하고 문양목은 1910년 초 로스앤젤레스에 대동신서관(大同新書館)이라는 출판사를 세워 이승만의 옥중 저서 『독립정신』을 출판하는 등 그에게 계속 호의를 베풀었다.

이승만은 분열된 재미 교포 사회에서 어느 편이나 당에도 속하지 않겠다는 입장을 취했다. 그러다 1910년 2월 10일 이 두 단체가 '대한인국민회

(大韓人國民會 : The Korean National Association)'로 통합되자 곧 이 단체의 '북미 상항(桑港 : 샌프란시스코) 지방회'에 입회신청서를 제출하여 1910년 3월 21일부로 입회증서를 교부받았다.

미국 유학 중 프린스턴대의 윌슨 총장은 주위 사람들에게, '미래 한국 독립의 구원자(the future redeemer of Korean independence)'라고 이승만을 소개하였다.[8] 이 무렵 한국인들 사이에서도 이승만이 장차 한국의 최고 지도자가 될 것으로 믿는 사람이 많았다. 이러한 이승만 숭배자들은 십시일반(十匙一飯)으로 그에게 정치 자금을 헌납했다.

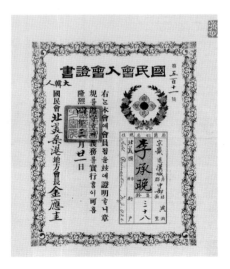

●●●○
좌 이승만이 1910년 2월 10일 성립된 대한인국민회의 '북미 샌프란시스코 지방회' 회장으로부터 교부받은 입회증서(1910년 3월 21일). 이승만의 회원증 번호는 511호이다.

●●○
우 샌프란시스코에 본부를 둔 대동보국회의 간부들이 연명으로 이승만에게 바친 혈서의 머리 부분(전문은 모두 6쪽). 이 진정서에서 대동보국회 간부들은 이승만을 자신들의 영도자로 모시고 싶다는 열망을 표시했다.

제3장
열정적으로 일했던 서울 YMCA의 1년 반

제1절 썰렁했던 금의환향

이승만이 프린스턴대에서 박사학위를 취득할 무렵 한국은 일제에 병탄되는 마지막 단계에 놓여 있었다. 이승만은 세계적인 명문 대학에서 공들여 박사학위를 취득했지만 돌아갈 조국이 없었다. 민영환과 한규설 등 그를 아껴주었던 정부의 고관들은 자결하거나 정치적으로 거세당하였다. 그런저런 이유로 이승만이 미국에서 연마한 국제법과 정치·외교학 등의 지식을 활용할 곳이 없어진 셈이다. 그럼에도 불구하고 그는 부친과 박씨 부인이 학수고대하는 조국의 품으로 돌아왔다.

이승만은, 하버드대 재학 시절부터 졸업 후 자신의 진로에 대해 서울에 있는 게일과 언더우드 등 자신을 아껴주는 북미 선교사들에게 편지를 보내면서 자문을 구했다. 그들은 한결같이 한국에서 할 일이 많다고 강조하며 꼭 귀국하여 함께 일할 것을 권고했다. 게일은 이승만이 황성기독교

청년회(皇城基督敎靑年會 : 서울YMCA)에
서 일하는 것이 좋겠다고 충고했다.[1] 반
면 언더우드는 자신이 서울에 설립하려
고 준비하던 '연합기독교대학'(A Union
Christian college)이 '1910년에 창설되면'
그 대학의 교수로 부임해 줄 것을 기대
했다.[2]

미국 유학 중인 이승만에게
학업을 마치고 귀국하여 서울
YMCA에서 일하라고 권고한
캐나다 선교사 게일. 게일은
『한국인의 역사』(History of
the Korean People)(1927
년) 등 수많은 한국 역사 및 문
화 관련 논저를 저술하고 번역
한 이른바 '한국학'의 개척자
이다.

이승만은 프린스턴대 대학원에서의
마지막 학기인 1910년 3월말, 뉴욕에 있는 북미 기독교청년회(YMCA) 국제
위원회의 사무총장 모트(John R. Mott) 박사를 찾아가 자신의 취업 문제를
협의했다. 이 때 모트는 이승만이 졸업 후 서울YMCA에서 근무할 것을
제의했다.[3]

그러나 이승만은 언더우드가 설립하려는 기독교 대학의 교수직에 대한
미련을 버리지 못했다. 그는 4월 13일 언더우드 앞으로 편지 한 통을 보
냈다. 이 편지에서 그는 하와이에도 일자리가 있지만 자신은 귀국하여 한
국 백성을 상대로 기독교 교육을 펼치고 싶다고 털어놓았다. 그러면서 그
는 한국인들에게 서양 문명의 온갖 축복이 예수 그리스도의 십자가에 근
거한 것임을 깨우쳐주고, 미국 대학에서 공부한 국제법, 서양사 및 미국사
등을 가르치며, 나아가 이러한 주제들에 관련된 영문 서적들을 번역하거
나 저술하고 싶다고 자신의 포부를 밝혔다.

이어서 그는 조국에 돌아가 기독교 교육 활동을 펼치는 경우, 자신은
반일(反日) 운동이나 혁명을 선동할 의도가 없지만 일제 통감부 측에서
자신의 교육 활동을 어떻게 볼 지 의문이라고 토로했다. 그러면서 자신
의 일거일동에 대한 일제 당국의 감시가 가장 염려스럽다고 썼다. 또 서울
YMCA에서 일하게 되면 자신의 비타협적 성격 때문에 일본인들과의 마찰
이 불가피할 터이므로 차라리 YMCA보다 덜 대중적인 직장, 예컨대 기독

존 모트(John Raleigh Mott)

이승만이 귀국하기 전 자기의 진로에 관해 자문을 구하였던 서울의 미국인 장로교 선교사 언더우드. 언더우드 목사는 이승만 '박사'가 귀국 후 서울YMCA에서 일하도록 막후에서 주선했던 인물임에 틀림없다.

서울YMCA의 미국인 총무 질렛.

교 대학 같은 데서 일하는 것이 나을지 모르겠다고 속마음을 털어놓았다. 끝으로 그는, 만약 서울YMCA의 간부나 대학 교수로 일하는 것에 일제 당국이 거부 반응을 보인다면 자신은 차라리 기독교 부흥사가 되어 전국을 누비고 돌아다니며 '가난한 백성들을 상대로' 복음을 전파하는 일에 종사할 각오라고 덧붙였다.[4]

언더우드 목사는 자신의 대학 설립 계획이 예정대로 진행되지 않아서였는지 이승만의 편지에 답장을 보내지 않았다. 이승만이 그의 회답을 기다리는 동안 서울YMCA의 총무 질렛(Philip Gillett)이 5월 23일자로 이승만에게 취업 초청장을 보냈다.[5] 서울YMCA 측은 이승만을 1년 동안 서울YMCA의 '한국인 총무'(Chief Korean Secretary)로 기용하되 월급은 150엔, 연봉으로 900달러를 주겠다고 제의했다. 질렛은, 이승만의 취업 문제로 일제 부통감 소네[曾根荒助]를 만나 상의했는데 부통감은 이승만의 YMCA 총무직 취임에 호의적인 반응을 보였다고 했다. 또 자신과 소네는 서로 잘 아는 사이이기 때문에 귀국 후 이승만의 신변 안전에 별 문제가 없을 것이라고 덧붙였다.

질렛 총무가 이승만에게 제시한 봉급은 당시 한국에서 활약하던 구미 선교사들의 평균 연봉이 600~800달러였던 사실에 비추어 볼 때 비교적 높은 수준이었다. 그렇지만 그 무렵 서울에서 근무하는 미국 공사(公使)의 연봉이 3,000달러였던 점을 감안한다면 세속적 직종에 종사하는 외국인들의 보수에 견주어서는 박봉이었다.

서울YMCA로부터 취업 초청장을 받은 이승만은 프린스턴대에서 박사학위를 받은 다음날(7월 19일) 취업 수락 편지를 써 보냈다.[6] 동시에 그는 자신이 받게 될 초봉에서 180달러를 미리 받아 귀국에 필요한 기차표와 배표를 구입하고 프린스턴대 기숙사에서 짐을 꾸렸다. 짐은 대부분이 책이었고 오랫동안 애용하던 타이프라이터와 자전거도 포함되어 있었다.

미국 땅을 떠나기에 앞서 이승만은 8월에 네브래스카 주 헤이스팅스

이승만이 귀국할 때 뉴욕에서 승선한 영국 리버풀 행 기선 발틱 호. 사진 아래의 글씨는 이승만의 친필이다.

(Hastings)에 있는 옥중 동지 박용만을 찾아갔다. 아울러 그곳에 있는 다른 한국 청년들과도 석별의 정을 나누었다.[7] 1910년 9월 3일, 즉 '한일병합조약'이 공포된 지 나흘 후 그는 뉴욕 항에서 영국의 리버풀로 향하는 기선 발틱(The S. S. Baltic) 호에 드디어 몸을 실었다.

1주일 동안의 항해 끝에 리버풀에 도착한 그는 런던, 파리, 베를린, 모스크바 등 유럽의 대도시들을 주마간산(走馬看山)식으로 둘러보았다. 그런 다음 시베리아 횡단철도를 타고 유라시아 대륙을 관통했다. 만주 땅을 거쳐 압록강을 넘을 때 일본 경찰의 까다로운 입국검사를 받으면서 그는 비로소 나라 잃은 백성의 설움을 체감하였다. 그가 탄 기차는 10월 10일 저녁 여덟 시 서울 남대문역에 드디어 도착하였다. 미국으로 간 지 만 5년 11개월 6일 만에, 그리고 뉴욕 항을 출발한 지 1개월 7일 만에 이승만은 꿈에서도 잊지 못하던 고국에 돌아온 것이다. 미국에서 이룩한 빛나는 형설의 공에 비해 그의 환향 분위기는 너무도 썰렁했다.

서울YMCA 학감으로서의 활동

미국 유학을 마치고 귀국한 30대 중반의 이승만은 서울 종로에 있는 서울YMCA의 한국인 총무 및 학감(學監)으로서 뒤늦은 청춘의 정열을 불태웠다. 1910년 10월부터 1912년 3월까지 1년 5개월 동안이었다. 이 기간에 그는 첫 아내 박승선과 별거 끝에 이혼했다. 한편 1903년에 창립된 서울 YMCA를 중심으로, 나라 잃은 백성의 정신적 독립의 기반을 다지는 일에 조선총독부와 예민한 신경전을 벌이면서 혼신의 힘을 기울였다.

이승만은 귀국 후 서울 동대문 밖 창신동 625번지 본가로 찾아들었다. 이 집은 낙산(駱山) 중턱에 위치한 성벽 아래 지장암(地藏菴) 옆에 자리 잡고 있었다. 거기에서 74세의 노령에 접어든 아버지 이경선 옹과 아내 박씨가 하녀(박간난이)를 거느리고 가난한 생계를 이어가고 있었다. 6년 동안

복당구면(福堂舊面) 기념 (1910.11.24)
복당구면이란, 함께 감옥생활을 했던 옥중 동지의 의미를 담고 있다. 한성감옥의 옥중동지들이 프린스턴대학교에서 박사학위를 받고 1910년 10월 귀국한 이승만을 환영하며 기념촬영을 하였다.
왼쪽부터 옥중동지인 김정식, 안국선, 이상재, 이원긍, 김린, 이승만이다. (사진 : 근대한국인의 삶과 독립운동, 독립기념관)

넓고 아름다운 미국 대학의 캠퍼스, 별장, 호텔 등에서 '화려한' 생활을 영위했던 이 '박사'에게 식구들의 이런 생활상은 실로 처참해 보였을 것이다.

아내 박승선은 '불같은 성미를 지닌 신식 여성'으로서 성격적으로 남편과 닮은 점이 너무 많았기 때문이었는지 애당초 부부 사이의 금실이 좋지 않았다고 한다. 게다가 그들의 유일한 소생인 아들 봉수가 미국에서 사망(1906)한 다음 그를 조기 유학시킨 책임 문제를 둘러싸고 박승선과 경선옹 사이에 말다툼이 잦아지면서 서로의 관계가 악화되었다고 한다.[1] 이 '박사'는 귀국 후 견원지간(犬猿之間)이 되어 있는 아버지와 아내 사이에 끼어 불편한 나날을 이어가야 했다. 그는 날로 증폭하는 가정 내 불협화음을 견디다 못해 1910년 겨울 어느 날 밤 이부자리를 걷어들고 창신동 집을 뛰쳐나왔다. 이후 그는 종로에 있는 YMCA 건물 3층의 지붕 밑 방에 기거하면서 기독교 교육 활동에 몰두하였다. 급기야 1912년 정월에 박 씨와 사실상의 이혼을 했다.[2]

1910년대 초의 서울YMCA는 10여 년 전 독립협회의 축소판 같았다. 미국으로 가기 전 이승만의 옥중 동지들과 외국에서 유학하고 갓 돌아온 개화 지식인들이 한 데 모여서 일하고 있었기 때문이었다. 당시 서울 YMCA에는 미국인 선교사 질렛과 브로크만(Frank M. Brockman)이 각각 총무와 협동총무직을 맡고 있었다. 그들 아래에 이상재(李商在)·김정식(金貞植)·이원긍(李源兢)·유성준(兪星濬)·안국선(安國善) 등과 미국과 일본에서 유학하고 돌아온 윤치호·김규식(金奎植)·김린(金麟) 등이 손잡고 종교부·교육부·학생부 등의 요직을 맡아 기독교 청년운동을 전개하고 있었다. 이상재 등은 이승만의 영향으로 한성감옥에서 기독교에 귀의한 인물들이다. 한국 개신교계 엘리트들의 결집체라고 볼 수 있는 서울YMCA는

1912년 경 서울YMCA의 간사들과 학생연합회 대표들이 모여 찍은 사진. 맨 뒤의 인물이 서울YMCA의 총무 질렛이고 그 앞이 이승만이다. 맨 앞줄 가운데 인물은 회우부 간사 김일선이며 그 오른편 인물이 브로크만 협동총무이다.

y.m.c.a. Bible classes
Seoul, Korea 1911

미국, 일본 및 유럽의 YMCA와 튼튼한 유대를 형성하고 있었다. 그래서 일제 총독부가 가볍게 다룰 수 없는, 한국민에게 유일한 '국제적' 활동 본부로 남을 수 있었다.

이승만이 귀국했을 무렵 한국의 개신교 교인들은 서울YMCA를 중심으로 '백만인 구령(救靈)운동'을 펼치고 있었다. 그가 서울에 도착한 10월에도 종로의 YMCA 건물에서는 한 달 동안 대전도집회가 열리고 있었다. 그보다 넉 달 앞서 6월에는 서울 근교의 진관사(津寬寺)에서 한국 기독교 역사상 최초의 초교파적 기독학생 집회인 '제1회 [기독]학생 하령회(夏令會)'가 열렸다. 기독교 청년운동에 불이 붙어 있었던 것이다. 이승만은 이러한 역사적 부흥운동의 물결을 타고 자신의 포부를 펼쳐나갔다.

서울YMCA에서 이승만에게 부여한 공식 직함은 '학생부 간사(Student

이승만이 조직한 YMCA 성경연구반 연경반 학생들(1911년). 멀리 건물 정문 앞에 질렛 총무와 이승만의 모습이 보인다. 아래의 설명문은 이승만의 친필.

Christmas exercises of
the Bible Class boys, 1910. Y.M.C.A. ...

Department Secretary)'였다. 그런데 미국인들 사이에는 '한국인 총무'로, 한국인들 사이에는 '학감'으로 불렸다. 그의 직위는 미국인 총무 질렛과 맞먹는 것으로서 YMCA에서 일하는 한국인들 가운데 최고위 직이었다. 이승만이 서울YMCA의 학생부 간사로서 맡은 주요 임무는 서울YMCA 부설 고등학교 학생들의 교육과 청년 운동을 총괄적으로 지도하는 것이었다.[3]

실제로 이승만 '학감'은 연경반(研經班 : Bible class) 인도, 강의와 강연, 교회 설교, 전국적인 YMCA망 조직, 번역 사업 등 다양한 일을 하였다. 그

Evangelistic Campaign, Nov. 4-14-1911
Y.M.C.A. Seoul, Korea

는 1911년 2월 11일 뉴욕의 YMCA 국제위원회에 보낸 보고서에서, "나는 안식일마다 바깥 교회에 나아가서 설교를 하고 오후에는 바이블 클래스 지도를 계속하고 있습니다. 다른 한편으로 나는 청년회 학교에서 주 9~12시간 강의를 합니다. 다른 학교에 나가서는 수시로 짧은 강의를 하고 그 외에 청년회 학생들만을 위한 특강을 주 3회 합니다"[4] 라고 자신의 활약상을 요약했다.

이승만은 귀국 직후의 첫 일요일인 10월 16일에 570명이 모인 학생 집회에서 전도 강연을 했다. 그 강연의 결과 연경반의 신입 회원 143명을 확보할 수 있었다. 그 후 그는 매 일요일 오후에 연경반을 인도했으며, 매회 평균 189명의 학생을 만나 상담했다. 연경반은 이승만이 YMCA 사업의 일환으로 정착시킨 역점 사업 가운데 하나였다.

그는 서울YMCA 부설 고등학교에서 성경과 국제법(만국공법)을 가르쳤다. 이때 이승만으로부터 '명강'을 들었던 제자들 중에는 대한민국 초대 외무부 장관이 된 임병직(林炳稷), 공화당 의장이 된 정구영(鄭求瑛), 과도정부의 수반이 된 허정(許政), 그리고 대한상공회의소 소장이 된 이원순(李元淳) 등이 포함되어 있었다.

경향 각지에 설립된 기독교계 미션학교에 기독청년회(YMCA)를 조직하는 것도 이승만 '학감'이 벌인 사업 중 하나였다. 그는 언더우드 목사가 창립한 경신학교 등 서울에 있는 여러 미션 학교 내에 YMCA를 조직했다. 토요일마다 서울YMCA의 학생부 주최로 시내 5개 학교 YMCA의 연합토론회를 열기도 하였다. 이러한 학생 상대 선교 활동의 연장선상에서 그는 1911년 여름과 가을에 전국 순회 전도에 나서 미션학교들을 돌아보고 그 학교들 안에 YMCA를 조직하였다. 이때 그는 일제의 탄압으로 신음하는 민족의 참상을 목도하면서 지방의 기독교 교회 유지들과 인연을 맺었다.

이렇게 동분서주하는 가운데서도 이승만은 짬을 내어 YMCA국제위원회의 위원장 모트 박사가 저술한 『학생 청년회의 종교상 회합』(Religious

●●●
이승만이 1911년에 번역·출판한 모트 박사의 책자(Work for New Students) 번역본의 표지. 모트 박사는 YMCA 국제위원회 등 여러 단체의 지도자로서 기독교 청년 운동에 기여한 공으로 1946년에 노벨 평화상을 수상했다.

Department of the Student Association)과 『신입학생 인도』(Work for New Students)라는 두 책자를 번역하였다. 이 두 권의 책은 1911년 5월과 10월에 각각 서울YMCA에서 출판되었다. 이 책자들은 그의 YMCA 교육 활동에 도움이 되는 교재들로서 미국 유학 시절 그가 실현하고자 원했던 기독교 문서 번역 사업의 첫 열매였다.

종교적 망명

　조국의 품안에 안긴 지 1년 반도 채 안 된 1912년 3월, 이승만은 자의 반, 타의 반으로 '종교적' 망명의 길에 올라야 했다. 일제가, 일명 '105인 사건'이라고도 하는 데라우치[寺內] 총독 암살 미수 사건을 날조하여 전국적으로 기독교 지도자들을 체포하면서 그 마수를 이승만에게 뻗쳤기 때문이다.

　105인 사건이란, 1907년에 도산 안창호가 조직한 비밀결사 신민회(新民會)의 뿌리를 뽑고, 나아가 평북 선천(宣川) 지역의 개신교 교회들과 서울 YMCA를 파괴함으로써 외국과 연계된 국내 기독교 세력을 일망타진할 목적으로 일제가 날조한 사건이었다. 여러 가지 관련 자료를 종합해 볼 때, 서울YMCA에 몸담은 이승만 '학감'이 맡은 일을 너무 열심히 추진한 결과

● ● ●
1911년 6월 개성의 한영서원에서 열렸던 '제2회 전국기독학생 하령회' 참가자들. 앞줄의 가운데가 이승만 학감이다.

이 역사적 사건의 발단(發端)을 제공한 것이 아닌가 여겨진다. 그 점을 여기서 논해 보기로 하자.

1911년 여름(5~6월), 이승만은 서울YMCA의 브로크만 협동총무와 함께 한 달 이상 전국을 돌아다니며 순회 강연을 했다. 이때 그는 "기차를 타고 1,418마일, 배를 타고 550마일, 말 또는 나귀를 타고 265마일, 우마차를 타고 50마일, 걸어서 7마일, 가마 또는 인력거를 타고 2마일," 도합 2,300마일(3,700킬로미터)을 누비면서 13개의 선교 구역을 방문하고, 33회의 집회를 통해 7,535명의 학생들에게 전도 강연을 했다. 그는 남쪽으로는 광주, 전주 및 군산, 북쪽으로는 평양과 선천을 방문하여 그 지역 학교들 간에 YMCA를 조직했다.[1]

서울로 돌아오는 길, 개성(開城)에 들른 이승만은 전 독립협회 회장이며 당시 서울YMCA의 부회장인 윤치호(尹致昊)가 설립한 한영서원(韓英書院 : Anglo-Korean Academy)에서 윤치호 주재 하에 '제2회 전국기독학생 하령회'를 개최하였다. 이 하령회에는 바로 한 해 전 서울 근교에서 열렸던 제1회 하령회의 참석 인원 46명의 두 배가 넘는 93명이 모였다. 21개 미션학교로부터 온 학생 대표들이었다. 이 모임에서는 뉴욕과 인도에서 각각 초빙된 화이트(Campbell White)와 에디(Sherwood Eddy) 등 미국인 부흥목사들이 학생들에게 열변을 토하였다. 이처럼 대성황을 이룬 집회에서 학생 대표들은 한국 YMCA운동의 활성화 방안과 세계기독학생협의회(WSCF)에의 가맹 여부를 주제로 열띤 토론을 벌였다.

개성의 하령회를 지켜본 일제 총독부 경찰은 아연 긴장하였다. 그들은, 이 집회의 대회장이 윤치호라는 사실과 이승만이 브로크만 및 미국 부흥목사들과 '처음부터 끝까지 학생들과 숙식을 같이 하며 모사(謀事)한 사실'에 주목했다.[2]

총독부는 한일병합 이후 한국인의 모든 정치·사회단체들을 강압적으로 해체시켰다. 하지만 서울YMCA만은 함부로 건드리지 못했다. 배후에 그것을 뒷받침해 주는 국제적 조직이 있기 때문이었다. 그러나 윤치호와 이승만 같은 명망 높은 지도자들의 영향 아래 전국 각지의 청년들 사이에 YMCA운동이 요원의 불길처럼 번져나가고 있다는 것을 알고 서둘러 비상 대책을 강구하게 되었다.

105인 사건은 총독부 경찰이 1911년 11월 11일 평북 선천의 신성(信聖) 학교 교사 일곱 명과 학생 스무 명을 검거, 서울로 압송함으로써 시작되었다. 그 후 기독교인 700명이 데라우치 총독 암살 미수라는 어마어마한 죄목으로 검거되었고 그 중 123명이 고문을 받은 후 기소되었다. 1912년 6월 28일에 열린 첫 공판에서 123명 중 105인이 실형을 선고받았다.

당시 한국 개신교계의 거두였던 윤치호는 1912년 2월 4일 이 사건의 주모자로 체포되었다. 윤치호가 체포되었다는 소식을 들은 이승만은 다음 차례가 자신임을 예감하고 운명의 손이 방문을 두들길 날을 초조하게 기다렸다. 요행히 그는 체포를 면할 수 있었다. 서울YMCA의 주요 간부들을 구원하기 위해 한국을 방문한 YMCA국제위원회의 모트 박사의 개입 덕분이었다. 모트는 미국 교계에 이름이 알려진 이승만을 체포하면 국제적

●●●
이승만이 서울을 떠나기에 앞서 서울YMCA의 간부들과 함께 찍은 사진. 앞줄 가운데가 이승만, 그의 오른쪽에 모자를 들고 있는 이가 이경직 목사이다.

으로 상당한 말썽이 빚어질 것이라고 총독부 당국에 경고했던 것이다.[3] 그 결과 조선총독부는 이승만에게 퇴거 처분을 내렸다.[4]

때마침 1912년은 '기독교 감리회 4년 총회(The Quadrennial General Conference of the Methodist Episcopal Church)'가 미국 미니애폴리스(Minneapolis)에서 열리는 해였다. 주한(駐韓) 선교사들과 한국 감리교계의 목회자들은 이승만을 이 국제회의의 한국 평신도 대표로 뽑아서 출국시키기로 합의하였다. 이 목적을 위해 3월 9일 서울에서 '감리교회 각 지방 평신도 제14기 회의(Korean Lay Electoral Conference)'가 소집되었다. 이 모임에서 이승만은 한국 감리교 평신도 대표로 선출되었다. 이렇게 한국 감리교 평신도 대표로 뽑힌 이승만은 그때까지 지녔던 미국 교회의 교적을 바꿔야 했다. 서울 종로에 있는 중앙감리교회의 이경직(李璟直) 목사가 이승만의 교적을 미국 매사추세츠 주 케임브리지의 엡워스감리교회(Epworth Methodist Episcopalian Church)로부터 자기 교회로 옮겨주었다.[5] 이러한 이적(移籍) 조치가 마무리 된 다음 일본에 있는 감리교 동북아 총책 해리스(Merriman C. Harris) 감독이 일본 정부에 부탁하여 이승만의 여권을 얻을 수 있었다.

이때 이승만은 동대문 밖에 있는 자신의 집을 저당 잡혀 여비를 마련하여[6] 1912년 3월 26일 서울을 떠났다. 공교롭게도 이날은 그가 만 37세 되는 생일이었다. 서울을 떠나기 전 그는 창신동 집을 찾아가 중풍으로 몸져누워 있는 75세의 부친에게 눈물로써 작별 인사를 했다. 이경선 옹은 문 앞까지 나와 차마 외아들의 얼굴은 쳐다보지 못하고 손만 흔들었다. 이것이 이들 부자의 마지막 만남일 줄 누가 알았으랴! 인천항을 향해 무

거운 발걸음을 옮기는 이승만의 뇌리에는 일찍이 한성감옥에서 지었던 한
시 한 수가 떠올랐다.

옛날을 읽다 오늘을 한탄
뵙지나 말았으면 근심은 없지.
부천가 마음 속 비고 또 비어
신선의 고을 찾아 꿈은 가누나.
날곱은 생각은 먼 먼 기러기
높다란 자취는 가을 메아리.
예부터 그지없다 지사(志士)의 한(恨)은
충효를 간직하긴 어려워서라.[7]

제4절 일본에서의 선교 활동과 미니애폴리스 회의 참가

1912년 봄, 일제 총독부의 한국 기독교 박해를 피해 조국을 탈출한 이승만의 마음은 불안하였다. 그는 힘들게 얻은 외유(外遊)의 기회를 활용하여 국제 무대에서 한국 기독교 교회를 살려내는 특공을 세운 다음 하루빨리 귀국하여 일제와 타협하면서 복음 전파 활동하든가, 그렇지 않으면 아예 미국에 눌러앉아 독립운동을 벌이든가 둘 중의 하나를 택해야 하는 결단의 기로에 서 있었다.

이승만은 미니애폴리스에서 열리는 국제회의에 참석하기 위해 미국으로 가는 도중 일본에 들러 그곳에서 열흘 간 머물렀다. 시모노세키[下關]에 상륙한 그는 교토[京都]를 방문하여 하루 둘러 본 다음 3월 29일 도쿄

[東京]에 도착, 시내 간다구[神田區] 니시고가와정[西小川町] 2정목(町目) 7번지에 위치한 '도쿄조선YMCA' 근처 히요시캉[日芳館]에 투숙하였다. 이날 저녁에 도쿄조선YMCA 회관에는 67명의 한국 유학생이 모여들어 이승만을 환영해 주었다. 이 환영회에서는 백남훈(白南薰)이 사회를 보고 조소앙(趙素昻, 원명은 용은〈鏞殷〉)이 환영 연설을 했다.[1)]

일본 체류 중 이승만이 가장 큰 관심을 기울인 일거리는 도쿄조선기독교청년회(東京朝鮮基督教靑年會 : 도쿄조선YMCA)의 총무직을 맡고 있는 옥중 동지 김정식(金貞植)을 도와서 그 YMCA의 기반을 확고히 다지는 것이었다. 이 목적을 위해 그는 3월 30일부터 1주일 동안 가마쿠라[鎌倉]에서 열린 이른바 '가마쿠라 춘령회(春令會)'에 참가하여 의장으로서 회의를 주재했다. 그 결과 4월 5일에 노정일 회장·정세윤(鄭世胤) 등 26명을 중심으로 '학생복음전도단(Students' Gospel Band)'을 발족시킬 수 있었다. 그 후 도쿄로 되돌아가 '유학생 친목회'의 회원 24명과 점심을 함께 한 이승만

1912년 3월 말 가마쿠라에 모였던 '하령회' 참가자들. 이들은 이승만이 주재한 1주일 간의 회의 끝에 발족한 '학생복음전도단'의 창립 멤버들이었다. 사진 아래 설명문은 이승만의 친필이다.

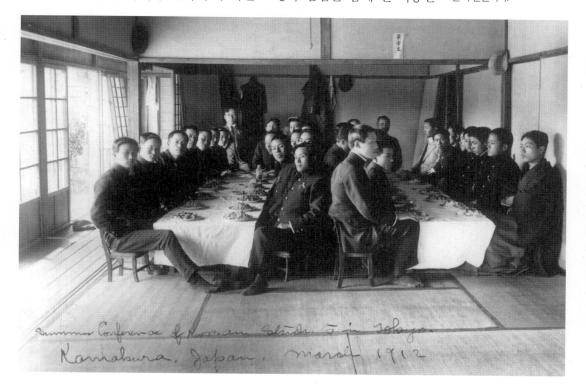

Summer Conference of Korean Students in Tokyo.
Kamakura, Japan, march 1912

影撮念紀別送氏晚承李日六月四子壬

은 저녁에 도쿄조선YMCA 회관에 마련된 특별 집회에서 애국과 기독교 신앙 간의 떼어놓을 수 없는 관계에 대해 강연을 하였다. 이 자리에 모인 최상호(崔相浩) 등 218명의 유학생은 도쿄조선YMCA 신축 기금으로 1,365엔을 거두어냈다. 괄목할 만한 모금 성과였다.

비교적 짧은 일본 체류 기간에 이승만은 김정식, 최상호, 백남훈, 조소앙 이외에 장덕수(張德秀), 안재홍(安在鴻), 최린, 신익희(申翼熙), 전영택(田榮澤), 이동인(李東仁), 주요한(朱耀翰) 등 유학생들을 만나 민족의 장래에 대해 상의하였다. 이때 이승만이 모금한 도쿄조선 YMCA 신축 기금은 1914년에 간다구 니시고가와정 2정목 5번지에 74평의 '니시고가와정 회관'이라는 양옥 건물을 신축하는 데 요긴하게 쓰였으며, 그 회관은 1919년에 '2·8독립선언'의 책원지(策源地 : 책략이 세워지는 곳)가 되었다.[2]

이승만은 4월 10일 감리교 동북아 총책인 해리스 감독과 함께 미국을 향해 떠났다. 이날 서울 주재 일본감리교회 목사가 요코하마[橫濱] 부두에까지 배웅 나와 이승만에게 6개월 이내에 귀국하면 좋겠다면서 미국에 머무는 동안 일본 정부의 비위를 거스르는 언행을 삼갈 것을 당부했다. 동행인 해리스 감독도 일본의 한국 통치를 인정하고 이에 적응할 것을 이승만에게 권고했다.[3]

이승만 일행이 미니애폴리스회의에 도착한 것은 '기독교 감리회 4년 총회'가 열리기 직전이었다. 4년에 한 번씩 소집되는 이 대회의 목적은 감리교회의 감독을 선출하고 앞으로의 선교 정책을 토의하고 결정하는 것이었다. 5월 1일 오전 열 시에 막을 올린 이 회의는 29일까지 계속되었다.

이승만은 이 회의에서, 일부 대표들이 한국 감리교회의 독립성을 약화시킬 목적으로 한국 감리교회를 중국 감리교협의회에 통합시키려 한다는 것을 알게 되었다. 그래서 이 '음모'를 좌절시키는 데 주력했다. 아울러 그는 이 회의에서 한국의 독립이 국제 평화 유지에 필수이며 이를 위해 세계 모든 기독교 교인이 단결해야 한다는 취지의 연설을 했다.[4]

이 총회는 장차 '동아시아 중앙회의'(a central conference for Eastern Asia)를 구성하여 한국과 일본을 한 단위로 묶어 이에 소속시킨다는 결의안을 채택하면서 폐막했다.[5] 이러한 총회의 결정은 이승만의 기대에 어긋나는 것으로 지극히 못마땅한 것이었음은 물론이다. 이승만은 회의 기간에 스스로 표출한 반일(反日) 언동이 자신의 귀국 가능성을 위태롭게 했을 것으로 짐작하고 착잡한 심정으로 회의장을 떠났다.

미니애폴리스 회의가 끝난 후 이승만은 105인 사건에 연루되어 수감된 한국 기독교 지도자들을 구출하기 위해 고차원의 개인 외교를 벌이기로 결심했다. 그는 장로교 목사의 아들이며 프린스턴대 재학 시절 은사였던 윌슨 전 총장을 만나 한국 기독교 교회에 구원의 손길을 펼쳐줄 것을 호소하려고 했다. 당시 윌슨은 뉴저지 주지사로서 민주당 대통령 후보로 출마하여 6월 25일로 예정된 민주당 전당대회에서 지명을 획득하는 데 몰두하고 있었다. 이승만은 6월 5일 월슨의 둘째딸 제시(Jessie Wilson)를 만나 월슨 지사와의 면담 주선을 부탁했다.[6] 제시와는 프린스턴대 재학 시절 친분을 나누었던 사이였다.

제시 월슨의 적극적인 협조로 이승만은 6월 19일 저녁 뉴저지 주 시거트(Sea Girt)에 위치한 주지사 별장에서 월슨 지사와 그의 가족을 만날 수 있었다. 그날 아침 이승만은 우선 프린스턴대학교를 방문하여 웨스트 대학원장으로부터 넉 달 전에 프린스턴대 출판부를 통해서 출판된 자신의 저서 『미국의 영향 하의 [국제법상] 중립』(*Neutrality as Influenced by the United States*)을 50권 받았다.[7] 그는 이 책 한 권을 별장에서 월슨 지사에게 증정하였다.

이 천재일우의 면담에서 이승만이 월슨 지사에게 어떠한 요구를 했는지는 자료 부족으로 정확히 알 수 없다. 일본 정부를 향해 한국 기독교 교인들에 대한 박해를 즉각 중지하고 그들에게 종교적 자유를 허용할 것을 요구하는 내용의 성명서에 미국 정계에서 막강한 영향력을 발휘하는 월슨이 동의 서명(同意署名)을 해줄 것을 요청하였을 것으로 짐작된다.[8]

그런데 월슨은 이승만의 요청을 완곡하게 거부했다. 개인적으로는 물론 돕고 싶지만 민주당의 대통령 후보로서 그렇게 하는 것이 부적절하다고 생각했기 때문이었을 것이다. 거절을 당했지만 이승만은 쉽게 물러서

1912년 6월 이승만이 뉴저지 주 시거트 주지사 별장에서 면담했던 월슨 지사가 1913년 3월 미국 제28대 대통령으로 취임했는데, 이 사진은 1913년 11월 23일 백악관에서 치른 월슨의 둘째딸 제시의 결혼식 사진. 앞줄 가운데가 신부 제시, 양쪽에 앉아 있는 두 여자는 그녀의 자매들이다. 뒷줄 가운데가 월슨 대통령의 부인이고 그녀의 오른쪽 인물이 월슨 대통령이다.

Two of President Wilson's daughters married while he was in the White House. The photograph is of the wedding party of his daughter, Jessie, who married Francis Sayre, November 25, 1913.

1912년 여름 이승만이 뉴욕 주 실버 베이에 있는 미국인 해외 선교자들의 휴양지에서 만난 사람들. 앞줄 가운데 인물이 모트 박사이고 그 외에 12개 나라에서 모여든 선교사들의 모습이 보인다. 이승만은 뒷줄 왼쪽에서 두 번째에 서 있다.

지 않았다. 그 후 그는 제시의 도움을 빌려 두 번(6월 30일과 7월 6일) 더 시 거트의 별장을 찾아갔다. 하지만 끝내 뜻을 이루지 못했다.[9)]

월슨 지사를 통해 105인 사건에 연루되어 핍박받는 한국 교회의 교인들을 구제해 보려던 계획이 실패한 후 이승만은 뉴욕 주 북방 실버 베이(Silver Bay)에 위치한 해외 선교사 휴양소에서 모트 박사를 만났다. 여름 휴가를 즐기는 중이었던 모트 박사에게도 월슨에게 요청했던 것과 똑같은 부탁을 했을 것이다. 그러나 모트로부터도 긍정적인 반응을 이끌어내지 못했다. 그러자 이승만은 옥중 결의 동생인 박용만을 만나기 위해 네브래스카 주 헤이스팅스로 발길을 옮겼다.

이승만이 헤이스팅스 기차역에 도착한 것은 8월 14일. 이때 박용만은 자신이 조직한 한인소년병학교(韓人少年兵學校)의 학도 34명에게 제복을 입혀 역에 데리고 나와 이승만 '형님'을 거수 경례로 맞아주었다. 이승만은 헤스팅스에서 닷새 동안 머물면서 박용만에게 흉금을 털어놓고 개인적, 민족적 문제를 상의했다. 그 결과 이들 의형제는 미국에서 한국 교포가 가장 많이 살고 있는 하와이로 함께 가 그곳에서 장기적인 안목의 독립운동을 펼치자는 결론에 도달했다. 이로써 이승만은 한동안 미련을 버리지 못했던 귀국의 희망을 완전히 포기하고 하와이에 망명하기로 결심했

1912년 8월 중순 이승만이 헤이스팅스를 방문했을 때 만난 박용만이 창립한 한인소년 병학교의 야구팀. 뒷줄 가운데의 왼쪽에 서 있는 이가 박용만 교장이다. 훗날 재미 한인 교포 사회에서 중견 지도자로 부상한 정한경, 유일한, 김현구, 백일규 등의 모습이 담겨 있다.

다.[10]

　박용만과 작별한 이승만은 서울YMCA의 간부로서의 의무를 다하기 위해 1912년의 남은 기간을 뉴저지 주 캄덴(Camden)의 YMCA회관에서 간사로 근무했다. 임기가 끝나자 그는 1913년 1월 10일 미국 동부를 떠났다.[11] 기차를 타고 시카고와 로스앤젤레스를 거쳐 샌프란시스코에 도착한 그는 1월 28일에 호놀룰루로 가는 기선 시에라(The Sierra) 호에 몸을 실었다.

제4장

하와이에서의 교육·선교사업

하와이에서의 첫 사업

이승만이 호놀룰루에 도착한 날(1913년 2월 3일) 시내에서 출영객 대표들과 함께 찍은 사진. 이승만의 오른쪽에 박용만이 서 있다. 이날 부친의 사망 소식을 들은 이승만의 표정은 침통하다.

샌프란시스코에서 이승만을 태운 배는 1주일 만인 1913년 2월 3일 오전 여덟 시에 하와이 군도 중 하나인 오아후(Oahu) 섬 호놀룰루에 도착했다. 수많은 교포가 부두에 나와 이승만을 따뜻하게 맞아 주었다. 석 달 전에 이곳에 먼저 와서 이 '박사' 환영 준비를 한 박용만이 교포들에게 이승만을 '찬란하게' 소개하고 선전한 덕분이었다. 그러나 출영 나온 교포들의 얼굴 표정은 어색하게 굳어 있었다. 이 박사의 부친 이경선 옹이 두 달 전(1912년 12월 5일) 서울에서 별세했다는 비보가 하와이에 전달되었기 때문이다.[1] 사고무친(四顧無親)이 된 이승만은 불효자라는 통한을 가슴에 품고

●●●
1913년 4월 호놀룰루에서 출판된 이승만의 저서 『한국교회핍박』의 표지와 판권 페이지. 이 책에서 그는 '105인 사건'에 대한 세계 각국의 반응을 소개하고 한국 병탄 후 일본의 대한정책을 비판하였다.

●●●
『한국교회핍박』, 도서출판 청미디어

태평양 한가운데의 절해고도(絶海孤島)에 홀로 서게 되었다.

이승만이 찾아온 하와이 령(The Territory of Hawaii)은 하와이(Hawaii), 마우이(Maui), 몰로카이(Molokai), 오아후(Oahu), 카우아이(Kauai) 등 여덟 개의 큰 섬들로 구성된 군도로 1898년에 미국에 병합되었다. 사탕수수 재배로 유명한 이 지역에는 1850년대 이래 중국, 일본, 포르투갈, 필리핀 등 여러 나라의 노동자들이 유입하여 원주민 및 백인과 더불어 인종적 모자이크를 이루고 있었다. 1902년 12월에 대한제국 정부가 이곳으로의 이민을 허락한 이후 일제 통감부가 한국인의 이민을 금지한 1905년 8월까지 2년 반여 사이에 무려 7,400여 명의 한국인이 사탕수수밭의 노동자로 건너왔다.

1913년 이승만이 도착했을 때 하와이 군도에는 약 5,000명의 한국인이 살고 있었고 그들 대부분이 사탕수수밭에서 일하고 있었다.(당시 미국 본토에 흩어져 살고 있는 한인 교포의 수는 1,100~1,200여 명이었다.[2]) 그들 중에는 사탕수수밭을 떠나 소작농으로 변신하거나 아예 도시로 진출하여 행상, 식료품 잡화상, 채소가게, 재봉소, 이발관, 여관업 등 사업으로 성공한 사람들도 있었다. 당시 농장에서 일하는 한인 노동자의 일급(日給)은 평균 75센트, 월급(月給)으로는 18달러에 불과했다. 그렇지만 영어를 조금 잘하는 교포의 경우 미국인 상점에 고용되거나 재판소의 통역이 되어 한 달에 30~40달러 혹은 60~70달러를 벌기도 했다.

호놀룰루에 도착한 이승만은 오아우 섬 푸우누이 가(Pu'unui Avenue)에 있는 '한인자유교회'(담임목사 신용균)가 소유한 오두막집에 입주했다. 거기서 그가 제일 먼저 착수한 일은 『한국 교회 핍박』이라는 '105인 사건'에 관련된 책을 저술하는 것이었다. 이 책에서 그는 한국을 병탄한 일본이 비록 외형적, 물질적으로 발전한 것 같이 보이지만 정신적, 도덕적으로는 옛날과 다름없이 저급한 상태에 놓여 있음을 지적했다. 이에 반해 한국 백성은 심령적 양식을 먼저 구해 서양 여러 나라를 '문명 부강'하게 만든

Cottage in Punuen Honolulu, where I live, 리승만 house keeper

1913년 7월 19일 오아후 섬의 모아나루아 공원에서 피크닉을 즐기는 이승만과 그의 새 친구들.

S.S. picnic, July 19 '13 monoalua Park, oahu, Hawaii

종교, 즉 기독교를 수용하였기 때문에 앞으로 한국이 동양 최초의 기독교 국가가 될 것이며 나아가 전 세계의 일등 국가로 부상할 것이라고 장담했다. 이승만은 108쪽에 달하는 이 책을 2개월 만에 탈고하여 박용만이 주필을 맡고 있는 신한국보사(新韓國報社)에서 출판하였다. 그 후 그는 1913년 5월 중순부터 7월 말까지 현지 사정에 밝은 안현경(安玄卿)의 안내를 받아 하와이, 마우이, 카우아이 등 여러 섬을 방문하면서 그곳에 흩어져

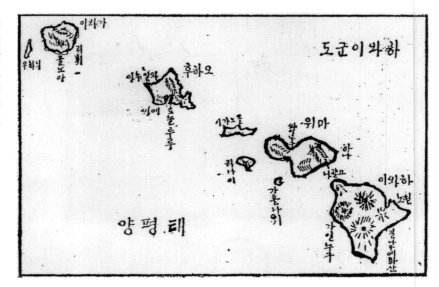

이승만이 1914년 6월 『태평양잡지』(제1권 제10호)에 실은 「하와이 군도」라는 글에 삽입된 지도. 이승만이 스스로 그린 지도인데 오른쪽에서 왼쪽으로 읽어야 한다. 호놀룰루는 왼쪽에서 두번 째 섬(오하후)의 아랫쪽에 있다.

사는 동포들과 면담하고 그들의 고충을 귀담아 들었다.[3] 이 답사 여행을 통해 그는 하와이에 이민 온 동포들의 생활상을 파악하고 자기가 앞으로 그들을 위해 무엇을 할 것인가를 구상했던 것이다.

준비 작업을 끝낸 이승만은 장차 한국의 국권 회복을 목표로 세 가지 사업에 착수했다. 첫째, 그는 은사 서재필의 제안에 따라 전 세계에 한국인의 억울한 사정을 알리며 아울러 한국인의 독립 의욕을 고취시킬 영문 월간 잡지를 발간할 것을 고려했다. 그러나 얼마 후 영문 잡지에 대한 교포들의 수요가 그리 높지 않으며 영문 잡지를 발간하려면 경비 역시 턱없이 많이 든다는 사실을 깨달은 그는 생각을 바꾸었다. 그리고 1913년 9월 20일 『태평양잡지』라는 순 한글 월간 잡지를 창간하였다.[4] 이 잡지는 1930년 말 『태평양주보』로 이름과 체제가 바뀔 때까지 17년 동안 간헐적이지만 끊이지 않고 발간되었다. 이승만은 이 잡지의 주필 겸 발행인으로서 건필을 휘두르며 해외 교포들의 가슴속에 기독교 신앙과 아울러 애국 및 독립사상을 고취시켰다.

다음으로 그가 착수한 사업은 교포 자녀들을 위해 학교를 설립·운영하는 것이었다. 그가 하와이에 도착하기 전(1906)에 호놀룰루에는 미국

이승만이 1913년 5월 마우이 섬을 답사했을 때 그곳 사탕수수 농장 교회 앞에서 교포들과 함께 찍은 사진. 가운데 부분의 오른쪽에 어린 아이를 안고 앉아 있는 이가 이승만이다.

이승만이 1913년에 카우아이 섬의 사탕수수 농장에서 만난 교포들. 중간에서 약간 오른쪽으로 이승만의 서 있는 모습이 보인다.

감리교 선교부에서 운영하는 '한인기숙학교(Korean Boarding School for Boys : 일명 Korean Compound School)'가 이미 설립되어 있었다. 그런데 이 학교에 내분이 발생하여 운영이 곤란했기 때문에 이 학교의 운영 책임자였던 미국인 감리사 와드맨이 1913년 8월에 이승만에게 교장직을 맡을 것을 요청했다. 이승만은 흔쾌히 이 직책을 맡았다. 1913년 9월 2일 학교 이름을 '한인중앙학원(Korean Central School)'으로 바꾸고 교과목을 개편하여 학생들에게 성경을 포함한 정규 교과목 이외에 한국어와 한국 역사 및 한문을 가르치도록 했다. 이로써 2세 교포들의 마음속에 민족혼과 독립 정신을 심어주기 시작했다.[5]

그 다음으로 그가 도모한 사업은 한인 교포들 사이에 기독교를 보급할 목적으로 선교 사업을 펼치는 것이었다. '한인기숙학교'의 교장직을 맡을 때 그는 미 감리교 선교부가 1905년에 설립한 '호놀룰루 한인감리교회(Honolulu Korean Methodist Church)'의 교육 책임자 역할도 맡았다. 그러면서 그는 오아후의 펄 시티(Pearl City)를 중심으로 교회 부흥 운동의 기치를 올렸다. 그의 열성적인 전도 노력의 결과 오아후 섬 각지에 세례 받는 교포의 수가 부쩍 늘고 교회당이 신축되며 상호 갈등을 빚고 있던 교회들이 서로 화해하는 분위기가 조성되었다. 모처럼 하와이 한인 기독교계에 생기가 돌게 된 것이다.

이상과 같이 이승만은, 언론, 교육 및 선교의 세 방면으로 조국 광복을 겨냥한 장기적 안목의 독립운동을 하와이에서 개시했다. 이때 박용만은 대한인국민회(大韓人國民會 : The Korean National Association)의 산하 단체인 하와이지방총회(하와이국민회)의 기관지 『국민보』(國民報)(『신한국보』의 후

신)의 주필로서, 그리고 1914년 6월에 그가 창립한 '대조선국민군단(大朝鮮國民軍團)'의 사령관으로서 이승만과 쌍벽을 이루어 하와이 교포 사회를 이끌어갔다. 이 두 '영웅'이 호형호제(呼兄呼弟)하면서 서로 아끼고 도울 때 한인 교포 사회는 평온하였고 또 이승만의 평판도 좋았다. 그러나 1915년 5월 하와이국민회의 재정 문제를 둘러싸고 일대 '풍파'가 일어나면서 '의형제' 사이에 금이 가기 시작했다. 이후 하와이 교포 사회는 양분되고 이승만에 대한 평판도 나빠지기 시작했다.

제2절 한인기독학원

　미국 유학 시절 이승만은 한국으로 돌아가면 대학 강단에서 국제법과 서양사를 가르칠 것을 기대했다. 1912년 조국을 등지고 다시 미국으로 떠날 때 그는 자신을 아끼는 언더우드 목사로부터 서울에 세워질 최초의 기독교 대학인 연희전문학교(현재의 연세대학교)의 교수직을 제의받은 일도 있다.[1] 그러나 그가 귀국을 포기하고 해외 망명의 길을 택함으로써 대학 교수가 되려던 그의 꿈은 영원히 무산되었다. 호놀룰루에 정착한 그는 초·중·고등학교 교장으로서 하와이 여러 섬에 산재한 한국 어린이들을 모아 애국 사상과 기독교 정신을 심어주는 교육 사업을 펼치는 데 혼신의 힘을 기울였다.

●●●
이승만이 교장직을 인수한 다음 최초로 배출한 한인중앙학원 졸업생들. 이승만 옆에 앉아 있는 여성은 이 학교의 사감 주베르헨 여사이다(1914년).

앞에서 지적한 대로, 이승만이 1913년 초, 호놀룰루에 도착했을 때 그곳에는 이미 미 감리교 선교부에서 운영하는 '한인기숙학교'가 있었다. 이 학교는 하와이 각 지방에서 온 남학생 약 65명에게 기숙 편의를 제공하는 정규 학교로서 이승만이 교장이 되었을 때 미국인 교사가 네댓 명, 한국인 교사가 세 명 있었다.[2]

이승만이 교장이 된 후 이전보다 명성이 높아진 이 학교에는 여러 섬으로부터 향학열에 불타는 여학생들이 몰려왔다. 이들을 수용하고 교육하기 위해 여학생 기숙사가 필요했다. 이승만 교장은 한인 교포들에게 모금 캠페인을 벌였고 그 결과 1914년 7월 29일 호놀룰루 푸우누이 가에 24명을 수용할 수 있는 여학생 기숙사를 마련할 수 있었다. 전적으로 '한인들만의 성금'으로 이뤄낸 쾌거였다.

이렇듯 모든 일이 순탄하게 진행된다고 여겨졌던 1915년 6월 이승만

••• 이승만이 1918년에 발족시킨 남녀공학제 한인기독학원의 학생과 교직원 일동. 이승만 이사장은 왼쪽 끝에서 네 번째로 흰옷을 입고 서 있다. 이 건물은 원래 '알리오라니 학교'의 교사(校舍)였는데 이승만이 가이무기에 한인기독학원을 신축하기 전에 빌려 썼던 건물이다. 이 건물의 1층은 예배당으로 쓰였고, 2층은 교실, 3층에는 여학생 기숙 시설이 있었다.

은 돌연 한인중앙학원 교장직을 사임했다. 아울러 미 감리교 선교부가 세
운 교회에서도 탈퇴했다. 그가 이러한 결단을 내린 것은 무엇보다도 1915
년 5월에 벌어진 하와이국민회의 내분(통칭 '풍파'. 아래 제15장에서 자세히 설
명)을 거쳐 이승만과 그를 지지하는 세력이 하와이국민회의 주도권(재정
권 포함)을 장악함으로써 더 이상 미 감리교 선교부에 의존할 필요가 없
어졌기 때문이었다. 이 밖에 1914년 초에 와드맨의 후임으로 부임한 프라
이(William H. Fry) 감리사가 이승만이 학생들에게 가르치려는 민족주의적
교육 내용, 즉 한국어와 한국 역사 교육을 하와이 령의 인종 혼합 정책에
배치되는 것으로 판단하고 이에 대해 비판적 태도를 취한 것도 한 요인으
로 작용했다.[3]

이승만은 1915년 7월에 하와이국민회의 예산으로 3에이커의 대지를 구
입하고, 1916년 정월부터 하와이 각 지방의 교포들로부터 한인 학교와 교
회의 '자립'에 필요한 기금 명목으로 모금을 했다. 이때 모은 7,700달러로
1916년 3월 10일 여학생 73명을 수용할 수 있는, 기숙사를 구비한 '한인
여학원(The Korean Girls' Seminary)'을 발족시킬 수 있었다.

그 후 1918년 9월 이승만은 한인여자학원을 '한인기독학원(韓人基督學

1913년부터 1915년까지 이승만이 교장직을 맡았던 '한인중앙학원'(한인기숙학교)의 학생과 교직원 일동. 이승만 교장은 앞줄 왼쪽 끝에 앉아 있다.

1916년 12월 25일 이승만이 교포들과 함께 여학생 기숙사를 짓기 위해 정지(整地) 작업을 하고 있다. 오른쪽에서 일곱 번째 갈퀴를 들고 있는 이가 이승만이다.

院 : The Korean Christian Institute)'으로 이름을 바꾸면서 그 학교의 이사장직을 맡았다.[4] 이 학교를 미 감리교 선교부에서 완전히 독립한 남녀공학제의 민족 교육기관으로 만들었다. 또 그는 한인여자학원의 부지와 국민회 소유의 에마(Emma) 기지를 매각하여 호놀룰루의 가이무기(Kaimuki)지구에 9에이커의 땅을 확보하고 그곳에 한인기독학원의 교사를 신축하였다.

그러나 한인기독학원의 시설은 이승만이 애당초 구상했던 수준에 훨씬

좌 1918년 경 이승만이 학교 구내에서 여학생 제자들과 함께 찍은 사진.

우 1918년 경 제자 아그네스 박(왼쪽)과 에델 박 자매를 만나 파안대소(破顔大笑)하는 이승만 이사장. 테니스를 즐겼던 이승만은 라켓을 들고 있다.

못 미쳤다. 따라서 그는 1921년 2월에 가이무기에 있는 학교 땅을 1만 달러에 팔고 새로 갈리하이 계곡(Kalihi Valley)에 35에이커의 땅을 사들여 이곳에 8만4,000여 달러의 예산을 투입하여 새 교사를 마련하였다.[5]

한인기독학원이 설립되자 한인중앙학원에 다니던 학생들이 많이 이 학교로 옮겨왔다. 한인기독학원은 주로 소학교 6년 과정을 이수시키는 학교로서 학비는 받지 않고 기숙사비만 실비로 받으며 운영되었다. 학생 수는 1928년에 54명, 1929년에 74명, 1930년에 75명이었다. 그런데 1930년 이후 학생 수가 계속 감소하였다. 하와이령의 공립학교 제도가 발달하고 교포 2세들의 한국어와 한국 문화에 대한 관심이 줄어들었기 때문이다. 그 결과 1930년 이후 이 학교는 일종의 고아 기숙학교로 전락하였다. 그럼에도 이 학교는 1947년까지 명맥을 유지하였다. 한인여학원과 한인기독학원을 졸업한 학생 수는 200~300명이었다.[6] 이들 졸업생 가운데에는 대한민국의 초대 주미 대사였던 양유찬(梁裕燦), 국무총리 특별보좌관이었던 월터 정, 초대 적십자사 총재이며 YWCA의 회장이었던 김신실(金信實), 남선

전기회사 사장 박만서, 부
산중학교 교장 이영구 등
이 있었다. 이 학교에서 이
승만은 매일 아침 채플 시
간에 설교를 했는데, 남학
생에게는 "한국 여자와 결
혼할 것", 여학생에게는
"한국 남자와 결혼할 것"
을 강조했다고 한다.[7]

1952년 하와이 한인 이
민 50주년을 기하여 현지
교민들은 이승만 대통령의
지시에 따라 한인기독학원
의 토지 등 재산을 매각하
였다. 매각한 돈 15만 달러
는 인천의 용현벌에 대학

을 설립하는 기금으로 기부되었다. 이때 설립된 대학교는 인천(仁川)과 하
와이(荷蛙伊)라는 두 지명의 한자 첫 글자를 합쳐 인하공과대학(仁荷工科大
學)이라고 이름 지었다.[8] 이로써 망명객 이승만이 독립운동의 일환으로 각
고의 노력 끝에 설립하여 운영하였던 한인기독학원의 전통이 국내의 인
하대학교로 면면히 이어지게 되었다.

•••
1919년 한인기독학원 졸업
생들의 앨범. 윗줄 왼쪽에서
두 번째 인물은 1930년 이화
여자전문학교에 체육과 교수
로 부임했던 김신실이다. 김
신실은 1940년대 초 일제 총
독부에 의해 미국으로 추방되
었다가 해방 후 다시 한국으
로 돌아와 적십자사 총재 및
YWCA연합회의 회장직을 역
임했다. 가운데 이승만 이사
장의 사진 밑에 "최대의 행복
은 최대의 활동에서 비롯된
다"라는 이 학교의 교훈이 쓰
여 있다.

한인기독교회

이승만은 친미 외교 노선을 고수했던 독립운동가로 정평이 나 있다. 그러나 그는 맹목적인 친미주의자는 아니었다. 해방 후 그가 미국의 대한(對韓) 정책에 반대한 나머지 미 군정의 최고 책임자 하지(John R. Hodge) 중장과 사사건건 충돌했던 일이라든가, 6·25전쟁 때 미국 정부가 한국인의 남북통일 열망을 외면하고 휴전을 성립시키려 하자 유엔군 총사령관의 동의 없이 반공포로 2만7,000여 명을 석방한 사실은 너무나 유명하다. 미국에 대한 이러한 반골(反骨) 성향 때문에 이승만은 종종 워싱턴 정가에서 '골치 아픈 노인'(a cantankerous old man)으로 취급되기도 했다. 이승만이 콧대 높은 미국인들에게 자신의 오기를 처음으로 드러내 보인 것은 하와이 망명 시절 그가 미국 감리교 선교부의 보호망에서 벗어나 독립적인 민족 교회를 출범시킨 일이었다.

앞에서 다룬 대로, 이승만은 1899년에 한성감옥에서 기독교에 귀의하였다. 그러나 그가 세례교인이 된 것은 그로부터 6년이 지난 1905년 4월 23일(부활절), 워싱턴D.C.에서였다. 그는 당시 가장 영향력이 있다고 소문난 커버넌트 장로교회의 햄린(Lewis T. Hamlin) 목사에게서 세례를 받았다.[1] 그렇지만 그는 원래 감리교계 미션학교인 배재학당을 졸업했기 때문에 그 후 줄곧 감리교회에 적을 두고 감리교 교인으로 살았다. 1912년에 그가 서울YMCA 학감직을 포기하고 황망히 미국으로 떠날 때도 그는 국제 감리교대회의 한국 평신도 대표 자격이었다.

이러한 교적 배경으로 인해 1913년 초 하와이에 정착했을 때 그는 하와이 감리교 선교부의 미국인 감리사들과 손잡고 자신의 포부를 펼쳐 나아

이승만이 호놀룰루에 도착한 지 한 달 후인 1913년 3월에 개최된 하와이 감리교 연회에 참석한 인사들. 앞줄 오른쪽 끝에 이승만이 서 있다.

갈 수 있었다. 하와이 지역 감리교 선교부의 감리사 와드맨은 애당초 이승만에 대해 호감을 갖고 있었다. 그래서 이승만에게 한인기숙학교의 교장직을 맡겼을 뿐 아니라 감리교 하와이 지방회의 교육분과위원장직도 맡겼다. 이로써 이승만은 호놀룰루 한인감리교회 일에도 관여할 수 있었다.

그러나 1914년에 와드맨이 은퇴하고 그 후임으로 프라이 목사가 부임해 오면서 사정이 달라졌다. 프라이 감독은 이승만에게 한인감리교회의 행정에서 손을 떼고 학교 일에만 전념하라고 당부했다. 오랫동안 미 감리교 선교부의 친일적 경향에 비판적이었던 이승만은 프라이 감독이 자신의 행동에 제약을 가하는 태도를 보이자 1915년 6월 한인기숙학교의 교장직과 감리교 지방회 교육분과위원장직을 모두 사퇴하였다. 이로써 그는 미국 감리교 선교부와 완전히 결별했다.[2] 망명객 이승만이 내린 이 결단은 그동안 하와이에서 자기의 삶을 지탱해준 후원자와의 탯[胎]줄을 끊는 것이어서 웬만한 용기 없이는 실행하기 어려운 것이었다.

그런데 1915년 6월 이승만에게 이러한 용기가 생긴 것은 바로 한 달 전

●●●
한인기독교회의 창립자 이승만의 모습(1920년).

에 이른바 '풍파'를 통해 그가 대한인국민회 하와이 지방총회의 실권을 장악했기 때문이었다. 그리고 이보다 더 근본적인 요인은 하와이 한인 기독교인들이 외국 선교부에 의존하지 말고 스스로 교회를 세워 운영하며 재정권을 행사하는 것이 바람직하다는 그의 독립 정신에 있었다.[3]

미국 감리교 선교부의 보호막에서 벗어난 이승만은 한동안 직업적 교역자들에게 환멸을 느꼈다. 그래서 교회에 출석하지 않고 혼자서 기도 생활을 했다.[4] 얼마 후 정신을 가다듬은 그는 하와이 여러 섬에 흩어져 사는 동포들의 가정을 심방하면서 독립적인 한인 학교와 한인 교회 설립의 필요성을 역설했다. 그 결과 1916년부터 그를 따르는 호놀룰루의 감리교회 교인 약 30명이 '한인여학원' 기숙사에 모여 친목 겸 예배를 드리게 되었다. 이 모임에 참석한 교인의 수가 1917년 초에 70~80명으로 늘고, 1918년 말에는 230명으로 늘었다. 이러한 현상은 호놀룰루 이외에 오아후 섬, 와히아와 섬, 마우이 섬, 카우아이 섬 등에서도 일어났다. 이승만을 따르는 호놀룰루의 교인들은 1918년 7월 29일 자기들의 모임을 '신립교회(新立敎會)'라고 부르기 시작했고 다른 섬들의 회중들도 그렇게 했다. 그 후 1918년 12월 23일 호놀룰루와 여타 여러 섬의 신립교회 대표자 14명이 모인 예배 행사에서 자기들의 회중을 '한인기독교회(The Korean Christian Church)'라 부르기로 결정했다.[5] 이로써 하와이에 이승만 중심의 새로운 민족 교회가 탄생한 것이다.

1918년에 탄생한 이 한인기독교회는 어떠한 기성 교파와도 관련이 없는 자치 교회였다. 이 교회는 미국 회중 교회(Congregational Church)를 본

떠 평신도 위주의 민주주의적 원칙을 따른다는 점에 특색이 있었다. 장로
와 집사가 없는 이 교회에서의 치리(治理)는 '창립자' 겸 '선교부장'인 이승
만이 거느리는 이사원(理事院)에서 담당했다.[6]

한인기독교회의 예배당은 호놀룰루 이외에도 와히아와 등 여러 섬에
산재해 있었다. 1936년에는 로스앤젤레스에도 한인기독교회가 설립되었
다. 1938년 당시 미국 전체의 한인기독교회 세례 교인 수는 모두 1,263명
이었다.[7]

이 교회는 이승만이 주도하여 창립한 교회였기 때문에 3·1운동 이후
이승만의 정치적 위상이 높아지자 교인들은 자연히 그의 독립운동을 후
원하게 되었다. 이 교회의 지도자들 가운데 민찬호(閔燦鎬), 이종관(李鐘
寬), 장붕(張鵬) 등 목사들과 안현경, 이원순 등 이사들은 상하이 대한민국
임시정부와 대한인동지회(약칭 동지회) 등의 핵심 멤버들로서 '집정관 총재'
내지 '임시대통령' 이승만의 정치 활동을 적극적으로 도왔다.

한인기독교회는 독자적인 예배당 건물도 없이 출범했다. 그러다가 1922
년 11월에 스쿨 가(School Street)에 자그마한 예배당을 확보하였다. 그런데

●●●
이승만이 미국 감리교 선교부
에서 탈퇴한 다음 그를 따르
며 '신립교회'를 세우는 데 공
을 세웠던 교인들. 뒤에 보이
는 건물은 '여학원 기숙사'이
다. 이승만은 앞줄 왼쪽에서
두 번째와 세 번째 여성 사이
뒤편에 서 있다.

한인기독교회에서 민찬호 목사가 세례를 집전하는 장면.

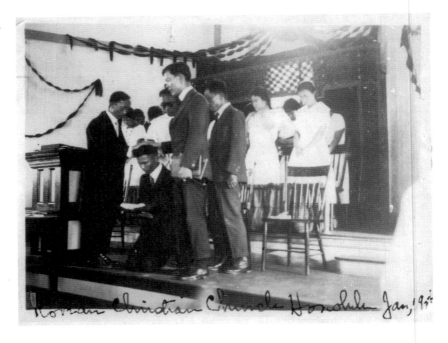

이승만이 창립한 한인기독교회의 이사원 임원들. 이들 대부분은 하와이 국민회와 대한인동지회 등에서 중직을 맡은 교포사회의 유지로서 '집정관 총재' 내지 '임시대통령' 이승만의 정치적 입지 강화에 도움을 주었다. 하와이 한인이민90주년기념사업위원회 편, 『그들의 발자취』(1993년) 수록 사진.

교인들은 좀 더 큰 예배당을 원했기 때문에 이 건물을 1928년에 팔았다. 그 후 10년 동안 신흥국어학교에서 예배를 보면서 건축 자금을 모았다. 그 결과 1938년 4월 24일에 릴리하 가(Liliha Street)에 서울의 광화문을 본뜬 커다란 예배당 건물(건평 4,250제곱미터)을 낙성시킬 수 있었다.[8]

한인기독교회의 역사적 의의를 논할 때 일부 학자들은 이승만이 자기 위주의 교회를 창립함으로써 하와이의 한인 신앙공동체를 분열시켰다고 비난한다. 그러나 이 교회는 망명객 이승만이 미 감리교 선교부의 보호막에서 벗어나 한국인 스스로의 힘으로 설립한 미국 내 최초의 민족 교회였다는 점에서 한국 개신교 역사상 높이 평가받아 마땅하다고 본다.

••• 이승만이 1938년 4월, 건축비 4만여 달러를 들여 준공한 한인기독교회. 이 건물은 광화문을 본뜬 것으로, 평상시 600명을 수용할 수 있다. 앞줄에 앉은 사람들은 이승만을 후원해준 '대한부인구제회'의 회원들이다(1939년 2월).

제4절 이승만과 박용만

하와이로 망명한 40세의 이승만에게 친척이라곤 한 사람도 없었다. 그러나 그에게는 자신의 존재 가치를 알아주고 남들에게 자신을 극구 칭찬해주는 지기(知己) 한 사람이 있었다. 바로 옥중 동지요 결의 동생인 박용만이었다. 불행하게도 이승만은 이 소중한 친구와의 우정을 오래 간직하지 못하였다. 두 사람은 1915년에 하와이 교포 사회를 뒤흔든 '풍파'를 거치면서 서로 불공대천(不共戴天)의 원수가 되고 말았다.[1] 3·1운동 후 상하이 임시정부와 한성 임시정부에서 외무부장으로 임명된 박용만은 이들 임시정부에서 복무하기를 거부하고 베이징으로 건너갔다. 그곳에서 그는 신숙(申肅), 신채호(申采浩) 등 반(反)이승만파 인사들과 결탁하여 '임시대통령' 이승만을 비방하고 성토하는 데 앞장섰다.[2] 이러한 그의 언동은 1925년 3월 상하이 임시정부에서 이승만 '임시대통령'을 탄핵·면직하는 데 큰 영향을 끼쳤다. 요컨대, 한때 막역한 동지였던 박용만은 이승만 생애 최초의 그리고 최대의 정적이 되고 말았다.

이승만과 박용만 사이의 애증 관계를 다룬 종래의 많은 글은 이들의 우정이 깨진 원인을 이승만의 '독선적' 또는 '유아독존적' 성격과 권력욕에서 찾는 경향이 있다. 곧 정치가 이승만에게는 폭넓은 도량이 부족했기 때문에 박용만 같은 귀한 인재를 포용하지 못했다는 견해이다. 이에 반하여 두 사람이 추구한 독립운동 방법론이 워낙 달랐기 때문에 상호 마찰과 대결은 불가피했다고 주장하는 논자들도 있다. 이들의 주장에 따르면, 이승만이 추구한 외교 독립 노선과 박용만이 주창한 무장 독립 노선은 애당초 타협이 불가능한 길이었다는 것이다. 이 두 가지 견해는 모두 일리가 있지만 후자의 견해가 더욱 설득력이 있어 보인다. 여기서는 우선 박용만의 인적 배경을 살펴본 다음, 두 사람이 1915년 하와이에서 '풍파'를 일으킨 경위를 상세히 알아봄으로써 두 '영웅'이 결별하게 된 연유를 밝히고자 한다.

●●●
미국에 도착한 후 1906년 4월 6일의 박용만.

강원도 철원 태생인 박용만(1881~1928)은 일찍이 일본에 유학하여 도쿄의 게이오의숙[慶應義塾]에서 신학문을 연마하다가 1904년 학업을 중단하고 귀국하였다. 그 후 그는 보안회(輔安會)가 주도한 일제의 황무지 개척권 요구 반대 운동에 참여한 끝에 한성감옥에 투옥되었다. 바로 이 감옥에서 이승만과 운명적으로 만나 결의 형제가 되었다.

1905년에 출옥한 박용만은 먼저 미국으로 떠난 '승만 형'의 발자취를 따라 미국으로 건너가 숙부 박희병(朴羲秉)이 살고 있는 콜로라도 주의 덴버에 정착했다. 미국으로 갈 때 그는 이승만이 옥중에서 탈고한 『독립정신』의 원고를 자신의 짐 속에 몰래 숨기고 나갔다. 또 이승만의 아들 봉수를 미국 서부까지 데려다 주는 심부름도 했다.[3]

덴버에서 고등학교를 졸업한 박용만은 1908년 당시 한국 유학생이 가장 많이 모여 살던 네브래스카 주로 옮겨 링컨(Lincoln) 시의 네브래스카대학교(University of Nebraska)에 입학하였다. 그는 이 대학교에서 정치학을 전공하면서 군사학 과목을 따로 택하여 공부함으로써 일종의 ROTC 과정을 이수하였다. 그는 1912년 8월 이 대학에서 정치학 학사(B.A.)학위를 받았다.

네브래스카대학교 재학 중이던 1910년 4월 그는 네브래스카 주 헤이스팅스 시에 있는 헤이스팅스대학(Hastings College)의 링랜드 홀(Ringland Hall)이라는 기숙사에 '한인소년병학교(Young Korean Military School)'를 설립했다. 그리고 여름방학 기간에 한인 학도 약 30명을 모집하여 그들에게 군사 훈련을 실시했다. 1911년에 그는 1년 동안 휴학하고 샌프란시스코로 가 그곳에 본부를 둔 대한인국민회의 기관지 『신한민보』(新韓民報)의 주필

직을 맡아 필봉을 휘둘렀다. 또 『아메리카혁명』(亞美里加革命), 『국민개병설』(國民皆兵說), 『군인수지』(軍人須知) 등의 책을 한글로 출판

했다. 네브래스카대학을 졸업한 후 그는 1912년 11월에 샌프란시스코에서 열린 대한인국민회 지방총회 대표자 회의에 참석하여 그 회의의 이름으로 발표된 '대한인국민회 중앙총회 결성 선포문'을 기초(起草)하였다.[4]

박용만은 미국 동부에서 유학하는 이승만과 서신 왕래를 하며 세 차례 만났다. 그는 1908년 여름 덴버에 '[한인]애국동지대표회'를 소집하고 이승만을 이 회의에 초치하여 회의를 주도토록 배려했다. 이러한 '용만 동생'의 배려에 보답하기 위해 이승만은 1910년 미국 유학을 마치고 귀국할 때 헤이스팅스에 들려 2주 동안 머물면서 박용만의 병학교(兵學校) 학생들과 부흥사경회(復興查經會)를 열었다. 그 후 이승만이 귀국했다가 다시 미국으로 간 다음인 1912년 여름에 박용만이 학사학위를 받고 한인소년병학

교 제1기 졸업생 13명을 배출하자 이승만은 불원천리(不遠千里) 헤이스팅스대학을 한 번 더 방문했다. '용만 동생'과 졸업생들을 축하하고 격려해주기 위해서였다.[5] 이 때 두 사람은 함께 하와이로 건너가 그곳에서 독립운동을 벌이기로 합의하였다. 그 결과 박용만은 1912년 12월 초에, 이승만은 1913년 2월 초에 각각 하와이로 갔다.

호놀룰루에 도착한 박용만은 대한인국민회 하와이 지방총회(약칭 하와이국민회)의 기관지 『신한국보』(新韓國報)(1913년 8월) 『국민보』(〈國民報 : *The Korean National Herald*〉로 개칭)의 주필직을 맡았

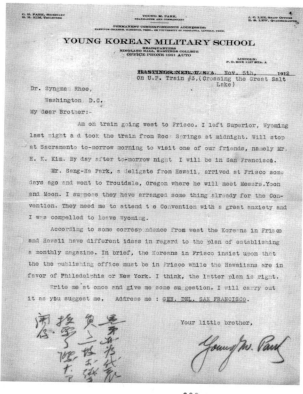

 의 겉봉.

•••
이승만이 하버드대 대학원에 적을 두고 있던 1908년 여름에 박용만이 그에게 보낸 편지의 겉봉. 이 편지의 발신처는 샌프란시스코에 본부를 둔 대동보국회이다. 아래의 영문 및 한문 글씨는 모두 박용만의 친필이다.

다. 이 직책을 맡은 지 3개월 만인 1913년 2월 1일 그는 총155조의 '대한인국민회 하와이지방총회 자치규정'을 제정하였다.[6] 이렇게 하와이국민회가 기틀을 다지는 데 크게 기여한 그는 하와이국민회 지도자들의 지원을 받아 평소 관심이 많았던 무장 독립운동을 실천에 옮기기 시작했다. 그는 그해 6월 22일 호놀룰루 시 동북 방향의 '큰 산 넘어' 코올라우(Koolau) 구역 아후이마누(Ahuimanu)에 위치한 파인애플 농장(1360에이커)에 '대조선독립군단(大朝鮮獨立軍團 : The Korean Military Corporation)'을 창설하였다. 이어서 그는 8월 29일 이 군단 부속기관으로 병학교(兵學校 : Korean Military Academy. 속칭 '산너머학교')를 개설하고 그 학교의 막사와 군문(軍門)을 준공했다.[7]

이 병학교에서 훈련받은 사관학도들은 하와이로 이주하기 전에 대한제국 군대에서 복무했던 '광무군인(光武軍人)'들로서 그 수는 124명 정도였

오아후 섬 코올라우 지구 카할루 언덕 아래에 있는 아후이마누 농장에 설립된 '대조선국민군단' 부설 병학교의 교관과 학도들. 앞줄 왼쪽에서 세 번째가 박용만 교장이다.

1914년 8월 29일 '대조선국민군단' 병학교의 막사와 군문 낙성식의 기념 사진. 이승만은 이날 예식에서 〈믿음〉이라는 주제로 강연을 하였다. 왼쪽 뒷줄 끝에 박용만이, 그리고 거기서 두 사람 건너 이승만이 서 있다.

다. 그들은 낮에는 파인애플 농장에서 열 시간 이상 노동을 하고 여가에 박용만으로부터 둔전(屯田)식 교육을 받았다. 그들이 사용한 교련기구는 단총 39정, 군도(軍刀) 열 개, 나팔 열두 개, 북 여섯 개, 목총 350정, 그리고 영문 교과서 28종이었다.[8]

이승만은 1914년 8월 29일 대조선국민군단 병학교의 막사와 군문 낙성식에 참석하여 「믿음」이라는 주제로 강연을 했다.[9] 이로 미루어 '승만 형'은 이때까지만 해도 '용만 동생'이 하와이에서 벌이는 사업을 기특하게 여기고 힘껏 밀어주는 입장을 취하고 있었다고 볼 수 있다. 그러나 독립운

동 방략으로 외교와 교육을 우선시했던 이
승만은 박용만의 비현실적이고 모험적인 대
조선국민군단 계획에 찬동할 수 없었다. 특
히 이승만은 하와이 한인 교포들로부터 거
둬들이는 제한된 액수의 독립운동 자금이
박용만이 실시하는 군사 훈련의 경비로 쓰
이는 것을 '낭비'로 판단했을 가능성이 높다.
바로 이것이 이승만으로 하여금 1915년 여
름에 이른바 '풍파'를 일으킨 요인이 되었다
고 여겨진다.

위(제4장 제2절 한인기독학원)에서 이미 설
명한 대로, 이승만은 1914년부터 호놀룰루
에 여학생 기숙사를 건립하는 일에 몰두하

조선독립을 위하여 군관학교와 국민군단을 창설한 박용만 장군(1917)
— Mr. Young Ok Kang Collection

●●●
대조선국민군단의 군단장
으로 정장한 박용만의 모습
(1917년경).

였다. 이 작업을 추진하는 과정에서 그는 1909년에 결성된 하와이국민회
와 마찰을 빚게 되었다. 그 당시 하와이국민회는 샌프란시스코에 본부를
둔 대한인국민회 중앙총회(회장 안창호)의 하위 기관으로, 2,300여 명의 회
원을 거느린 미국 내 최대 규모의 한인 자치 단체였다. 하와이국민회는 하
와이 군도에 흩어져 사는 한인들로부터 매달 5달러의 '의무금'과 다른 여
러 명목의 특별연조금(약칭 특연)을 거둬들여 1914년 당시 약 3만5,000달
러의 자금을 확보하고 있었다. 하와이국민회는 이 자금으로 교포 자녀들
의 교육과 출판 사업, 복지 사업을 지원하였으며, 1914년 말에는 밀러 가
(Miller Street)에 총회관도 준공했다. 이 밖에 하와이국민회는 연무부(鍊武
部)를 설치하여 박용만이 조직한 대조선국민군단과 병학교를 지원하고 있
었다.[10]

그런데 이승만은 1914년 하와이국민회 회장으로 선출된 김종학(金鐘學)
과 그를 둘러싼 임원들에 불만을 품게 되었다. 자신이 추진하는 교육 사

1913년 9월부터 이승만이 교장직을 맡은 호놀룰루의 한인 기숙학교 앞에서 이승만과 박용만이 교포 유지들과 함께 찍은 사진. 오른쪽에서 세 번째가 이승만 교장이고 왼쪽에서 두 번째가 박용만이다 (1914년 4월 13일).

업에 대해서는 비협조적인 데 반해 그리 시급하지 않다고 여겨지는 총회관의 건축과 박용만의 무력 양성 사업에 대해서는 적극적인 협조와 지원을 아끼지 않았기 때문이다. 이 불만이 1915년 이승만과 박용만의 대결로 표출되었다고 할 수 있다.

때마침 1915년 1월 15일 소집된 하와이국민회 대의회에서 전년도 총회관 건축비 보고서를 검토하는 가운데 일부 임원들이 재정을 마음대로 사용한 사실이 밝혀졌다. 이승만은 이를 계기로 하와이국민회 지도부의 일대 혁신을 주장하게 되었다.

이승만은 우선 하와이의 여러 섬을 찾아다니며 자신의 지지 세력을 규합했다. 이들은 주로 각 지방 교회의 목사와 전도사, 한국어 학교 교사들이었다. 이렇게 규합된 지지자들은 이승만이 시도하는 하와이국민회 혁신운동에 참여할 '혁명대'를 조직했다.[11] 또한 이승만은 국민회 임원들이 저지른 재정 비리를 자신이 발행하는 『태평양잡지』에 폭로하고 비판하면서 국민회 지방총회 특별대의회를 소집하라고 김종학 회장을 압박했다.[12] 그 결과 1915년 5월 1일, 하와이국민회 특별대의회가 열리게 되었다.

5월 1일의 특별대의회에는 지방 대의원 총 76명 가운데 31명이 참석했다. 법정 정족수가 미달된 것이다. 게다가 회의 기간에 김종학 지지파와 이승만 지지파(혁명대) 간에 몸싸움이 그치질 않았다. 이 같은 이유로 김종학 회장은 5월 14일에 정회를 선포하고 퇴장했다. 이승만을 지지하는 대의원들은 회의를 속개하고 김종학 회장을 파면한 다음, 자파의 대표자 정인수(鄭仁壽)를 임시회장으로 선출했다. 이어서 공금 1,345달러 60센트를 횡령했다는 혐의로 김종학을 하와이 법정에 고소했다.[13]

그 후 정인수 임시회장은 6월 15일에 하와이국민회 임시대의회를 소집하여 새로운 회장단의 임원을 선출했다. 그 결과 회장에 홍한식(洪漢植) 목사, 부회장에 정인수, 총무에 안현경, 구제부 부장에 주영환(朱永煥), 감사에 이종후(李鍾厚) 등 친(親)이승만계 인사들이 선출되었다.[14] 이때 이승만은 하와이국민회 '재정보관인'(財政保管人, 일명 장재〈掌財〉)이라는 직책을 맡았다.[15] 이로써 이승만은 자신의 지지 세력으로 하여금 하와이국민회를 장악하게 만들면서 자신은 하와이국민회의 재정권을 확보하는 데 성공한 것이다.

이 1915년 5~6월의 '풍파'를 거쳐 이승만은 하와이 한인 사회에서 '아무도 그의 전횡을 막을 수 없는' 최고 실권자로 떠올랐다. 그리고 이때부터 하와이 교포 사회에는 이승만의 '득의전성 시대'(得意全盛時代)가 열렸고 그 상황은 1931년까지 유지되었다.[16]

1915년의 풍파를 계기로 이승만은 김종학과 박용만을 지지하는 교포들로부터 '분열주의자', '독재자'라는 비난을 받기 시작했다.[17] 그렇지만 이승만은, 이 풍파의 결과 자신이 확보한 하와이국민회의 '풍족한' 재력(財力)을 배경으로 미 감리교 선교부의 보호막에서 벗어나 독립적인 민족주의 교육과 종교 활동을 펼칠 수 있었다. 그 구체적 결실이 바로 1918년 9월에 발족한 한인기독학원과 그 해 12월 23일에 탄생한 한인기독교회였다.

1915년의 풍파를 계기로 김종학 회장 중심의 하와이국민회 세력이 몰

락하면서 그 동안 그들에게 의존했던 박용만의 대조선국민군단과 부설
병학교는 쇠퇴의 길로 접어들어 결국 1916년 10월에 해체되었다.[18]

여기에 추가할 중요한 얘기가 하나 더 있다. 그것은, 1915년 하와이국민
회의 실권이 이승만과 그를 지지하는 세력으로 넘어간 직후 샌프란시스코
에 본부를 둔 '대한인국민회 중앙총회'의 안창호 회장이 풍파를 수습하려
했지만 실패했다는 사실이다. 안창호는 8월 31일부터 12월 22일까지 호놀
룰루에 머무르며 이승만을 만나려 했지만 이승만은 그와의 만남을 정중
히 거절했다. 안창호는 샌프란시스코를 떠나기 전 이승만에게 전보를 보
내 자신의 호놀룰루 방문을 미리 통보했다. 하지만 이승만은 안창호가 도
착하기 이틀 전인 8월 28일 한인여학원 설립을 위한 의연금 모금을 핑계
로 하와이 섬의 힐로로 떠났다. 그 후 이승만은 10월 30일에 거행된 한인
여학원의 개원식에 아직도 호놀룰루에 머물고 있던 안창호를 초청하여 그
에게 축사를 부탁했다. 그러나 개원식이 끝난 후 안창호와 대화의 자리를
피했다.[19] 이때 이승만이 안창호를 홀대함으로써 두 사람의 관계는 상호

존중에서 상호 경쟁 관계로 바뀌었다. 그
결과 1925년 3월 상하이 임시정부에서
이승만 임시대통령을 탄핵할 때 '서북파
(西北派)'라고도 불리는, 안창호가 이끄는
흥사단(興士團) 세력이 고려공산당 세력과
합세하여 탄핵에 앞장섰다고 여겨진다.

도산 안창호

제5절 주위의 여인들

얼핏 보아 이승만은 처복(妻福)이 없는 사람 같았다. 그는 만 15세 때 (1890) 결혼하여 약 9년 동안 단란한 가정을 이루고 살았다. 그러다 한성 감옥에서 5년 7개월 동안 옥살이를 하고 이어서 곧 미국으로 건너가 5년 동안 유학했다. 1910년 귀국한 그는 1912년에 조강지처인 박승선과 이혼했고, 이후 1934년에 프란체스카 도너(Francesca Donner)와 재혼할 때까지 20여 년 동안 독신 생활을 영위했다. 그렇다면 그 동안에 그는 외로웠을까?

그러나 하와이에서의 이승만은 결코 외롭지 않았다. 그의 주위에는 '미남 박사' 이승만을 따르는 여성이 꽤 많았기 때문이다. 이들 대부분은 '사진 결혼'이라는 절차를 거쳐 하와이에 건너가 자기보다 나이가 훨씬 많은 사람과 결혼하여 살면서 하와이 여러 섬에 세워진 한인 교회에 다니거

노디 김

나 혹은 대한부인구제회(Korean Women's Relief Society)에 가입하여 이승만의 교육과 정치 활동을 적극 지원하는 여성들이었다.

이들 가운데 이승만을 그림자같이 따라다니며 뒷바라지를 해주던 1.5세대 교포 인텔리 여성이 한 명 있었다. 그의 이름은 노디 김(Nodie Dora Kimhaikim, 1934년 이후에는 노디 손〈Nodie Kimhaikim Sohn〉)이었다. 원명이 김혜숙인 그는 황해도 곡산 출신으로 여덟 살 때(1905. 5) 부모를 따라 하와이로 이민해 왔다. 그러나 하와이 생활에 잘 적응하지 못한 아버지 김윤종이 1914

년에 만주로 떠나갔기 때문에 노디는 어머니, 오빠, 누이동생과 함께 어렵게 자랐다.[1]

이승만이 호놀룰루에 정착한 지 2년째인 1915년 노디는 카아후마누 초등학교(Kaahumanu School)를 우수한 성적으로 졸업했다. 그리고는 이승만 교장의 추천으로 미국 본토로 건너가 오하이오 주의 우스터 고등학교(Wooster Academy)에 입학하였다. 졸업 후 그녀는 오하이오 주의 명문인 오벌린대학(Oberlin College)에 진학하여 1922년에 정치학 학사학위를 취득하였다.[2]

노디 김은 오벌린대학 재학 중 1919년 4월에 필라델피아에서 개최된 한인대표자대회에 참석하였다. 이 자리에서 그녀는 여러 번 열변을 토하여 각광을 받았다.[3] 대학 졸업 후 그녀는 호놀룰루로 돌아가 워싱턴D.C.에서 외교 활동을 벌이고 있던 이승만을 대신하여 한인기독학원의 원장직을 맡았다. 이밖에 그녀는 한인기독교회, 동지회, 대한부인구제회, 한미친선회, 한미상담회 등 여러 친 이승만 단체의 이사 혹은 회장직을 맡아 이승만의 독립운동을 적극 후원하였다.[4]

이러한 공적을 인정받은 그녀는 대한민국 정부 수립 후 이승만 대통령의 초청으로 조국에 돌아가 1953년 11월부터 1955년 2월까지 외자구매처장(外資購買處長)직을 맡았다. 1958년 하와이로 돌아갈 때까지 적십자사 부총재, 대한부인회 섭외간사(liaison officer) 및 인하대학교 이사 등 요직을 역임했다.[5]

노디 김이 오랜 기간 이승만 옆에서 그를 도우며 일하다 보니 주변에는 두 사람에 대한 염문이 자자했다. 그런데 그녀는, 이승만이 프란체스카 도너와 결혼한 다음 해인 1935년 호놀룰루의 교포 실업가 손승운(Syung Woon Peter Sohn)과 결혼하였다. 결혼 당시 그녀에게는 위니프리드 리(Winifred Lee. 한국명 이보경. 나중에는 위니프리드 남바〈Winifred Namba〉)라는 만 8세의 딸이 있었는데 그 아이가 이승만의 딸일 거라는 추측이 하

와이 교민들 사이에서 나돌았다. 그러나 위니프리드 남바가 자신의 어머
니에 관해 쓴 「손노디 약전」에서 자신은 이(Rhee)승만이 아닌 리(Lee)병원
의 딸이라고 주장했다. 노디 김은 1927년 리병원(William Pyeung Won Lee)
이라는 사업가와 결혼 혹은 동거한 일이 있는데 이때 리 씨와의 사이에서
위니프리드 자신이 태어났다는 것이다.[6)]

　노디 김 이외에 미국 망명 시절에 이승만에게 접근한 한국 여성이 몇
명 더 있었다. 그 중에 임영신(任永信 : Louise Yim)이 대표적이다. 임영신은
전라도 금산 태생으로 3·1운동 때 전주에서 만세 시위를 주도하다가 일
제 감옥에서 6개월 동안 옥살이를 했다. 이후 일본으로 건너가 히로시마
[廣島]고등여학교를 졸업하였다. 귀국 후 공주 영명학교와 이화학당에서
교편을 잡았다가 1923년 말 미국으로 유학을 떠났다. 그녀는 류태영(柳泰
永)의 요청으로 관동대진재(關東大震災) 때 일본인들이 한국인을 학살하
는 장면을 담은 사진첩을 숨겨서 샌프란시스코로 가지고 갔다. 때마침 그
곳을 방문하고 있던 이승만에게 이 사진첩을 전달하는 막중한 일을 해낸

것이다. 이를 계기로 두 사람은 서로 믿고 아끼는 동지가 되었다.[7]

임영신은 그 후 로스앤젤레스의 남가주대학교(University of Southern California)에 입학하여 학부와 대학원 과정을 마치고 1931년에 신학 석사 학위를 받았다. 졸업 후 그녀가 워싱턴D.C.를 방문하였을 때 임영신은 그 곳 한인교회의 이순길(李淳吉) 장로(세계적으로 유명한 다이빙 선수 새미 리 〈Sammy Lee〉의 아버지)를 통해 간접적으로 이승만의 청혼을 받았다. 이 문 제로 고민하던 임영신은 오빠들 및 친구들과 상의한 끝에 '이혼 경력이 있는 50대 노인'과 결혼하는 것은 마땅치 않다는 결론을 내리고 이승만 의 청혼을 완곡히 거절했다.[8]

그 후 임영신은 1937년 4월 9일에 미국에서 사업에 성공한 재미 교포 한순교(韓淳敎)와 결혼했다. 그러나 임영신은 한순교와 이혼하고 1940년 5 월 단신으로 귀국했다. 이혼 사유는 정치적 이념 차이인 것으로 추정된 다. 1923년 이래 꾸준히 이승만을 사모했던 그녀는 귀국을 전후하여 이

1930년경의 이승만과 임영신. 이 사진이 실려 있는 손충무 저
『한강은 흐른다』에 의하면, 이 사진은 임영신이 로스앤젤레스
에서 이승만에게 보낸 것이다.

승만이라는 이름에서 승(承)자를 따 스스로 '승
당(承堂)'이라는 아호(雅號)를 짓고 이를 애용하였
다.[9]

해방 후 임영신은, 이승만이 단신 귀국하자 이
승만의 부인 프란체스카가 서울에 도착할 때(1946.
3. 25)까지 윤치영(尹致暎) 내외와 함께 돈암장에
서 이승만의 비서 역할을 담당했다.[10] 그 후 그녀
는 남조선대한국민대표민주의원(약칭 민주의원)의
의장인 이승만에 의해 '민주의원 겸 대한민국[임시
정부] 전권대표'로 임명되어, 미국으로 건너가 1946
년 10월 23일에 뉴욕에서 개최된 제1차 유엔총회
에 한국 독립 문제를 상정하려고 노력했다. 그러
나 이 일이 여의치 않자 그녀는 뉴욕에 남아 있다
가 1946년 12월 8일부터 1947년까지 이승만 의장
이 워싱턴D.C.에서 펼친 이른바 '방미 외교'를 보
좌하는 역할을 충실히 해냈다. 이러한 공로를 인
정받아 그녀는 대한민국 정부 수립 후 초대 상공
부장관으로 발탁되었다.[11]

제5장

상하이 임정의 임시대통령

제1절 3·1운동 전후의 동정

　3·1운동은 이승만의 전 생애에 있어 가장 중요한 의미를 지닌 역사적 사건이었다. 그 이유는 이 사건을 계기로 이승만이 일개의 망명객, 교육자 및 ㈜목회자의 입장에서 일약 전 민족을 대표하는 임시정부의 최고 지도자로 부상했기 때문이다. 그렇다면 그는 3·1운동을 전후한 시점에 어디에서 무엇을 하고 있었던가?

　1918년 말 제1차 세계대전이 끝나가는 무렵 이승만은 호놀룰루에서 한인기독학원 운영에 주력하고 있었다. 그러면서 그는 세계대전을 마무리 짓는 강화회의에서 약소국 민족들의 독립 문제가 제기될 것을 예상했다. 특히 그는, 승전국인 미국의 대통령으로서 민족자결주의를 제창한 바 있는 은사 윌슨(Woodrow Wilson)이 미국 대표단을 이끌고 강화회의에 참석하여 주도적 역할을 수행하리라 믿고, 자신도 이 회의에 참석하여 윌슨의 도움을 받아 한국 독립을 주장해보려고 마음먹고 있었다.

이승만은 1918년 10월 하와이를 방문한 여운홍(呂運弘 : 여운형의 동생)과 미국인 선교사 샤록스(Alfred M. Sharrocks, 謝樂秀. 평북 선천의 미동병원〈美東病院〉원장) 목사를 통해 자신의 생각을 국내의 민족 지도자들, 특히 송진우(宋鎭宇), 함태영(咸台永), 양전백(梁甸伯) 등에게 알렸다. 그로써 그들이 적당한 시점에 국내에서 월슨의 관심을 끄는 데 필요한 대중 시위를 펼쳐줄 것을 기대했다.[1]

1918년 11월 11일 제1차 세계대전의 휴전이 성립되자 이승만을 지지하는 하와이 교포들은 그에게 한인기독학원 일을 잠시 접어두고 앞으로 열릴 파리강화회의에 한인 대표로 참석할 것을 강력히 권유했다.[2] 때마침 샌프란시스코에 본부를 둔 '대한인국민회 중앙총회'(회장 안창호)는 11월 25일 임시협의회를 소집하여 이승만, 정한경(鄭翰景) 및 민찬호를 파리강화회의에 참석할 한인 대표로 선출하였다.[3]

이승만은 자기에게 주어진 임무를 다하기 위해 1919년 1월 6일 호놀룰루를 출발, 미주 본토로 향했다. 1월 15일 샌프란시스코에 도착한 그는 로스앤젤레스로 가서 22일에 그곳에 사는 안창호를 만나고 미국 동부로 발길을 재촉했다.[4] 그는 뉴욕을 거쳐 2월 3일 서재필이 거주하는 필라델피아에 도착했다.

이틀 후 이승만은 서재필, 정한경, 장택상(張澤相), 민규식(閔奎植) 등 4인을 필라델피아의 벨레뷰-스트랫퍼드 호텔(Bellevue-Stratford Hotel)에서 만나 한국 독립 운동 방략에 대해 논의했다. 이 회의에서 서재필은 이승만이 파리강화회의에 참석하는 것은 사실상 불가능할 뿐 아니라 설사 참석하더라도 외교적으로 별 효과를 거두지 못할 것이라고 단언했다. 그러면서 그는 그 같은 '헛수고'(fool's errand)에 정력과 돈을 낭비하는 대신 50만 달러의 기금을 조성하여 영문 잡지를 발간하자고 제안했다. 이 기금은 주로 장택상·민규식 등 부호들의 재정 지원과 이승만의 모금 활동을 기대하는 것이었다. 서재필의 생각은, 이러한 영문 잡지를 통해 세계 여론을 한국에 유리하게 유도하는 것이 한국 독립을 달성하는 최선의 방법이라는 것이었다. 이승만은 대한인국민회와 하와이 교포들이 자신을 파리강화회의 대표로 뽑아준 이상 자신은 그들이 맡긴 사명을 수행해야 하므로 다른 일에 착수할 수 없다고 잘라 말하면서 서재필이 제안한 잡지 발간 계획을 보류시켰다.[5]

이 일이 있은 다음 2월 13일경 이승만은 서재필에게, 필라델피아에서 한인대회(a Korean Convention)를 개최하자고 제안했다. 파리에서 펼칠 한인 대표들의 외교 활동을 뒷받침할 목적이었다. 이 회의 참가자들이 필라델피아 시내의 '독립기념관(The Independence Hall)'까지 시위 행진을 함으로써 미국민들에게 한국인의 독립 의지를 보여주자는 것이었다. 서재필은 이 제안에 동의했다. 이에 이승만은 3월 24일 서재필, 정한경과 공동 명의로 해외 교포 지도자들에게 '한인대표자회의(The First Korean Congress)'의 초청장을 보냈다.[6]

그 후 이승만은 필라델피아를 떠나 워싱턴D.C.로 가서 여권을 얻으려 노력하면서 2월말부터 3월 5일까지 일시 귀국 중인 윌슨 대통령을 면담하려고 애썼다. 2월 27일 이승만은 미국 내무부 장관 레인(Franklin Lane)의 소개로 국무장관 대리 폴크(Frank L. Polk)를 만났다. 파리 행 여권을 속히 발급해 줄 것을 요청했다. 그러나 폴크는 3월 5일 여권 발급이 불가하다고 통고했다. 포크는 윌슨 대통령으로부터 '이 박사가 [파리에] 오는 것은 유감'이라는 내용의 통지를 받았기 때문이다.[7] 이에 앞서 3월 3일 이승만은 백악관 비서실장 투멀티(Joseph Tumulty)로부터 윌슨 대통령의 면담 거절 통보를 받고서 이에 대해 유감을 표시하는 서한을 발송(3월 4일)한 바 있다.[8] 이 무렵 백악관과 국무부가 이승만에게 보여준 일련의 냉대는 그가 윌슨의 애제자로서 윌슨 대통령을 움직일 수 있으리라는 한국인들의 기대를 여지없이 깨뜨리고 말았다.

● ● ●
윌슨 대통령

겹친 과로와 심한 좌절감 때문에 이승만은 2월 초부터 피부병으로 시름시름 앓았다. 급기야 2월 하순에는 '워싱턴 요양원(The Washington Sanatorium)'에 입원하여 며칠간 휴식을 취해야 했다.[9] 이승만이 요양원에서 퇴원한 2월 26일, 그가 투숙한 뉴 윌러드 호텔(New Willard Hotel)로 정한경이 찾아왔다. 정한경은 대한인국민회 중앙총회와의 협의를 거쳐 "장차 완전한 독립을 보장하는 조건으로 한국을 당분간 국제연맹(The League of Nations)의 위임 통치(mandatory) 아래 둠으로써 일본의 지배로부터 해방시켜 달라"라는 취지의 위임통치청원서를 내밀었다. 그는 이 문서를 윌슨 대통령을 통하여 파리강화회의에 제출하자고 제의했다. 실의에 빠져있던 이승만은 정한경의 제안에 동의하고 정한경이 작성한 위임통치청원서에 공동 서명하고 3월 3일 이를 백악관에 제출했다.[10]

1919년 3월 10일은 궁지에 몰려 있던 이승만에게 새로운 희망을 던져준 뜻깊은 날이었다. 그날 그는 국내에서 대규모의 항일 군중 시위, 즉

필라델피아의 한인대표자대회가 끝나는 날(1919년 4월 16일) '독립기념관'에 들어가 미국의 초대 대통령 워싱턴이 앉았던 자리에 좌정한 이승만. 서 있는 인물 가운데 오른쪽에서 두 번째가 정한경, 세 번째가 노디 김이다.

3·1운동이 일어났다는 소식을 서재필로부터 들었다. 오랫동안 은근히 고대했던 소식이었다. 이 낭보는 상하이[上海]에 있는 현순(玄楯) 목사가 3월 9일 안창호에게 전보로 알렸고 안창호가 이를 서재필에게 통보함으로써 이승만에게까지 전달된 것이었다.[11]

국내에서 거족적인 항일 시위가 발발했다는 소식에 고무된 이승만은 서재필과 더불어 미리 계획했던 필라델피아 한인대회 소집에 박차를 가하였다. 그 결과 4월 14일 미국 독립 운동의 요람지인 필라델피아의 시내에 있는 '리틀 시어터(Little Theater)' 건물에서 '한인대표자대회(The First Korean Congress)'가 개최되었다. 이 회의에는 미국과 영국 각지로부터 온 장택상, 민규식, 윤병구, 민찬호, 정한경, 임병직, 김현철(金顯哲), 장기영(張

基永), 천세헌(千世憲), 유일한(柳一韓), 김현구(金鉉九), 조병옥(趙炳玉), 노디 김 등 150여 명의 한인 대표가 참석했다.[12]

4월 14일부터 16일까지 3일 동안 영어로 진행된 이 회의에서 서재필이 의장 역을 맡았다. 이승만은 이 회의에서 '미국에 보내는 호소문'과 '(노령) 임시정부 지지 선언문' 등 결의안들을 작성하고 통과시키는 데 앞장섰다. 이 대회의 피날레는 참가자들이 리틀 시어터로부터 독립기념관까지 시가행진을 하는 것이었다. 일행이 유서 깊은 독립기념관에 들어선 다음 이승만은 1776년 미국 초대 대통령 워싱턴(George Washington)이 미국 헌법에 서명할 때 사용했던 책상 뒤 의자에 정좌하고 기념 촬영을 했다. 서재필의 배려였다. 이어서 그는 영문으로 번역된 '3·1 독립선언서'를 낭독한 다음 '대한민주국 만세!'와 '미국 만세!'를 선창하였다.[13] 만세 3창 소리가 독립기념관 내에 울려 퍼지는 순간 이승만의 의기가 충천하면서 한동안 그를 괴롭혔던 병마가 사라졌다.

제2절 한성 임시정부 집정관총재 (대한민주국 임시대통령)

이승만은 3·1운동 후 탄생한 한국 역사상 최초의 민주공화국 정부의 대통령이 되었다. 그가 대통령이 된 것은 스스로의 추천에 의한 것이 아니었다. 다른 사람의 추천에 의해서였고, 또 미국에 있는 교포들에 의해서가 아니라 원동(遠東 : 중국과 시베리아)과 국내 동포들에 의해서였다. 물론 그에게 처음부터 '대통령'이라는 직함이 부여된 것은 아니었다. 상하이의 대한민국 임시정부는 1919년 9월 11일에 이승만에게 '임시대통령'이라는 직함을 부여했다. 그렇지만 그는 6월부터 이미 '대한민주국 대통령 (President of the Republic of Korea)'이라 자칭하고 있었다. 이것은 도대체 어찌된 영문인가?

이승만은 젊은 시절 서울에서 국사범으로 약 6년 동안 옥고를 치렀고 또 프린스턴대 대학원에서 한국인으로서는 최초로 국제정치학 박사학위를 취득했다. 그 덕분에 3·1운동이 발발하기 전부터 한국인들 간에 명성이 누구보다도 높았다. 따라서 그는 3·1운동 발발 후 국내·외에서 새로 탄생한 여러 임시정부의 각료 명단에서 정상급 지도자로 거명되었다. 3월 21일 블라디보스토크에 수립된 대한국민의회 임시정부(소위 '노령 임시정부')의 내각 명단에 '국무급 외무총장'(국무경)으로 이름이 올랐다. 또 4월 11일 상하이에 수립된

1919년 4월 11일 이승만을 '국무총리'로 선거한 상하이 대한민국 임시정부의 임명장. 이 임명장은 대한민국 임시의 정원 의장 이동녕의 명의로 발급되었다.

閣下께서大韓民國臨時議政院을由
하야大韓民國國務總理로選擧되셧
기此를因하야其職權을確定함

國務總理 李承晩 閣下

大韓民國元年四月十一日

大韓民國臨時議政院議長 李東寧

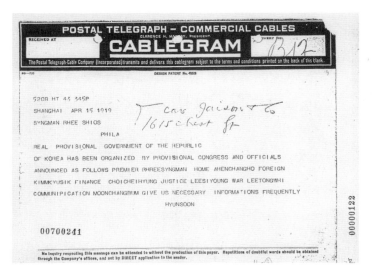

●●● 좌 상하이 대한민국 임시정부에서 이승만이 국무총리로 선출되었다는 사실을 알리는 1919년 4월 15일자 현순의 전보.

●●● 우 상하이 '대한민국 임시정부 임시대통령' 이승만의 공식 사진(1920년).

●●● 1919년 4월 초 블라디보스토크에 수립된 노령(露領) 임시정부에서 이승만이 '국무급 외교총장'으로 추대되었다는 소식을 들은 다음 촬영하여 보급한 홍보용 사진.

리승만 박사
국 무 경
겸
외 무 경

대한민국 임시정부(상하이 임정)에서는 '국무총리'로 선임되었으며, 4월 23일 서울에서 선포된 세칭 한성 임시정부에서는 '집정관총재'(執政官總裁)로 추대되었다.

3·1운동 발발 후 미국 동부에서 활약하고 있던 이승만은 노령 임시정부가 자신을 '국무급 외무총장'으로 임명했다는 소식을 듣게 되었다. 4월 5일 샌프란시스코에서 발간되는 교포 신문 『신한민보』를 통해서였다.[1] 상하이 임시정부가 자신을 '국무총리'로 선출했다는 사실은 4월 15일 현순의 전보를 통해서 알았다.[2] 그리고 한성 임시정부에서 자신을 '집정관총재'로 추대한 사실은 5월 말에 워싱턴D.C.를 방문한 옛 옥중 동지 신흥우(申興雨)로부터 전해 들었다.[3]

필라델피아에서 '한인대표자대회'를 성황리에 끝마친 이승만은 4월 하순 워싱턴D.C.로 자리를 옮겨 그 곳에 활동 본부를 설치하고 본격적으로 독립 운동을 펼치기 시작했다. 처음에 그는 3·1운동 후에 수립된 '임시정부'

를 영어로 'The Republic of Korea'로,[4] 그리고 자신의 직함을 국무총리 (Premier)로 호칭하였다. 그러나 얼마 후 한성 임시정부에서 집정관총재라는 직함을 부여한 사실을 확인한 다음부터 'President of the Republic of Korea'라는 영어 명칭을 쓰기 시작했다. 그 이유는 3·1운동 후 자신을 추대한 여러 임시정부 가운데 조국의 수도에서 선포된 한성 임시정부가 13도(道) 대표의 국민대회를 거쳐 수립된 정부로서 대표성이 확실할뿐 아니라, 이 정부에서 자기에게 부여한 '집정관총재'라는 직함이 영어로는 'President'에 해당한다고 판단했기 때문이다. 즉, 이 직함이 미국에서 독립 운동을 전개함에 있어 자신에게 가장 유리한 호칭이라고 생각했기때문이었다. 결과적으로 그는 6월 중순부터 미국을 위시한 외국 원수들에게 보낸 외교 문서에서 자신을 'President of the Republic of Korea'라고 불렀고 한국어로는 7월 4일부터 '대한민주국 임시대통령'이라고 호칭하였다.[5]

상하이 임시정부의 일부 인사들은 이승만이 '대통령'이라는 호칭을 쓰는 것은 잘못이라고 주장했다. 참칭(僭稱 : 분수에 맞지 않게 스스로 황제나 왕이라고 일컬음)이라며 이 직함의 사용을 당장 중지하라고 요구했다. 그러나

●●●
좌 워싱턴D.C. 사무실에서 집무하고 있는 상하이 임정의 임시대통령 이승만(1922년 1월).

●●●
우 이승만이 한성 임시정부의 집정관 총재(대한민주국 임시대통령)로 추대된 다음, 그의 '대통령'직 취임을 축하하기 위해 모인 호놀룰루의 한인 교포들.

이승만은 이미 각국 원수에게 보낸 외교 문서에서 이 직함을 사용했기 때문에 바꿀 수 없다고 우겼다. 이 문제는 결국 상하이 임시정부 측에서 양보하면서 해결되었다. 9월 6일 헌법을 개정하여, 국무총리중심제 대신 대통령중심제 헌법을 채택하고 9월 11일에 이승만을 상하이 임정의 '임시대통령'으로 선출했던 것이다.[6]

한성 임시정부의 집정관총재이며 상하이 임정의 임시대통령이던 이승만은 미국에서 어떤 일을 하였는가? 무엇보다도 먼저 그는 4월 12일 하와이 군도에 흩어져 사는 한인 교포들에게 하루 동안 휴무하고 독립선언식을 거행할 것을 촉구했다. 그 자리에서 일제의 만행을 규탄하고 미 국무부로 하여금 파리강화회의에 참석할 한국 대표들에게 여권을 발급해 줄 것을 요구하는 결의문을 채택토록 하였다.[7] 8월 15일에는 호놀룰루에 있는 태평양잡지사를 통해 『대한독립혈전기』(大韓獨立血戰記)라는 정기 간행물을 발간토록 하였다. 이 책에 이승만은 7월 4일에 그가 작성한 '대통령 선언서'를 발표했다. 이 선언서를 통해 이승만은 동포들에게 자신이 신생 '대한민주국의 임시대통령'이 된 사실을 홍보하면서 그들의 지지, 특히 재

정적 지원을 호소하였다.[8]

뿐만 아니라 이승만은 미국을 위시한 열강 대국들의 수반과 파리강화회의 의장을 상대로 문서 외교를 펼쳤다. 즉, 그는 'President of the Republic of Korea' 명의로 6월 14일에 미국·영국·프랑스·이탈리아 등 구미 열강의 최고 지도자들에게, 6월 27일에는 파리강화

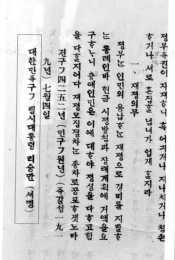

••• 『대한독립혈전기』(1919.8)에 실린 1919년 7월 4일자 이승만의 「대통령 선언서」 말미에 이승만이 자기의 직함을 '대한민주국 임시대통령'이라고 밝히고 있다.

회의의 의장인 클레망소(George Clemenceau)에게 한반도에 '완벽한 자율적 민주정부'가 탄생했으며 자신이 그 정부의 '대통령'으로 선출되었다는 사실을 통고하고 새로 탄생한 대한민주국 정부를 인정해 줄 것을 요구했다. 특히 6월 18일 그는 일본 '천황(Emperor)'에게도 국서를 보냈다. 이 문서에서 그는 한반도에 적법적인 대한민주국이 수립되었으므로 일본은 이 정부를 승인하고 한반도에서 군대와 (외교관을 제외한) 관리들을 모두 철수하라고 요구했다. 이승만은 이 문서를 자신의 비서인 임병직을 통해 워싱턴D.C. 주재 일본대사관에 직접 전달토록 하였다.[9] 이승만이 일본 국왕을 상대로 이 같은 조치를 취한 것은, 무엇보다도 한성 임시정부가 선포되기 전에 인천에서 개최된 국민대회에서 13도 대표들이 일본 정부를 향하여 "대(對)조선 통치권의 철거와 군비의 철퇴를 요구할 사"라는 조항을 결의사항 중 하나로 채택했기 때문이었다.

6월 28일에 파리강화회의가 우리 민족에게 아무 소득 없이 끝나자, 이승만은 7월 17일 워싱턴D.C.의 매사추세츠 가 1894번지에 '대한민주국 공사관(Legation)'을 개설했다. 8월 25일 '구미위원부'로 이름을 바꾼 이 조직에 유급 직원들을 기용하여 그들에게 외교 관련 업무를 맡겼다.[10] 자

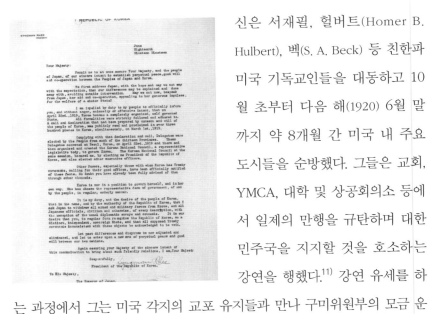

신은 서재필, 헐버트(Homer B. Hulbert), 벡(S. A. Beck) 등 친한파 미국 기독교인들을 대동하고 10월 초부터 다음 해(1920) 6월 말까지 약 8개월 간 미국 내 주요 도시들을 순방했다. 그들은 교회, YMCA, 대학 및 상공회의소 등에서 일제의 만행을 규탄하며 대한민주국을 지지할 것을 호소하는 강연을 행했다.[11] 강연 유세를 하는 과정에서 그는 미국 각지의 교포 유지들과 만나 구미위원부의 모금 운동에 동참해줄 것을 요청했다. 또 한국에 대해 동정적 관심을 가진 미국인 교역자, 대학 교수 및 기업인들 중심으로 '한국친우회(The League of the Friends of Korea)'라는 친한(親韓) 단체를 곳곳에 조직했다.

제3절 구미위원부

이승만은 1919년부터 1925년까지 워싱턴D.C.를 중심으로 독립 운동을 전개했다. 그는 1919년 8월 25일부터 워싱턴에 있는 자신의 활동 본부를 '구미위원부(歐美委員部 : The Korean Commission to America and Europe)'라고 불렀다. 구미위원부는, 1941년 6월 이승만이 충칭[重慶] 대한민국 임시정부의 주미외교위원장으로 임명되자 '한국위원부(The Korean Commission)'라고 이름을 바꿨다. 이 기관은 1949년 1월 '주미한국대사관'이 개설될 때까지 존속하였다.[1)]

이승만은 3·1운동 후 한성 임시정부에서 자신을 집정관총재로 추대했다는 소식을 듣자 1919년 5월 16일 워싱턴에 '집정관총재 사무실'을 열었다.[2)] 그는 같은 시기에 필라델피아에서 '한국 홍보국(The Korea Information Bureau)'을 운영하면서 '한국친우회'를 조직하여 대한민주국을 홍보·선전하고 있던 서재필과 손잡고 독립 운동을 전개했다. 6월말에 파리강화회의가 한국인에게 아무 소득 없이 폐막하자 그곳에서 한국 대표로 활약하던 김규식이 워싱턴D.C.로 왔다. 김규식의 워싱턴 도착을 계기로 8월 25일 이승만은, 서재필의 건의에 따라, 한성 임시정부 집정관총재의 직권으로 구미위원부를 발족시켰다. 그리고 김규식을 초대 위

워싱턴D.C.에 있는 대한민국 임시정부 임시대통령 사무실에서 집무하는 이승만(1922년 1월).

원장으로 임명했다. 김규식은 약 1년 간 위원장으로 일하다가 위원장직에
서 물러나 상하이로 가서 상하이 임정의 학무총장이 되었다.[3]

이승만은 미국에서 정규 대학 교육을 받은 엘리트 청년 세 명을 구미
위원부의 '위원'으로 위촉했다. 그의 심복인 정한경, 샌프란시스코 대한인
국민회 중앙총회의 대표인 이대위(李大爲), 하와이국민회 대표인 송헌주
(宋憲澍) 등이 바로 그들이다. 이들 이외에 이승만은 미국인 변호사 돌프
(Frederick A. Dolph)를 위원부의 법률고문으로 임명하고, 노디김과 매이본
(Maybourn)을 사무직원으로 기용하였다. 이승만 자신은 위원부의 당연직

March, 1920
The Portland, Washington, D.C.

위원으로서 업무 전반을 총괄하는 역할을 맡았다.

　구미위원부 출범 이후 이승만이 맨 먼저 착수한 일은 독립 운동에 필요한 자금을 모금하는 것이었다. 그는 종전과 같이 교포들로부터 거두어들이는 '애국금', '인구세' 그리고 국내에서 비밀히 보내오는 '의연금' 등만으로는 독립 운동을 제대로 추진할 수 없다고 판단했다. 그래서 Republic of Korea 명의의 공채를 발행하여 판매하기로 결정했다.[4] 그는 9월 1일부터 김규식 위원장과 공동 명의로 공채표(公債票 : bond)를 발행하여 발매하기 시작했다. 공채표는 10달러, 25달러, 50달러, 100달러, 500달러 등 다섯 종류였는데 연리(年利) 6%로써 미국이 대한민주국을 승인하면 1년 내에 상환한다는 조건으로 발행되었다.

●●●
구미위원부 초대 임원들. 앞줄 왼쪽 두 번째부터 송헌주, 이승만, 김규식, 뒷줄의 왼쪽 두 번째가 임병직이다. 임병직의 오른편에 서 있는 여인은 노디 김 혹은 임병직의 비서였던 루스 홍(Ruth Hong)으로 추정된다. 1920년 3월 워싱턴 D.C.의 포틀랜드 호텔에서 촬영된 사진. 아래 설명문은 이승만의 친필이다.

구미위원부는 미주와 하와이는 물론 멕시코, 쿠바, 칠레, 캐나다 등지에 살고 있는 교포들과 화교(華僑)들에게 공채표를 판매하여 1921년까지 8만1,351달러의 자금을 모았다. 이 금액은 (1921년도 기준) 위원부 총수입의 약 65%에 해당하는 것으로 당시 해외 여러 독립 운동 단체가 갹출한 독립 운동 자금 가운데 가장 큰 액수였다.[5]

구미위원부는 이렇게 모은 자금 중 매달 1,000달러 이상을 상하이 임정에 송금하여 임정 활동을 지원하였다.[6] 또한 이와 맞먹는 액수의 자금을 필라델피아에 있는 서재필과 파리에 있는 황기환(黃玘煥)에게 보내어 그들로 하여금 영문 잡지 *Korea Review*(대한평론)과 불문 잡지 *La Corée Libre*(자유한국)을 각각 발간하게 했다.[7] 이 밖에도 한국 독립에 관련된 많은 영문 저서와 팸플릿을 출판하는 사업을 지원했다.[8]

구미위원부는 미국 내 21개 도시와 런던, 파리 등 유럽의 주요 도시에 설립된 '한국친우회'를 지원하였다. 그 결과 한국친우회는 1921년 말까지 미국 내에서 '2만5,000여 명'의 회원을 확보하는 데 성공했다. 이에 앞서 1919년 가을 이승만은 위원부의 '선전원' 자격으로 서재필, 헐버트, 그리고 백 목사 등과 함께 미국 주요 도시를 순방하면서 한국 독립의 당위성을 주장하는 강연을 했다.[9]

구미위원부가 추진한 일들 가운데 특기할 만한 것은 미국 상·하 양원의 의원들을 접촉하여 그들로 하여금 한국 독립 문제를 미국 의회에 상정함으로써 미국 의회의 동정과 지지를 확보하는 것이었다. 법률고문 돌프

등 구미위원부 임원들이 노력한
결과 1919년 후반부터 미국 의
회에서 한국 문제가 심심찮게
거론되었다. 그러다가 1920년 3
월 17일 드디어 상원 본회의에
한국 독립 지지안이 에이레(Eire
: 애란) 독립 지지안과 아울러 상
정되어 표결에 붙여졌다. 그러나
애석하게도 에이레 안은 38대
36으로 가결되었지만 한국 안은
34대 46으로 부결되었다.[10]

구미위원부의 지원으로 서재
필이 편집·발행한 영문 잡지
『대한평론』(Korea Review)
의 표지.

상호 신뢰했던 이승만과 정한
경이 숙의하는 장면(1920년).

상하이로의 밀항과 임시대통령직 수행

이승만은 1919년 9월부터 1925년 3월까지 5년 6개월 간 상하이에 위치한 대한민국 임시정부(상하이 임정)의 '임시대통령'직을 유지하고 있었다. 그러나 막상 그가 상하이에서 집무한 기간은 6개월(1920. 12~1921. 5)에 불과했다. 그가 어떻게 미국에서 중국으로 여행할 수 있었는지, 그리고 상하이에서 어떻게 자기의 직무를 수행했는지에 관해서는 미스터리가 많다. 여기서는 주로 이화장에 소장되었던 '이승만 문서'를 바탕으로 그의 상하이 부임 경위와 그곳에서의 활동 상황을 살펴보기로 하자.

●●●
상하이 체재 시 중국옷을 입은 이승만 대한민국 임시정부 임시대통령(1921년 4월 9일).

워싱턴D.C.를 중심으로 활동하던 대한민주국 임시대통령 이승만이 상하이 임정의 '임시대통령'으로 임명된 것은 1919년 9월 6일에 완결된 상하이 임정의 개헌의 결과였다. 이승만은 1920년 여름 상하이 방문을 결심했다. 이 결심의 직접적 동기는 1920년 3월 5일 상하이 임시의정원의 일부 의원들이 이승만에게 상하이로 당장 부임할 것을 요구하면서 그렇게 하지 않을 경우 불신임 결의를 하겠다고 통보했기 때문이었다.[1] 그런데 그가 미국에서 상하이로 여행하는 것은 결코 쉬운 일이 아니었다. 당시 무국적자였던 그로서는 미국과 중국 정부에서 여권이나 비자를 발급받을 수 없는 데다 일제가 그의 머리에 30만 달러의 현상금을 걸었기 때문이다.[2] 따라서 이승만은 상하이로 부임하기 위해 밀항을 감행할 수밖에 없었다.

이승만은 상하이 밀항을 위해 6월 29일 호놀룰루에 도착했다. 10월에 그는 워싱턴에 있던 비서 임병직, 상하이 임정의 학무총장과 군무총장으로 각각 임명되어 있던 김규식과 노백린(盧伯麟) 등을 호놀룰루로 불러 함께 상하이로 떠날 궁리를 하였다. 그러나 네 사람이 함께 행동하는 것은 위험천만한 일이라고 판단한 그는 계획을 바꾸어 임병직만 데리고 따로 출발하기로 결정하였다.

이승만과 임병직은 호놀룰루의 미정부 총세무장(總稅務長)인 친구 보스윅(William Borthwick)의 별장과 자택에 숨어 지내면서 보스윅이 상하이로 가는 안전한 배편을 잡아 줄 때까지 기다렸다.[3] 11월 16일 보스윅은 일본을 경유하지 않고 상하이로 직행하는 홀랜드 국적의 운송선 웨스트 히카(The West Hika) 호의 2등 항해사를 매수하여 두 사람을 선장 몰래 승선시켜 주었다.

중국인으로 가장한 이승만과 임병직은 웨스트 히카 호의 밑바닥 창고에 몸을 숨겼다. 그들은 미국에서 살다가 숨진 중국인 노동자들의 시체를 담은 관(棺)들이 실린, 통풍 장치가 없는 철제 창고 안에서 하루 밤을 꼬박 지새운 다음 배가 미국 영해를 벗어난 다음 갑판 위로 올라갔다. 뒤늦게 밀항자를 발견한 선장은 천만다행으로 그들의 불법 승선을 눈감아 주었다.[4]

이승만과 임병직은 12월 5일 오전 열 시 목적지 상하이에 도착했다. 선장의 특별 배려로 그들은 상하이 황푸강[黃浦江] 부두에 검사 없이 상륙하여 인력거를 타고 중국인 거리로 직행, 멍위엔관[孟淵館]이라는 여관에 투숙했다. 여기에서 이승만은 미리 연락해 둔 장붕에게 상하이 도착 사실을 편지로 알렸다. 장붕은 이승만의 심복이며 상하이 임정의 의정원 의원

이었다. 이승만은 이틀 뒤에 나타난 장붕으로부터 현지 사정을 브리핑 받고난 후 임정에 자신의 상하이 도착 사실을 알렸다.

상하이 임정 측에서는 이승만을 버링턴 호텔(Burlington Hotel)로 옮겨 모셨다. 그러나 여기서도 신변의 불안을 느낀 이승만은 상하이 교민단 단장 여운형(呂運亨)의 안내로 프랑스 조계 내 쉬지아훼루[徐家匯路] 3번지에 위치한 미국인 안식교 선교사 크로푸트(J. W. Crofoot) 목사의 사택(舍宅)으로 거처를 옮겼다. 이 과정에 상하이 기독교청년회(YMCA)의 미국인 총무

피치(George A. Fitch) 목사의 도움이 컸을 것으로 추정된다. 이승만은 1920년 12월 12일부터 1921년 5월 28일까지 줄곧 이 사택의 2층 방에서 기거했다.[5]

이승만이 '임시대통령'으로서 임정 청사를 방문하여 직원들을 접견한 것은 12월 13일이고, 그가 공개적으로 자신의 모습을 드러

大韓民國三年一月一日
臨時政府及臨時議政院新年祝賀式紀念撮影

상 1920년 12월 28일 상하이 교민단이 베푼 환영회에 참석한 이승만 '임시대통령 각하'(가운데). 서 있는 사람들은 왼쪽 끝으로부터 손정도, 이동녕, 이시영, 이동휘, 이승만, 안창호, 박은식, 신규식, 장붕이다.

하 1921년 1월 1일 대한민국 임시정부 및 임시의정원 신년 축하식 기념 사진. 임시대통령 이승만은 둘째 줄의 가운데에 앉아 있다. 앞줄의 왼쪽에서 세 번째에 경무국장 김구의 모습이 보인다.

THE NEW YORK TIMES BOOK REVIEW AND MAGAZINE, JUNE 26, 1921.

Japan and Korea

Lee Dong Whee. Korean Independent Leader. / *Dr. Syngman Rhee. President of the Supposititious Republic of Korea.* / *Ahn Chang Ho. Another Independent Leader.*

초기 상하이 임정의 '3거두(巨頭)'. 왼쪽에서 오른쪽으로 이동휘, 이승만, 안창호이다. 1921년 6월 21일자 *The New Times Book Review and Magazine*에 실렸던 사진으로 '이승만 문서'에 포함되어 있다.

낸 것은 12월 28일 '상하이 교민단'이 베푼 환영회 자리에서였다. 그는 1921년 1월 1일의 신년 축하식을 거행한 후 임시대통령으로서의 업무를 수행하기 시작했다.[6]

상하이 임정의 망명 정객들은 이승만이 상하이 임정의 임시대통령으로 임명 된 다음 상하이가 아닌 미국에서 오래 머문 점에 대해서 불만이 컸다. 더구나 이승만 임시대통령이 '대정략'(大政略)과 거액의 자금을 가지고 오기를 기대했는데 그에게서 그런 것들을 발견하지 못하자 그들은 적이 실망했다. 이승만 임시대통령은 자기보다 먼저 상하이에 도착하여 임정을 이끌고 있던 국무총리 이동휘(李東輝), 노동국 총판(전 내무총장 겸 국무총리) 안창호 및 학무총장 김규식 등 상하이 임정의 최고 실력자들과 1921년 1월에 세 차례 국무원(내각)회의를 개최했다.[7] 이동휘 국무총리는, 이승만이 한국을 국제연맹의 위임 통치 아래 둘 것을 월슨 대통령에게 청원한 사실에 대해 맹렬히 비난하며 해명을 요구했다. 이어서 그는 임시정부의 통치 체제를 대통령중심제에서 일종의 집단 지도 체제인 '국무위원회제'로 바꿀 것을 제안했다. 안창호와 김규식 등 다른 국무원들은 구미위원부의 적법성 여부와 구미위원부에서 거둬들인 자금의 지출 상황에 대해 비판적 의견을 토로하면서 구미위원부의 개혁을 요구했다.[8]

이승만은, 3·1운동의 소식을 듣기 1주일 전 한국을 당분간 국제연맹의 위임 통치 아래 둘 것을 월슨 대통령에게 제안했지만 한국의 독립을 조건부로 한 것이라고 이동휘에게 해명했다. 이동휘가 제안한 국무위원회제 채택 건에 대해서는 한성 임시정부의 설립 취지에 부합하지 않는다는 이유를 내세워 채택을 거부했다. 구미위원부의 지출 상황과 개혁안에 대해서는 수용할 의사 없다고 단언했다. 그 대신 그는 ① 상하이 임정의 불필요한 인력을 감축할 것, ② 임정 직원들에게 일정한 봉급을 지급할 것, ③ 수입과 지출을 예산 제도에 입각하여 집행할 것, ④ 국내의 모든 국민에게 평상시에 개인적 혹은 집단적으로 전투 태세를 갖추는 훈련을 실시하여 장차 발발할 일제와의 전쟁에 대비할 것, ⑤ 상하이를 중심으로 국내 여러 곳에 비밀 통신망을 구축할 것 등을 제안하였다.[9] 이런 이승만의 제안은 국무위원들의 적극적인 호응을 이끌어내지 못한 것 같다.

●●●
1920년대 초 이승만 임시대통령이 상하이의 어느 사진관에서 신익희와 함께 찍은 사진.

　무장 독립 노선 지지자인 이동휘는 국무원회의에서 기대했던 성과를 거두지 못하자 1월 24일 국무총리직을 사퇴하였다. 이어서 4월 29일에는 김규식이, 5월 11일에는 안창호가 잇달아 사퇴했다. 그러자 이들을 따르는 차장급 요인들이 속속 사표를 제출했다. 임정을 탈퇴한 이동휘는 소련의 레닌(Vladimir Lenin)이 제공한 정치 자금으로 상하이에 고려공산당을 창당(1921. 5. 20~23)하여 이승만과 대결했다. 김규식과 안창호는 박용만, 여운형 등과 연대하여 1921년 2월 박은식(朴殷植), 원세훈(元世勳), 김창숙(金昌淑) 등이 발의한 '국민대표회의' 소집 운동에 가담함으로써 이승만의 지도력에 도전했다. 박용만은 이승만 밑에서 임시정부의 외무총장으로 복무하기를 거부하고 베이징으로 가서 신채호 등 반 이승만 인사들과 합세했다. 이들은 군사통일촉성회를 조직하고 이승만의 친미 외교 노선을 맹렬

히 비난했다. 이 무렵 여운형은 이르쿠츠크파 고려공산당에 가입하여 활약하고 있었다.[10]

사면초가에 직면한 이승만은 1921년 2월 중순 임시대통령직을 사퇴할 것을 진지하게 고려했다. 그러나 자기 대신 여러 파벌로 갈라진 독립운동가들을 통합하여 임정을 이끌고 나갈 인물을 구하지 못해 결국 유임하기로 결심하였다.[11] 그러자 3월 6일 그를 지지하는 장붕, 조완구(趙琬九), 윤기섭(尹琦燮), 황준현(黃中顯) 등 이른바 '기호파(畿湖派)' 인사 45명이 임시정부를 절대 지지·옹호한다는 성명서를 발표했다. 이어서 3월 23일 장붕 등 이외에 이동녕(李東寧), 김구(金九), 신익희(申翼熙) 등을 포함한 기호파 인사 129명이 협성회(協誠會)라는 일종의 여당을 발족시킴으로써 이승만 임시대통령의 입지를 굳혀주었다.

이렇게 상황이 호전되자 이승만은 5월 16일, 법무총장 겸 국무총리 서리 신규식(申圭植), 내무총장 이동녕, 재무총장 이시영(李始榮), 군무총장 노백린 등으로써 새 국무원, 이른바 '기호파 내각'을 출범시켰다. 그리고 나서 그 다음날 임시의정원에 "외교상 긴급과 재정상 절박의 이유로 부득이 미국으로 돌아간다"라는 교서(敎書)를 제출하고, 18일에는 일반 국민을 상대로 '임시대통령의 유고(諭告)'를 발표한 다음 자취를 감추었다.[12] 상하

이를 떠나기에 앞서 이승만은 3월 5~10일에는 장붕과 함께 난징[南京]을, 3월 25~27일에는 크로푸트 부처와 함께 자딩현 류허[嘉定縣 劉河]를, 그리고 5월 24~25일에는 크로푸트 부처 및 신익희를 대동하고 쑤저우[蘇州]를 관광했다.[13]

상하이를 떠날 때 피치 상하이YMCA의 총무(목사)가 마닐라까지 가는 1등석 배표를 마련해 주었다. 그가 탑승한 마닐라 행 기선 콜롬비아(S. S. Columbia) 호가 상하이를 떠난 것은 5월 29일 새벽 다섯 시. 그리고 그가 호놀룰루 항에 도착한 것은 이로부터 한 달이 지난 6월 29일 오전 여덟 시였다.

호놀룰루에서 워싱턴D.C.로 떠나기에 앞서 이승만은 7월 21일 민찬호, 이종관, 안현경 등 자신의 심복 3인으로 하여금 '대한인동지회(大韓人同志會, 약칭 동지회)'를 발족토록 하였다. 이승만이 동지회를 발족시킨 주요 목적은 앞으로 자신이 워싱턴D.C.에서 전개할 외교 활동에 필요한 자금을 확보하는 한편, 하와이에 있는 박용만 지지자들이 벌일 지도 모르는 반임정·반 이승만 운동을 미리 차단하거나 제압하려는 것이었다.[14]

워싱턴회의에서의 외교 실패와
상하이 임정의 임시대통령 탄핵·면직

1921년 8월 말, 워싱턴D.C.에 도착한 이승만은 11월 12일부터 그 다음해 2월 6일까지 미국의 주도 하에 개최된 워싱턴군축회의(The Washington Disarmament Conference, 약칭 : 워싱턴 회의, 일명 : 태평양회의)[1]에서 한국 독립 문제를 제기하기 위해 혼신의 힘을 기울였다.

그는 호놀룰루에서 워싱턴D.C.로 여행하는 도중 미국 본토에 거주하는 한인 교포들과 본국의 동지들에게 편지를 보내거나 직접 만나 워싱턴회의 외교에 필요한 경비 지원을 요청했다. 그 결과 그는 7만5,237달러라는 거액을 모금할 수 있었다.[2] 이승만은 이 자금으로 우선 워싱턴회의에 참석할 한국 대표단의 활동 본부로 쓰일 건물을 임대했다. 구미위원부의 돌프 변호사 등으로 하여금 워싱턴회의에 제출할 영문 자료들을 준비토록 하였으며, 또 각국 대표들을 상대로 효과적인 로비를 벌일 수 있는 유능한 미국인 특별 고문을 발탁하는 일을 했다.

1921년 9월 29일 상하이의 임시의정원은 이승만, 서재필, 정한경, 돌프, 토머스(Charles S. Thomas) 등 네 명을 워싱턴회의 '한국 대표단(The Korean Mission)'의 대표장(代表長), 대표, 서

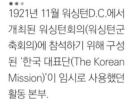
1921년 11월 워싱턴D.C.에서 개최된 워싱턴회의(워싱턴군축회의)에 참석하기 위해 구성된 '한국 대표단(The Korean Mission)'이 임시로 사용했던 활동 본부.

기, 법률고문, 특별 고문으로 각각 임명했다. 토머스는 워싱턴회의에서 주 역할을 할 미국 대표들과 친분이 있는 전 콜로라도 주 민주당 상원의원이었다. 이승만은 그에게 한 달에 1,000 달러를 주는 조건으로 한국 대표단의 특별 고문으로 기용하였다.[3]

●●●
워싱턴 군축회의에 한국대표로 참석하기 위해 준비를 마친 이승만의 모습(1921년, 이화장 제공)

한국 대표단은 특별 고문 토머스로 하여금 미국 대표단의 단장인 휴스(Charles E. Hughes) 국무장관에게 로비를 벌이게 했다. 또 구미위원부에서 작성한 영문 자료들을 각국 대표들과 신문기자들에게 배포하면서 회의 참석권과 발언권을 얻으려고 노력했다. 한국 대표단이 회의 기간에 배포한 영문 자료들은 ① 『한국소개』(Briefs for Korea), ② 『군축회의에 바치는 한국의 청원』(Korea's Appeal to the Conference on Limitation of Armament), ③ 『워싱턴과 극동지역 군비축소회의에 드리는 추가 청원』(Supplementary Appeal to the Conference on Limitation of Armament in the Pacific and Far East), ④ 『워싱턴회의에 대한 대한민국의 요구』의 영문 번역본, ⑤ 「워싱턴회의에 바치는 한국 인민의 글」의 영문 번역본 등이었다. 이때 회원 수 2만5,000명을 자랑하는 한국친우회의 회장 톰킨스(Floyd W. Tomkins) 목사와 일부 회원들은 미국 대표단에게 편지를 보내어 한국 대표단의 활동을 지원했다.[4]

이렇게 철저하게 준비하고 노력했지만 미국, 영국, 프랑스, 일본 등 태평양회의 참가국의 대표들, 특히 미국 대표단의 휴스 단장은 한국 대표단에게 회의 참석권이나 발언권을 허용하지 않았다. 회의의 최중요 협상 대상국인 일본을 자극하지 않기 위해서였다. 한국 대표단이 정성들여 작성하여 제출한 자료들에 대해서도 관심을 보이지 않았다. 이 회의에 모여든 신

워싱턴회의에 참가하기 위해 정장을 하고 나선 한국 대표단 일행. 앞줄 왼쪽부터 이승만, 그의 비서 메이본, 법률 고문 돌프. 뒷줄 왼쪽부터 대표 서재필과 서기 정한경.

문기자들 역시 한국 대표단에 관심을 가져 주지 않았다. 워싱턴회의 중 이승만에게 자문을 해주던 서재필은 1922년 1월 22일 하딩 미 대통령에게 협조를 요청하는 편지를 써 보냈지만 회답을 받지 못하였다.[5] 한마디로 이승만이 이끈 한국 대표단의 워싱턴회의 외교는 완전히 실패했다.

워싱턴회의에서의 외교 실패는 이승만을 정치적 궁지로 몰아넣었다. 1919년 8월부터 1922년 초까지 그를 보필했던 구미위원부의 서재필, 정한경, 임병직, 돌프 등이 독립 운동을 포기하고 워싱턴D.C.를 떠났다. 이승만

역시 구미위원부 사무실을 정리한 다음 1922년 2월 워싱턴D.C.를 떠나 하와이로 발길을 돌렸다.

워싱턴회의에서의 외교 실패는 1925년 3월 상하이 임시의정원이 이승만을 '임시대통령'직에서 탄핵하고 면직하는 재앙의 단초가 되었다. 워싱턴회의에서 이승만이 아무런 성과를 거두지 못하자 상하이와 베이징에 있는 독립운동가들 사이에 이승만의 위신이 추락했기 때문이다. 이승만의 외교 활동을 적극 지지하고 후원했던 임정의 신규식 내각은 노백린을 제외하고 워싱턴회의 종료 후 1922년 3월 20일 총사직했다. 이승만은 4월 26일 노백린에게 후계 내각을 구성하라고 지시했지만 노백린은 내각 구성에 실패했다. 이와 같이 상하이 임정이 마비 상태에 빠지자 6월 17일 소집된 제10회 임시의정원은 '대통령 및 현임 내각 불신임안'을 통과시켰다. 이승만은 이에 대해 아무런 반응을 보이지 않았다.[6]

상하이 임정이 무정부상태에 빠져드는 와중에 흥사단 단장 안창호와 고려공산당의 여운형 등 반 이승만 계의 인사들은 5월 12일 '국민대표회기성회'를, 7월 초 '시사촉진회(時事促進會)'를 각각 소집하여 한 동안 미루어 왔던 '국민대표회의' 개최를 서둘렀다. 특히 여운형은 1922년 1월 21일부터 2월 2일까지 모스크바에서 국제공산당(The Comintern)의 주최로 열린 '동방노농대회'(일명 : 동방피압박민족대회)에 김규식 등과 함께 참석하여 레닌을 만나고 4월에 상하이로 돌아왔다.[7] 1923년 1월 3일 소련에서 제공받은 자금으로 상하이에서 '국민대표회의'(임시의장 안창호, 의장 김동삼〈金東三〉)가 열렸다.

6월 7일까지 계속된 이 회의에는 한국, 중국, 만주, 시베리아, 하와이 등 여러 지역과 각종 단체의 대표 125명이 참석하였다. 이들은 이승만이 이끄는 상하이 임정을 '개조'하거나 새로운 임시정부를 '창조'하자는 문제를 도마 위에 놓고 갑론을박을 벌였다.

안창호가 이끄는 서북파, 여운형이 참여한 이르쿠츠크 파 고려공산당,

서간도의 서로군정서(西路軍政署) 및 한족회의 대표들은 임정의 '개조'를 주장한 반면, 박용만, 신채호 등이 조직하고 김규식이 후원하는 베이징의 군사통일회의, 만주의 일부 독립군 단체들, 연해주의 대한인국민회 대표들은 새 임정을 '창조'할 것을 주장하였다.[8] 국민대표회의는 6월 6일에 내무총장으로 임명된 김구가 내무부령(內務部令)으로 해산을 명함으로써 아무 성과 없이 폐막하였다.[9]

●●●
워싱턴회의에 참석하기 위해 정장을 하고 회의장 근처에 나타난 한국 대표단의 '대표장' 이승만과 '대표' 서재필의 모습.

국민대표회의는 무위로 끝났지만 상하이의 반 이승만 분위기는 가라앉지 않았다. 이승만 임시대통령을 반대하는 개조파 인사들은 주로 흥사단 중심의 '서북파' 인사들과 고려공산당의 당원들이었다. 이들은 헌법상 대통령의 선출 및 탄핵권을 가진 임시의정원을 중심으로 이승만 탄핵 운동을 개시했다. 그들은 1923년 4월 2일 개최된 제11회 임시의정원 회의에 '대통령 이승만의 탄핵'을 포함한 3개항의 '대국쇄신안'(大局刷新案)을 제출하였다. 그러나 이 안은 이승만을 옹호하는 기호파 의원들의 완강한 반대로 일단 보류되었다가 1924년 3월 21일 폐기되었다.[10]

그 후 1924년 6월 16일 새로 구성된, 개조파 우세의 제12회 임시의정원에서 '임시대통령 사고문제에 관한 제의안'(일명 대통령 유고안)을 통과시킨 다음 이 사실을 이승만에게 통보하였다. 이승만은 이 안에 대해 다시 논의할 것을 요구하였지만 여의치 않자 '한성정부 계통론'을 내세워 수용을 거부하였다.[11] 이에 맞서 임시의정원은 9월 10일 이승만에게 '대통령 유고 결정'에는 아무 문제가 없다고 통보하면서 국무총리 이동녕에게 대통령직 직무대리를 명하였다. 이로써 임시대통령 이승만의 대통령직 수행 권한이 법적으로 중단되었다.[12]

그 후 12월 11일 이동녕 내각이 총사퇴하자 12월 17일 박은식을 국무총리(임시대통령 직무대리 겸임)로 받든 개조파 내각이 구성되었다. 1921년 2월 국민대표회의 개최를 처음으로 발의했던[13] 박은식 국무총리는 1925년 3월 10일 '임시대통령령 제1호'를 통해 구미위원부 폐지령을 발포하였다.[14] 이에 뒤따라 1925년 초에 개원한 개조파 일색의 제13회 임시의정원(의장 최창식〈崔昌植〉, 부의장 여운형)은 3월 18일 열 명의 의원이 제출한 '임시대통령 이승만에 대한 탄핵안'을 통과시켰다. 그리고 3월 23일에 임시의정원은 다섯 명으로 구성된 '탄핵안 심판위원회'에서 작성한 '심판서'에 의거하여 임시대통령 이승만의 면직을 결의하고 새 임시대통령으로 박은식을 선출했다.[15] 임시대통령 이승만의 면직을 주문한 심판서의 내용은 다음과 같다.

••• 이승만이 상하이 임정에서 탄핵·면직을 당했을 때 이른바 개조파 내각의 국무총리 겸 임시대통령 직무대리직을 맡았던 박은식. 그는 이승만이 면직당한 후 임시의정원에서 임시대통령으로 선출되었다.

정무를 총람하는 국가 총책임자로서 정부의 행정과 재무를 방해하고 임시헌법에 의하여 의정원의 선거를 받아 취임한 대통령이 자기 지위에 불리한 결의라 하여 의정원의 결의를 부인하고 심지어 한성 조직의 계통 운운함과 여(如)함은 대한민국 임시헌법을 근본적으로 부인하는 행위라. 여사(如斯)히 국정을 방해하고 국헌을 부인하는 자를 일일(一日)이라도 국가 원수의 직에 치(置)함은 대업의 진행을 기(期)키 불능하고 국법의 신성을 보(保)키 난(難)할 뿐더러 순국제형의 명목(瞑目)치 못할 바요 살아 있는 충용의 소망이 아니라.[16]

이상과 같은 경위를 거쳐 이승만은 상하이 임정의 임시대통령으로 선출된 지 5년 6개월 만에 임시대통령직에서 면직당하였다. 또 그가 워싱턴 D.C.에 설립한 구미위원부 역시 존폐의 위기에 처하였다.

　상하이 임정 측의 이 같은 조치에 분격한 이승만은 4월 29일 호놀룰루에서 '대통령선포문'을 공포했다. 이 선포문에서 임시의정원의 탄핵 조치가 '정부 전복을 꾀하는 자들의 위법망행'(違法妄行)이라고 규탄하면서 "한성 정부의 대표적 외교 기관인 구미위원부를 유지해 외교 선전 사업을 계속 진행하겠다"라고 선언했다.[17] 말하자면, 자신은 한성 임시정부가 임명한 집정관 총재(대통령)이기 때문에 비록 상하이 임정이 자신을 탄핵했다 하더라도 여전히 대통령이며 또한 구미위원부는 한성 정부의 집정관 총재의 직권으로 창설한 기관이기 때문에 상하이 임정의 폐쇄 명령에 구애받지 않고 본연의 업무를 계속 수행할 것이라고 천명한 것이다. 실제로 이승만은 적어도 1940년대 초까지 '임시정부 대통령'이라는 직함을 공식적으로 사용했으며, 1941년 6월 이후 '한국위원부'라고 이름을 바꾼 구미위원부를 해방 이후까지 존속시키며 활용하였다.

제6장

동지식산회사의 파산, 제네바·모스크바 외교 행각, 새로운 인연과의 만남

동지식산회사의 실패와 하와이에서의 이승만 배척 운동

1922년 9월 7일 워싱턴D.C.에서 호놀룰루로 돌아온 이승만은 그동안 미루어왔던 한인기독학원의 시설 확장에 심혈을 기울였다. 그는 1923년 7월 초 한인기독학원의 학생 20명과 인솔 교사 세 명으로 구성된 '모국 방문단'을 한국에 파견했다. 방문단은 2개월 동안 전국을 돌아다니며 학교 시설 확장에 필요한 기금 모금 운동을 펼쳤다.[1] 이 일이 그럭저럭 일단락되자 그는 1924년 1월 말부터 11월 초까지 미국 본토의 주요 도시를 찾아다니며 교포 유지들을 만났고 이후 중남미 여러 나라의 항구들과 파나마 운하를 관광하면서 정치적 재기의 구상을 했다.

충분한 휴식과 오랜 생각 끝에 호놀룰루에 되돌아 온 이승만은 1924년 11월 17일부터 20일까지 '하와이한인대표회'를 개최했다. 이 대표회에는

●●●
이승만의 독립운동을 꾸준히
밀어준 하와이동지회의 주요
멤버들. 왼쪽 끝에서 세 번째
가 민찬호 목사, 오른쪽 끝의
여성이 노디 김이다(1924년
11월).

1924 년 11 월,독립운동을 위해 호놀룰루에 모인 대한인동지회 대표들과 (앞줄 왼쪽)
After the Conference of Dong Ji Hoi in Honolulu, Nov., 1923 (first row far left)

대한인동지회의 24개 지방 대표들과 한인기독학원, 한인기독교회, 태평양
잡지사, 대한부인구제회, 하와이대한인교민단(약칭 : 교민총단) 등 이승만이
거느린 단체의 대표자들이 모두 참석했다. 교민총단은 이승만이 상하이
에서 임시대통령으로 재임할 당시(1921. 3) 상하이 임정의 내무부령 제4호
'임시교민단제'에 의하여 종래의 '하와이국민회'를 개명, 개편한 것으로서,
1925년에 구미위원부의 산하 단체로 그 위상이 바뀌었다.[2]

　이승만이 하와이대표회를 개최한 목적은, 상하이 임정에서 자신을 탄
핵·면직하려는 움직임을 대처하여 동지회 조직을 강화함으로써 자신의
독립적인 입지를 다지려는 데 있었다. 이승만은 이 회의에서 동지회의 '총
재'로 선출되었다. 총재 밑에 신설된 이사부(理事部)에는 민찬호(기독교회 중
앙부장), 김영기(교민총단장), 노디김(기독학원), 김유실(대한부인구제회 중앙부
장), 곽래홍(기독학원 찬성회 중앙부장), 윤치영(『태평양잡지』 주필), 김성기(동지
회 주무원) 등이 이사로 선임되었다. 이사들 가운데 윤치영은 회계직도 겸

임하였다.

이 회의에서는 『태평양잡지』를 동지회의 기관지로 정하고, '대한인동지회 3대 정강'과 '대한인동지회 3대 정강 진행 방침'을 채택하였다. '3대 정강' 안에는 아래와 같은 내용이 담겨 있었다.

- 우리 독립선언서에 공포한 바 공약 삼장을 실시할지니 삼일정신을 발휘하여 끝까지 정의와 인도를 주장하며 비폭력적인 희생적 행동으로 우리 대업을 성취하자.

- 경제 자유가 민족의 생명이니 자급자족을 함께 도모하자.

그리고 전문 4절로써 구성된 '3대 정강 진행 방침'의 처음과 끝절 내용은 아래와 같다.

- 대업을 성취하기에 3,300만의 일치 행동을 요구할지니 우선 100만 동지의 맹약을 얻어 대단결에 기초를 이루기에 제일차에 진행 방법을 정하나니 이것을 완성하기까지는 시위 운동이나 혹 남을 배척하는 주의를 먼저 취하지 말고 다만 민족 대단결에 전력을 [다]할지니 각 동지는 매일 한 점 이상 시간을 공헌하여서 이 정책을 속히 성취하기로 힘쓰자.

- 우리의 의복과 가구 등 일용 물품을 우리끼리 공급하여 우리 민족의 생활 정책을 개발할지니 일만 동지는 가급적 이것을 실시하기를 각각 애국 애족하는 중대한 책임으로 인정하라.[3]

요컨대, 동지회는 앞으로 비폭력주의를 표방하고 동포들의 경제력 향

● ● ●
동지식산회사의 1만 달러 주
식 매입 증권. 맨 아래 왼쪽에
이승만 동지회 총재와 신성일
사장의 서명이 보인다.

상에 주력함으로써 국내외적으로 동지회 회원 '100만 명'을 확보하겠다는 의지를 표명한 것이다. 이 같은 취지에 따라 대표회에서는 동지회 내에 실업부(實業部)를 신설하고 이를 통해 한인 교포들의 경제력을 높이는 사업을 벌이기로 결정했다. 그 구체적 방법으로 1주(株)당 100 달러의 주식을 팔아 자본금 5만 달러를 마련하여 그 자금으로써 동지회 합자회사를 설립하기로 결의했다.[4] 이로써 재미 한인 교포들이 참여하는 '동지식산회사(同志殖産會社, The Dongji Investment Company, Limited)'가 출범하게 되었다.[5]

하와이동지회는 1925년 12월 자본금 3만 달러로 호놀룰루에 '동지식산회사'를 설립했다. 이승만 '총재'와 신성일 '사장'의 공동 운영 형태로 출범한 이 회사는 하와이 군도의 하나인 하와이 섬(일명 : Big Island)의 올라아 (Olaa) 지역에 오히아(ohia) 나무로 뒤덮인 토지를 매입하였다. 넓이는 서울 여의도공원의 열 배 크기에 달하는 약 960에이커였다. 그리고 이곳에 '동지촌'(同志村)이라는 농장을 조성하고 한인 노동자 약 30명을 유치하였다. 그들의 노동력으로 오히아 나무를 벌목하여 가구를 만들어 팔거나, 미 해군에게 필요한 선박 제조용 용골대(keel block)를 제작하여 납품하거나, 숯을 구워서 가루로 만들어 폭약 제조회사에 판매함으로써 이익을 창출하려 했다. 그러나 불행하게도 이 회사는 이승만과 신성일의 기업 경험 부족에다 때마침 미국 전역을 강타한 대공황(The Great Depression)이 겹쳐 자금난을 극복하지 못했다. 이 회사는 설립 후 4년 만인 1930년 10월 도산 (倒産) 위기를 맞았고 결국 2만 달러의 부채를 지고 1931년 4월 파산 선고를 받고 폐업하였다.[6]

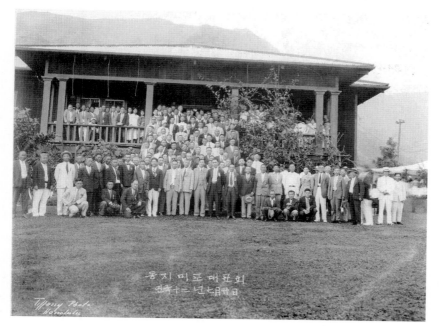

이승만은 동지식산회사의 파산이 임박한 시점인 1930년 7월 15일부터
21일까지 호놀룰루에서 '동지미포[미국·하와이]대표회(同志美布代表會)'를
개최하였다. 연인원 800명이 참가한 이 회의에는 하와이의 열 개 동지회
지방회 대표들은 물론 시카고의 대표 김원용(金元容), 로스앤젤레스의 대
표 최영기 등 미 본토에서 온 대표들과 대조선독립단(大朝鮮獨立團)의 대
표 등 그동안 동지회에 관여하지 않았던 '중립적'인 인사들이 참석했다.
대조선독립단은 1928년 10월 중국에서 피살된 박용만을 후원했던 단체
이다.

이 대표회에서는 동지회의 헌장을 제정하여 통과시켰다. 이 헌장에 따
라 이승만은 동지회의 '총재' 겸 '수령'으로 추대되었다. 동지회의 최고 운
영기관으로 아홉 명의 이사원으로 구성된 '중앙이사부'가 설치되었다. 이
승만은 중앙이사부의 이사장으로 한인기독교회 담임 목사 이용직(李容
稷)을 임명하고, 시카고에서 온 김원용을 중앙이사부의 재무 겸 상무원으
로 임명하였다. 일반 이사원으로는 교민총단의 손덕인(孫德仁) 단장, 교민

총단의 기관지인 『국민보』의 주필 김현구(金鉉九), 대조선독립단 대표 김윤배 등을 임명했다. 그리고 동지회 회원 100만 명 확보를 위해 청년회 운동을 전개할 것을 결의했다.[7] 이러한 조치를 종합해 볼 때, 이승만은 동지회 중앙이사부를 중심으로 하와이와 미 본토에 거주하는 한인 교포들, 1928년까지 박용만을 지지했던 대조선독립단의 단원들 그리고 중립적인 입장에 서 있었던 교포들 등을 모두 포섭함으로써 동지회의 영향력을 확대하고 동지회를 해외 교포 통합 운동과 독립 운동의 최고·유일의 기관으로 격상시키려 계획했다고 말할 수 있다.

미포대표회를 성공리에 마친 후 이승만은 자신이 신임하는 한인기독교회의 이용직 목사와 교민총단의 손덕인 단장을 찾아가 그들이 관장하는 기관들의 소유 재산 일부를 저당 잡히거나 매각하여 동지식산회사의 파산을 막아줄 것을 부탁했던 것 같다. 그런데 뜻밖에도 이용직 목사와 손덕인 단장은 이승만의 협조 요청을 거부하고 이승만이 부여한 동지회 중앙이사부 이사장 및 이사원직을 사퇴하였다. 이로써 그들은 이승만의 동지회 활성화 계획에 찬물을 끼얹었다.

이용직 목사가 협조를 거부한 이유는 자신이 담임하고 있는 한인기독교회가 오랫동안 누적된 부채를 갚기 위해 이미 교회 건물과 부속 대지의 일부를 매각했으며, 교인 2/3의 동의를 얻어 한인기독교회를 당시 하와이에서 가장 큰 미국인 교회인 감독교회(성공회)에 부속시켜 그 교회의 지원으로 건물을 신축할 계획을 세워놓고 있었기 때문이다.[8] 손덕인 단장이 이승만의 동지회 활성화 계획에 반대한 이유는, 이승만이 동지회를 통하여 청년 운동 등을 추진하게 되면 교민총단의 역할이 줄어들어 결국 교민총단이 무력화될 것을 우려해서였다. 교민총단은 상하이 임정에서 발포한 법령에 의하여 설립된 공식 기관인 데 반해 동지회는 이승만 개인을 받드는 사당(私黨)이라고 판단했기 때문이다.[9]

동지회와 한인기독교회 및 교민총단 간에 심각한 갈등이 불거지자 이승만은 그 때까지 자기의 심복이라고 믿었던 교민단의 기관지『국민보』의 주필 김현구에게 자신의 입장을 두둔하는 논설을 국민보에 게재해 줄 것을 부탁했다. 그런데 김현구는 뜻밖에도 손덕인과 이용직의 편을 들면서 이승만의 청탁을 거절하였다. 김원용의 격려에 힘입은 그는『국민보』에 이승만의 '독재'를 규탄하는 글을 게재하면서 반 이승만 성격의 이른바 '민중화운동'(Democratization Revolt)을 개시하였다.[10] 김현구는 1926년 7월부터 1929년 10월까지, 즉 이승만이 상하이 임정의 임시의정원에 의해 탄핵·면직을 당한 후 3년 여 동안 워싱턴D.C.에 있는 구미위원부의 '위원'으로 재직하면서 하와이에 있는 이승만에게 131통의 보고서를 써 보낸 인물이었다.[11] 그는 이러한 실적을 인정받아 이승만의 초청으로 1929년 11월 호놀룰루로 건너와서, 이승만의 추천으로『국민보』의 주필, 교민총단의 재무 및 서기 등 요직을 맡았다. 또 그는 동지미포대회에서 채택한 동지회 헌장의 기초위원이기도 하다. 그런 그가 1930년 8월 26일 갑자기 이승만에게 '사직청원서'를 제출하며 반기(叛旗)를 들었다.(이 사직서는 교민총단장 손덕인이 교민총단 지방회에서 실시한 투표를 통해 수용하지 않기로 결정함으로써 무효 처분되었다.)[12]

김현구가 이승만을 비판하는 글을 쓰게 된 직접적 이유는 따로 있었다. 이승만이 미포대표회 종결 후 한인기독교교회 목사인 이용직을 해임하기 위해 그 교회 안에 '반역자'가 있다고 고발하는 내용의 기사를『국민보』에 실어 달라고 요청했을 때 김현구가 거절하자 이승만이 '임시정부 대통령'의 명의로 그를 파면했기 때문이다.[13]

김현구는 1930년 9월부터 1931년 초까지 자신은 '교민총단에서 봉급을 받는 신문사 주필'이라는 명분을 내세우며 이승만의 '봉건적, 비민주적 조직 운영과 독선적 행위'를 규탄하는 글을『국민보』에 실었다. 그가 발표한 논설들 가운데 가장 중요한 것은, 5년 전에 상하이 임정에서 임시대통령 이승만을 탄핵·면직하였고, 또 임정이 구미위원부에 대해 폐지 명령을

●●●
1930년 후반에 하와이에서 발발한 '민중화운동'의 주동자였던『국민보』의 주필 김현구.

내렸음에도 불구하고 이승만이 하와이 한인 사회에서 여전히 '임시정부 대통령'을 자처하며 군림한 것은 큰 잘못이라고 규탄한 것이었다.[14] 이 밖에 김현구는 자신과 교민총단의 입장을 두둔하는 내용의 글을 『국민보』에 많이 실었는데 그것들을 종합하여 요약하면 아래와 같다.

    (1) 이승만이 김현구를 파면한 것은 민중의 의사를 무시한 독재 행위이니 이러한 독재주의를 막기 위해서는 한인 사회가 '민중화'되어야 한다.

    (2) 이승만이 대한독립단 당원들을 포섭하여 교민총단을 무력화시킬 가능성이 있다.

    (3) 동지식산회사의 운영 실패로 인해 발생한 부채를 갚기 위해 이승만은 한인기독교회와 교민총단 및 한인기독학원을 사유화하고 그 기관들 소유의 재산을 전당 또는 방매할 가능성이 있다.

    (4) 이승만의 권유로 동지식산회사에 투자한 교민들이 회사가 망함으로써 막대한 경제적 손해를 입었다.

    (5) 이승만은 그동안 재정만 축내고 아무것도 이룬 것이 없는 지도자, 즉 영수로서 자질이 부족한 인물이다.[15]

    교민총단의 이러한 이승만 비판에 대응하여 동지회 측에서는 『태평양잡지』와 『동지별보』 등에 이승만이 직접 쓴 해명서와 그를 동정하는 인사들(예컨대 박상하〈朴相夏〉와 송필만〈宋必滿〉)이 쓴 한성 정부 법통론과 김현구 배신론 등을 게재하면서 김현구의 주장을 반박했다.[16] 그 결과 교민총단과 동지회 간의 알력은 날로 심화되었다.

    교민총단과 동지회 사이의 알력은 1931년 1월 13일 이원순, 노디김, 정태하 등 동지회 회원들이 호놀룰루의 교민총단관에 난입하여 이를 점령하는 이른바 '교민총단관 점령 사건'으로 절정에 달했다. 교민총단관을 불시에 점령한 동지회 회원들은 14일 『국민보』의 주필이며 교민단의 재무

송필만(아들 송현달 선생 제공)

와 서기직을 겸임했던 김현구를 파면했다. 15일에 그들은 교민단 총·부단
장 선거를 실시하여 단장에 이종관, 부단장에 정인수를 선출하면서 이전
의 총단장 손덕인과 부단장 안영찬을 해임했다. 이렇게 상황이 악화되자
손덕인을 지지하는 교민총단은 동지회를 상대로 총단관의 소유권에 관한
법정 소송을 제기하였다.[17]

이와 비슷한 사건이 한인기독교회 내에서도 발생했다. 2월 19일 14개
지방 교회를 대표하는 대의원들이 참석한 제13회 정기총회에서 동지회
측 교인들이 '한인기독교회 중앙부'를 조직한 다음, 한인기독교회를 미 감
독교회에 부속시키려 했다는 이유로 이용직 목사를 파면했다. 이어서 10
월에 한인기독교회 내의 동지회 교인들이 이용직 목사를 법정에 고소함
으로써 또 하나의 소송사건이 발생했다.[18]

교민총단관 소유권 관련 송사는 우여곡절 끝에 2월 7일 하와이 순회재
판소의 크리스티(Albert M. Cristy) 판사가 심리와 재판을 맡게 되었다. 양측
의 법정 주장을 심리한 크리스티 판사는 4월 16일에 열린 재판에서 총단
관의 정식 소유자가 교민총단이라고 판결했다. 교민총단 측이 법정 투쟁
에서 승리한 것이다. 동지회는 이 판결에 불복하고 두 번 상고했으나 이들
상고는 12월 29일 증거 불충분의 이유로 기각되었다.[19] 한인기독교회의
내분에 관련된 소송 건에 관해서 크리스티는 "교회 일에 사법부가 개입하
지 않는다"라는 원칙에 입각하여 동지회 측의 고소를 기각했다. 이 기각
결정도 동지회 측에 불리한 것이었다.[20] 요컨대, 동지회는 1931년의 두 가
지 소송에서 모두 패소했다.

이승만은 1931년 1월부터 11월까지 계속된 법정 공방과 그에 따른 두
파 간의 '전쟁을 방불케 하는'[21] 폭력 사태에 깊이 관련되어 있었다. 그런
데 법정 투쟁에서 동지회 측이 패하자 그는 자신의 권위와 명예에 커다란
손상을 입은 채 1931년 11월 21일 하와이를 잠시 떠났다.[22] 이 '대풍파'로
인하여 1930년 초 930여 명에 달했던 하와이동지회 회원 수는 1931년에

약 600명으로 감소했다.[23] 그리고 재판에서 승소한 교민총단 측 인사들은 1933년 2월 1일을 기해 '교민총단'의 명칭을 1921년 이전의 옛 이름인 '하와이국민회'로 복구하였다.[24] 이로써 하와이 교포 사회는 이승만을 지지하는 하와이동지회와 안창호를 받드는 하와이국민회로 양분되어 상호 대립·경쟁하는 양상을 띠게 되었다.

1930~1931년에 하와이에서 일어난 대풍파로 인하여 이승만과 그를 지지하는 동지회가 큰 타격을 입었다. 그러나 이승만과 동지회는 이 난관을 극복하고 꾸준히 독립 운동을 추진해 나갔다. 동지회는 1925년부터 1929년까지 뉴욕, 시카고, 디트로이트, 로스앤젤레스 등지에 지방회를 설립했다. 이 지방회들은 1943년에 로스앤젤레스에서 발족한 동지북미총회(同志北美總會)로 통합되어 미 본토의 교포들 간에 큰 영향력을 발휘하기 시작했다.[25] 그 결과 1945년에 이르러 미주 내 동지회 회원 수는 약 1,000명에 달하게 되었다.[26] 이들은 이승만이 편집·발행하는 『태평양주보』(1930년에 바뀐 『태평양잡지』의 새 이름)를 정기 구독하면서 그에게 매달 100달러의 생활비를 조달해주었다.[27] 그들은 또한 1920년에 동지회 회장으로서 재력이 튼튼한 이원순을 선출하고 이승만이 제네바의 국제연맹 총회에서 외교·선전 활동을 펼칠 때 그의 여비와 체재비를 부담하였다. 또 이승만이 1939년 워싱턴D.C.로 이사하여 *Japan Inside Out : The Challenge of Today*(일본, 그 가면의 실체)라는 영문 저서를 집필·출판할 때 그에게 500달러의 '연구비'를 조달했다. 동지회는 해방 후 이승만이 귀국할 때 그의 여비와 체재비 등도 부담하였다.[28]

••• 이원순. 동지회 회장

제2절 제네바와 모스크바에서의 외교·선전 활동

1933년 이승만은 국제연맹 본부가 있는 스위스의 제네바를 찾아갔다. '리턴 보고서(The Lytton Report)'[1]를 채택할지 여부를 결정하기 위해 1933년 2월 21일부터 그곳에서 국제연맹 총회가 개최될 예정이었기 때문이다. 이 보고서는 1931년 9월에 개시된 일본군의 만주(滿洲) 침략을 규탄하는 내용을 담고 있었다. 이승만은 이 회의야말로 일본의 침략주의를 규탄하고 한국 독립 문제를 다시 한번 세계 여론에 호소할 수 있는 절호의 기회라고 판단하고 제네바 행을 서둘렀다. 그는 우선 1932년 11월 10일 상하이 임정의 국무원으로부터 '국제연맹 총회 대한민국 임시정부 특명전권수석대표'의 임명장을 확보했다. (당시 상하이 임시정부는, 윤봉길의 홍커우공원[虹口公園] 의거(1932. 4. 23) 이후 상하이를 떠나 피신 중이던 김구의 한국독

런던에서 제네바로 날아가던 중 파리 비행장에 내린 이승만(1933년 1월 4일). 뒤에 보이는 비행기가 이승만이 평생 처음 타본 비행기였다.

립당이 장악하고 있었다.) 이승만은 12월 중순 미 국무장관 스팀슨(Henry L. Stimson)으로부터 '이례적인' 외교관 여권(diplomatic passport)을 발급받아 12월 23일 뉴욕을 떠났다.[2]

1933년 1월 4일 제네바에 도착한 그는 드 룻시 호텔(Hotel De Russie)에 여장을 풀었다. 그리고 파리에서 대한민국 임시정부 '한국대표부(Agence Korea)'를 운영하는 서영해(徐嶺海)[3]의 소개로 옌후이칭[顔惠慶], 궈타이치[郭泰祺], 쿠웨이쥔[顧維鈞, Wellington Koo] 후시처[胡世澤, Victor Hoo] 및 커 공진[戈公振] 등을 만났다. 그들은 국제연맹 총회에 참석하기 위해 제네바에 와 있던 중화민국의 거물급 외교관들이었다. 이승만은 그들과 제휴하여 일본의 대륙 침략을 규탄하는 외교·선전 활동을 펼치기로 했다.[4] 동시에 그는 제네바 주재 미국 총영사 겸 국제연맹 옵서버인 길버트(Prentiss B. Gilbert)와 긴밀히 협조하기 시작했다.

제네바 도착 후 이승만이 추구한 최고 목표는 국제연맹으로부터 대한민국 임시정부의 승인을 받아내고 그 기구의 회원권을 획득하는 것이었다. 그러나 중국을 위시한 여러 나라 대표들이 이 회의에서 한국 독립 문제를 제기하는 것은 적절하지 않다고 충고하였다. 그래서 이승만은 일제가 급조한 만주국(滿洲國)의 괴뢰성을 폭로하고 만주에 거주하는 한국인 '100만 명'의 자율권을 강조하는 데 초점을 둔 외교·선전 활동을 펼치기로 했다.

2월 8일 그는 만주에 거주하는 한국인들의 억울한 사정을 폭로하는 내용의 문건, 즉 「만주에 있는 한국인의 진상(Statement of the Koreans in Manchuria)」을 국제연맹 사무국과 회원국 대표들, 그리고 각국 주요 신문과 방송국 기자들에게 배포하고, 국제적으로 유명한 신문의 기자들과 인터뷰했다. 2월 18일에는 국제연맹의 방송 시설을 이용하여 '한국과 극동의 위기(Korea and the Crisis in the Far East)'라는 제목의 방송 연설도 했다. 이승만이 이렇듯 활발하게 선전 활동을 벌이자 2월 22~23일에는 미국

『뉴욕 타임스』(*The New York Times*), 제네바에서 프랑스어로 발행되는 『라 트리뷴 도리앙』(*La Tribune D'Orient*), 베른에서 독일어로 발행되는 『데어 분트』(*Der Bund*) 등 서양의 주요 신문들이 그의 주장을 기사화하여 실어주었다.

이승만은 제네바에서 자신이 집필·출판한 『만주에 있는 한국인들』(*The Koreans in Manchuria*)이라는 책자를 3월 20일 국제연맹 사무총장 드러먼드(Eric Drummond)에게 증정했다. 아울러 "국제 사회가 일찍이 일본의 한국 병탄을 묵인했기 때문에 지금의 만주 침략 사태가 발생하였다"라고 지적한 다음 "국제연맹이 한국인의 호소를 귀담아 듣고 문제 해결에 임하기를 바란다"라는 내용의 편지를 동봉했다. 그는 이 책자를 제네바에 모여든 각국 외교관들과 언론인들에게도 배포했다.

이상과 같은 다각적인 선전활동을 통해 이승만은 2월 24일 열린 국제연맹 총회 본회의에서 일제의 만주 침략을 폭로·규탄하는 「리턴 보고서」를 채택하는 데 기여했다. 이를 계기로 3월 27일 일본이 국제연맹을 탈퇴했

다. 이승만은 이러한 세계사적으로 중요한 사
건에 간접적으로나마 크게 이바지한 것이다.

일본이 국제연맹을 탈퇴한 후 이승만은 길
버트와 중국의 국제연맹 상주 대표 후시처
를 만나 그들에게 미국·중국 및 한국이 소
련과 연대하여 일본의 대륙 팽창을 견제하자
는 안을 제시하고 찬성을 얻어냈다.[5] 그는 이
'4국 항일연대안'(抗日連帶案)을 실현하기 위해

LA TRIBUNE D'ORIENT

파리로 가서 6월 27일에 러시아 입국 비자를 취득한 후 비엔나로 갔다.
가는 도중 영국 런던에 들렀을 때 그곳에서 개최된 '세계경제회의'(World
Monetray and Economic Conference)의 진행 상황을 라디오 방송을 통해 청
취하였다.[6] 이윽고 비엔나에 도착한 그는 7월 14일에 중국 대리공사 둥더
치엔[董德乾]의 소개로 소련 공사 페테로브스키(Adolph M. Peterovsky)를
만나 자신의 외교 구상을 토로했다. 페테로브스키는 이승만의 구상에 적
극적인 찬의를 표하며 본국 정부에 품신하여 협조토록 조치하겠다고 약
속했다.[7]

이승만은 7월 19일 오전 9시 30분 모스크바에 도착하여 크렘린 궁 건
너편에 있는 뉴 모스크바 호텔(New Moscow Hotel)에 투숙했다. 그런데 그
날 저녁 뜻밖에 소련 외무성에서 보낸 사자(使者)가 찾아와 출국해달라
는 명령을 전달했다. 그 사자는 소련 외무성이 이승만에게 발급한 비자가
'착오'였다고 사과하면서 퇴거를 요구했다.[8] 소련 외무성이 갑자기 이승만
의 퇴거를 요구한 이유는 당시 소련으로부터 만주의 동청철도(東淸鐵道)
를 매입하려고 모스크바에 와 있던 일본 협상단이 이승만의 밀행을 탐지
하고 그의 축출을 요구했기 때문이다.[9] 이승만은 7월 20일 오후 열한 시,
즉 도착 후 37시간 30분 만에 모스크바를 황급히 떠나야 했다.[10] 이로써
그가 구상했던 미·중·소·한 4국의 항일연대안은 허무하게 탁상공론으로

취리히 근처 위틀리벨그 산
(Mt. Uetliberg)을 관광했을
때 이한호 부부와 함께 찍은
사진(1933년 4월 17일).

끝나고 말았다.

제네바와 모스크바 등지에서 외교·선전 활동을 펼치던 이승만은 틈틈이 짬을 내어 유럽의 주요 도시와 명승지를 탐방하였다. 제네바에 머물 때 그는 파리와 런던에 들러 그곳의 역사 유적을 관광했다. 모스크바를 다녀올 때 두 차례 비엔나를 방문하여 비엔나 근처의 고적을 둘러보았고 또 부다페스트에도 들렀다. 유럽 중부를 떠나 미국으로 돌아가는 길에 그는 이탈리아를 방문하여 밀라노, 플로렌스, 로마, 제노아, 니스 등지를 돌아본 후 모나코를 유람하였다.[11]

제네바에 머물 때 이승만은 이한호(李漢浩)의 안내로 스위스의 명승지를 구석구석 관광하는 행운을 누렸다. 이한호는 20여 년 전 서울YMCA에서 가르친 제자였다. 스위스 여성과 결혼한 이한호는 세계적으로 유명한 하키 선수로서 취리히에서 유도 사범으로 활동하고 있었다. 3월 초 독일어 신문을 통해 이승만의 외교·선전 활동을 알게 된 그는 자신의 동서인 건축가 뮐러(Henry Müller) 부처와 함께 이승만을 만나 뵙고 극진히 대접했다.[12] 4월 9일 그들은 몽트뢰(Montreux) 근처 로셰 드 나이(Roche de Naye)에서 개최된 춘계 스키경기대회를 함께 구경하기도 했다. 이한호를 만나기 전 이승만은 스위스 로잔대학(Lausanne University)을 방문하여 그곳에 유학하고 있던 미국 여학생 메리엄(Anne W. Meriam)을 만나 그와 함께 로잔 근교의 호반에서 산책을 즐긴 일이 있다. 2월 21일 이승만은 메리엄과 그의 친구 브라운(Mrs. Brown)을 제네바로 초청, 그들과 더불어 국제연맹 총회 개막식을 참관했다.[13] 이승만이 나중에 자신의 배우자가 된 프란체스카 도너를 드

스위스 몽트뢰 근처 로셰 드 나이 산에서 개최된 춘계 스키경기대회를 구경 갔을 때 평생 처음 스키에 올라탄 이승만(1933년 4월 9일).

룻시 호텔에서 처음 만난 것은 그가 메리엄을 두 번째로 만나고 헤어졌던 2월 21일 저녁이었다.

프란체스카 도너와의 결혼

이승만은 한국 근·현대 역사상 처음으로 외국인 여성과 결혼한 국가 최고 지도자였다. 그의 배필은 오스트리아 태생의 프란체스카 도너(Francesca Donner). 대한민국의 초대 '퍼스트레이디'로서 1960년까지 국내외 정치에 막중한 영향력을 발휘하게 된 이 푸른 눈의 여인은 어떤 인물이며, 이승만은 어떻게 그녀와 혼인하게 되었는가? 이에 대한 답을 이승만의 일기를 중심으로 살펴보겠다.

프란체스카 도너는 1900년 6월 15일 오스트리아의 수도 빈(Wien/Vienna)의 교외 인저스도르프(Inzersdorf)에서 태어났다. 소다수 공장을 경영하는 기업인 루돌프 도너(Rudolph Donner)와 그의 부인 프란체스카

소녀 시절의 프란체스카 도너.

(Francesca)의 셋째로, 막내딸이었다. 순수한 게르만 혈통을 자부하는 그녀의 가정은 가톨릭교를 믿는 보수 중산층이었다. 프란체스카의 애칭은 파니(Fanny), 가톨릭 세례명은 마리아(Maria)였다. 아들이 없었던 아버지 루돌프는 수학과 외국어에 남다른 재능을 보인 파니로 하여금 가업을 잇게 하기 위해 그녀를 상업학교에 입학시켰다. 상업학교 졸업 후 한때 농산물 중앙관리소에서 근무하던 파니는 스코틀랜드로 유학하여 그곳에서 영어

를 익히고 영어통역관 국제자격증을 따냈다.[1]

모국어 독일어는 물론 영어와 불어에 능통했으며 속기와 타자 특기 보유자였던 파니는 국제 무대에서 활약하는 거물급 망명 정객 이승만의 아내로서 안성맞춤이었다. 그녀는 20대 초에 자동차 경기 선수 헬무트 뵈링과 결혼하여 31일간 동거한 끝에 이혼했다. 이승만 또한 이혼한 적이 있었기 때문에 그녀의 이런 전력은 두 사람의 결합에 장애 요인이 되지 않았다.

프란체스카가 이승만을 처음 만난 것은 1933년 2월 21일 제네바의 드 룻시 호텔에서였다.[2] 이날 오후 제네바의 국제연맹 본부에서 총회 개막식이 열렸기 때문에 호텔 식당은 초만원이었다. 늦게 식당에 들어선 이승만이 파니와 그의 어머니가 자리 잡은 식탁에 동석하면서 운명의 상봉이 이루어진 것이다. 대화는 파니 측에서 시작되었다. 묵묵히 식사하는 점잖은 동양의 노신사가 한국인임을 확인한 파니가 '금강

● ● ●
1939년 이승만이 워싱턴 D.C.로 이사하여 *Japan Inside Out : The Challenge of Today*(일본, 그 가면의 실체)를 집필할 때 내조를 했던 프란체스카 여사. 아래 글씨는 그녀의 친필.

● ● ●
대한민국의 '퍼스트레이디'가 된 다음의 프란체스카 여사 (1949년 경). 왼쪽은 무초 주한 미국대사, 오른쪽은 이범석 국무총리, 그녀의 뒤에 보이는 인물은 신성모 국방장관이다.

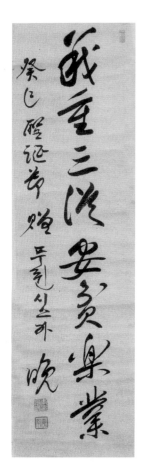

산'과 '양반' 등 한국에 관한 인문지리 지식을 화제에 올림으로써 이승만의 관심을 끌었다.[3]

그러나 이승만이 프란체스카에게 첫 눈에 반한 것은 아니었던 것 같다. 2월 21일자 이승만의 일기에는 그날 그가 점심을 함께 나누고 국제연맹회의를 같이 참관했던 두 명의 미국 여성, 즉 로잔대학의 메리엄과 브라운의 이름이 등장할 뿐 프란체스카 모녀를 만났다는 기록은 없기 때문이다.[4] 이승만 일기에 프란체스카 도너의 이름이 처음으로 나타나는 것은 그로부터 두 달 뒤인 5월 9일부터였다. 일기에서 이승만은, 그날 그녀의 도움으로 남에게 꾸어준 돈을 베를린의 어느 독일은행으로부터 되돌려 받았다고 기록하였다.[5]

이승만과 프란체스카가 결혼을 염두에 두고 만나 대화를 나눈 것은 7월 초 이승만이 모스크바를 방문하기 위해 빈에 들렀을 때부터였을 것으로 짐작된다. 7월 7일 빈에 도착한 이승만이 프란체스카에게 편지를 띄워 이틀 후에 서로 만났다. 그날 저녁 두 사람은 헤르메스 별장(Hermes Villa)에서 데이트를 했다. 아마도 두 사람이 결혼을 약속한 것은 이 데이트에서가 아니었을까 싶다. 7월 15일 이승만이 빈에서의 외교 활동을 마치고 모스크바로 떠날 때 파니는 기차역까지 나와 이승만의 짐을 객실에 실어주고 기차가 시계에서 사라질 때까지 손을 흔들며 전송했다. 이승만은 이때 프란체스카와의 만남을 '비엔나 연사'(戀事 : the Vienna Affair)라고 일기에 기록했다.[6]

모스크바 외교 행각에서 실패하고 미국으로 돌아갈 때 이승만은 다시 빈에 들려 1박 2일 머무르며 프란체스카를 만난 것 같다. 미국으로 돌아간 그는 1934년 정초부터 워싱턴D.C.에서 프란체스카의 입국 수속을 챙겼다. 그러나 빈 주재 미국영사관에서는 동양인과 결혼하기 위해 미국으로 이민하려는 프란체스카에게 비자를 발급해주지 않았다. 궁여지책으로 이승만은 7월 22일 미 국무부를 찾아가 자신과 친분이 있는 정치고문 혼벡(Stanley Hornbeck) 박사에게 도와달라고 부탁하였다. 이러한 우여곡절을 거쳐 드디어 9월 26일 파니는 미국 이민자 자격으로 입국 비자를 받았다.[7]

결혼 후 1935년 1월 24일 이승만 부처가 호놀룰루에 도착했을 때의 기념 사진.

이승만과 프란체스카는 그녀가 뉴욕에 도착한 다음날(10. 5) 뉴욕 시청
에서 결혼허가증(marriage license)을 받고 1934년 10월 8일에 뉴욕 렉싱
턴 가(Lexington Avenue)에 있는 몽클래어 호텔(Hotel Montclair) 특실에서
결혼식을 올렸다. 이 호텔에서 결혼식을 한 것은 당시 이 호텔에 장기 투
숙하고 있던 킴벌랜드 대령(Col. Kimberland) 부부가 두 사람의 결혼식을
돕겠다고 자청하고 나섰기 때문이었다. 대령은 이승만의 프린스턴대 동창
생이었다. 결혼식은 한국인 목사 윤병구와 미국인 목사 홈스(John Jaynes
Holmes)가 공동으로 집전했다. 신부의 들러리는 남궁 염(南宮炎)과 킴벌랜
드 대령의 부인, 신랑의 들러리는 이승만의 두 프린스턴 동창생인 킴벌랜
드 대령과 레이머(Reimer) 목사였다.[8]

결혼 당시 이승만은 59세였고 프란체스카는 34세였다. 이 두 사람의 혼
인은 결과적으로 대성공이었다. 비교적 젊은 나이에다 업무 처리 능력이
탁월했던 프란체스카는 노년기에 접어들고 있던 망명 정치가에게 필수불
가결의 동지요 반려자가 되었다.[9]

그러나 하와이의 교포들은 대체로 이승만의 국제결혼을 못마땅하게 여

겼다. 이승만을 존경하는 동지회 간부들은
이승만의 국제결혼 소식을 듣자 두 번(10월
23일과 25일) 전보를 보내, 하와이에 돌아오려
면 혼자 먼저 와서 국제결혼을 한 경위부터
밝히라고 요구했다. 그러나 이승만은 이 요구
를 무시하고 유유히 자동차를 몰고 미 대륙
을 횡단한 다음 샌프란시스코에서 배를 타고
드디어 1935년 1월 24일에 호놀룰루 항에 도
착했다. 한인기독교회에서 베풀어진 이승만
부처 환영회에는 뜻밖에도 900여 명의 하객
이 몰려들어 하와이 교민 역사상 유례없는
대성황을 이루었다.[10]

●●●
상 호놀룰루의 해변에서 여
가를 즐기는 프란체스카 여
사. 그녀는 개를 유난히 좋아
했다.

●●●
하 신혼 시절 호놀룰루에서
주부 역할을 맡은 프란체스카
여사.

제7장

충칭 임정 승인 획득을 위한
외교·선전 활동

제1절 워싱턴D.C.에서의 임정 승인 획득 노력

1941년 만66세에 접어든 이승만.

이승만에게는 멀리 앞을 내다보는 남다른 통찰력이 있었다. 1930년대 후반에 이르러 중일전쟁(1937)이 터지고 유럽에서 제2차 세계대전(1939)이 발발하자 이승만은 미국과 일본 간의 군사적 충돌이 임박했다고 느꼈다. 그래서 1939년 11월 말 하와이를 떠나 미국 수도 워싱턴D.C.로 이사하였다. 마치 지진 발생을 예감한 곤충류가 진원지를 떠나는 것 같은 행동이었다.

워싱턴에 도착한 이승만 부부는 12월

30일에 워싱턴 국립동물원 근처 호바트 가(Hobart Street)의 작은 2층 가옥에 입주하였다. 여기서 그는 밤마다 들려오는 사나운 짐승들의 울부짖음을 들으며 회심의 영문 대작 *Japan Inside Out : The Challenge of Today*(일본, 그 가면의 실체) 집필에 몰두했다.[1] 이 책에서 그는, 아시아를 석권한 군국주의 일본이 세계 제패의 꿈을 달성하기 위해 머지않아 미국에 도전할 것이라 예고했다. 또 미국이 당장 힘으로 일본을 제재하지 않을 경우 미·일 간의 전쟁은 불가피하다고 주장했다. 1941년 8월 1일에

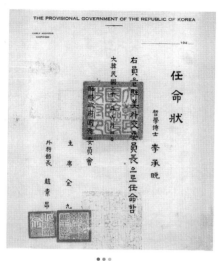

이 책이 뉴욕의 유명한 상업출판사인 플레밍 H. 레벨 사(Fleming H. Revell Company)를 통해 간행되자 이승만은 일약 미국 지성계가 주목하는 인물이 되었다. 1941년 12월 7일 이승만이 예고한 대로 진주만(Pearl Harbor) 사건이 터지면서 태평양전쟁이 개시되었다. 그러자 그의 책은 불티나게 팔렸고, 워싱턴 정가의 일각에서는 이승만을 '예언자'라고 칭송했다.[2]

Japan Inside Out : The Challenge of Today(일본, 그 가면의 실체)를 탈고한 다음 이승만은 한동안 비워놓았던 워싱턴의 구미위원부 사무실을 다시 열었다. 이후 그는 미국 정부로부터 충칭[重慶]에 있는 대한민국 임시정부(약칭 충칭 임정)의 승인을 획득하는 작업에 전력투구했다. 이승만이 충칭 임정의 대표로서 임정 승인 획득 운동을 펼치게 된 데는 특별한 사연이 있었다. 1941년 4월 미국에 있는 9개 한인 단체의 대표들이 충칭 임정을 돕기 위해 하와이에 모여 재미한족연합위원회(在美韓族聯合委員會 : The United Korean Committee in America, 약칭 한족연합회)를 발족시켰다. 이들은 임정을 돕는 방법의 하나로

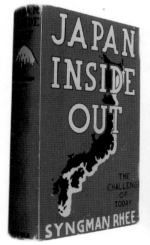

서 워싱턴에 '주미외교위원부'를 설치하고 그 위원장 자리에 이승만을 모시기로 결정했다. 한족연합회에서 이 사실을 충칭 임정에 보고하면서 동의를 구하자, 충칭 임정의 김구 주석과 조소앙(趙素昻) 외교부장은 6월 4일에 이승만을 '주미외교위원부 위원장 겸 주워싱턴 전권대표'[駐華盛頓全權代表]로 임명하고 그에게 신임장을 발송했다.[3] 충칭 임정의 신임장을 흔쾌히 받아들인 이승만은 구미위원부의 영어 이름을 '한국위원부'(The Korean Commission)로 바꾸고 충칭 임정의 '한국위원부 원장'(Chairman of the Korean Commission) 자격으로 미국 정부에 접근하며 외교·선전 활동을 펼치기 시작했다.

이승만이 벌인 대미 외교의 목표는 미국으로부터 임정의 승인을 획득함과 동시에 한국인이 연합국 군대의 일원으로 대일(對日) 전쟁에 참여하여 전과(戰果)를 거두고자 하는 데 있었다. 이로써 전후(戰後) 한국이 국제 외교 무대에서 완전무결한 독립 국가로서 대우를 받을 수 있을 것이기 때문이었다. 이승만은 이러한 소망을 담은 서한을 진주만 사건 발발 전인 1941년 6월 6일에 미국 대통령 프랭클린 루스벨트(Franklin Delano Roosevelt)에게 제출하였다.[4] 그는 태평양전쟁이 발발한 직후인 12월 9일 한국위원부 원장 자격으로 국무부를 방문하여 극동국의 특별 정치고문인 혼벡 박사에게 충칭 임정의 신임장을 '비공식적으로' 제출했다. 이렇게 함으로써 국무부가 임정을 승인할 의사가 있는지를 타진했다.[5] 이날 충칭 임정은 일본에 대해 선전포고를 함으로써 한국이 연합국의 일원으로 대일 전쟁에 참전하겠다는 의지를 표명했다.

이승만은 1942년 1월 2일 헐(Cordell Hull) 국무장관의 극동 문제 담당 대변인인 히스(Alger Hiss)를 찾아가 정치고문 혼벡의 사무실에서 한 시간 동안 한국 문제에 관해 의견 교환을 했다. 이때 이승만은 히스에게, 한국인이 사보타주 혹은 게릴

●●●
헐(Cordell Hull) 국무장관의 극동 문제 담당 대변인 히스 (Alger Hiss)

라 활동 등을 통해 대일 전쟁에서 미국을 도울 수 있다고 말했다. 그러니 미국이 충칭 임정을 승인하고 군사 원조와 경제 원조를 제공해 줄 것을 요청했다. 이에 대해 히스는 "잘 알겠습니다. 그러나 만일 이 단계에서 미국이 한국의 독립 정부를 승인한다면 그것은 북아시아에 커다란 이해관계를 가진 소련의 감정을 상하게 할 것입니다. 소련이 아직 일본과 전쟁을 하지 않는 상황에서 그 지역에 관한 어떤 정치적 문제를 제기하는 것은 시기상조라고 생각합니다"라고 말하면서 이승만의 임정 승인 요청을 일축하였다. 이에 맞서 이승만은 "미국이 이미 일본과 전쟁을 벌인 터에 왜 일본과 싸우지도 않는 소련의 눈치를 보아야 하느냐"라고 논박하였던 것 같다. 여하튼 이 회담을 계기로 이승만은 히스에 대해 '미국을 위해서보다 소련을 위해 봉사하는 젊은이'라고 생각하게 되었고, 히스는 그때부터 이승만을 루스벨트의 친소 유화 정책을 제대로 파악하지 못하는 반소(反蘇)주의자라고 단정하고 기피 인물(persona non grata)로 취급하기 시작했다.[6]

이승만-히스-혼벡의 회담을 계기로 미 국무부의 한국 담당 관료들은 충칭 임정의 승인 문제를 소련과 기타 한반도에 관심을 가진 다른 열강들(예컨대, 중국과 영국)과의 협의를 거쳐 처리한다는 방침을 굳히게 되었다. 그 결과 혼벡은 2월 4일 이승만을 만나 충칭 임정 승인 문제를 제기하는 것이 시기적으로 부적절하다면서 신임장을 되돌려 주었다. 충칭 임정의 승인을 거부한 것이다.

이승만은 2월 7일 국무장관 헐에게 정식으로 신임장과 임정 승인 요청서를 제출했다. 이에 헐 장관은 즉답을 피하고 국무차관보 벌(Adolphe A. Berle)로 하여금 미국이 임정을 승인하지 않는 이유를 설명하게 했다. 그 이유는 두 가지였다. 첫째, 미국은 추축국의 점령 아래 있는 나라들의 망명 정부나 임시정부는 승인하지 않는다는 원칙을 지키고 있으며, 둘째, 충칭 임정은 한국민을 대표하는 '정부'가 아니라 경쟁적인 '한인 그룹들 중하나'에 불과하며 국내와의 연결이 불투명하다는 것이었다.[7]

이 설명에 만족하지 못한 이승만은 2월 16일 헐 장관에게 면담을 신청했다. 헐 장관은 이에 응답하지 않았다.[8] 이승만은 1942년 3월 24일 헐 장관에게 편지를 썼다. 2월 7일자 자신의 편지에 대한 벌 차관보의 답장을 반박하는 내용이었다. 그는 자신의 외교 활동은 미국 내 다른 여러 외국 지도자들이 벌이는 '자유운동'(free movement)의 일종이 아니라고 하면서, 미국 정부가 1882년에 조선과 체결한 조미수호통상조약을 어떻게 인식하고 있는지를 따져 물었다. 이 편지에 대해 헐은 답하지 않았다.[9]

이승만은 이로부터 거의 한 해가 지난 1943년 2월 16일 헐 장관에게 다시 서한을 보냈다. 이것이 헐 장관에게 보낸 마지막 편지였다. 이 편지에서 이승만은, 미국 정부가 충칭 임정을 당장 승인하지 않으면 태평양전쟁이 끝난 후 한반도에는 소련이 후원하는 '소비에트 코리아 공화국'(Soviet Republic of Korea)이 수립될 가능성이 크다고 경고했다. 그러면서 다시 한번 헐 장관에게 면담을 요청했다.[10] 이에 대해서도 헐은 아무런 응답을 하지 않았다. 미 국무부는 이승만의 임정 승인 요구를 끝까지 외면했다.

미 국무부는 왜 이렇게 매정하고 끈질기게 이승만의 요구를 들어주지 않았는가? 그 이유는 여러 가지가 있다. 그 중 제일은 이른바 '신탁 통치의 창안자'로 알려진 랭던(William R. Langdon)이 1942년 2월 22일 국무부의 '전후 외교 정책에 관한 자문위원회(Advisory Committee on Post-War Foreign Policy)'에 제출한 「한국 독립 문제의 몇 가지 측면들(Some Aspects of the Question of Korean Independence)」이라는 정책건의서의 영향이었다. 터키 출신의 미국 직업 외교관이었던 랭던은 1933년부터 1936년까지 서울 주재 미국 영사로 근무한 경력이 있고, 그 후 만주의 다롄[大連]과 선양[瀋陽]의 영사관을 거쳐 일본 도쿄의 미 대사관에서 근무했다. 1941년부터는 국무부의 극동국에 배치되어 일하는 동아시아 지역 전문가였다.[11] 그의 유명한 보고서는 ① 한국의 사회 구조와 지적 생활, ② 한국인의 대일 감정, ③ 한국 독립 문제, ④ 독립 절차에 대한 제언, ⑤ 독립 이전의 잠정 조치 등 5개항으로 구성되어 있었다. 이 중 제3항, 제4항, 제5항에는 당시 이승만이 워싱턴에서 벌이고 있던 충칭 임정 승인 획득 운동에 직접 관련된 일련의 정책 건의가 제시되어 있었다. 그의 건의들을 요약하면 아래와 같다.[12]

첫째, 랭던은 한국의 독립 문제에 관련하여, 한국민은 예외 없이 독립을 갈망하겠지만 실제로 ① 그들은 37년에 걸친 일본의 식민 통치 아래서 정치적으로 거세당하여 정치, 행정, 외교, 사법, 경찰, 재정, 금융, 교육, 통신, 해운 등 거의 모든 분야에서 배제되었기 때문에 국가를 운영할 경험을 쌓지 못했고, ② 그들은 일본이 한국인의 군 복무를 허용하지 않고 무기 소지를 엄격히 금지한 상태에서 보호만을 받고 살아왔기 때문에 자위 (self-defense)에 필요한 전문 지식과 의지를 갖고 있지 않으며, ③ 그들은 금융, 대기업, 기계제조업, 공학, 수출입 업무, 운송업 등에서 배제되어 근대적인 경제 제도와 운영에 대한 훈련을 받지 못한 상태에서 한국 경제가 일본에 통합·운영되어 왔기 때문에 일본과 분리될 경우 적지 않은 어려움과 고통스러운 과정을 겪게 될 것이라고 진단했다. 이러한 진단을 바탕으로 그는 한국은 일본이 패전한 후 "적어도 한 세대 동안 열강의 보호와 지도 및 원조를 받아야만 근대 국가의 지위로 나갈 수 있음이 명백하다"라는 결론을 내렸다. 요컨대, 그는 종전(終戰) 후 한국은 30여 년 동안 열강의 신탁 통치를 받아야 한다고 주장했다(1943년 3월 루스벨트 대통령이 채택한 대한(對韓) 신탁 통치 구상은 여기에서 비롯되었다.).[13]

둘째, 그는 한국의 독립 이전에 미국이 취할 잠정 조치로 두 가지를 지적했다. 우선 미국은 '자유 한국'(Free Korea)을 대표한다는 이런저런 한인 그룹들로부터 한국 독립에 대한 입장 표명과 특정 한인 단체를 임시정부로 승인해 달라는 요청을 받고 있지만, 상황이 보다 확실해질 때까지는 피정복 민족들의 해방과 같은 일반적 원칙에 대해서만 언급하고 그 이상의 어떤 언질도 주어서는 안 된다고 건의했다.

셋째, 그는 미국이 자유 한인 그룹들의 전쟁 수행 능력과 기여도 등에 대하여 검토·평가할 때 중국 본토에서 활동하는 '소위 한인 의용병들(Korean so-called volunteers in China)'을 중시하는 것은 피해야 한다고 건의했다. 광복군과 조선의용대를 포함하는 그들은 수적으로 보잘것없고 신뢰하기도 어렵다는 것이 그의 판단이었다. 이들보다는 오히려 한·만 접경지대에서 투쟁하고 있는 한인 게릴라들과 접촉하여 그들을 재조직하고 무장시키는 것이 바람직하다고 했다. 그는 특히 동만주 산악지대에서 활약하는 두 명의 반군 두목(malcontent chieftains : 김OO[김일성]과 최현일)의 존재를 부각시켰는데, 이들이 거느리고 있는 부대는 각각 300~400 명 정도에 지나지 않지만, 그들은 장차 '한국 국민군'(a Korean national army)의 핵심이 될 수 있다고 평했다.

이상과 같은 내용을 담은 랭던의 보고서는 제출된 직후 국무부 극동국장 해밀턴(Maxwell Hamilton)으로부터 "국무부의 모든 관리, 특히 한국 문제에 관심을 갖는 사람들이 유념할 만하다고 믿어지는 사실적 정보가 많이 들어 있다"라는 평가를 받았다.[14] 이 보고서를 계기로 루스벨트 대통령도 랭던에 대하여 알게 되었다.[15]

이상을 종합해 보건대, 랭던은 그의 보고서에서 ① 전후 상당 기간 한국의 독립을 유보하고 신탁 통치를 실시할 것, ② 임정을 포함한 현존 독립운동 단체들에 대해 불승인 정책을 유지할 것, ③ 광복군과 조선의용대 등 중국 본토의 한인 무장 조직에 대한 군사 지원을 하지 말 것 등 세가지를 건의했다. 이러한 랭던의 건의는 미국의 대한(對韓) 정책에 거의 그대로 반영되었다. 태평양전쟁이 일어난 지 75일 만에 미국이 전후 한국에 대한 신탁 통치 구상과 임정 불승인 방침을 함께 제기했다는 사실은 임정 불승인 정책이 신탁 통치 구상을 실현하기 위한 기본 전제였음을 말해 준다.[16]

랭던 보고서는 대외비(對外秘) 문서였기에 당시 이승만은 이에 대해서

아무것도 몰랐다. 그는 1942년 자기를 도와줄 미국인들로써 두 개의 로비 단체를 결성하고 그들의 힘을 빌려 국무부의 충칭 임정 승인 거부 결정을 번복하려고 시도했다. 그 중 하나는 '한미협회(The Korean-American Council)'였다. 이 단체는 1942년 1월 16일에 이승만을 존경하고 한국의 독립을 돕고자 원하는 저명한 미국인들과 프란체스카 여사 등을 이사(理事)로 모신 단체였다. 이들은 ① 워싱턴 시내 파운드리 감리교회(Foundry Methodist Church)의 담임목사 겸 미 연방 상원의 원목인 해리스(Frederick B. Harris), ② 전(前) 주 캐나다 특명전권공사 크롬웰(James H. R. Cromwell), ③ 워싱턴에 개업한 법률변호사 스태거스(John W. Staggers), ④ INS 통신사(International News Service)의 기자 윌리엄스(Jay Jerome Williams) 등이었다. 한미협회의 멤버들은 미 국무부, 백악관, 의회 등을 상대로 충칭 임정을 즉각 승인할 것을 요구하고 이승만을 '대한공화국의 국부(國父 : The father of the Korean Republic)'로 치켜세우는 데 초점을 맞춘 운동을 펼쳤

다.[17]

이승만이 발족시킨 다른 하나의 로비 단체는 '기독교인친한회(The Christian Friends of Korea)'였다. 이 단체는 1942년 9월 22월에 이승만과 에비슨(Oliver R. Avison) 박사가 면담·합의하여 조직한 단체다. 에비슨 박사는 세브란스의학전문학교와 연희전문학교의 교장직을 맡아 일하다가 정년 은퇴한 당시 82세의 선교사·교육자였다. 기독교친한회의 회장은 워싱턴에 있는 아메리칸대학교(American University) 총장 더글러쓰(Paul F. Douglass)가, 재무직은 에비슨이, 서기직은 제럴딘 피치(Geraldine T. Fitch)가 맡았다. 제럴딘은 상하이 YMCA의 총무인 피치 목사의 부인이었다. 그리고 한미협회의 모든 이사가 이 단체의 이사로 참여하였다. 1942년에 일제(日帝)에 의해 한국에서 강제로 추방당한 약 600명의 기독교 선교사 및 그들의 가족이 이 단체가 회원으로 포섭하려는 대상 인물들이었다.[18]

이 두 로비 단체의 회원들은 임정 승인 촉구 대회에 참가하고, 이승만

● ● ●
1942년 2월 27일부터 3월 1일까지 워싱턴의 라파예트 호텔에서 개최되었던 '한인자유대회' 참석자들. 이승만은 맨 뒷줄 가운데에 서 있다. 같은 줄 왼쪽 끝에 서재필, 오른쪽에서 세 번째에 헐버트가 보인다. 앞줄 왼쪽의 첫 번째 여성은 중국 상하이의 YMCA 총무인 피치 목사의 부인 제럴딘 피치, 한 사람 건너에 보이는 여인이 프란체스카 여사이다.

The Korean Liberty Conference
Lafayette Hotel,
Washington, D. C.
Feb. 27, 28 and
March 1, 1942

을 위하여 백악관, 국무부 및 의회의 지도자들에게 편지 쓰기와 개인 면담 그리고 신문, 잡지 기고 등의 활동을 했다.

한미협회가 벌인 사업 가운데 가장 두드러진 것은 1942년 2월 28일부터 3월 1일까지 3·1운동을 기념하기 위해 워싱턴D.C.의 라파예트 호텔(Hotel Lafayette)에서 '한인자유대회(The Korean Liberty Conference)'를 개최한 것이다. 이 행사는 한미협회와 재미한족연합위원회가 공동으로 주최하였다. 한국인과 미국인이 모인 이 대회에서는 미 하원의 커피(John M. Coffee) 의원, 더글러쓰 총장, 헐버트, 서재필, 한미협회 이사들 등 10여 명의 저명 인사가 연사로 초빙되어 연단에 올랐다. 그들은 미 행정부를 향해 임정의 즉각 승인을 촉구하는 강연을 했다. 이 강연은 워싱턴의 윈크스(WINX) 방송망을 통해 미국 전역에 실황 중계되었다.[19]

이승만은 한인자유대회의 첫날에 아래와 같은 내용의 개회사를 영어로 낭독했다.

… 우리는 확실하고 분명한 목적을 가지고 이 회의에 모였습니다. 첫째로 일본에 항거한 우리의 1919년 혁명을 엄숙하게 기념하는 것입니다. 남녀노소를 불문하고 그토록 많은 동포가 압제자들의 손과 총과 칼에 의하여 죽음과 고문과 수모를 당한 그 해는 길이 기억되어야 할 해입니다.

우리는 한국의 애국지사들이 세계에 선포하고 그들의 피로 신성하게 된 1919년의 독립선언을 재확인하기 위하여 모였습니다. 그 1919년 3월 1일로부터 23년이 지났습니다. 자유는 아직도 한국인들의 가슴속에 살아 있습니다. … 압제자는 자유를 구속할 수는 있을지 모르지만 자유를 말살할 수는 없습니다. …

우리는 또한 23년 동안 존재해 온 우리의 정부, 곧 대한민국 임시정부를 승인하도록 미국 정부에 촉구하기 위하여 모였습니다. 그 정부는 비록 이 국땅에서 비밀리에 수립될 수밖에 없었지만, 그것이 어떻게 승인받지 못할 이유가 됩니까? 자유의 비전은 그 정부에 서광을 비추어 그 정부의 신성한 임무를 실천할 용기와 의지를 주고 있습니다. …

여러분은 우리 한국인들이 지난 37년 동안 무엇을 해왔다고 생각하십니까? 우리는 일본인들과 싸워 왔습니다. 우리는 아무도 알아주지 않는 고독한 싸움을 해 왔습니다. 여러분은 우리만큼 일본인들을 잘 아는 국민이 세계에 또 있다고 생각하십니까? 여러분은 일본인들이 여러 세기에 걸쳐 아시아 대륙을 침범하는 것을 저지한 사람들이 누구라고 생각하십니까? 한국인들이었습니다. 그리고 지금 우리가 요구하는 것은 그 침략자들을 그들의 섬으로 돌려보낼 기회입니다.

그것[미국 정부의 임시정부 승인]이 2,300만 한국인에게 주는 심리적 효과가 엄청나게 클 것이기 때문에 우리는 승인을 요구합니다. 그것이 우리로 하여금 무기와 군수품을 얻을 수 있게 만들 것이기 때문에 승인을 원합니다.

우리는 어느 누구에게도 우리의 독립을 회복시켜 달라고 요구하지 않습니다. 그것을 위해 우리는 싸워야 하며, 우리는 싸울 준비가 되어 있습니다.[20]

이 연설은 한인자유대회에 참석한 한국인들과 미국인들을 모두 감동시키기에 충분했다. 이 대회에서 연설한 커피 하원의원과 서재필 등은 1882년에 체결된 조미수호통상조약이 아직도 유효하다고 강조하면서, 이 조약의 정신에 따라 미국 정부는 충칭 임정을 당장 승인해야 할 의무가 있다고 주장했다.[21]

이 대회 참가자들은 2월 28일의 두 번째 회의에서 아래 5개항의 결의문을 채택했다. 이 결의문은 이승만이 위원장직을 맡은 결의문기초위원회에서 작성한 것이다.

⑴ 우리는 1942년 3월 1일 이 자리에 모여 1919년 한국 인민의 독립선언서를 다시 한 번 확인하고, 우리의 자유를 획득할 때까지 계속 투쟁할

것을 결의한다.

(2) 우리는 현재 충칭에 있는 대한민국 임시정부(약칭 임정)를 정성을 다해 지지하고 유지함을 재확인할 것을 결의한다.

(3) 우리는 1942년 1월 1일에 워싱턴D.C.에서 26개국이 서명한 '국제연합[창립]선언(Declaration of the United Nations)'을 지지한다는 사실을 재확인한다. 아울러 우리의 임정이 미 국무부에 '국제연합선언'의 공식 참가국이 되도록 허가할 것을 요망하는 청원서를 공식으로 제출할 것을 재확인하며 승인할 것을 결의한다.

(4) 우리는 미국 대통령에게 임정을 승인할 것과 임정에 국제연합선언의 회원권 획득 자격을 부여하도록 건의할 것을 결의한다.

(5) 우리는 미국 의회에 직접적으로 혹은 청원을 통해 임정의 승인을 요청할 것을 결의한다.[22]

이 대회의 마지막 날 행사에는 미 국무부의 한국 문제 담당 관료 두 사람 즉, 혼벡과 랭던이 참관했다. 그들 가운데 랭던은 이 대회에 대한 자신의 소감을 보고서로 작성하여 국무부에 제출했는데 그 내용은 부정적이었다. 그는, 참석자도 많고 언론 홍보도 잘 되었지만 연설 내용들은 한결같이 과거에 관한 이야기들뿐이고, 일본에 대한 저항이나 독립운동을 위한 어떤 계획이나 조직에 관해서는 한마디도 언급이 없다고 지적했다. 또 자신들의 문제를 스스로 해결하겠다는 의지는 보이지 않고, 1905년에 한국의 독립을 보호하지 못한 미국의 속죄를 촉구하는 주장이 많았다고 적었다.[23] 말하자면, 랭던은 자유한인대회에 찬물을 끼얹은 셈이다.

한미협회가 벌인 두 번째 주요 사업은 크롬웰 회장으로 하여금 헐 국무
장관에게 편지를 써서 충칭 임정 승인 거부 결정을 번복하게끔 설득하는
것이었다. 크롬웰은 1942년 5월 5일 국무장관 헐에게 보낸 편지에서 한국
인이 참고 기다리는 데에도 한계가 있다면서 충칭 임정을 즉각 승인해줄
것을 촉구했다. 크롬웰은 대일 투쟁을 전제 조건으로 임정 승인을 요구했
지만 헐 장관은 대략 다음과 같은 내용으로 이를 거부했다.

> 미국에는 한국인 독립운동 단체 이외에 추축국 점령 아래 있는 여러 나
> 라의 망명 단체들이 있다. 그들은 저마다 대표성을 주장하고 있지만 미국
> 정부는 이들 나라가 해방되었을 때 국민들의 자유로운 선택에 따라 정부
> 가 세워질 수 있기를 바란다. 모든 망명 단체가 그들의 능력이 닿는 범위
> 내에서 전쟁의 승리를 위하여 투쟁할 때 그에 상응하는 지원을 해주는 것
> 을 원칙을 삼는다.[24]

6월 3일까지 계속된 크롬웰과 헐 간의 양보 없는 서면(書面) 논쟁은 국
무부의 입장을 번복하지 못한 채 종결되었고, 이에 책임을 느낀 크롬웰은
얼마 후 한미협회 회장직에서 물러났다.[25]

이러한 이승만의 다각적 노력에도 불구하고 미 국무부는 끝내 임정을
승인하지 않았다. 뿐만 아니라 1942년 4월 중국의 국민 정부가 임정을 승
인할 움직임을 보이자 이 움직임에 제동을 가하여 중국 정부의 임정 승인
을 유보시켰다.[26] 요컨대 1942년에 이승만이 한미협회를 통해 미 국무부
를 상대로 전개한 임정 승인 획득 노력은 완전히 실패했다.

1943년에 접어들어 이승만은 기독교인친한회를 앞세워 미국 상하원 의
원들에게 편지쓰기 운동을 벌였다. 미 의회로 하여금 대한민국 임시정부
를 승인하는 결의안을 채택하게 만드는 일에 열중한 것이다. 편지쓰기 운
동은 1943년 2월 9일에 기독교인친한회의 더글러쓰 회장과 애비슨 서기

KOREAN
COMMEMORATION NIGHT
SPONSORED BY
KOREAN-AMERICAN COUNCIL
THE WALDORF-ASTORIA   NEW YORK CITY
AUGUST 29, 1944

PHOTO BY
DRUCAER-WILBERT CO

●●●
한미협회가 임정 승인을 촉구하기 위해 1944년 8월 29일 뉴욕의 애스토리아 호텔에 마련한 만찬회 광경. 왼쪽 높은 자리의 왼쪽 끝에서 두 번째가 이원순의 부인 이 매리 여사, 한 사람 건너가 프란체스카 여사, 두 사람 건너가 이승만이다. 아래에 위치한 여러 테이블 가운데에서 두 번째 테이블의 왼쪽 끝에 앉은 동양 청년이 한표욱이다.

(재무)가 공동 명의로 '친우들에게'라는 편지를 회원들에게 발송하는 것으로써 시작되었다. 이 편지에서 그들은 조선총독부가 선교사들에게 추방 명령을 내린 결과 한국에서 기독교가 말살되고 있다고 지적하고, 동양에서 기독교가 발흥하려면 자유 한국이 필요하고, 한국이 자유로운 나라가 되려면 미국 여론의 지지가 필요하다고 강조했다. 아울러 미국이 한국 임시정부를 승인하도록 만들기 위하여 자기 지역 출신의 상하 양원 의원들에게 편지나 전보를 보내기 바란다고 호소했다.[27]

편지쓰기 운동이 주효하여 3월 31일에 미시간 주 출신의 민주당 소속 하원 의원 오브라이언(George D. O'Brien)이 임시정부 승인에 관한 상하 양원 합동결의안(H. J. Res. 109)을 하원에 제출했다. 이어서 4월 22일에는 위스콘신 주 출신의 와일리(Alexander Wiley) 의원이 같은 내용의 결의안(S. J. Res. 49)을 상원에 제출했다. 결의안의 내용은 "미합중국 상원과 하원의 의원들은 의회에 회집하여 미합중국 정부가 대한민국 임시정부를 승인할 것을 결의한다"라는 것이었다. 이 두 결의안은 각각 하원과 상원의 외교위원회에 회부되었다.[28]

이에 고무된 이승만은 5월 10일 『주미외교위원부통신』을 통해 이 사실을 재미 동포들에게 알렸다. 그러면서 그들에게 아래의 두 가지를 당부했다.

> (1) 우리 한인은 각각 시기를 놓치지 말고 즉시 편지나 전보로 상·하원 위원장인 커널리(Thomas T. Connally)와 불룸(Sol Bloom)에게 공개 토론 청문회(public hearing)를 속히 개최하여 주기를 요청함으로써 임시정부가 속히 승인되게 하여주기를 요청함

> (2) 우리 한인은 각각 자기의 미국 친우들에게 동봉한 영문 원문들을 보이는 동시에 그들에게 편지나 전보 한 장을 위의 두 상·하원 의원에게 보내게 하여 주는 것이 우리 임시정부 승인 문제에 대하여 큰 도움이 된다는 것을 역설 설복하여 그들의 협조를 얻을 것.[29]

이승만을 존경하는 일부 동포들은 열성적으로 호응했다. 그런데, 미국 상하 양원의 외교위원회는 한국 임시정부 승인 결의안을 심의하기에 앞서 국무부의 의견을 구했다. 그 결과 헐 장관은 4월 15일에 불룸 하원 외무위원장에게, 그리고 6월 18일에 커널리 상원 외무위원장에게 각각 다음과 같은 부정적 의견을 보냈다.

> 이 결의안의 의회 통과는 현 시점에서 어떤 효과적인 목적에도 들어맞지 않으며, 이러한 결의안이 … 의회를 통과하는 것은 본국이 외교 관계를 운영하는 데 있어 혼선, 왜곡, 그리고 당혹감을 안겨줄 수밖에 없다는 것이 본인의 의견이며, 귀하께서도 여기에 동의하시리라 생각합니다.[30]

전쟁 기간 미국 의회는 전시 초당(超黨) 외교를 표방하고 행정부의 외교 정책에 적극적으로 협조하던 터라, 국무부의 이러한 부정적 태도 때문에 결의안은 본회의에 상정되지 못하고 말았다.[31]

이승만은 1941년 9월부터 1941년 여름 대통령 직속으로 설립된 '정보조정국(Coordinator of Information : COI)'의 동아시아 특별고문인 게일(Esson McDowell Gale) 박사의 소개로 알게 된 COI의 부국장 굿펠로우(M. Preston Goodfellow) 대령과 상호 긴밀히 협력하였다. 이로써 미국 정부가 충칭 임정을 승인하게 만드는 데 도움이 될 일련의 참전 외교(參戰外交)를 시도하였다.[32] 이승만과 굿펠로우 간 협력 관계는 1942년 6월 COI가 해체되고 그 대신 연합참모부 산하에 '전략첩보국(Office of Strategic Services : OSS)'이 설립되어 굿펠로우가 OSS의 부국장으로 임명되면서 더욱 활발해졌다.

이승만과 굿펠로우가 가장 먼저 추진한 일은 OSS가 필요로 하는 한국인 첩보 요원을 선발하여 그들에게 무선 통신과 해상 전술 등 특수 교육을 실시한 다음 미군에 배속시켜 대일 전쟁에 참여토록 하는 것이었다. 그 결과 1942년부터 1944년까지 이승만이 추천한 장석윤(張錫潤), 장기영, 이순용(李淳鎔), 정운수(鄭雲樹) 등 12명의 한인 청년이 OSS에 선발되어 훈련을 받고 전장에 투입되었다.[33] 이들 가운데 장석윤은 칼 아이플러(Carl F. Eifler) 소령이 이끄는 특수작전부대(101지대)에 편입되어 1942년부터 1943년까지 미얀마와 충칭을 드나들며 첩보 활동을 펼침으로써 미군의 대일 전쟁에 알차게 기여했다.[34]

1942년 10월 이승만은 굿펠로우를 통해 미주에 있는 한인 청년 약 500명으로 구성된 대대(大隊)급의 '자유한인부대'(a Free Korean Legion)를 창설하여 이를 미군에 부속시킬 것과 중국에 있는 2만5,000~3만 명의

광복군(The Korean National Army)을 미군의 지휘 계통에 통합시켜 대일 전쟁에 참여토록 하는 이른바 '한국 프로젝트(Korean Project)'를 OSS에 제안했다. 이 야심 찬 프로젝트를 검토한 OSS의 도노반(William Donovan) 국장과 미 육군부는 실현 가능성이 희박하며 정치적으로 바람직하지 않은 측면이 있다는 이유로 채택을 거부했다.[35]

이승만은 1943년 9월 무기대여청(The Lend-Lease Administration)을 상대로 500~1,000명 규모의 한인 부대를 조직하는 데 필요한 비용 50만 달러의 지원을 요청했다. 그는 이 부대가 충칭 임정의 지휘 하에서 첩보 및 파업 활동을 벌일 터인데, 추후 그 활동 범위를 한반도와 일본으로까지 넓힐 수 있다고 설명했다. 무기대여청에서는 이 안건이 자신들의 소관 사항이 아니라는 이유로 합동참모부로 넘겼고, 합동참모부는 OSS로 하여금 검토하도록 지시했다. 그런데 OSS가 합동참모부에 부정적인 의견을 제시함으로써 이 프로젝트 역시 거부당하였다.[36]

1945년에 이르러 OSS는 '납코 작전(Napko Project)'과 '독수리 작전(Eagle Project)'이라는 두 갈래의 한반도 침투 작전 계획을 세우고 한인 청년 70여 명을 비밀리에 모집하여 특공대원으로 훈련시켰다. 이것들은 이승만 및 충칭 임정과 직접 상관없이 진행된 것이다. 아쉽게도 이 한인 특공대원들은 태평양전쟁이 끝날 무렵에야 훈련을 받기 시작했기 때문에 소기의 성과를 거두지 못했다.[37]

이승만은 굿펠로우의 협조로 1942년 6월 13일부터 7월에 걸쳐 몇 차례 '전시정보국(Office of War Information)'이 담당한 '미국의 소리(Voice of America)' 무선 단파방송망을 통해 방송을 할 수 있었다. 국내 동포들에게 일본의 패망이 임박했음을 알리고 적당한 시기에 무장봉기할 것을 선동하는 내용이었다. 이로써 그는 국내 동포들의 사기를 올리고 자신의 성가를 높일 수 있었다.[38] OSS는 1942년부터 1943년까지 이승만과 충칭 임정 사이의 무전 교신을 중계해줌으로써 해방 이전 이승만과 충칭 임정 간의 긴밀한 협조를 가능케 해 주었다.[39]

　태평양 전쟁 중 이승만은 미 법무부, 육군부 및 체신부와의 교섭에서 일련의 알찬 성과를 거뒀다. 이승만은 태평양전쟁 발발 후 하와이와 미국 본토에 거주하는 한인들을 위하여 미 법무장관 비들(Francis Biddle)에게 한국인을 적성(敵性) 국가인 일본인과 동일하게 취급하지 말아달라고 요청하는 서한을 보냈다. 이 요청에 응해 비들 장관은 1942년 2월 9일, 미국에 거주하면서 1940년의 외국인등록법에 따라 등록한 한국인 가운데 자의로 일본 국적을 취득하지 않은 사람에 한해 적성 외국인에게 가해진 규제에서 면제한다는 성명을 발표했다.[40] 그런데 이 성명에도 불구하고 하와이 주둔 미군 당국이 한국인과 일본인을 동일하게 취급하는 일이 계속 벌어지자 이승만은 1943년 3월 30일 스팀슨(Henry L. Stimson) 국방장관에게 서한을 보내 충칭 임정이 일본과 교전 상태에 있음을 상기시키면서 하와이 미군의 한인 단속을 중지시켜 달라고 요청했다. 그 결과 이승만은 스팀슨으로부터 모든 일선 지휘관들에게 지시를 내려 앞으로 일본 국적을 취득하지 않은 한국인에게 부당한 대우를 하지 않겠다는 약속을 받아냈다.[42] 이밖에 이승만은 1944년 미 체신부장관 워커(Frank C. Walker)를 찾아가 미 체신부가 1943년 6월부터 발행하고 있던 '정복당한 나라들'(Overrun Countries)이라는 주제의 시리즈 마지막 우표로서 태극기 마크가 그려진 5전짜리 우표를 발행하도록 설득하였다.[43] 이 우표는 1944년 11월 2일에 발행되었다.

'카이로 선언'의 숨은 공로자

카이로 선언(The Cairo Declaration)은 미국 대통령 프랭클린 루스벨트의 주도 아래 1943년 11월 22일부터 12월 1일까지 개최된 카이로 회담에서 미·영·중 원수들에 의해 채택된 역사적 선언이다. 그 선언문에는 태평양 전쟁이 끝난 후 '적절한 시기에'(in due course) 한국의 자유와 독립을 보장하여 준다는 문구가 담겨 있다. 이것은 해방 후 한반도의 운명을 좌우할 연합국들이 한국의 독립을 문서상으로 보장했다는 뜻에서 '한국 독립의 문' 혹은 '대한민국 제2독립선언서'라고 일컬어진다.[1]

종래 한국 독립운동사 연구자들은 카이로 선언문 말미에 "[일본 패망 후] '적절한 시기에' 한국의 자유와 독립을 보장한다"라는 문구가 삽입될 수 있었던 것은 장제스[蔣介石] 중화민국 총통이 1943년 7월 26일 충칭의 군사위원회 회객실(會客室)에서 김구, 조소앙, 김규식, 이청천(李青天) 및 김원봉(金元鳳) 등 충칭 임정의 대표자들을 면접했을 때 자신이 카이로 회담에 참석하면 거기서 한국의 '완전 독립'을 '역쟁'(力爭 : 온 힘을 다 해 싸움)하겠다고 약속했고 실제로 그가 카이로 회담 현장에서 그 약속을 지켰기 때문에 가능했던 것이라고 이해해 왔다.[2]

그러나 미국 외교 문서를 중심으로 카이로 선언문의 작성 및 발표 과정을 면밀히 분석한 최근의 한 연구에 의하면, 카이로 회담 당시 한국의 독립 문제를 가장 적극적으로 거론한 인물은 장제스가 아니라 루스벨트였고, 카이로 선언[문]의 초안을 작성한 인물은 그의 특별보좌관 홉킨스(Harry L. Hopkins)였다.[3] 이 새로운 학설에 의하면, ① 장제스는 11월 22일부터 26일까지 진행된 정식 회담에 참석했으나 한국 문제가 의제에 포

함되어 있지 않았기 때문에 한국 독립에 관해 전혀 언급하지 않았고[4] ② 장제스는 1943년 11월 23일 저녁 루스벨트의 숙소를 방문했을 때 루스벨트가 한국 독립 문제를 먼저 제기하자 "한국의 독립을 허용할 필요성이 있다"라는 매우 소극적이고 우회적인 지지 의사를 표시했으며[5] ③ 장제스의 대변인인 왕충후이[王寵惠] 비서장은 11월 25일에 홉킨스가 작성하고 루스벨트가 수정한 카이로 선언문의 미국 측 초안을 검토·수정하는 실무자 회의(홉킨스와 영국 대표 알렉산더 캐도건〈Alexander Cadogan〉 외무차관이 참석)에서 미국 측 초안에 나타나 있는 '적절한 시기에'(at the proper moment)라는 단서 조항에 이의(異議)를 제기하지 않았다. 말하자면 장제스는, 전후 미국이 한반도에서 국제 신탁 통치(일명 국제공관〈國際共管〉)를 실시하려는 의도가 담긴 이 단서에 대해 이의를 제기하지 않음으로써 사실상 한국의 '완전 독립'을 주장하지 않은 셈이다.

이와 대조적으로, 11월 25일 미국 측 초안을 접수한 영국의 외무차관 캐도건은 미국 측 초안에 만족하지 않았다. 그래서 이를 수정하여 영국

안을 따로 만들어 그날로 미국 측에 전달했지만 미국 대표와 왕충후이가 이에 만족하지 않았다. 따라서 미국의 홉킨스와 주 소련 미국대사 해리먼(W. Averrel Harriman), 중국의 왕충후이, 영국의 이든(Anthony Eden) 외무부장관 그리고 캐도건 등이 11월 26일 오후에 다시 회동하여 문제를 타결하려고 했다. 하지만 회의가 난관에 부딪쳤다. 이때 문장가 처칠(Winston Churchill)이 자기 나름의 새로운 초안을 보내와서 회의가 타결되었다. 처칠의 수정안은 다음과 같다.

위의 3대 연합국은 한국 인민의 노예 상태에 유의하여 적당한 시기에 한국이 자유롭고 독립되게 할 것을 결의하였다(Mindful of the enslavement of the Korean people, the aforementioned three Great Powers are determined that Korea shall, in due course, be free and independent.).

이 수정안은 그대로 카이로 선언으로 채택되었다.[6] 이렇게 채택된 선언문은 11월 27일 세 거두의 서명을 거쳐, 루스벨트와 처칠이 11월 28일부터 12월 1일까지 이란의 수도 테헤란에서 열린 루스벨트, 처칠 및 스탈린 간의 3자 회담에서 스탈린의 동의를 얻은 후 12월 1일에 공표되었다.

여기서 주목할 것은 이렇게 공표된 선언문의 내용은, 초안에 제시되었던 단서 조항 '적절한 시기에'(at the proper moment)라는 표현을 '적당한 시기에'(in due course)로 바꾼 것 이외에는 루스벨트와 홉킨스가 작성한 미국 안과 같았다는 사실이다. 이렇게 따져볼 때, 카이로 선언의 주동자는 장제스가 아니라 미국의 루스벨트 대통령과 홉킨스였다고 말할 수 있다.

그렇다면 카이로 선언을 기획하고 그 문안을 기초(起草)한 루스벨트와 홉킨스로 하여금 일본 패망 후에 한국의 독립을 보장하겠다는 생각을 하게 만든 인물은 과연 누구였을까? 이승만이었을 가능성이 대단히 높다. 이승만은 1943년 5월 15일 루스벨트 대통령에게 한국 독립에 관련된 조치를 시급히 취해달라고 요청하는 친서를 보냈다. 저자는 이 서한이 루스벨트와 홉킨스로 하여금 카이로 선언에 한국 독립을 보장하는 문구를 첨가하게 만든 최대 요인이라고 생각한다. 이것 이외에도 이승만을 지원하기 위해 조직된 한미협회 이사들과 기독교인친한회 소속 목사 등이 5월 15일 전후로 루스벨트에게 제출한 청원서 내지 서한이 루스벨트와 홉킨스의 마음을 움직이는 데 일조(一助)하였을 것이라고 생각한다. 이 점을 상술하면 아래와 같다.

이승만은 카이로 선언이 공표되기 이전에 루스벨트 대통령에게 여러 차례 자신의 저서와 친서를 보내고 강연을 통해 루스벨트가 한국의 독립 문제에 관심을 기울이도록 유도했다. 첫째, 그는 1941년 8월 자신의 저서 *Japan Inside Out : The Challenge of Today*(일본, 그 가면의 실체) 출간 직후 이 책을 루스벨트 대통령 부부에게 기증했다. 이 책에서 그는 미국이 1882년에 조선과 체결한 조미수호통상조약을 무시하고 1905년에 '태프트-카츠라 밀약'을 맺어 일본의 한국 침략을 허용한 결과 일제가 한국을 병탄(1910)하고 '105인 사건(1912)'과 '제암리 사건(1919)' 같은 일련의 야만적 기독교 박해 사건을 저질렀다고 기술하였다.[7] 말하자면, 미국은 1905년 이후 한국인이 일제의 악랄한 통치 아래서 겪은 고통에 책임이 있다는 것이었다.

둘째, 그는 1942년 2월 27일 워싱턴에서 개최된 '한인자유대회'의 개회사에서 루스벨트 대통령이 2월 23일에 조지 워싱턴(George Washington) 대통령의 탄신일을 기념하는 라디오 연설을 했을 때 한국 인민의 '노예 경험'에 대하여 언급한 데 대하여 깊은 감사의 뜻을 전했다. 아울러 "그의 연설은 여러 해 동안 미국의 한 고위 관리(최고사령관)가 한국 국민에 대하여 언급한 최초의 연설이고, 우리에게는 가장 고무적인 것이었습니다."라고 언급하였다.[8]

셋째, 이승만을 지원하는 한미협회의 이사장 해리스 목사는 1942년 3

월 6일 변호사 스태거스 및 INS 통신사 기자 윌리엄스 등 협회의 이사들과 연명(連名)으로 루스벨트 대통령에게 충칭 임정을 즉각 승인하고 수많은 한국인 인력을 미군의 대일(對日) 전쟁 대열에 참여시켜 활용할 것을 건의했다.[9] 해리스 목사는 백악관 근처에 위치한 파운드리 감리교회의 담임목사 겸 연방 상원의 원목이라는 직분을 가진 교계의 중진이었다. 게다가 파운드리 교회는 루스벨트 대통령이 1941년 12월 말 영국 총리 처칠과 함께 크리스마스 예배를 드렸던 교회였다.[10] 이런저런 이유로 해리스가 주동이 되어 제출한 진정서는 독실한 기독교인으로 알려진 루스벨트와 홉킨스에게 무시하지 못할 영향을 주었을 것이 확실시 된다.[11]

이러한 일련의 관심 끌기 노력의 연속선상에서 이승만은 1943년 5월 15일 아래와 같은 장문의 서한을 루스벨트 대통령에게 보냈다. 이는 홉킨스의 손을 거쳐 제출되었다.[12]

… 저는 지금이야말로 미국이 지난 38년 동안 한국민과 한국에 대해서 저지른 잘못과 부정(不正)을 시정할 때라는 사실에 대하여 각하의 주의를 환기시키고자 합니다. 각하께서 잘 알고 계시는 바와 같이, 미국은 1882년에 체결된 조미조약(朝美條約)을 위반하여 1905년에 일본이 한국을 점령하고 1910년에는 한국을 병탄하는 것을 묵인하였습니다. 각하께서 [최근에] 행하신 공중 연설에서 언급하신 바와 같이, 그때부터 한국인은 전 세계의 많은 피(被)정복 민족들 가운데 누구보다 더 심하고 그리고 더 오랫동안 고통을 겪어왔습니다. 대한제국의 파괴는 일본의 [전 세계] 정복 계획의 시작에 불과하였습니다. [그 후] 도쿄의 군국주의자들 손에 하나하나 먹혀들어간 나라들은 여기서 다시 열거할 필요도 없습니다.

1941년 12월 7일 후 섬나라 민족인 일본의 폭력으로부터 문명과 민주주의를 수호하기 위하여 얼마나 많은 미국인이 피를 흘렸고, 얼마나 많은 금전이 허비되었습니까? 이 모든 것은 서양의 정치가들이 독립된 한국이 동양 평화의 보루(堡壘)로서 얼마나 중요한지를 인식하지 못한 데 기인한 것입니다. 서양의 정치가들은 지난 수 세기에 걸쳐 일본의 침략을 여러 차례 격파한 것이 한국인이었다는 사실을 간과했습니다. 그들은 한국이 독립·부강한 나라가 될 수 있도록 도와주는 대신에 제국주의적인 일본을 옹호하여 세계 평화를 위협하는 폭압적인 국가로 육성하는 데 물심양면의 지원을 아끼지 않았습니다.

대통령 각하, 저는 지금이 바야흐로 미국이 일본의 악선전으로 인하여 갖게 된 한국에 대한 그릇된 인식을 바로잡을 때임을 다시 한 번 강조하고 싶습니다. 만약 오늘날의 미국 정치가들이 이 사실을 깨닫지 못한다면 전후(戰後) 문제 처리는 현금의 세계적 전화(戰禍)보다 더 큰 새로운 재앙을 초래할 것입니다.

진주만 사건 이후 근 1년 반 동안 우리는 미 국무부를 향해 역사상 가장 오래 존속한 망명정부인 충칭의 대한민국 임시정부를 승인할 것을 요구해 왔습니다. 우리가 국무부로부터 받은 대답은 아주 대수롭지 않은 변명뿐이었습니다. 그런데 지금 우리는 소련이 종전(終戰) 후 한국에 소비에트 공화국을 수립할 것이라는 보고를 접하고 있습니다. 우리는 이러한 보고가 근거 없는 것이기를 바랍니다. 동시에 우리는 40년 전에 미국이 우려했던 러시아의 극동 진출 위협이 완전히 사라지지 않았다는 사실을 명심해야 할 것입니다.

현재의 대일(對日) 전쟁에 박차를 가하고 나아가 태평양 지역에서의 평화를 정착시키기 위해 저는 각하에게 간청하오니 대한민국 임시정부를 당장 승인하고 우리의 공동의 적(敵)인 일본과의 싸움에 한국인이 자기의 몫을 감당함으로써 미국에 실질적인 기여를 할 수 있게끔 원조와 격려를

아낌없이 베풀어 주시기를 간청하는 바입니다.[13]

이 글을 요약하면, 이승만은 ① 미국이 1905년에 조미조약(1882)을 무시하고 일본으로 하여금 한국을 침탈하도록 허용한 결과 한국민이 이루 말할 수 없는 고통을 겪었다는 사실을 지적함으로써 미국이 도덕적으로 한국인에게 속죄할 의무가 있다는 것을 상기시키고, ② 한국인이야말로 과거 수세기 동안 섬나라 일본의 팽창주의적 침략 행위를 여러 번 격퇴한 유일한 민족임을 자랑함으로써 한국인의 잠재적 군사 능력을 새롭게 인식하도록 하였으며, ③ 미국이 태평양전쟁에서 일본을 굴복시킨 다음 소련이 한반도에 소비에트 공화국을 수립할 가능성이 있다는 점을 강조하면서, ④ 미국이 당장 충칭 임정을 승인함으로써 그러한 가능성을 차단하며, ⑤ 한국인에게 태평양전쟁에 참전하여 공동의 적인 일본과 싸울 기회를 허용함으로써 한국인이 미국에 실질적인 도움을 줄 수 있게 해달라는 것이었다.

이 서한을 접수하여 검토한 홉킨스와 루스벨트는 이례적으로 5월 26일에 대통령 비서실장 왓슨(Edwin M. Watson) 소장(少將)의 명의로 이승만에게 아래와 같은 의미심장한 접수 통보를 보냈다.

친애하는 이 박사! 대통령의 지시에 따라 나는 귀하의 … 1943년 5월 15일자 서한을 [백악관이] 잘 접수했음을 알려 드립니다. 귀하의 서한이 섬세한 주의를 받았다는 사실은 표명할 필요도 없다고 생각합니다.

이로 미루어, 루스벨트와 홉킨스는 이승만의 5월 15일자 서한을 면밀히 검토했음이 틀림없다. 저자는 이승만의 서한이 설득력 있는 고품격의 명문(名文)이기 때문에 루스벨트와 홉킨스의 마음을 사로잡았을 것이며, 그들이 한국의 독립 문제에 깊은 동정적 관심을 갖게 만들었다고 생각한다.

달리 말하자면 이 서한이 루스벨트와 홉킨스로 하여금 '카이로 선언[문]'
의 말미에 전후 한국의 독립을 보장한다는 문구를 첨가하게 만든 결정적
요인이었다고 생각한다.

이승만은 위 서한을 루스벨트 대통령에게 발송한 다음 루스벨트가 조
만간 연합국(영·중·소) 정상들과 대일 전쟁에 박차를 가하고 전후 문제 처
리 방안을 논의할 목적으로 국제 회의를 열 것이라는 소문을 듣고, 루스
벨트에게 한국 독립 문제에 관심의 끈을 늦추지 않도록 유도하는 취지의
글을 적어도 두 번 직접 혹은 간접으로 보냈다.

첫째, 이승만은 루스벨트 대통령이 1943년 8월 29일 퀘벡(Quebec)에서
영국 총리 처칠과 회담할 때 루스벨트 대통령에게 보낸 전보에서 "3천만
한국인은 만약 [미국이] 24년 간 존속해 온 그들의 [임시]정부에 대해 약간
의 원조와 승인을 해준다면 일본을 대항하는 우리의 전쟁에서 매우 중요
한 공헌을 할 것입니다"라고 역설했다.[14]

둘째, 그는 감리교 목사 무어(John Z. Moore) 박사로 하여금 1943년 11
월 19일 루스벨트 대통령에게 "미국이 1905년에 일본으로 하여금 대한제
국을 점유하도록 도운 것은 커다란 잘못이었으며 지금이야말로 그 역사
적 잘못을 바로잡을 적절한 시기"라는 취지의 편지를 보내도록 했다. 무
어 목사는 1903년부터 1940년까지 37년 간 한국에서 선교사로서 활동
한, 기독교인친한회 멤버였다. 그는 이 편지에서, 한국에서 자신보다 먼저
선교 활동을 펼치면서 한국 역사와 문화를 연구했던 한국학의 세계적 권
위자 제임스 게일(James Gale) 박사가 일찍이 1906년에 워싱턴을 방문하
여 시어도어 루스벨트 대통령을 면담한 적이 있는데, 그 때 게일이 시어도
어 루스벨트에게, "1905년에 미국이 일본으로 하여금 한국을 병탄하도록
도운 것은 커다란 잘못이었다"라고 지적하자 시어도어 루스벨트가 손바닥
으로 자기 무릎을 치며 "우리가 일본의 한국 점유를 도운 것이 정말 잘
못이었느냐?"라고 후회조의 말을 했다는 일화를 소개했다.[15] 무어 박사의

이 같은 뼈있는 내용의 편지는 시어도어 루스벨트의 14촌 동생인 프랭클린 루스벨트와 홉킨스가 카이로에서 한국 문제를 고려할 때 상당히 큰 영향을 끼쳤을 것이다.

이상과 같은 이승만이 루스벨트를 상대로 펼친 문서 외교로 미루어, 이승만이야말로 루스벨트와 홉킨스의 합작품이라고 볼 수 있는 카이로 선언문의 탄생에 누구보다도 크게 기여한 한국인 공로자였다고 말할 수 있다.

이승만은, 카이로 선언이 공표된 직후 루스벨트 대통령에게 감사의 전보를, 그리고 이어서 12월 9일에 친서를 보냈다. 이 친서에서 그는, 루스벨트 대통령이 자신의 은사인 윌슨 대통령의 정신을 계승하여 민주주의의 적들과 용감하게 싸운 업적을 찬양했다. 또 세계의 모든 정치가들 가운데 처음으로 한국이 일본에 대항하여 싸울 수 있다는 사실을 인지하고 또 한국인 3천만이 일제의 가혹한 폭정에 시달리고 있음을 확인한 데 대해 개인적으로 깊이 감사한다고 말했다. 아울러 장차 루스벨트 대통령의 이름이 한국 역사에서 영원히 기억될 것이라고 덧붙였다.[16]

이승만은 이 친서에서 카이로 선언에 나타나 있는 '적당한 시기에'라는 단서 조항에 대해 아무런 이의(異議)를 제기하지 않았다. 알려진 바와 같이, 충칭에 있는 임정의 김구 주석과 그의 동료들은 카이로 선언이 공표된 직후 이 단서에 대해 "중국에 거주하는 수천 명의 자유 한국인들은 이 단서에 격분을 금치 못한다."라면서 완강한 반대 의사를 표명했다.[17] 그러나 이승만은 이 단서에 대해 침묵을 지켰다. 그가 그렇게 행동한 것은 미국 대통령이 카이로 선언을 통해 한국의 독립을 공개적으로 보장한 사실은 미국 정부가 1905년부터 한국을 일본의 보호국 내지 식민지로 인정했던 과거의 정책을 역전(逆轉)하는 의미를 지닌 '역사적 사건'으로 높이 평가한 나머지 그 선언문에 내포된 단서 조항 따위는 시비할 필요가 없는 하찮은 문제로 간주했기 때문이었을 것이다. 그는 한국어로 발간되는 1944

년 2월 9일자 『주미외교통신』에서 '적당한 시기에'라는 문구는 '점차로'를 의미하는 것이라고 하면서 카이로 선언을 계기로 애국 동포들은 모름지기 임시정부와 한국위원회를 지지하는 일에 배가의 노력을 기울여 충칭 임정의 승인을 기어이 획득하자고 제안했다.[18]

그렇지만 이승만은 1944년 후반에 이르러 카이로 선언문에 삽입된 '적당한 시기에'(in due course)라는 단서 조항에 대해 미 정부의 해명을 요구했다.[19] 예컨대 그는 1944년 9월 11일 루스벨트 대통령과 처칠 총리가 제2차 퀘벡 회담을 하고 있을 때 일본 패망 직후 한국의 영토적 보전과 정치·행정적 주권을 보장과 카이로 선언의 단서 조항에 대해 해명을 요구하는 전보를 두 사람에게 보냈다. 이 전보문은 국무부에 이첩되었는데 국무부에서는 이에 대해 이승만에게 회답을 하지 않았다.[20] 이승만은 1945년 7월 25일에 미 국무부의 극동국장 대리인 록하트(Frank P. Lockhart)에게 '적당한 시기에'에 대한 해명을 요구했는데 이에 대한 답도 받지 못하였다.[21]

제3절 샌프란시스코 연합국회의에서의 '얄타 밀약' 폭로

1945년 4월 25일 샌프란시스코에서 '국제기구에 대한 연합국회의(The United Nations Conference on International Organization, 약칭 : 연합국회의)'가 열렸다. 50개국의 대표가 참가한 이 회의는 6월 26일 역사적인 국제연합 헌장을 채택하면서 폐막되었다. 해방 이전에 개최된 국제회의 가운데 규모가 가장 클 뿐만 아니라 장차 한국에 미칠 영향이 심대한 회의였다. 그래서 충칭 임정과 이승만은 이 회의에 참석하기 위해 최선을 다했지만 실패했다. 그러나 이승만은 이 회의가 진행되는 동안 회의장 밖에서 이른바 '얄타 밀약'을 폭로함으로써 한국인의 독립 의지를 널리 알렸다. 또한 한국을 둘러싼 열강들이 '태프트-카츠라 밀약' 같은 밀약을 체결하는 것을 예방하거나 이미 그것이 체결되었으면 이를 무효화하는 데 초점을 맞춘 선전 활동을 펼쳤다.

충칭 임정은 2월 25일 이승만에게 샌프란시스코 연합국회의에 참석할 대표를 선정하고, 회의에 제출한 안건을 준비하라고 훈령했다. 이승만은 그 날로 자기와 김호(金乎), 한시대(韓始大), 전경무(田耕武), 황사용(黃思溶), 이살음(李薩音), 변준호(卞俊鎬), 송헌주, 윤병구 등 9명으로 구성된 대표단을 충칭 임정에 보고했다. 이에 임정은 3월 8일 국무위원회의 추인을 받아 이승만을 한국대표단의 단장으로 임명하였다.[1]

이승만은 단장으로 임명되자마자 3월 8일 이 대회를 주최하는 미 국무부의 스테티니우스(Edward Stettinius, Jr.) 장관에게 한국대표단의 대회 참가 승인을 신청했다.[2] 이에 미 국무부는 "회원국의 합의에 따라 1945년 3

월 1일까지 유엔(UN)에 가입한 국가들만 샌프란시스코회의에 초청한다.”
라는 원칙을 내세워 이승만의 참가 신청을 거부했다.[3] 이승만은 4월 20일
에 다시 편지를 보냈다. 그 편지에서 아르헨티나, 시리아 및 레바논이 그러
한 조건을 충족하지 못한 나라들임에도 불구하고 초청받았다는 사실을
지적하면서 충칭 임정의 대표를 옵서버 자격으로 참관하게 허락해달라고
요청했다. 샌프란시스코회의의 업무를 총괄하는 사무총장 히스는 5월 14
일에야 뒤늦게 이 편지에 대한 답을 이승만에게 보냈는데 그 요지는 “코
리아의 어떤 정부도 승인을 받지 못했다는 것이 이번 회의에 코리아가 참
가할 어떤 가능성도 배제하는 듯합니다.”라는 것이었다.[4]

로버트 T 올리버. 시러큐스대
학교의 언론소통학 교수였다
가 1943년 1월에 이승만의
(미국내)개인대변인이 되었다.
그는 13년간 이승만대통령의
외교·홍보담당 보좌관 역할을
맡았던 인물이다.

이렇게 샌프란시스코회의에서 자신이 펼칠 수 있는 외교에 한계가 있
음을 깨달은 이승만은 충칭 임정의 외교부장 조소앙과 공동 명의로 ‘국제
기구에 대한 연합국회의에 바치는 진정서(Memorial to the United Nations
Conference on International Organization)’를 4월 25일자로 작성하여 총회
사무국에 제출하고 이 문서를 각국 대표들에게 배포했다. 이 진정서에는
미국과 기타 유엔 창설 국가들이 1882년에 체결된 조미조약과 1943년 12
월에 공포된 카이로 선언의 기본 정신에 따라 충칭 임정을 즉각 승인할
것과 그 임정을 이번에 발족하는 국제연합의 회원국으로 받아
줄 것을 요청하는 내용을 담았다.[5] 그리고 이승만은 자신의 보
좌관인 올리버(Robert T. Oliver)가 샌프란시스코 회의 개최 전에
출판한 『한국을 위한 변호 : 미국 외교의 한 역설』(The Case for
Korea : A Paradox of United States Diplomacy)이라는 책자를 회
의에 참가한 미 행정부 관리들과 언론인들에게 배포했다. 이승
만의 생각을 반영한 이 책자에서 올리버는 미 정부가 대한민국
임시정부의 승인을 보류한 것은 소련이 아시아 전쟁에 참가하
는 것을 방해할지 모른다는 우려 때문이라고 지적하고, 그것은
작은 나라에 대한 배신이고 큰 나라에 대한 굴종이므로 옳지

조소앙. 충칭사령부의 외교부
장

못하다고 비판했다.[6]

이렇게 샌프란시스코회의에 참석하려는 노력을 일단락지은 이승만은 각국 대표들과 미국 국민을 상대로 기발한 선전 활동을 기획하여 실천했다. 그는 5월 8일 『시카고 트리뷴』(*The Chicago Tribune*) 지에, 그리고 5월 12일에는 『샌프란시스코 이그자미너』(*The San Francisco Examiner*) 지에 미국이 카이로 선언의 정신을 위반하고 한국대표단의 대회 참가를 거부한 이유는 1945년 2월 얄타회담에서 미국, 영국 및 소련 정상들이 한반도 문제를 놓고 '밀약'을 체결했기 때문이라는 기사를 실었다. 그가 폭로한 이른바 '얄타 밀약'의 내용은 "영국과 미국은 일본과의 전쟁이 끝난 뒤까지 조선을 소련의 세력 범위 안에 둘 것을 소련과 동의했다. 더 나아가 일본과의 전쟁이 끝날 때까지 미국과 영국은 조선에 대해 어떠한 약조든 하지 않을 것에 의견이 일치되었다."라는 것이었다.[7] 이승만은 5월 초순 INS(International New Service)의 기자이며 한미협회의 이사인 윌리암스(Jay Jerome Williams)의 추천으로 샌프란시스코의 모리스 호텔에서 만난 고브로우(Emile Gauvreau)로부터 이런 정보를 입수했다고 주장했다. 아울러 고브로우에 대해서는 '소련 공산당을 탈당하여 미국으로 귀화한 신뢰할 만하고, 평판이 높은 비밀 정탐원'이라고 밝혔다.[8]

이승만은 5월 13일 미국의 보수계 언론 재벌인 허스트(William R. Hearst)에게 편지를 보내 얄타 밀약설을 『로스앤젤리스 이그자미너』(*The Los Angeles Examiner*) 등 허스트 계 신문들에 보도해 달라고 부탁했다.[9] 그 다음 날에는 미 상원의원인 조지(Walter F. George)와 브루스터(Owen Brewster), 하원의원 호프만(Clare E. Hoffman)에게 얄타 밀약의 내용을 통보하면서 한국이 소련의 지배 아래 넘어가지 않도록 개입해줄 것과 장차

한국이 유엔에 가입할 수 있도록 도와달라고 요청했다.[10]

이들 의원들로부터 즉각적인 반응이 없자 이승만은 5월 15일에 트루먼 (Harry S. Truman) 대통령에게 처음으로 친서를 보냈다. 트루먼은 1945년 4월 12일에 사망한 프랭클린 루스벨트의 직위를 승계한 대통령이었다. 그 친서의 내용은 아래와 같다.

> 한국에 관한 카이로 선언에 위배되는 얄타에서의 비밀 협정이 최근에 밝혀짐으로써 대통령께서 크게 놀라셨을 줄 압니다. 저도 매우 놀랐습니다. 각하께서는 비밀 외교에 의해 한국이 희생된 것이 이번이 처음이 아니라는 사실을 떠올리실 줄 압니다.
>
> 1905년에 한국을 일본에 팔아버린 비밀 협정은 20년 동안이나 비밀에 부쳐졌습니다. 다행히 이 얄타협정은 바로 이곳 국제연합회의 도중에 밝혀졌습니다. 저희는 각하께서 이 상황에 개입하시기를 호소합니다. 왜냐하면 대통령이 직접 개입하는 것이 과거 미국이 저지른 잘못을 바로잡고 3천만 명의 한국인이 노예로 전락하는 것을 막는 유일한 방법이기 때문입니다.
>
> 저희는 국제연합의 회원자격심사위원회 회의에 참석할 권리를 요구했습니다. 각하의 지시만이 저희가 회의에 참석할 길을 열어주고 회의에서 발언할 기회를 갖게 해 줄 것입니다. …[11]

트루먼에게 보낸 이 서한에 대해 미 국무부의 국무장관 대리 그루 (Joseph Grew)는 6월 5일 극동국장 대리 록하트로 하여금 이승만의 주장이 사실무근임을 밝히는 답장을 보내게 했다. 이어서 그는 6월 8일에는 직접 성명을 발표하여 얄타회담에서 전후 한국의 독립을 약속한 카이로 선언에 어긋나는 어떠한 비밀 협정도 체결되지 않았다고 해명했다. 아울러 그는 대한민국 임시정부는 한반도 내에서 통치권을 행사한 적이 없고, 따라서 한국민을 대표하는 정부로 인정할 수 없다는 입장을 재천명했다.[12]

영국의 처칠 총리는 중의원에서 얄타 밀약의 존재 여부에 대한 질문을 받자 "3국 정상 사이에 많은 주제가 토론되었고 약간의 일반적인 이해가 성립되었지만 아무런 비밀 협약도 체결되지는 않았다."라고 해명하고, 이어서 6월 7일 이 점에 관해 공식 성명을 발표했다.[13] 소련 정부는 5월 24일자 공산당 기관지를 통해 얄타 밀약설을 반박하면서 이것은 '정신 상태가 좋지 않은 사람의 무책임하고 황당한 주장'이라고 논평했다.[14]

그러나 이승만은 자신의 소신을 굽히지 않았다. 5월 29일 워싱턴D.C.로 복귀한 그는 7월 18일에 밀약설이 사실이 아니라면 3국 정상들이 한국에 관한 비밀 협정을 부인하는 공동 성명을 발표하라고 요구하는 전보를 트루먼 대통령에게 보냈다.[15] 이어서 7월 25일에 그는 다음과 같은 이유로 얄타 밀약에 대한 믿음을 버리지 못하겠다는 서한을 미 국무부의 록하트에게 보냈다.

- 소련 당국은 불길하게도 아직 [비밀 협정에 관해] 침묵을 지키고 있다. 우리는 소련 대사에게 해명을 요구했으나 아무런 회답을 받지 못했다.

- 처칠 총리는 얄타에서 많은 주제가 논의되었으나 현재로서는 밝힐 수 없다고 언명했다. 그는 그 속에 한국 문제가 포함되어 있지 않다고 말하지 않았다.

아울러 이승만은, 미 국무차관 맥레이시(Archibald MacLeish)가 라디오 방송을 통하여 한국인은 카이로 선언에서 약속한 바대로 '적당한 절차를 거쳐' 독립하게 될 터인데 "'적당한 절차를 거쳐'라는 말은 아마도 그들이 자치를 할 수 있을 때"를 의미한다고 발설했는데, 우리는 그 '적당한 절차를 거쳐'가 어느 정도의 기간인지에 대해 '아마도'보다 더 확정적으로 알고 싶다고 덧붙였다.[16]

이승만이 록하트에게 제기한 문제점들에 대해 국무부에서는 아무 대답을 하지 않았다. 얄타에서 맺어진 동아시아에 관한 비밀 협약은 얄타협정이 맺어진 지 1년만인 1946년 2월 11일에 공개되었고, 얄타회담의 전모는 1955년에 공개되었다. 이렇게 공개된 자료들에 의하면, 루스벨트와 스탈린은 1945년 2월 8일의 양자 회담에서 한국에 대해 미·소·중·영 4개국에 의한 20년 내지 30년 동안의 신탁통치를 실시한 후 독립시켜주기로 합의했다.[17] 그러나 루스벨트와 처칠이 소련의 전쟁 참가에 대한 대가로 한반도의 전부 혹은 일부를 소련군의 지배 아래 두겠다고 약속한 기록은 없다. 말하자면 고브로우가 주장하는 '얄타 밀약'은 문서상으로는 확인되지 않는다.

그럼에도 불구하고, 이승만은 해방 직전 한반도가 38선으로 분단된 사실을 알게 되자 이러한 상황이 루스벨트가 얄타회담에서 스탈린에게 소련군의 북한 지역 점령을 허용한 결과라고 추단했다. 그래서 그는 그 후 적어도 두 번 미국 정부 대표자에게 한반도의 분단을 미국이 저지른 한국에 대한 제2의 배신이라고 지탄하였다. 그 첫 번째는 남한으로부터의 미군 철수가 거의 완료되고 있던 시점인 1949년 5월 2일 무초(John J. Muccio) 대사가 경무대를 방문했을 때였다. 두 번째는 1953년 7월 3일 미국이 6.25전쟁의 휴전 방법을 모색하기 위해 경무대에 파견한 아이젠하워 대통령의 특사(국무부 극동문제 담당 차관보) 로버트슨(Walter S. Robertson)과의 회담에서였다. 이승만은 이들에게 미국이 과거 40년 동안 두 번 한국을 포기했는데, 시어도어 루스벨트가 처음 그랬고, 두 번째로 프랭클린 루스벨트가 얄타에서 그랬다고 말했다.[18]

그렇다면 얄타회담 당시 루스벨트 대통령이 스탈린에게 소련의 전쟁 참전의 대가로 한반도의 전부 혹은 일부를 점령하는 것을 허락한 증거가 있는가? 앞에서 지적한 대로 지금까지 공표된 얄타회담 관련 문서에는 그러한 증거가 없다. 그러나 최근 발굴된 소련 측 자료에 의하면, 루스벨트와 스탈린은 얄타에서 소련이 대일전쟁에 참전하는 과정에서 소련군과 미군이 조선에 진주(進駐)하고, 조선에서 일본군을 축출한 후 소련, 미국, 중국이 조선에 대해 신탁통치를 실시하기로 합의했다고 한다.[19] 이것은 1945년 2월 8일의 회담에서 루스벨트와 스탈린 사이에 소련이 대일전쟁을 개시한 직후 소련군이 한반도의 일부를 점령하는 데 대해 구두 합의가 있었음을 시사한다.[20] 이렇게 따져볼 때, 이승만이 얄타 밀약에서 루스벨트가 한국을 배신하였다는 주장은 설득력을 지닌다.

여하튼 이승만은 샌프란시스코회의에서 얄타 밀약설을 터뜨림으로써 국제 사회에 한국 독립 문제를 환기시킴과 동시에 자신을 강력한 반소·반공주의자로 부각시키는 데 성공했다. 이 일로 인하여 이승만은 소련으로부터 극단적인 반소·빈공주의자로 낙인찍혔고, 미 국무부는 그를 기피 인물로 재확인하였다. 그렇지만 그는 미 군부와 공화당의 보수적 반공주의 인사들로부터 긍정적인 평가를 받는 존재가 되었다. 그들 가운데 한 사람이 바로 아시아 우선주의자로서 투철한 반소·반공 의식을 지녔던 태평양 지역 연합군 총사령관 맥아더(Douglas A. McArthur) 장군이었다.[21]

이승만 외교 활동의 훼방자들

이승만 주위에는 추종자가 많았지만 배척자도 많았다. 왕족이라는 신분 배경, 고매한 학식, 불요불굴의 독립정신, 능란한 외교술 등 그의 장점을 높이 사는 사람들은 그를 불세출(不世出)의 영웅이라고 숭앙하면서 물심양면으로 도왔다. 1921년 하와이에서 조직된 동지회가 바로 이러한 친(親) 이승만계 인사들의 대표적 후원 조직이었다. 다른 한편 이승만의 외교 독립 노선에 반대하면서 그의 유아독존적 행동 양식과 노령으로 인한 판단력 및 기력 감퇴 등을 흠 잡으면서 그를 비판하고 그의 외교·선전 활동을 방해하는 사람이 꽤 많았다. 그들 가운데 1940년대 초반에 이승만에게 비판적이었던 가장 큰 세력은 대한인국민회(The Korean National Association)의 전통을 이어받은 북미대한인국민회(北美大韓人國民會, 약칭 북미국민회)의 회원들이었다. 대한인국민회는 일찍이 1910년에 창립되었고 안창호가 1912년에 그 중앙총회의 초대 회장직을 맡으면서 미국 본토 내 최대 독립 운동 단체로 부상한 단체였다.

북미국민회는 미국 캘리포니아 주 리들리(Reedly)에서 김형순(金衡珣)과 함께 새 복숭아 품종인 넥타린을 개발·재배하여 부를 축적한 김호(본명 김정진〈金廷鎭〉)가 1937년 1월 북미국민회의 중앙총회 초대 위원장직을 맡은 후 미주 한인 사회에서 존재감을 나타낸 민족주의 단체이다. 북미국민회의 지도급 인사 가운데에는 김호 이외에 미국에서 고등교육을 받고 기업가 혹은 언론인으로 출세한 한시대, 김원용(金元容), 전경무, 김용중(金龍中), 유일한 등 1.5세대 한인 교포들이 포함된다.[1] 1938년 4월 본부를 샌프란시스코에서 로스앤젤레스로 옮긴 북미국민회는 종래의 회장 중심 제

재미한족연합위원회 한국파견대표단(앞줄 왼쪽부터 유진석, 안정송, 김원용, 한시대, 박금우, 송종익, 뒷줄 왼쪽부터 안창호, 조제언, 정두옥, 최두욱, 전경무, 김성락, 김병연, 김호, 도진호)
(『김호』, 독립기념관 한국독립운동사연구소)

도를 위원회 제도로 바꿨다. 제1대 중앙집행위원회 위원장으로 김호, 제2대 위원장으로 한시대, 제3대 위원장으로 다시 김호를 받들며 1945년까지 미 본토 한인 사회에서 강력한 영향력을 발휘했다.

1937년 7월 중일전쟁이 발발하자 북미국민회는 중국에 있는 대한민국 임시정부를 적극적으로 지원하기 위해 하와이 동지회 및 하와이국민회 등과의 협력을 모색했다. 그 결과 김호의 발의로 1941년 4월 하순 호놀룰루에서 '해외한족대회'가 열렸다. 이 대회에서 미 본토와 하와이에 있는 9개 애국단체를 모두 합친 '재미한족연합위원회(在美韓族聯合委員會 : The United Korean Committee in America, 약칭 연합회)'를 발족시키고 그 산하에 대한민국 임시정부 주미외교부를 설치하여 지원하기로 결의하였다.[2] 이로써 미주의 한인들이 조국의 독립을 위해 통일적으로 협력할 수 있는 기틀이 마련되었다.

연합회가 출범할 당시 북미국민회는 연합회에서 미주 교민들로부터 거둬들이는 '독립금'을 관리하는 재정권을, 하와이 동지회는 주미외교부의 책임자를 추천하는 권리를 행사하기로 상호 타협이 이루어졌다. 이에 따라 연합회는 충칭 임정에 하와이 동지회에서 추천한 이승만을 주미외교부의 책임자로 임명해 줄 것을 요청했다. 그 결과 충칭 임정의 김구 주석과

조소앙 외교부장은 1941년 6월 4일 이승만을 '주미외교위원장 겸 주차워싱턴전권대표'로 임명하였다. 이 자리를 수락한 이승만은 연합회로부터 매달 400달러의 보수를 받게 되었다.[3]

연합회 출범 이후 이승만과 북미국민회 사이의 관계는 한동안 순탄했다. 이승만은 연합회의 지원을 받아 1942년 2월 27일부터 3월 1일까지 워싱턴D.C.의 라파예트 호텔에서 '한인자유대회'를 성대하게 거행할 수 있었다. 이 대회에는 김호 이외에 김용중, 송종익(宋鐘翊) 등 북미국민회 임원들과 100여 명의 한인이 참석했다. 이들 이외에 ① 한미협회의 이사장 해리스 목사와 크롬웰 회장, 스태거스 변호사, 윌리엄스 기자, ② 기독교인친한회를 대표하는 더글러쓰 총장, 헐버트, 피치 여사, ③ 서재필과 커피 하원의원 등 이승만과 친분이 있는 미국인들이 참석했다.[4]

1942년대 초에 연합회와 이승만 사이의 관계가 이렇게 순탄하였던 것은 무엇보다도 연합회의 실권(재정권)을 장악한 북미국민회의 초대 위원장 김호와 이승만 사이의 개인적 관계가 원만했기 때문이었다. 김호는

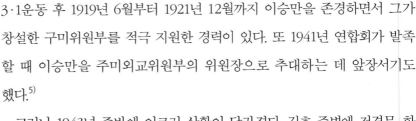

김호

3·1운동 후 1919년 6월부터 1921년 12월까지 이승만을 존경하면서 그가 창설한 구미위원부를 적극 지원한 경력이 있다. 또 1941년 연합회가 발족할 때 이승만을 주미외교위원부의 위원장으로 추대하는 데 앞장서기도 했다.[5]

그러나 1943년 중반에 이르러 상황이 달라졌다. 김호 주변에 전경무, 한시대, 김원용, 김용중 등 이승만에 대해 비판적인 젊고 유능한 인물들이 모여들면서 그들이 이승만 혼자 운영하고 있던 주미외교부의 업무에 개입하려고 시도했기 때문이다. 김호, 전경무 등 북미국민회 소속 인사들은 이승만이 '한미협회'라는 로비 단체를 앞세워 미 국무부를 상대로 벌이고 있는 외교가 긍정적인 성과를 거두지 못한 사실에 대해 불만이 컸다. 그러면서 자신들이 주미외교위원부에 참여하여 능력을 발휘할 수 있도록 주미외교부를 개조할 것을 요구하였다. 그러나 이승만은 이 요구를 수용하지 않았다. 그들은 이승만의 대미 외교가 '시대에 뒤떨어졌고, 비효과적이며, 비민주적'이라는 등의 이유를 내세워 충칭 임정을 향하여 이승만의 '소환'을 요구했다. 임정 측은 그들의 요구를 받아들이지 않았다. 그러자 그들은 이승만에게 주었던 연합회의 월봉 지급을 중단했을 뿐 아니라, 충칭 임정에 대한 재정 지원도 중단했다. 이에 맞서 동지회가 12월 23일 연합회에서 탈퇴함으로써 이승만과 연합회 사이의 관계는 완전히 적대적인 관계로 바뀌었다.[6]

1944년 6월에 이르러 북미국민회파 인사들은 이승만이 관장하는 주미외교위원부를 제쳐놓고 연합회 명의의 '워싱턴사무소(華府事務所, 위원장 김원용)'를 별도로 설립하였다. 아울러 임정 승인 획득 운동을 독자적으로 전개하였다.[7] 그들은 1945년 4월 샌프란시스코에서 국제연합창립총회가 개최되었을 때 이승만이 임정과 협의하여 구성한 '한국대표단(임정대표단)'을 무시하고 '해외한족대표단'(단장 한시대)을 따로 구성하여 파견하였다. 이로써 임정이 기대했던 이승만 주도의 외교에 혼선을 빚었다.[8]

전경무

김원용

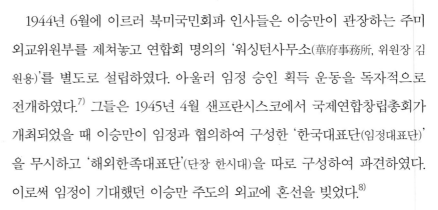

또한 해방 후 북미국민회 임원들은 1945년 11월과 12월에 '재미한족연합위원회 한국파견대표단'(단장 한시대)을 구성하여 그 단체의 일원으로 조국에 돌아가 이승만의 남한 과도정부 수립 운동에 반대하는 활동을 펼쳤다. 그들 가운데 김호와 김원용은 김규식과 여운형이 주도한 좌우 합작 운동에 참여하여 1946년 12월에 설립된 '남조선과도입법의원'(의장 김규식)의 관선(官選) 의원으로 피선되어 활약하였다. 그리고 나중에는 김규식이 조직한 '민족자주연맹'에 가입하여 활동하였다. 한시대는 1946년 6월 3일 이승만이 남한 과도정부 수립론을 제창하자 6월 5일 이에 반대하는 성명서를 발표하고, 7월 12일에는 '좌우합작촉성위원회 결성회의'에서 사회를 맡는 등 반(反) 이승만 운동을 펼치다가 9월에 미국으로 돌아갔다. 김호와 김원용은 1948년 1월 유엔임시한국위원단이 입국한 후 미국으로 돌아갔다.[9]

1930년대 초부터 1945년까지 이승만에게는 북미국민회 지도자들보다 더 무서운 훼방꾼이 있었으니 그의 이름은 한길수(韓吉洙)였다. 이승만보다 25년 연하인 한길수는 경기도 장단(長湍) 출신으로 여섯 살 때(1905) 하와이로 이민하여 사탕수수 농장에서 자라났다. 그는 이승만이 설립한 한인기독학원에서 3년 동안 공부했다. 또 샌프란시스코에 있는 구세군사관학교(Salvation Army Training College)를 졸업했다. 샌프란시스코에서 하와이로 돌아온 그는 한동안 호놀룰루의 구세군 소대장(목사)으로 활약하다가, 1926년에 결혼한 다음 구세군을 떠나 부동산 중개업에 종사했다. 그는 1936년에 '사기 및 뇌물 수수'(fraud and embezzlement) 혐의로 부동산 중개 면허를 취소당하였다.[10]

한길수는 10년 동안 부동산 중개업에 종사하면서 세 가지의 특별한 '정치적' 경력을 축적하고 있었다. 첫째, 그는 1931년 10월에 하와이 교민단이 설립한 '한국 선전부(The Korean National Information Bureau)'의 교섭위원으로 발탁되어 중요한 외교 문서들을 작성하는 일을 하였다. 하와이 교

민단은 1930년 하와이에서 발발한 '민중화 운
동'의 여파로 부상한 반(反) 이승만적 성격을
띤 단체였다.[11] 둘째, 1933년 초에 하와이 교민
단의 명칭이 하와이국민회로 바뀌자 그는 하
와이국민회로부터 '외교원'이라는 직함을 받고
3월 초와 4월 20일에 하와이의 미 육군정보당
국과 미 육군장관에게 각각 보내는 비밀 보고
서 및 호소문을 작성하는 일을 하였다. 셋째,
그는 중국에서 오랫동안 반 이승만 운동을 벌여 왔던 김규식이 상하이에
서 조직한 대일(對日) 방첩단체(counter-espionage organization)인 '중한민중
동맹단(中韓民衆同盟團 : The Sino-Korean Peoples' League)'의 미국 내 '전권
대리인'으로 임명되었다. 이것은, 김규식이 1933년 7월에 호놀룰루를 방문
했을 때 한길수가 그를 만난 것이 계기가 되어 1935년 2월에 중국으로 돌
아간 김규식에 의해 이뤄진 일이다.[12]

그런데 기이하게도 한길수는 이와 같은 '애국적' 활동을 펼치는 동안
1935년부터 1937년까지 주 호놀룰루 일본총영사관에 근무하면서 케네스
마에다(Kenneth Maeda)라는 일본식 가명으로 봉급을 받았다.[13]

이처럼 이채로운 경력을 가진 한길수는 1937년 10월 하와이령(The
Territory of Hawaii)의 주(州) 승격 문제를 다루기 위해 호놀룰루에서 개최
된 미 연방 상·하원 합동위원회의 공청회에 나타나 미 의원들에게 일본
의 군사 비밀을 폭로함으로써 일약 유명 인사로 주목을 끌었다. 이때 그는
미 상원의 외교·해군분과위원회 소속 질렛(Guy M. Gillette) 의원의 신임을
톡톡히 샀다.[14] 그 결과 그는 질렛 상원의원의 초청으로 1938년 12월 워
싱턴D.C.로 거처를 옮겼다.

워싱턴에 자리 잡은 한길수는 중한민중동맹단의 전권대리인 겸 1937
년 12월에 중국 한커우[漢口]에서 김원봉(일명 : 김약산〈金若山〉)이 조직한

조선민족전선연맹(朝鮮民族戰線聯盟)의 워싱턴 대표로 행세했다. 이 단체는 1935년 7월 난징[南京]에서 결성된 조선민족혁명당(朝鮮民族革命黨)을 중심으로 만들어진 단체이다.[15] 달리 말하자면, 한길수는 1942년 이후 우익 민족주의자 김구 주석이 영도하던 충칭 임정에 대해 비판적이었던 좌익 무장 독립운동 단체를 떠받들면서 이승만의 외교·선전 활동을 훼방하는 운동을 전개하였다.

한길수는 많은 미국인으로부터 '일본 정보통'으로 인정받아 미 국무부와 해군부를 드나들면서 이승만을 비판했다. 그에 따르면, 이승만은 '고집불통의 노인'이며 그가 표방하는 무저항주의적 외교 독립 노선과 반소·반공주의는 비현실적이고 비효과적인 독립운동 방략이라는 것이었다. 그대신 그는 중국에서 김원봉과 김규식이 이끄는 조선민족혁명당의 무장투쟁 노선과 대소(對蘇) 협력주의를 강력하게 옹호했다.[16] 그의 이러한 언동은 궁극적으로 해방 후 한반도에 좌우 합작의 연립 정권을 수립하는 것을 염두에 둔 것이었다. 전후 한국 문제를 처리함에 있어 소련과의 협조가 필수적이라고 믿고 있던 미 국무부의 히스 같은 관리들은 한길수의 생각이 자신들의 정책 구상과 맞아떨어지기 때문에 그를 밀어주었다.

워싱턴을 무대로 벌어진 이승만 지지 세력과 비판 세력 간의 파쟁은 급기야 미국과 중국 지도자들의 마음속에 한국 독립운동가들은 분열을 일삼는다는 인상을 심어주었다. 이러한 부정적 인상은 이승만이 추진하는 임정 승인 획득 운동에 찬물을 끼얹는 효과를 초래했다. 그것은 1945년 4월 샌프란시스코에서 개최된 국제기구에 대한 연합국 회의에 한국대표단의 참석이 거부되는 요인의 하나가 되었다. 이승만과 한시대가 이끄는 두 개의 한국대표단은 샌프란시스코에 도착하여 회의 참석권을 얻으려고 겨루던 끝에 간신히 타협하여 단일팀을 구성하는 데까지는 성공했지만 총회의 사무총장직을 맡고 있던 미 국무부의 히스가 한국대표단의 '내분'을 환히 알고 있던 터라 한국인들의 참가 신청을 손쉽게 거부했다.[17]

그렇다면 이승만은 자신의 리더십에 도전하는 사회주의적 성향의 훼방자들에게 어떻게 대응하였는가? 그는 한길수, 김규식, 김원봉 등을 싸잡아 '공산주의자'로 몰아붙였다.[18] 그들 가운데 한길수를 미국 내 한국인 '빨갱이들의 두목'이요 '왜놈의 사냥개(이중간첩)'라고 지목했다. 이승만은 한길수가 미 정부 요인들에게 한인들 사이의 내분을 과장하여 부각시킴으로써 미국 정부의 임정 승인을 방해하고 있다고 주장하였다. 그는 자신의 미국인 친구들, 특히 OSS의 굿펠로우 대령에게 그를 경계하라고 주의시켰다.[19]

이 무렵 이승만은, 한길수 등 친소 사회주의자 혹은 좌우합작주의자들을 호의적으로 대하는 미 행정부 관리들의 태도에 불만이 매우 컸다. 그는 미국 정부가 소련과의 협조를 중시한 나머지 한국인들에게 좌우 합작을 권유하거나 강요한다면 전후 한국에는 폴란드의 루블린(Lublin) 정권과 같은 친소 괴뢰정권이 수립될 것이며, 그렇게 되면 한반도에서 민족주의자와 공산주의자들 사이에 내전이 불가피할 것이라고 루스벨트와 트루먼 대통령에게 경고했다.[20]

태평양전쟁이 끝난 직후인 1945년 9월 초 어느 날, 이승만의 막역한 친구 올리버 박사가 그에게 다가와 미 행정부 관리들이 선호하는 좌우 합작 노선을 채택할 것을 권고한 적이 있다. 이때 이승만은, 앞으로 한국에서 좌우 합작의 연립 정부가 수립된다면 자신은 그 정부에 참여하여 집권할 생각이 전혀 없다고 잘라 말하였다. 그러면서 그는 여의치 않으면 차라리 프란체스카 여사와 함께 시골로 은퇴하여 "닭이나 치겠다"라고 말하였다.[21]

제8장

대한민국 건국 대통령이 되다

건국 대업의 성취

가. 이승만의 환국 경위

이승만은 미국 동부 시간으로 1945년 8월 14일 밤 열한 시, 워싱턴 D.C.의 자택에서 일본의 항복 소식을 들었다. 라디오 방송을 통해서였다. 그날 밤 자기 집에 모여든 동지들에게 그는 "소련이 어떻게 나올지 걱정이다. … 미국이 일을 지혜롭게 처리하지 못하면 한반도에서 민족주의자와 공산주의자들 사이에 피를 흘리게 될지도 모른다."[1]라고 말하며 조국의 앞날에 대해 심각한 우려를 표명했다.

이렇게 착잡한 심정으로 해방을 맞이한 이승만은 그 다음 날부터 귀국 수속을 밟았다. 이때 전(前) 미 전략첩보국의 부국장으로서 1941년 가을부터 이승만의 독립운동을 열심히 도와준 굿펠로우 대령이 그의 환국 수속을 밟아 주었다. 그러나 미 국무부는 반공·반소주의자로 이름난 이승만에게 이 핑계 저 핑계를 내세워 여행권을 발급해주지 않았다. 그들은 장차 한반도에서 국제 신탁 통치를 실시할 것을 계획하고 있었기 때문이다.[2] 이승만은 8월 27일 트루먼 대통령에게 전보로 "본인은 한국을 점령할 미 당국을 도와줄 용의가 있으니 가능한 한 빨리 귀국할 수 있도록 여행 편의를 제공해 주십시오."라고 요청했다.[3] 그러나 백악관에서는 아무런 응답이 없었다. 다행히 9월 13일과 24일에 서울의 미 군정 사령관인 하지(John R. Hodge) 중장이 일본 도쿄에 있는 자신의 직속 상관이며 미 태평양 육군 총사령관 겸 일본 점령 연합국 최고사령관(SCAP)인 맥아더 장군(원수)에게 남한의 정치 안정을 도모하기 위해서는 이승만의 귀국이 절실히 필요하다고 상신했다.[4] 덕분에 국무부는 9월 27일 이승만이 개인 자격으로 귀국하는 것을 승인하였고, 이어서 맥아더 사령부도 9월 30일 이승만의 도쿄 경유 환국을 허락하였다.[5] 이승만은 '유자격 개인'(a qualified individual) 자격으로 미 육군부 소속 군사정보국(Military Intelligence Service) 워싱턴 지부가 마련해 준 군용기를 타고 10월 4일 워싱턴을 출발할 수 있었다.[6]

이승만은 10월 10일 도쿄 근교의 아쓰기[厚木] 군용 비행장에 도착하여 이틀 동안 전쟁으로 폐허화된 도쿄와 요코하마 등지를 둘러보았다. 10월 12일 도쿄에 입성한 그는 10월 14일 낮에 자신을 만나기 위해 미리 도쿄에 도착해 있던[7] 하지 중장과 면담하고, 오후 다섯 시 30분에 하지와 함께 맥아더 장군을 예방했다. 한 자리에 모인 세 사람 사이에 어떠한 대화가 오갔는지는 회담 기록이 없어 정확히 알 수 없다. 그러나 이승만이 서울에 도착한 후 맥아더 장군과의 면담에 관해 발언한 것과 그 후의 언동 등을 종합해 보건대, 그들은 다음과 같은 세 가지 주제에 대해 의견 교환을 했을 것으로 추정된다. 즉, ① 38선 획정 경위와 그것의 철폐 방안, ② 미·소가 실시할 것으로 예상되는 한반도 공동 신탁 통치 문제, ③ 미 군정의 남한 통치를 도와줄 '한국인민대표집행위원회'(a National Korean

People's Executive Committee)의 설치·운영 문제 등이다.[8] 맥아더는 38선 획정 경위에 대해서는 자기도 모른다고 토로했고, 신탁 통치 문제에 관련 해서는 한국인이 자치 능력을 갖고 있다고 믿기 때문에 불필요하다고 보며 실시되더라도 그 기간이 짧을 것이라고 말했던 것 같다. 그리고 하지는 이승만이 앞으로 구성될 '한국인민대표집행위원회'에 김구 및 김규식과 함께 참여하여 미 군정을 도와줄 것을 부탁했던 것 같다. 이러한 맥아더와 하지의 우호적인 발언에 고무된 이승만은, 자신이 귀국하면 곧 초당적인 정치 통합체를 구성하고 이를 배경 삼아 38선을 철폐하고 신탁 통치 계획을 무산시키는 운동을 전개함으로써 가급적 빠른 시일 내에 선거를 통해 민주 독립 국가를 수립하겠노라고 말했던 것 같다. 그러면서 그는 이러한 일들을 효과적으로 추진하기 위해 굿펠로우의 도움이 절실히 필요하다고 말하면서 굿펠로우를 미 군정의 요원(예컨대 정치고문)으로 기용할 것을 부탁했다.[9] 이승만은 10월 15일 맥아더와 다시 한 번 면담했는데 이때도 굿펠로우의 기용을 부탁했을 것으로 추정된다. 맥아더는, 14일 서울로 귀임하는 하지 중장에게 이승만이 귀국하면 그를 '국민적 영웅'(national hero)으로 대우하라고 지시했고[10] 또 10월 16일 이승만이 일본을 떠날 때 미 군용기를 이용하도록 조처했다.[11] 이렇게 맥아더는 오래전부터 명성을 들었지만 대면한 일이 없는 이승만에게 각별한 친절을 베풂으로써 이승만이 앞으로 자기 조국에서 펼칠 건국 운동에 협조할 뜻을 내비치었다.

나. 귀국 후의 정치 행보

이승만은 해방 후 두 달이 지나서야 33년 동안 꿈에도 잊지 못한 조국에 돌아왔다. 당시 그의 나이는 일흔이었다. 노령인 애국자의 눈에 비친 조국은 옛날의 조선(대한제국)이 아니었다. 한반도는 38선으로 분할되어 그 이북은 소련군이, 그 이남은 미군이 각각 점령한 상태였다. 남한에서는

9월 9일부터 하지 중장 휘하의 미 제25군단이 군정(軍政)을 실시하고 있었다. 그 상황에서 한국인 정치 지도자들은 좌, 우, 중간파로 나뉘어 치열하게 권력 투쟁을 벌이고 있었다. 그들 가운데 이른바 '중도 좌파'의 지도자 여운형(呂運亨)은 8월 15일 '조선건국준비위원회'를 발족시켜 전국적으로 그 조직을 확대해나가고 있었다. 또 재건된 조선공산당의 책임비서 박헌영(朴憲永)은 9월 6일 조선인민공화국(약칭 인공)을 급조하고, 9월 14일에 인공의 내각 명단을 발표했다. 이승만은 그 명단에 주석으로 거명되어 있었다.[12] 다른 한편, 우익의 송진우와 김성수(金性洙) 등 보수 정치인들은 9월 16일 한국민주당(약칭 한민당)을 창당하고 이승만을 그들의 영수(領袖) 중 한 사람으로 추대했다.[13]

제1단계 : 국내 정치 세력의 통합 시도(1945. 10. 23~11. 16)

서울에 도착한 이승만이 맨 먼저 착수한 일은 무엇보다도 미국과 소련이 실시하려고 하는 한반도 공동 신탁 통치 계획을 사전에 무산시키기 위해 국내의 모든 정치 세력을 통합하는 것이었다. 그는 조선호텔에 여장을 푼 다음 날(10월 17일) 기자 회견과 라디오 방송을 통해 온 민족이 정당과 당파를 초월하여 한 덩어리로 뭉쳐 조국의 완전무결한 독립을 이룩하자고 역설했다.[14] 그 뒤 10월 23일에 그는 조선호텔에 한민당, 조선공산당, 인민당(당수 여운형), 국민당(당수 안재홍) 등 65개 정당 및 사회단체 대표자 200여 명을 초치하고 그들에게 감정의 차이를 초월하여 대동단결할 것을 호소했다. 이승만은 그 자리에서 국내 정치 세력의 통합체로서 '조선독립촉성중앙협의회'(약칭 독촉중협)를 발족시키고 그 회장직을 맡았다.[15]

이승만은 11월 2일 천도교 강당에서 열린 독촉중협의 제2차 회의에서, "우리 한국인은 연합국의 공동 신탁 통치 계획에 반대하며 … [충칭] 임시정부가 연합국의 승인을 받은 후 1년 안에 전국적인 선거를 실시하여 민주 정부를 세울 것이다."라는 취지의 결의문을 채택하고 그것을 미국, 소

중국에서 갓 환국한 김구 주석을 미 군정 사령관 하지 중장에게 소개하는 이승만 (1945년 11월 말).

련, 영국, 중국 등 연합국에 전달하기로 결의했다. 이 결의문은 그 후 독촉중협이 선정한 수정위원들에 의해 약간의 자구 수정을 거쳐 11월 4일 미국으로 발송되었다.[16]

이승만은 국내의 여러 정당 가운데 특히 조선공산당과 우호적 협력 관계를 맺음으로써 대외적으로 한민족이 완전히 단합된 모습을 과시하려 했다. 그는 10월 21일 라디오 방송을 통해 공산당과 협력할 의사가 있다고 공언했고,[17] 10월 31일에는, 10월 24일에 입주한 돈암장(敦岩莊)에 박헌영을 초청하여 네 시간 동안 회담했다. 이 자리에서 그는 공산당이 3개월 간만이라도 독촉중협에 참여하여 미·소 등 강대국의 공동 신탁 통치 계획을 좌절시키는 데 힘을 모으자고 호소했다.[18] 이에 대해 박헌영은 이승만이 독촉중협에서 '친일파 민족반역자'를 제거하면 돕겠다는 조건부 협력을 약속했다. 하지만 그 후 박헌영은 독촉중협에 대해 아무런 협조도 하지 않았다. 이에 실망한 이승만은 11월 7일 라디오 방송을 통해 공산당이 자신에게 부여한 인공 주석직을 사퇴한다고 선언하고[19] 이어서 12월 17일에는 '공산당에 대한 나의 입장'이라는 방송을 통해 "공산당은 소련

을 조국으로 섬기는 분자들의 집단"이라고 비난했다.[20] 이로써 이승만과
조선공산당 사이의 협력 가능성은 사라졌다. 조선공산당은 11월 16일에
독촉중협에서 탈퇴한다고 선언했다. 12월 24일 박헌영은 이승만이 방송한
'공산당에 대한 나의 입장'이라는 연설 내용을 비판하는 반박문을 발표했
다.[21] 조선공산당이 독촉중협에서의 탈퇴를 선언한 그 날 여운형의 인민
당과 안재홍의 국민당 역시 독촉중협에서 탈퇴했다.[22] 이로써 사분오열된
정치 세력을 독촉중협에 통합함으로써 강대국들의 공동 신탁 통치 계획
을 좌절시키려던 이승만의 노력은 수포로 돌아갔다.

제2단계 : 반탁 운동 전개, 미 군정과 협력, 국내 정치 기반 구축(1945. 12~
1946. 5)

1945년 12월 28일 미국과 소련 정부는 '모스크바 의정서'(통칭 모스크바
협정)를 공표하였다. 4대국(미·소·영·중)에 의한 5년 간의 신탁 통치를 거
쳐 코리아를 독립시킨다는 내용이었다. 이를 계기로 남한 정국은 신탁 통
치에 반대하는 우익의 반탁(反託) 세력과 이에 찬성하는 좌익 내지 중도

파의 찬탁(贊託) 세력으로 양분되었다. 이러한 상황에서 이승만은 국내 최대 우익 정당인 한민당 및 11월 23일에 환국한 김구 영도 하의 대한민국 임시정부 세력(약칭 임정 세력, 주로 한국독립당〈약칭 한독당〉 세력)과 제휴하여 신탁 통치 반대 운동(약칭 반탁 운동)을 전개하면서 동시에 미 군정에 협조하려는 자세를 유지하였다.

이승만은 1946년 2월 8일 자신을 지지하는 독촉중협의 우익 인사들과 김구가 발기한 '신탁 통치 반대 국민총동원위원회' 및 '비상국민회의'의 주요 인물들을 포섭하여 '대한독립촉성국민회'(약칭 독촉국민회)라는 범(汎) 우익 정치 단체를 발족시켰다.[23] 그 후 그는 미 군정이 2월 14일 설립한 '남조선대한국민대표민주의원(Representative Democratic Council of South Korea, 약칭 민주의원)'의 [임시]의장직에 취임하였다.[24]

민주의원은 1946년 1월초에 미 군정의 '특별' 정치 고문으로 서울에 도착한 굿펠로우[25]가 하지의 지시 하에 이승만과 협의하여 발족시킨 미 군정의 자문기관이었다.[26] 그런데 이 기관에 참여한 이승만과 여타 27명의 의원들은 이 기관을 미 군정의 자문에 응하는 기관이 아니라 과도적 독립 정부 수립을 추진하는 기관으로 활용하기 원했다. 따라서 그들은 2월 23일 '대한국민대표민주의원 규범'을 제정하였는데, 이 규범에서 민주의원의 임무를 "한국의 자립적 민주주의 과도 정권 수립과 기타 긴급한 제 문제의 해결에 관하여 관계 방면과 절충하며 필요한 제 조치를 취하기로 함"이라고 규정했다(제2조).[27] 그리고 그들은 '규범'에 따라 2월 26일 투표를 통해 이승만을 의장으로, 김구를 총무로, 그리고 김규식을 부의장으로 각각 선출하였다.[28]

이승만은 민주의원의 의장으로 선출되자 곧 자신의 심복인 윤치영[29]을 민주의원의 비서국장으로 발탁하고 민주의원을 자율적인 과도정부 수립 추진 기관으로 활용하기 시작했다. 그는 3월 15일에 개최된 민주의원 제1차 회의에서 '임시정책 대강' 27개조를 의결, 공포하도록 조처했다. '임시

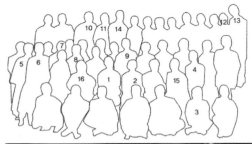

'정책 대강'은 이승만의 건국 청사진을 담은 문건이었는데, 그 안에는 아래와 같은 조항들이 포함되어 있었다.

(1) 전 국민의 완전한 정치, 경제, 교육의 평등 원칙을 기초로 독립 국가와 평등 사회를 건설한다.

(5) 적산(敵産)과 반역자의 재산은 공·사유를 물론하고 몰수한다.

(9) 모든 몰수 토지는 농민의 경작 능력에 의준(依準)해 재분배한다.

(10) 대지주의 토지도 동일한 원칙에서 재분배하되 현 소유권자에겐 적정하게 보상한다.

(11) 재분배된 토지 대금은 국가에 장기적으로 분할 납부하도록 한다.

(17) 국가의 부담으로 의무 교육 제도를 시행한다.[30]

그러나 민주의원을 통한 이승만의 과도정부 수립 운동은 3월 15일 이후 더 이상 진전되지 못하였다. 그 이유는 1946년 2월 28일 미 국무부가 맥아더에게 3월 20일부터 서울에서 개최될 예정인 제1차 미소공동위원회(약칭 미소공위)에 대비하여 그 동안 맹렬하게 반탁 운동을 벌여왔던 이승만과 김구 등 '극우파 인사들'에 대하여 "어떠한 호의도 보여서는 안 된다."라고 지시했기 때문이다.[31] 맥아더 사령부로부터 이 지시를 전달받은 미 군정의 하지와 굿펠로우는 3월 19일 경에 이승만에게 미소공위가 개최되는 기간 서울을 떠나 지방에서 활동할 것을 권고했음에 틀림없다.

여하튼 이승만은 3월 19일 민주의원 의장직을 병(病)을 핑계로 휴직하고 김규식에게 의장 대리직을 맡긴 후 지방 유세를 준비했다. (이승만은 4월 11일에 민주의원 의장직에 복귀했다.)[32] 그는 4월 15일부터 6월 하순까지 천안, 대전, 김천, 대구. 경주, 울산, 부산, 마산, 진주, 순천, 목포. 광주, 이리, 정읍, 개성 등 남한의 주요 도시를 순방하면서 최소 1만여 명, 최대 20여만 명 규모의 청중들에게 반공, 반소 및 독립 촉성(促成)을 강조하는 내용의 강연을 하였다.[33] '남선순행'(南鮮巡行)이라고 불리는 이 지방 유세를 통해 이승만은 탁월한 웅변술을 한껏 발휘함으로써 청중들의 가슴속에 자신이 새 나라 건설을 주도할 카리스마를 지닌 지도자라는 이미지를 각인시켰다.

남선순행을 계기로 이승만은 남한에 풀뿌리 정치 기반을 조성할 수 있었다. 남선순행 후 남한 각지에 이승만을 지지하는 독촉국민회 지부가 폭발적으로 늘어났다. 또 그 산하에 '독촉국민회 청년단,' '독촉 청년동맹,' '독촉 애국부인회,' '독촉 [노동]총연맹' 등 우익 청년·여성·노동 단체가 우후죽순(雨後竹筍)처럼 결성되었는데[34] 그 결과 남한의 전반적 정치 분위기가 해방 직후의 좌경(左傾) 일변도의 구도에서 벗어나 우익 우세의 구도로 바뀌었다.[35] 이승만은 6월 11일 서울에서 개최된 독촉국민회 전국대표자대회에서 독촉국민회의 총재직에 취임하였다.[36] 이때 독촉국민회는 700여만 명의 회원을 자랑하는 남한 내 최대의 우익 정치 단체였다. 이로써 이승만은 남한 내 최고 우익 정치 지도자로 우뚝 선 것이다.

그 무렵 남한 대중 사이에 이승만의 인기는 대단히 높았다. 1946년 7월에 '조선여론협회'가 서울의 세 장소에서 6,716명을 상대로 실시한 "누가 초대 대통령이 될 것인가?"를 묻는 여론조사 결과 —아래의 〈표 1〉에 보이는 바와 같이—이승만의 지지도가 김구, 김규식, 여운형, 박헌영 등의 지지도를 훨씬 앞지르고 있었다.

〈표 1〉 1946년 7월 남한 정치 지도자들에 대한 지지도 비교[37]

대상 인물	지지 의사 표시 인원(명)	비율(%)
이승만	1,961	29
김구	702	10.5
김규식	694	10.3
여운형	689	10.3
박헌영	84	1.3
기타	110	1.6
'모르겠다'	2,476	36.9
합계	6,716	99.9

1946년 1월 초에 내한한 굿펠로우는 그 해 5월 24일에 홀연히 서울을 떠났다. 그는 약 6개월 간 서울에 머물면서 이승만에게 여러 가지 특혜를 베풀었다.

첫째, 그는 이승만으로 하여금 1946년 2월에 미 군정의 자문기관으로 창설된 민주의원의 임시의장 내지 의장직을 맡게 해주었다. 비록 민주의원이 설립 취지 및 '민주의원 규범'에 부합하는 기능을 제대로 발휘하지 못하였지만 이승만은 그 기관이 공식적으로 해체되는 1948년 5월 29일까지[38] 의장직을 고수함으로써 대내·외적으로 남한 국민 전체를 대표하는 최고의 권위를 누릴 수 있었다.

둘째, 굿펠로우는 서울에서 제1차 미소공위가 진행되는 동안 이승만이 지방 유세를 하도록 권유한 다음 남선순행을 하는 이승만의 신변을 미 군정의 경찰을 동원하여 보호함으로써 남선순행이 성공리에 끝나도록 도와주었다. 이로써 그는 이승만이 33년 동안 떠나 있던 조국에서 비교적 단시간 내에 풀뿌리 정치 기반을 조성할 수 있게 만들어 주었다.[39]

셋째, 그는 1946년 5월 '대한경제보국회'(회장 민규식)가 독립 자금이라는 명목으로 '헌성금' 1천만 원을 이승만에게 헌납할 때 미 군정으로 하여금 이를 묵인토록 조처함으로써 이승만이 절실히 필요로 하는 정치 자금을 넉넉하게 마련해 주었다.[40] (1천만 원은 해방 공간에 한국 정치 지도자가 거둬들인 정치 자금 가운데 최고치에 해당하는 금액이었다.)

넷째, 굿펠로우는 서울에 체류하는 기간 이승만과 자주 접촉하면서 미 행정부의 대한정책이 어떻게 변하고 있는지에 대한 정보를 수시로 제공했다. 그는 5월 23일 한국을 떠나기에 앞서 AP 특파원과의 회견에서 "미소공위가 재개되지 않을 경우 미국은 남한 단독 정부의 구성을 추진해야 한다"[41]라고 주장했다. 이로써 이승만의 6월 3일 '정읍 발언'을 유도하였다.

전체적으로, 굿펠로우는 이승만이 해방 후 환국한 지 불과 10개월 만에 장차 치러질 총선거에서 승리하고 대한민국 정부의 초대 대통령이 되는 데 필요한 정치적 기반을 조성해 주었다고 말할 수 있다.

제3단계 : 남한 임시정부 수립 제창, 방미 외교(1946. 6~1947. 4)

이승만은 1946년 6월 3일 남선순행의 일환으로 정읍(井邑)에 들렀다. 이때 그는 이른바 남한 임시정부 수립 필요론(일명 : 남한 단독 정부론 또는 남한 단정론)'을 제창했다. "이제 우리는 무기 휴회된 미소공위가 재개될 기색도 보이지 않으며 통일 정부를 고대하나 여의치 않으니 … 남방만이라도 임시정부 혹은 위원회 같은 것을 조직해 38선 이북에서 소련이 철퇴하도록 세계 공론에 호소해야 할 것이니 여러분도 결심해야 될 것이다."[42]라는 내용이었다. 이것은 남한 정국을 강타한 폭탄 선언이었다.

이승만이 정읍 발언을 한 직접적 이유는 3월 20일부터 5월 6일까지 서울에서 진행되었던 미소공위가 아무 성과 없이 '무기 휴회'로 끝났으므로 미·소 간의 타협에 의한 통일 정부 수립의 희망이 사라졌기 때문이었다. 그러나 이에 못지않게 중요한 이유는 따로 있었다. 이미 1946년 2월, 38선 이북에 '북조선임시인민위원회'(위원장 김일성)라는 사실상의 친소 단독 정권이 수립되어 사회주의적 개혁을 추진하면서 남한의 공산화를 위해 이른바 '민주기지(民主基地) 건설'을 서두르고 있었기 때문이었다.

이승만은 6월 29일 남한 '임시정부' 수립을 추진할 범국민적 기구로서 '민족통일총본부'(약칭 : 민통)를 발족시켰다. 그가 임시정부 수립 추진 기구의 이름을 구태여 '민족통일총본부'라고 지은 것은 자신이 당장 수립하려는 '임시정부'는 남북을 아우르는 통일 민족 국가 건설을 위한 예비 조치에 불과한, '과도적 성격'의 정부라는 점을 일반 국민들에게 널리 알리기 위해서였다. 달리 말하자면, 그는 자신의 궁극적 목적은 통일 민족 국가를 건설하는 것임을 강조하려고 했다.[43]

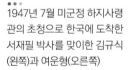

● ● ●
1947년 7월 미군정 하지사령관의 초청으로 한국에 도착한 서재필 박사를 맞이한 김규식(왼쪽)과 여운형(오른쪽)

이승만의 남한 임시정부 수립 운동은 그 후 아무런 진전을 이루지 못했다. 그 이유는 미 군정의 하지 중장이 5월 25일부터 새 정치 고문 버취(Leonard M. Bertsch) 중위를 앞세워 '중도 우파'의 김규식과 '중도 좌파'의 여운형을 중심으로 이른바 좌우합작운동(Left-Right Coalition Movement)을 개시하면서[44] 이승만과 김구 등 '극우파 인사들'을 배척하기 시작했기 때문이다. 미 국무부는 6월 6일 맥아더에게 「대한정책」(Policy for Korea)이라는 제목의 정책각서를 보내 앞으로 미소공위가 다시 열릴 가능성에 대비하여 미·소 간의 합의 도출에 걸림돌이 될 이승만과 김구 등 '늙은 망명객들'을 정계에서 퇴출시키고 그 대신 진보적 성향의 중도파 인사들을 발탁, 지원하라고 지시하였다. 이로써 미 군정이 이미 시작한 좌우합작운동을 뒷받침한 것이다.[45] 이 정책각서에는 미 군정 당국이 앞으로 선거를 통해 입법 자문 기관을 설립할 것과 미 군정의 모든 행정 기관에 한국인을 되도록 많이 기용함으로써 미 군정을 '한국인화'(Koreanization)할 것을 지시하는 내용도 포함되어 있었다.[46]

이렇게 미 국무부와 미 군정의 대한정책이 좌우 합작을 추진하는 방향으로 확정되자 '극우파'로 지목된 이승만은 자신의 정치적 생명에 종말이 다가왔다는 위기감과 아울러 한반도의 공산화 가능성에 대해 우려하게 되었다. 그는 미국이, 남한 국민들 사이에 지지도가 가장 높은 자신을 제쳐놓고 자신보다 지지도가 낮은 인물들을 앞세워 좌우 합작이라는 이상주의적 정치 실험을 하는 것은 불공평할 뿐 아니라 비민주적이라고 생각했다. 다른 한편 그는 자신이 평소에 '공산주의자' 내지 용공(容共)적 민족주의자라고 간주해 온 김규식과 여운형을 중심으로 추진하는 좌우합작운동이 만약 성공할 경우 한반도에는 남·북한을 아우르는 연립 정권(coalition government)이 탄생할 것이고, 그 연립 정권은 결국 폴란드의 루블린(Lublin) 정권처럼 소련의 위성국이 될 것이라 전망했다. 따라서 그는 7월 10일에 좌우합작위원회(위원장 김규식)가 출범하자 겉으로는 태연하게

해방 후 워싱턴 D.C.에 있는 한국위원부의 의장직을 맡았던 임병직.

하지와 김규식에게 좌우합작운동을 지지한다고 말하면서[47] 속으로는 좌우 합작을 파탄시킬 궁리를 하게 되었다.

이승만이 노심초사 끝에 고안한 한국 독립 문제의 해결 방안은 한국 문제를 모스크바 협정의 틀 안에서 해결하지 말고 유엔의 문제로 만드는 것이었다. 즉, 그는 유엔을 통해 남한에 과도정부를 수립하는 것이 바람직하다고 판단했다.

이승만은 1946년 9월 10일 자신의 심복 중 하나인 조선 여자독립당 당수 임영신을 '민주의원의 주미(駐美)위원 겸 대한민국[임시정부] 전권대표'로 임명하여 뉴욕으로 비밀리에 보냈다. 그리고 그녀가 워싱턴D.C.에서 한국위원부를 관장하고 있는 임병직 의장과 더불어 10월 23일 뉴욕에서 개최될 예정인 제1차 유엔 총회에 한국 독립 문제를 상정하도록 지시했다.[48] 10월 20일 뉴욕에 도착한 임영신은 자신이 오래 전(1937)부터 사귀어 온 엘리노 루스벨트(Anna Eleanor Roosevelt)의 소개로 유엔 사무총장 리(Trygve Lie)를 만났다. 임영신의 설득 결과 리 사무총장은 11월 2일 한국 문제를 유엔 총회 본회의에 상정하겠다고 공표하기에 이르렀다.[49] 그렇지만, 미·소 양국 정부가 한국 문제는 '미국과 소련이 처리해야 할 특수 문제'라고 주장하면서 한국 문제의 유엔 총회 상정에 완강히 반대했다. 그래서 결국 본회의에 상정되지 못한 채 보류되었다.[50]

11월 초 임영신으로부터 이 소식을 전해들은 이승만은 자신이 도미(渡美)하여 유엔 총회에 참석할 생각을 하게 되었다. 출국을 하기 위해서는 하지에게 내보일 핑계가 필요했다. 때마침 미 군정은 '남조선과도입법의원'(약칭 입법의원)을 발족시키기 위해 10월 17일부터 22일까지 입법의원의 민선(民選)의원 45명을 뽑는 (간접)선거를 실시하였는데 이 선거에서 이승만을 지지하는 우익 후보자들이 압승을 거두었다. 이 결과에 놀란 하지 중장은 좌우합작위원회와 상의한 끝에 당선이 확정된 우익 의원 세 명에게 선거 무효 처분을 내리고 그들의 선거구에서 재선거를 실시하라고 지시했다. 이에 격노한 이승만은 11월 22일 하지를 찾아가 좌우합작위원회 위주의 정권 인수 계획을 포기하라고 요구하고, 그렇게 하지 않으면 자신은 하지를 공개적으로 비판하겠다고 말했다. 하지가 이 요구를 무시하자 이승만은 하지에게 "내가 직접 미국을 방문해 미 군정의 실책을 온 세상에 폭로하고 한국 문제를 유엔에 제출하겠다."라고 선언했다.[51] 이승만은 그날(11.22) 오후에 기자 회견을 열어 "한국 문제가 유엔 총회에 제출된 이때에 [한국] 사정을 밝힐 필요가 있는 고로 즉시 도미할 준비를 차리는 중이다."라고 발표했다.[52]

이승만의 출국은 두 가지 이유로 12월 4일까지 연기되었다. 즉, 방미 외교(訪美外交)에 소요되는 자금을 마련하는 데 시간이 걸렸고, 또 경유지인 도쿄에서 맥아더 장군과 면담하기 위해 예약을 하는 데 시간이 필요했기 때문이다. 이승만은 민통, 독촉국민회, 한민당 등 친(親) 이승만계 단체의 회원들로 구성된 '한국민족대표외교후원회'에서 마련해준 147만4,820만 원(미화 약 3만 5천 달러)과 민주의원의 의원들이 갹출한 50만 원(미화 약 1만 달러)의 후원금을 지참하고[53] 면담 예약을 해준 맥아더 측에서 제공한 비행기 편으로 —민주의원 의장 자격으로— 12월 4일 서울을 출발하였다.[54]

이승만은 12월 4일 도쿄에 도착 후 데이고쿠[帝國] 호텔에 투숙하여 기자 회견을 하였다. 그 다음 날(12. 5) 그는 오후 다섯 시 30분에 맥아더 장군을 만나 약 두 시간 회담했다. 이승만과 맥아더가 어떠한 말을 주고받았는지는 관련 자료가 없어 확실히 알 수 없다. 그러나 이승만이 그 전 날 데이고쿠 호텔에서 신문기자들에게 발언한 내용을 참작하여 유추해 보면, 그는 맥아더에게 ① 미·소 협상을 통해 한국에 통일 정부를 수립하는 것은 이제 전혀 불가능하며, ② 소련군 점령 하의 북한에는 이미 '사실상의 정부'가 수립되어 있기 때문에 남한도 그와 같이 되어야 하며, ③ 남한에서 하지 중장이 추진하고 있는 좌우합작운동은 용공(容共) 운동이므로 이 운동을 당장 중단시키고 그 대신 남한에 과도 독립 정부를 서둘러 수립해야 한다는 등의 말을 했다고 판단된다.[55]

그런데 저자는 이승만이 이에 더하여 맥아더에게, ① 미소 합의에 의한 한국 문제 해결은 사실상 불가능하므로 미국은 모스크바 협정을 파기하고 한국 문제를 유엔에 이관하여 처리하는 것이 바람직하다고 전제한 다음, ② 자신의 이번 방미 목적이 미 대통령, 국무장관 및 유엔 총회 의장 등을 만나 자기의 견해를 피력하고 그들의 동의를 얻은 후 유엔 총회에 출석하여 남한 독립 정부 수립 문제를 제기할 예정이었는데, 유엔 총회의 폐회 날짜가 12월 14일로 결정되어 있기 때문에 그렇게 하기에는 이미 시간이 늦었으므로, ③ 자기 대신 맥아더 장군이 한국 문제 유엔 이관안을 본국 정부에 건의해 줄 것을 요청했다고 추정한다.

이승만의 이러한 요청에 대해, 맥아더는 자신도 한국 문제의 유엔 이관안을 오랫동안 고려하고 있었다고 말하면서,[56] 조만간 미국의 새 국무장관으로 임명될 것으로 예상되는 자신의 동료 마셜(George C. Marshall) 장군(원수)이 취임하는 즉시 한국 문제를 유엔에 이관할 것을 그에게 건의하겠노라고 약속했다고 추정한다. 저자가 이렇게 추정하는 데는 한 가지 중요한 근거가 있다. 그것은 마셜이 국무장관으로 임명된 다음 날, 즉 1947년 2월 22일에 맥아더가 마셜 장관에게 한국 문제에 관한 미·소 간의 외교적 교착 상태를 타개할 네 가지 정책 대안을 제시하면서, 그 중 제1안으로 한국 문제의 유엔 이관을 제의했다는 사실이다.[57] 저자의 추정이 맞는다면, 이것은 이승만이 '방미 외교'에서 거둔 최초의 획기적 성과이다.

이승만은 12월 8일 오후 워싱턴D.C.에 도착하여 백악관 근처에 있는 칼턴 호텔(Carlton Hotel)에 여장을 풀었다. 다음 날 그는 도착 제일성으로 아래와 같은 성명서를 발표했다.

나는 한국 국민들로부터 미국 정부와 유엔이 한국에 대하여 무엇을 계획하고 있는지 알아보라는 끈질긴 요청에 응하여 미국에 왔습니다. 4천 년 동안 이어진 한국의 문화는 우리의 인내심을 강하게 만들었습니다. 그렇지만 한국인의 인내에는 한도가 있습니다. 한국인들은 그들 자신의 정부를 갖기를 원합니다. 그리고 그들은 그것을 당장 원합니다. … 한국에 자유롭고 민주주의적인 정부가 탄생한다면 그것은 극동의 평화를 의미합니다. 이와 반대되는 상황이 벌어진다면 그것은 우리 모두가 기피하는 새로운 전쟁의 씨앗이 될 것입니다. 한국에 즉각적으로 자치정부가 수립되면 그 정부는 유엔 회원국이 될 것입니다. 유엔은 우리가 곧바로 소련과 미국을 상대로 미·소 점령군을 한국에서 철수시키는 협상을 개시하는 것을 허용할 것입니다. …[58]

●●●
대한민국 정부수립을 선포하는 리박사(1948년 8월15일, 이화장 제공)

요컨대, 그는 자신의 방미 목적이 미국으로 하여금 당장 남한에 자유민주주의 정부를 세우고 이 정부를 유엔의 회원국으로 만들어줌으로써 한국인이 유엔을 통해 미·소 점령군을 철수시키는 협상의 주인공이 되도록 만들어 달라고 말했다.

이 성명서를 발표한 직후 그는 오랫동안 사귄 미국인 친구들과 한국위원부의 임원들을 칼턴 호텔로 초청하여 자신의 '방미 외교'를 도와줄 '전략회의'(Strategy Council)라는 자문기구를 발족시켰다. 이 '전략회의'의 주요 멤버는 이승만이 1942년 워싱턴에서 발족시킨 한미협회의 핵심 멤버 세 명, 즉 해리스 목사, 스태거스 변호사 및 윌리엄스 기자와 굿펠로우 및 임영신 등이었다.[59]

이렇게 준비를 갖춘 이승만은 1946년 12월 10일부터 트루먼 대통령, 마셜 국무장관 지명자 및 스파크(Paul-Henri C. Spaak) 유엔 총회 의장 등과의 면담을 시도했다. 특히 그는 트루먼 대통령과의 면담을 꼭 성사시키려고 노력했다. 그 방법으로서 그는 1942년에 상원의 원목(chaplain)으로 임명되어 그 당시 부통령(상원 의장)이었던 트루먼 대통령과 절친한 관계를 유지해온 해리스 목사의 중개로 트루먼 대통령을 만나려고 했음에 틀림없다.[60]

그러나 이승만이 의도한 트루먼, 마셜 및 스파크와의 면담은 모두 실현되지 않았다. 그 이유는 미 국무부가 이승만이 '공적 자격'(official status)을 갖추지 못한 인물이라는 이유를 내세워 그들과의 면담을 철저하게 방해했기 때문이다.[61]

트루먼 대통령 등과의 면담이 불가능하다는 것을 깨달은 이승만은 12월 12일 자신의 오랜 지기(知己)인 올리버 박사[62]를 칼턴 호텔로 초치하여 그와 함께 국무부에 제출할 「한국 문제 해결책(A Solution for Korean Problem)」이라는 정책 건의서를 작성했다. 올리버 박사는 뉴욕 주에 있는 시러큐스대학교(Syracuse University)의 연설소통학(speech communication) 교수로서 한국 문제에 조예가 깊은 인물이었다. 이 건의서의 골자는 아래의 여섯 가지 조목이다.

(1) 분단된 한국이 통일되고 이어서 총선거가 실시될 때까지 남한을 다스릴 과도정부(interim government)를 선거를 통해 수립할 것.

(2) 이렇게 수립된 남한 과도정부를 유엔에 가입시킴으로써 [이 정부가] 미·소 점령군의 한반도 철수와 기타 중요한 문제들에 관해 미·소와 직접 협상할 수 있도록 할 것.

(3) 한국의 경제 복구를 위해 일본에 대한 배상(賠償) 청구를 조속히 개시할 것.

(4) 다른 나라들과 평등하며 어떤 특정 국가에 대해 편중되지 아니한

전면적 통상권을 한국에 부여할 것.

(5) 한국의 통화를 안정시키기 위해 국제 외환 제도를 수립할 것.

(6) 두 나라 점령군이 철수할 때까지 미 안보군(security troops)을 남한에 계속 주둔시킬 것.[63]

위의 여섯 가지 조목 가운데 가장 중요한 것들은 (1), (2) 및 (6)이다. 이것들로 미루어 이승만은 미 국무부에 한국이 통일될 때까지 남한을 다스릴 과도정부를 '선거를 통해' 수립하고, 이 과도정부를 유엔에 가입시켜 외교적 방법으로 미·소 점령군을 한반도에서 철수시키고 [이어서 통일 정부를 수립하되], 그 때까지 미군을 남한에 주둔시킬 것을 요구했다고 말할 수 있다. 전체적으로 볼 때, 「한국 문제 해결책」은 이승만이 1946년 6월 3일에 발표한 '정읍 발언'의 내용을 영문으로 확대, 부연한 것이었다.

이승만은 1월 4일 시러큐스에 돌아가 있는 올리버 박사를 워싱턴으로 다시 불렀다. 그리고 그에게 매달 1,000달러의 봉급을 주는 조건으로 대학 교수직을 사직하고 자신의 전임 '개인 대변인'(personal representative)이 되어달라고 요청해 임용 계약을 체결했다.[64] 올리버는 1월 중순에 가족을 데리고 워싱턴으로 이사하여 이승만의 외교·선전 활동을 돕는 데 전력을 기울였다(그 후 올리버는 13년 동안 이승만 박사/대통령의 외교 및 홍보 담당 보좌관으로 일했다.).

이승만은 1월 17일 올리버로 하여금 국무부에 방문하여 극동국장 빈센트(John C. Vincent)에게 「한국 문제 해결책」을 손수 건네주도록 조치했다. 빈센트 국장은 그날 이 문건을 국무장관 마셜과 국무부 점령 지역 담당 차관보 힐드링(John H. Hilldring) 소장에게 상정했다.[65]

이러한 일이 있은 후, 마셜 국무장관은 2월 15일 애치슨(Dean Acheson) 국무차관에게 한국 문제 처리 방법에 관한 국무부와 육군부 간의 이견(異見)을 조율하기 위해 '국무부·육군부·해군부 3부 정책 조정 위원

●●●●
1947년 1월 21일 마셜 장군
이 트루먼 행정부의 새 국무
장관으로 취임했을 때 그를
축하하는 트루먼 대통령(가
운데)과 번스 퇴임 장관(오른
쪽).

회'(State-War-Naby Coordination Commission : SWNCC) 산하에 '한국 문제 부간(部間) 특별위원회(Special Inter-Departmental Committee on Korea : SIDCK)'를 설치, 가동하고 그 결과를 자신과 육군장관 패터슨(Robert P. Patterson)에게 보고하라고 지시했다.[66] 이어서 2월 17일에 그는 국무차관 애치슨과 도쿄에 있는 맥아더 사령부의 정치고문 애치슨(G. Atchison, Jr.)에게 남한에 '확정적인 정부'(a definite government)를 수립하고 이 정부를 일본 경제에 연계시킬 방안을 강구하라고 지시했다.[67] 그 후 마셜은, 3월 13일 한국 문제 해결에 소련이 협조하지 않는다고 비난하면서 남한에 독자적으로 정부 수립을 추진할 용의가 있다고 발언했다.[68] 이때는 '트루먼 독트린'이 발포된 직후였다. 2월 15일 이후 마셜이 취한 이 같은 일련의 조치는 그가 이승만이 국무부에 제출한 「한국 문제 해결책」에 대해 상당히 긍

정적이었음을 시사한다. 그러나 마셜은 1월 21일 이승만이 면담을 신청했을 때 이에 응하지 않았다.[69]

이승만은 「한국 문제 해결책」에 대한 육군장관 패터슨의 반응을 탐색하기 위해 2월 19일 그에게 「한국 문제 해결책」을 친서에 동봉하여 보내면서 그 내용의 검토를 요청했다. 이에 패터슨 육군장관은 3월 3일 이승만에게 회답을 보냈다. "귀하가 보내준 「한국 문제 해결책」을 부내(部內) 해당 문제 담당관들에게 배포했으며 본인도 관심을 기울이겠다."라는 내용이었다.[70] 이 회답을 받고 고무된 이승만은 3월 14일 패터슨 장관에게 면담을 신청했다. 그런데 이 면담 역시 국무부의 방해로 성사되지 못했다.

그렇지만 패터슨은 SIDCK에서 작성한 최종 보고서를 접수·검토한 다음 4월 4일에 애치슨 차관에게, 남한에 대규모 경제 원조를 제공하지 않는다는 조건 아래 주한 미군을 조속히 그리고 '우아하게' 철수하되 그 방법으로써 한국 문제를 유엔에 이관하거나 남한에 독립 정부를 수립할 것을 제의했다.[71] 이것은 그가 이승만의 「한국 문제 해결책」과 맥아더의 한국 문제 유엔 이관안을 동시에 수용했음을 알리는 중요한 신호였다.

● ● ●
패터슨 육군장관

이와 같이 이승만이 문서 외교를 통해 마셜 국무장관과 패터슨 육군장관의 의중을 탐색하는 동안 점령 지역 담당 차관보인 힐드링 소장(少將)을 올리버 박사는 1월 하순부터 3월 초까지 국무부의 부지런히 찾아가 면담하였다. 3월 초순에 이르러 힐드링은 올리버에게 자신은 이승만의 「한국 문제 해결책」과 '매우 비슷한' 프로그램을 개발하겠다고 말하였다.[72] 그러면서 그는 이승만을 만

● ● ●
힐드링

날 용의가 있다는 의사를 표명하였다. 따라서 이승만도 힐드링 소장을 두 어 번 방문하여 면담하였다.[73] 말하자면, 트루먼 행정부의 고위 관료들 가운데 군인 출신인 힐드링 차관보만이 공개적으로 이승만의 입장을 지지하고 이를 밀어주려는 태도를 나타낸 것이다.

이승만이 남한 과도정부 수립 운동에 몰두하고 있던 3월 12일, 트루먼 대통령은 의회에서 미국의 대소(對蘇) 정책을 종전의 유화적인 협력 정책에서 강경한 봉쇄 정책으로 전환한다는 내용의 연설을 했다. 역사적인 '트루먼 독트린'(The Truman Doctrine) 발포였다. 이 연설을 들은 이승만은 그다음 날 트루먼에게 아래와 같은 서한을 보냈다.

> 각하께서 어제 의회에서 행하신 역사적 연설에 대해 충심으로 공하(恭賀)합니다. 각하께서는 자유를 애호하는 전 세계 사람들에게 새로운 희망을 안겨주셨습니다. 이번에 각하께서 공산주의에 대해 용감한 입장을 택하심을 계기로 남한의 미 군정 당국이 각하의 정책을 받들어 민족주의자들과 공산주의자들 사이에 연립과 협력을 추구하는 [좌우합작]운동을 포기하도록 지시해 주시기 바랍니다. 한국은 그리스와 같이 전략적인 위치에 놓여 있는 나라입니다. 자유를 위해 투쟁하는 한국의 애국자들은 각하의 감동적인 연설에 크게 고무되었습니다. 미군 점령 지역에 과도적 독립정부가 즉시 수립된다면 그 정부는 공산주의의 확산을 저지하는 방파제(bulwark)가 될 것이며 아울러 남·북한의 통일을 앞당기는 데 이바지할 것입니다.[74]

요컨대 이승만은 트루먼 대통령에게 미 군정이 남한에서 추진하고 있는 좌우합작운동을 중단시키고 그 대신 남한에 자유 민주주의 과도정부를 수립함으로써 한반도를 동아시아 지역에서의 공산주의의 확산을 막는 방파제로 삼을 것을 주문했다.

이승만이 공들여 쓴 이 서한에 대해 백악관에서는 아무런 반응이 없었다. 국무부에서 대통령에게 이승만의 서한에 응답하지 말라는 부전(附箋 : notation)을 보냈기 때문이었다.[75)]

이상과 같이 이승만은 1946년 12월에 워싱턴에 도착한 이후 1947년 3월까지 약 4개월 동안 백악관, 국무부 및 육군부 등을 상대로 미 군정이 추진하고 있는 좌우합작운동을 중단하고 그 대신 남한에 선거를 통해 반공 과도정부를 수립하라는 취지의 외교·언론 활동을 열심히 펼쳤다. 하지만 그 기관들로부터 아무런 공식적 반응을 얻어내지 못했다. 이에 불만을 품고 초조해진 그는 워싱턴에서의 외교를 끝내고 귀국 준비를 하는 시점인 1947년 3월 22일 깜짝 놀랄만한 내용의 '성명서'(Statement)를 『뉴욕타임스』지에 발표했다. 이 성명서에서 이승만은 미국 정부가 남한에 과도 독립 정부를 수립하기 위해 '새로운 프로그램'을 개발했으며 이 프로그램을 실현하기 위해 한·미 양국이 상호 협력하기로 약속했다고 주장했다. 성명서 내용은 아래와 같다.

남한의 독립은 곧 기정사실화 될 것이다. 4천 년 동안 유지된 독립을 회복하기 위한 한국인의 기나긴 투쟁은 이제 결정적으로 새로운 국면으로 접어드는 것 같다. 새로운 프로그램의 기본 요항들(basic elements)에 대해서는 사실상 합의가 이루어졌다.

이 프로그램[의 목적]은 소련으로 하여금 북한에서 철수하겠다는 약속을 이행하게 하고, 나아가 한반도 전체의 통일과 완전 독립이 이뤄질 때까지의 과도기에 한·미 양국 간 협조의 기반을 튼튼히 마련하는 것이다.

새 프로그램의 기본 요항들은 다음과 같다. :

(1) 향후 20일 내지 30일 이내에 남한에 과도 독립 정부(interim independent government)를 수립한다.

(2) 남한 과도 독립 정부는 미국의 지원을 받아 유엔에 가입하며, 워싱

턴D.C.와 기타 각국 수도에 외교대표부를 설치한다.

(3) 미국은 남한에 대사급 민간인 고등 판무관(High Commissioner)을 파견한다. 그에게는 대통령과 국무장관에게 직접 보고할 수 있는 ― 주한 미군 사령관의 권한을 능가하는 ― 권한이 부여된다.

(4) 북한에서 소련군을 철퇴시킨 후 총선거를 거쳐 통일된 안정적 정부가 수립될 때까지 주한 미군을 안보군으로서 남한에 주둔시킨다.

(5) 한국의 부흥을 돕고 파멸적인 남·북 분단으로 인해 야기된 경제적 피해를 어느 정도 보상하기 위해 [미 행정부는] 남한의 과도 독립 정부에 대하여 대규모의 차관(借款)을 제공할 것을 의회에 요청한다.

(6) 남한 과도 독립 정부는 각 부처에 미국 군인과 민간인들을 고문관으로 기용할 수 있다.[76]

이 성명서는 한국에서 자신의 귀국을 학수고대하고 있는 우익 인사들을 특히 김구와 그의 지지자들을 염두에 두고 작성된 것이 분명한데, 그 서문과 '기본 요항' 제1항은 그릇된 상황 판단에 입각한 오류였다. 그러나 나머지 요항들은 대체로 이승만이 힐드링 차관보를 직접 만나 청취하거나 올리버를 통해서 간접적으로 입수한 정보에 입각한 것으로서, 귀국 후 남한 과도정부 수립 운동에 박차를 가하려고 결심한 이승만이 한반도에 통일 정부가 수립될 때까지 미국이 남한에 대해 베풀어 주기를 바라는 요구 사항들을 망라한 일종의 청구장이었다.

그런데 놀랍게도 이 성명서의 원고가 『뉴욕 타임스』지에 발표되기 전날(3. 21) 국무부 차관(장관 대리) 애치슨이 이를 입수하여 국무부의 언론 대변인(press officer)으로 하여금 기자 회견을 통해 "[조만간] 언론에 보도될" 이승만의 성명서는 "이승만 개인의 가정(假定 : suppositions)에 불과하며, … [미국] 정부의 한국 문제 담당 부처에서는 한국에 관한 정책과 프로그램을 이보다 더 효과적으로 수행할 방안을 고려 중이다."라고 발표하게 했다. 이로써 이승만이 발표한 성명서의 내용을 송두리째 부인한 것이다.[77] 그 결과 이승만의 성명서는 『뉴욕 타임스』지 이외의 다른 신문들에 제대로 보도되지 않거나 보도된 경우에도 국무부의 논평과 함께 편집되어 짧게 보도되었다.[78] 설상가상으로 애치슨은 국방부에 연락하여 이승만이 4월 1일에 탑승하기로 예약해 놓은 도쿄 행 미 군용기의 탑승권을 취소시켰다.[79] 달리 말하자면 이승만은, 3월 22일 『뉴욕 타임스』지에 (미 국무부 차관의 입장에서 볼 때) '황당무계한' 내용의 성명서를 발표함으로써 자신과 미 국무부 간의 관계를 극도로 악화시킨 상태에서 워싱턴을 떠나야 했다. 이것은 얼핏 보아 이승만의 워싱턴 외교가 완전히 실패한 것을 의미했다.

이승만은 1947년 4월 4일 힐드링 차관보가 서둘러 알선해 준 상용기를 타고 워싱턴을 떠나 도쿄로 향했다. 그는 4월 6일 도쿄에서 맥아더 장군과 두 시간 동안 면담했다. 이때 이승만은 맥아더가 1월 22일에 마셜 신임 국무장관에게 한국 독립 문제를 유엔에 이관할 것을 건의한 사실에 감사를 표하고, 자신의 방미 외교가 상당한 성과를 거둔 것처럼 보고했을 것이다. 이에 대해 맥아더는 "한인들이 자치·자주할 능력이 있는 것과 그 권리 사용의 필요는 누구나 인정하지 않을 수 없다."[80]라고 말함으로써 이승만의 남한 과도정부 수립 노력을 격려하였다.

이승만은 4월 8일 맥아더가 마련해준 비행기를 타고 도쿄를 떠나 상하이를 거쳐 4월 9일 난징[南京]에 도착했다. 이때 그는 공항에 마중 나온 한국 교민들에게 자신이 미국에서 펼친 남한 과도 독립 정부 수립 운동에 대해 설명했다. 그리고 귀국하면 곧바로 정부 수립 준비에 착수할 것이라고 언명했다.[81] 그 후 4월 13일 난징에서 중국 국민 정부의 장제스 총통과 회담했다. 이것은 이승만과 장제스 간의 최초의 역사적 회담이었다. 이 회담에서 이승만은 "나는 조선 독립 정부를 3개월 이내에[원문대로] 성취할 가망이 있다."라고 장담했고, 이에 대해 장 총통은 "중국의 힘이 자라

는 데까지 지원을 하겠다."라고 약속했다.[82]

회담 후 이승만은 장 총통의 배려로 6일 동안 항저우[杭州]를 방문하여 그 지역의 고위 행정관들로부터 극진한 환대를 받으면서 관광을 즐겼다.[83] 4월 16일 상하이로 돌아간 그는 장 총통을 한 번 더 면접하여 그로부터 20만 달러의 자금을 기증받았다. 워싱턴D.C.에 있는 미국보험증권회사(American Security Trust)를 통해서였다.[84] 이렇게 장제스로부터 극진한 대우를 받은 이승만은 4월 21일 장제스 총통이 제공한 전용기 자강호(自強號) 편으로 김포공항에 도착했다. 이승만의 일행 중에는 비서 장기영과 광복군사령관 이청천 등이 포함되어 있었다.[85]

제4단계 : 남한 총선거 실시 준비, 미국의 한국 독립 문제 유엔 총회 상정, 5.10 총선거(1947.5~1948.5)

서울로 돌아온 이승만은 4월 23일 돈암장에서 열린 기자 회견에서 "트루먼 대통령이 한국에 민주정체(民主政體)의 건설을 절대 지지하며, 국무부 당국 모씨(某氏 : 힐드링)는 한국에 총선거로 독립 정부를 수립함에 적극 찬성했고, 중국은 장 주석 이하 정부 당국과 민중 여론이 다 동일히 만강(滿腔)의 열정을 표하였다"[86]라고 귀국 보고를 했다. 이어서 4월 27일 서울운동장에서 열린 '이승만 박사 외교 성공 귀국 환영대회'에서 그는 아래와 같이 연설을 했다.

남한에 있어서 총선거가 지연되고 미 군정이 실패한 것은 하지 중장이 공산당과의 합작을 고집하였던 때문이다. 나는 좌우 합작의 성공을 믿지 않았다. 그러나 현재는 미국 정책이 공산주의와의 합작을 단념하였으므로 캄캄하던 우리의 길이 열렸다. 우리 동포는 한 데 뭉쳐 임시 입법의원으로 하여금 총선거 법안을 급속하게 제정하여 남북통일을 위한 남한 과도 정권을 수립하여야 한다. 그리고 이를 유엔에 참가시킴으로써 우리는 자유로운 입장에서 소련과 절충하여 남북통일을 꾀하지 않으면 안 된다. 그리고 미 정책의 전환에 따라 우리가 미 군정과 합작해서 우리 문제를 해결할 수 있게 되었으니 이제 우리는 대한임정(大韓臨政)의 법통을 고집할 필요가 없으며, 이 문제는 보류해 두어야 할 것이다.[87]

그런데 위와 같은 남한 과도정부 수립에 관한 이승만의 전망은 당시 미 국무부와 미 군정이 추구하고 있던 대한(對韓) 정책에 어긋나는 것이었다. 4월 10일부터 24일까지 개최된 '모스크바 외무장관회의(Moscow Conference of Foreign Ministers)'에 참석하기 위해 모스크바를 방문 중이던 미 국무장관 마셜은 4월 8일 소련 외무장관 몰로토프(Vyacheslav. M. Molotov)에게 미소공위를 재개하자고 제의했다. 5월 8일 몰로토프가 이에 동의함으로써 5월 22일부터 서울에서 미소공위가 다시 열리게 되었다.[88] 따라서 이승만의 낙관적인 남한 과도 독립 정부 수립론은 공염불(空念佛)이 되었고, 그는 한동안 동포들 사이에 '거짓 선지자'가 되고 말았다. 게다가 미소공위가 열리자 그는 미 군정에 의해 가택연금을 당하는 신세가 되었다.[89]

그러나 이승만은 남한 과도정부 수립에 관한 자신의 낙관적 전망을 버리지 않았다. 그는 재개된 미소공위가 제1차 미소공위와 마찬가지로 조만간 결렬될 것이라고 확신했다. 따라서 그는 김구와 연대하여 강력하게 반탁 운동을 다시 펼치면서 다른 한편으로 김구와는 별도로 남한 과도정부 수립을 위한 총선거 준비 작업에 착수했다. 그는 남한 과도정부 수립을 추진하는 정치 조직으로서 7월 10일 배은희(裵恩希)[90]를 의장으로 받든 '한국민족대표자대회(약칭 민대)'를 새로이 발족시켰다. 민대는 6월 23일부터 종로의 대한문 앞에서 격렬하게 반탁 데모를 펼치고 있던 이철승(李哲承) 지도 하의 전국반탁학련(全國反託學聯)과 연대하여[91] 7월 한 달 내내 서울의 중심가에서 반탁 시위를 벌였다. 이로써 7월 말 미소공위가 교착 상태에 빠지는 데 일정한 기여를 했다.[92] 반탁 운동에서 상당한 성과를 거둔 이승만은 8월 26일 민대 산하에 신익희(申翼熙)를 위원장으로 받든 '총선대책위원회(總選對策委員會)'를 구성하였다. 그리고 그 위원회의 주도 아래 '자율적인' 총선거 실시 준비 작업을 펼쳤다. 신익희는 7월 20일 한 독당을 탈당한 상태였다.[93]

그런데 7월 29일에 이르러 제2차 미소공위가 이승만의 예상대로 정돈 상태에 빠졌다. 그러자 마셜 장관은 3부정책조정위원회(SWNCC) 산하에 '한국 문제 담당 특별위원회(Ad Hoc Committee on Korea)'를 구성하고 이를 통해 앞으로의 대책을 강구하게 만들었다. 그 결과 이 위원회는 국무부 대표(동북아국 부국장) 앨리슨(John M. Allison)이 작성한 '앨리슨 계획(The Allison Plan)'을 채택하여 이를 SWNCC에 제출하였고, SWNCC는 이를 8월 6일 트루먼 행정부의 공식 정책안(SWNCC 176/30)으로 채택하였다.[94]

'앨리슨 계획'에는 미소공위가 8월 6일 전후에 완전히 결렬될 것을 예상하고 그렇게 될 경우 ① 미 국무장관은 우선 소련에 한국 문제를 다룰 4대국 외무부장관 회의를 워싱턴D.C.에서 개최할 것을 제의하여, ② 이 회의에서 전 한국에서 총선거를 통해 인구 비례로 국회의원을 선출할 것을 제안하되, ③ 만약 소련이 이 제안을 거부하면 미국은 한국 문제를 유엔에 이관하여 남한에서 유엔 감시 아래 총선거를 실시, 단독 정부를 수립한다는 등의 구체적 로드맵이 담겨 있었다.[95]

미국은 8월 하순부터 앨리슨 계획을 실천에 옮기기 시작했다. 먼저 8월 26일에 국무차관 라벳(Robert A. Lovett)이 몰로토프에게 서한을 보냈다. 9월 8일 워싱턴D.C.에서 4개국 외무부장관 회의를 개최, '남·북 각 점령 지역에서 유엔 감시 아래 총선거를 통해 인구 비례에 따라 임시 국회의원을 선출하고 임시정부를 수립할 것'을 논의하자고 제안한 것이다. 9월 4일 몰로토프가 이 제의를 거부하자 미국은 9월 16일 모스크바 주재 미국 대사관을 통해 소련 외무부장관에게 미국 정부는 한국 문제를 차기 유엔 총회에 회부하기로 결정했다고 통고했다. 이어서 그 다음 날(9.17) 유엔 총회 미국 대표 오스틴(Warren R. Austin)으로 하여금 한국 독립 문제를 총회의 의제로 상정하도록 조치했다. 그리고 같은 날 마셜 국무장관이 직접 유엔 총회에 출석하여 그 동안 미소공위에서 어떠한 합의도 이루어지지 않았기 때문에 부득이 한국 문제를 유엔 총회에 상정하지 않을 수 없었다는 취지의 연설을 했다.[96]

9월 17일자 마셜 장관의 연설은 트루먼 행정부가 우여곡절 끝에 드디어 이승만과 맥아더가 제안한 한국 문제 해결 방안을 수용한, 획기적인 조치였다. 이 연설은 미국이 4대 강국에 의한 5년 간의 신탁 통치 계획을 포기함과 동시에 1946년 5월 말부터 미 군정이 남한에서 추진하고 있던 좌우합작운동을 중단한다는 의미를 지니고 있었다. 이것은 무엇보다도 트루먼 행정부가 이승만이 1946년 6월 이후 꾸준히 주장해온 한국 문제 해결 방안을 채택한 것을 의미했다.

1947년 9월 트루먼 행정부가 한반도에 대해 이같이 중요한 정책 변경을 단행한 배경에는 1946년 1월 21일에 국무장관으로 임명된 마셜의 역할이 컸다. 태평양전쟁 기간 육군참모총장이었던 마셜은 1945년 12월부터 1947년 1월까지 트루먼 대통령의 특사로 중국에 파견되어 내전 상황으로 빠져들고 있던 국민당과 공산당 간에 국공합작(國共合作)을 시도했다. 그러나 이 시도가 실패하자 미국으로 돌아가 트루먼 행정부로 하여금 '중국에서 손을 떼는 정책'(hands-off policy)을 채택하게 만든 장본인이었다. 그는 1947년 4월부터 한반도의 전략적 가치를 아주 낮게 평가하면서 주한 미군을 조속히 철수할 것을 주장하는 합동참모본부와 육군부의 요구를 수용하되 국무부의 반대 의견을 참작하여 남한에서 미국이 '우아하게' 발을 빼는 방법으로서, 제2차 미소공위가 정돈된 것을 기회로 삼아 한국 독립 문제를 유엔에 이관했던 것이다.[97]

이같이 한국 독립 문제를 처리하기로 결정한 마셜 장관은 다음으로 미군부가 1947년 초부터 강력하게 주장해온 주한 미군의 한반도 철수 문제를 처리하게 되었다. 9월 24일에 열린 미소공위에서 소련 측 대표 슈티코프(Terenti F. Shtykov) 상장(上將)이 미·소 양군의 동시 철군과 한국인들 자신에 의한 독립 정부 수립안을 제안하였다. 이어서 9월 29일 새로 취임한 (9.26) 미 국방장관 퍼레스톨(James Forrestal)이 '미국의 위신을 손상시키지 않으면서 [남한에서] 미군을 철수할 것'을 건의했다. 이렇게 안팎에서 철군 압력을 받은 마셜 장관은 9월 29일 자신의 집무실에 국무부 '임시간부회의'를 소집하고 주한 미군의 철수 문제를 본격적으로 논의했다.

이 회의에 참석한 국무부의 정책 담당 핵심 관료들, 즉 국무차관 로벳, 정책기획실장 캐넌(George F. Kennan), 극동담당 차관보 버터워스(W. Walton Butterworth), 특별정치국 국장 러스크(Dean Rusk), 동북아시아국 부국장 앨리슨 등은 퍼레스톨 국방장관의 건의서를 검토하고 토론했다. 그 결과 그들은 9월 24일자 소련 측 대표의 미·소 양군 동시 철수안을 수용하고 주한 미군을 철수하기로 결정했다. "미국이 한국에 아무리 많은 투자를 하고 노력을 하더라도 궁극적으로 한국에서의 미국의 입장을 수호할 수 없다(untenable)."라는 이유였다. 그러면서 그들은 이 철군 계획을 미국이 곧 유엔 총회에 제출할 한국 독립 정부 수립 관련 결의안에 포함시키기로 했다. '품위 있게' 철군 문제를 처리하기로 한 것이다.[98]

그런데 이 결정문에는 새로 수립될 남한 단독 정부의 안보를 미국이 어떻게 보장할 것인가에 대해 아무런 언급이 없었다. 말하자면 이 결정은 이승만이 3월 23일에 『뉴욕 타임스』지에 발표한 '성명서'의 제4항에서 제시한 "소련군이 철수하고 총선거를 거쳐 통일된 한국 전체의 안정적 정부가 수립될 때까지 주한 미군은 안보군으로서 남한에 계속 주둔해야 한다"라는 요구는 완전히 도외시한 것이었다. 따라서 이 결정은 미국이 남한을 사실상 방기(abandon)하는 것을 의미하는 것으로 해석될 수 있는 매우

'비정한'(callous) 조치였다.[99]

트루먼 행정부는 국무부의 법률고문인 덜레스(John Foster Dulles)를 미국의 유엔 대표단 대표로 선정했다. 그로 하여금 10월 17일에 "유엔 감시 하의 자유 선거를 한반도에서 실시하여 독립 정부를 수립한다."라는 취지의 결의안 초안을 작성, 유엔 정치위원회에 제출케 했다.[100] 이 결의안 초안은 정치위원회의 심의를 거

쳐 11월 13일 오후 세 시에 뉴욕의 레이크 석세스(Lake Success)에서 개최된 제2차 유엔 총회에 상정되었다. 유엔 총회에서는 그 다음날(11월 14일) 오전 두 시 30분까지 이 결의안을 둘러싸고 미국 대표 덜레스와 소련 대표 그로미코(Andrei Gromyko) 간에 불꽃 튀는 논쟁이 벌어졌다. 논쟁 후에 실시된 투표에서 미국 안이 찬성 43표, 반대 0표, 기권 여섯 표로 통과되었다.[101]

11월 14일 유엔 총회에서 채택된 한국 독립 정부 수립 결의안의 골자는 남·북한에서 '유엔한국임시위원단(United Nations Temporary Commission on Korea : UNTCOK, 약칭 유엔임시위원단)'의 감시 아래 총선거를 실시하여 인구 비례로 국회의원을 선출한 다음, 국회에서 헌법을 제정하여 전(全)한국 '중앙 정부'(National Government)를 수립한다는 것이었다. 이 결의안에는 중앙 정부가 수립된 후 '가능하면 90일 이내에' 미·소 양국의 점령군을 한반도에서 완전히 철수시킨다는 규정이 포함되어 있었다. 그리고 이 결의안을 실천에 옮기는 과정에서 문제가 발생할 경우에는 유엔 총회 '중간위원회'(Interim Committee, 통칭 소총회 : Little Assembly)를 소집하여 문제를 협의할 수 있다는 규정이 설정되어 있었다.[102]

11월 14일자 유엔 총회 결의안은 이승만이 1946년 6월 이후 꾸준히 주장해온 '남한 과도정부 수립안'을 미국이 수용한 결과로 오해될 소지가 있다. 사실은 그렇지 않다. 예컨대 이승만은 1947년 1월 27일에 국무부

에 제출한 「한국 문제 해결책」에서 "남한에 선거를 통해 과도정부를 수립할 것"을 주장한 데 반해, 유엔 총회에서는 인구 비례로 총선거를 실시하여 '전(全) 한국 중앙 정부'를 수립하기로 결정했다. 그리고 이승만은 한국인이 '자율적으로' 총선거를 실시할 것을 구상하고 있었는데, 유엔 총회 결의안에는 9개국의 대표들로 구성되는 유엔위원단의 감시 아래 총선거를 실시하도록 규정하고 있었다. 이 밖에도 이승만은, 1947년 3월 22일 『뉴욕 타임스』에 기고한 '성명서'에서 "소련군이 철수하고 총선거를 통해 통일된 전 한국의 안정된 정부가 수립될 때까지" 주한 미군을 남한에 계속 주둔시킬 것을 요구하였다. 그런데 유엔 총회 결의안에서는 총선거를 거쳐 한국에 중앙 정부가 수립되면 한반도에 주둔한 미·소 양군은 '90일 이내에' 한반도에서 철수하는 것을 의무화하고 있었다.

이와 같이 유엔 총회 결의안은 이승만이 주장했던 남한 과도정부 수립안과 다른 점이 많았다. 그 이유는 유엔 총회 결의안은 미국의 유엔 대표단 단장인 덜레스가 이승만이나 기타 다른 한국인들과 상의하지 않고 결의안 초안을 작성했기 때문이라고 볼 수밖에 없다. 덜레스가 작성한 결의안의 내용 가운데 이승만의 주장과 가장 두드러지게 다른 점은 이승만이 남한에서 수립하자고 주장했던 '과도정부'(interim government)를 '중앙 정부'(national government, 일명 국민 정부)로 바꾼 것이다. 그런데 덜레스가 새로 태어날 한국 정부의 위격(位格)을 이렇게 격상시킨 이유는 하지의 정치 고문인 제이콥스(Joseph E. Jacobs)가 1947년 8월 21일 국무부에 제출한 SWNCC 176/30에 대한 논평에서 "이제 바야흐로 '임시적'이란 개념을 삭제할 때가 되었다고 생각한다. 가능한 한 항구적인(permanent) 헌법과 함께 항구적인 정부가 수립되어야 한다."[103]라고 주장한 데 영향 받은 결과라고 여겨진다.

이승만은 11월 14일자 유엔 총회 결의안에 대해 이의를 제기하지 않았다. 오히려 그는 1948년 1월 초 서울에 도착한 유엔한국임시위원단

출범시키는 데는 지장이 없었다.

제5단계 : 자율적인 헌법 제정, 대통령 피선, 대한민국 정부 수립 선포, 제3차 유엔 총회에서의 대한민국 승인(1948. 6~12.12)

총선거에서 당선된 국회의원들로 구성된 제헌국회(制憲國會)가 1948년 5월 31일에 개원하였다. 개원식 벽두에 임시 국회의장으로 추대된 이승만은 느닷없이 "대한민국 독립 민주 국회 제1차 회의를 여기서 열게 된 것을 우리가 하나님께 감사해야 할 것입니다."라고 선언하고 감리교 목사 출신 이윤영(李允榮) 의원에게 기도 인도를 부탁했다.[114]

● ● ●
1948년 7월 24일 대한민국 초대 대통령 취임식에서 연설하는 만면희색의 이승만.

이윤영의 개회 기도가 끝난 후에 치러진 국회의장 선거에서 이승만은 제적의원 198명 중 188명이라는 압도적 다수의 지지로 국회의장에 선출되었다. 이승만 의장은 인사말에서, "이 민국은 기미[1919]년 3월 1일에 우

● ● ●
헌법기초를 끝낸 제헌국회 의원들.

리 13도 대표들이 서울에 모여서 국민대회를 열고 대한독립 민주국임을
세계에 공포하고 임시정부를 건설해 민주주의 기초를 세운 것입니다. …
지금 여기서 열리는 국회는 즉 국민대회의 계승입니다."[115] 라고 선언함으
로써 새로 발족할 남한 정부가 1919년 4월 23일 서울에서 선포된 이른바
'한성 임시정부'의 법통을 계승한 정부임을 강조했다.

1948년 8월 15일 대한민국
정부 수립 선포식에 참석한 맥
아더 장군과 환담하는 이승만
대통령.

　　이승만은 제헌국회의장으로서 헌법 제정 작업을 총괄했다. 헌법 초안의
작성과 심의 과정에서 신생 공화국의 정부 형태를 둘러싸고 이승만과 한
민당 의원들 사이에 의견이 대립하였다. 한민당 의원들은 의원내각제 채
택을 주장했다. 장차 원내에서 가장 큰 영향력을 발휘할 가능성이 있는
한민당이 국정 주도권을 장악할 수 있게 하기 위해서였다. 반면에 국회에

서의 선거를 통해 초대 대통령으로 당선될 가능성이 가장 높았던 이승만은 자신이 평소에 이상적이라고 믿어온 대통령 중심제의 채택을 강력히 주장했다. 정부 형태를 둘러싼 이승만과 한민당 사이의 줄다리기는 헌법 기초위원회와 국회 본회의에서의 치열한 갑론을박(甲論乙駁) 끝에 결국 이승만의 승리로 끝났다.[116] 이러한 우여곡절을 거쳐 국호는 '대한민국'(大韓民國), 정부 형태는 대통령 중심제, 국회는 단원제, 그리고 1946년 3월 19일 이승만이 민주의원의 의장으로서 공표했던 27개조의 '임시정책 대강'에 포함되어 있던 농지 개혁, 의무교육제 도입, 친일파 처벌 등을 의무화하는 내용들이 반영된 '대한민국 헌법'(憲法)이 7월 17일 국회에서 채택, 선포되었다.

헌법 선포 다음날인 7월 20일에 국회에서 실시된 정·부통령 선거에서 이승만은 180표의 압도적 다수의 지지를 얻어 초대 대통령으로 당선되었다. 부통령으로는 이시영이 당선되었다. 이승만은 7월 24일 대통령직에 취임하였다. 이승만 대통령은 국회의 동의를 거쳐 8월 2일 국무총리 이범석을 위시한 초대 내각을 발족시켰다. 그리고 해방 3주년 기념일인 1948년 8월 15일에 '대한민국 정부 수립 기념식'을 개최함으로써 대한민국 정부의 탄생을 국내외에 선포했다.[117]

1948년 8월 15일에 수립된 대한민국 정부는, 애당초 남북을 아우르는 통일 정부 수립을 이루고자 했던 이승만 대통령에게는 만족스럽지 않은 정부였다. 그는 1946년 6월의 '정읍 발언'과 1947년 1월 미 국무부에 제출한 「한국 문제 해결책」에서 제안한 대로 신생 대한민국을 유엔에 가입시켜 유엔을 통해 통일 정부를 수립하기를 바랐다. 이를 위해 그는 우선 1948년 9월 파리에서 개최된 제3차 유엔 총회에 대한민국 대표단(단장 장면〈張勉〉)을 파견하여 유엔으로부터 대한민국의 승인을 얻도록 조처했다. 장면이 이끄는 대한민국 대표단은 12월 8일 유엔정치위원회의 결의를 거쳐 12월 12일 총회에서 대한민국 승인 결의안을 48대 6의 다수결로 통과시키는 데 성공하였다. 이렇게 되기에는 유엔 총회 미국 대표단의 수석대표 덜레스와 바티칸의 국무장관인 몬티니(Giovanni B. Montini) 대주교 및 재(在)프랑스 교황청 대표 론칼리(Angelo G. Roncalli) 등의 적극적인 협조에 힘입은 바 컸다.[118] 대한민국 승인 결의안의 내용은 아래와 같다.

> [유엔]임시위원단이 감시와 협의를 할 수 있었으며 또 대한 국민의 대다수가 거주하는 한국 지역에 지배와 관할의 효력을 가진 합법 정부가 수립되었다는 것과, 또 이 정부는 한국이 이 지역 유권자의 자유 의사의 정당한 표현이고 그리고 임시위원단이 감시한 바 선거에 기초를 두었다는 것과, 또한 이 정부가 한국 내의 유일한 정부라는 것을 선언한다.[119]

이 결의안은 대한민국 정부를 한반도에서 '유일한 합법적인 정부'라고 선언함으로써 대한민국의 법적 지위를 공식적으로 승인하고 그것에 정통성과 국제적 지위를 부여하였다. 그러나 그 영역을 남한에만 국한시키고 전(全) 한국의 중앙 정부라고 명문화하지는 않았다.[120]

이 결의안의 채택에 이어 유엔 총회는 오스트레일리아, 중국, 엘살바도르, 프랑스, 인도, 필리핀, 시리아 등 7개국으로 구성된 유엔한국위원단

(United Nations Commission on Korea : UNCOK)을 발족시키고 이를 남한에 파견하여 점령군의 완전 철수를 감독하며 남북통일의 달성에 필요한 조치를 취하도록 하였다.

대한민국은 1949년 1월 1일 미국으로부터 승인을 획득한 데 이어, 6.25 전쟁이 발발한 1950년까지 영국, 프랑스, 필리핀, 로마 교황청, 칠레, 브라질, 뉴질랜드, 도미니카, 쿠바, 캐나다, 네덜란드, 볼리비아, 코스타리카, 아이티, 오스트레일리아, 벨기에, 룩셈부르크, 엘살바도르, 이란, 에콰도르, 우루과이, 페루, 아일랜드, 베네수엘라, 태국 등 33개국으로부터 승인을 받았다.[121]

이 대통령의 뜻에 따라 파리에 파견된 대한민국 대표단은 1948년 12월 12일 제3차 유엔 총회에서 대한민국 승인 결의안이 통과되자 곧 유엔 사무총장에게 대한민국의 유엔 가입을 신청했다. 이 신청을 접수한 유엔 안전보장이사회는 1949년 3월 9일 회의에서 9개 이사국의 대표들로부터 지지를 확보했다. 그러나 상임이사국인 소련의 거부권 행사 때문에 총회에 상정되지 못하였다. 그 후 1949년 11월 22일 대한민국은 유엔 총회 가입 신청의 재심을 요구했다. 그 결과 본회의에서 찬성 50표 기권 여섯 표로 찬성 결의문이 통과되었지만 여전히 소련의 거부권 행사로 인하여 안전보장이사회에서 승인을 획득하지 못하였다.[122]

대한민국은 이러한 국제정치적 입장에서 1950년 6월 '6.25전쟁'을 맞았다. 이 대통령은 전쟁이 발발한 6월 25일 오전 열한 시 35분 경무대(景武臺)에 방문한 무초(John J. Muccio) 미국대사에게 "한국이 제1차 세계대전의 배경이 되었던 제2의 사라예보가 되어서도 안 되겠지만, 이 위기가 한국의 통일 문제를 해결할 절호의 기회가 되기를 바란다."라고 말했다.[123] 그는 북한의 남침을 조국의 통일을 달성할 절호의 기회로 삼을 뜻을 밝힌 셈이다. 그러나 그의 이러한 소망은 1950년 10월 하순 중공군의 한국전쟁 개입으로 인하여 무산되었다.

이승만의 집권 비결

1945년 8월 15일 한국이 일제의 식민 통치에서 해방되었을 때 이승만은 해외 한인 교포들 사이에 전폭적 지지를 받는 독립운동가가 아니었다. 앞에서 살핀 대로, 하와이에서는 1915년의 제1차 풍파를 계기로 무장 투쟁 노선을 주장하는 박용만 지지 세력으로부터 '분열주의자'로 규탄받은 바 있고, 1925년에 상하이 임시정부에서는 고려공산당 당원들과 흥사단 단원들이 합세하여 '독재자' 이승만을 임시대통령직에서 탄핵·면직하였다. 1930년대 초에는 일부 하와이 교민들이 그의 '독재'에 반대하여 '민중화 운동'을 일으켜 그를 일시적으로 하와이에서 떠나게 만들었다. 그리고 1940년대 초반 그가 워싱턴D.C에서 미국 정부를 상대로 대한민국 임시정부 승인을 획득하기 위한 외교에 전력 투구하고 있을 때, 로스앤젤리스의 북미국민회 지도자들과 중국에서 무장 독립 운동을 펼치고 있던 김원봉 및 그가 창립한 민족혁명당의 주석 김규식에게 포섭된 한길수는, 미국무부, 육군부 등을 드나들며 이승만은 노쇠하고 무능한 인물이며 그가 추구하는 외교 독립 노선은 '비현실적'이라고 비방함으로써 이승만의 입장을 난처하게 만들었다. 요컨대 해방 전에 미 본토와 하와이 그리고 중국 등지에 살고 있던 교포들 가운데에는 이승만을 '독재자' 혹은 '분열주의자'로 지목하고 그의 독립 운동을 훼방하는 사람이 꽤 많았다.

해외에 산재한 반(反)이승만파 인사들은 그가 해방 후 귀국하여 새로운 민족 국가를 건설하는 과정에서 중추적 역할을 담당하고 나아가 집권에 성공하리라고 예상하지 않았다. 그러나 이승만은 이러한 반대 세력의 예상을 완전히 뒤엎었다. 그는 해방 후 조국에 돌아와 3년 동안 미 군정(美

軍政)과 대립하여 반탁 운동과 자율적 정부 수립 운동을 펼친 끝에 드디어 1948년에 대한민국을 수립하고 초대 대통령으로 당선되었다.

그렇다면 이승만이 대권을 장악할 수 있었던 비결은 무엇인가? 좀 더 구체적으로, 이승만이 해방 후 한반도의 38선 이남에서, ① 대한민국 임시정부의 주석이자 한국독립당의 당수인 김구, ② 대한민국 임시정부의 부주석 겸 조선민족혁명당의 주석인 김규식, ③ 건국준비위원회 위원장이자 인민당의 당수인 여운형, ④ 조선공산당 책임비서인 박헌영 등 쟁쟁한 라이벌들을 제치고 신생 공화국의 최고 집권자가 될 수 있었던 요인은 무엇인가?

저자는 이승만이 여러 가지 약점에도 불구하고 집권할 수 있었던 것은 (가) 개인적 카리스마, (나) 탁월한 학문적 실력, (다) 능수능란한 마키아벨리적 수완, (다) 언론·저술 및 외교 활동을 통한 국내외에서의 명성 확보, (라) 정치 자금 모금에의 비상한 능력, (마) 동지회를 통한 지지세력 확보, (바) 흥업구락부를 통한 국내 지지 세력 확보, (사) 1931년 이후 상하이/충칭의 대한민국 임시정부와 긴밀한 협력 관계 유지, (아) 다수의 미국 민간인 및 군부 요인으로부터의 지지 확보 등 면에서 가히 '족탈불급'(足脫不及 : 맨발로 뛰어도 미치지 못함)의 실력을 갖추고 있었기 때문이라고 생각한다. 이상의 집권 비결을 차례차례 살펴보도록 하자.

가. 개인적 카리스마

이승만은 자기를 대면하는 사람을 첫눈에 압도하는 비범한 '초인간적 위엄', 이른바 카리스마를 지닌 인물이었다. 이승만의 카리스마는 그가 왕족으로 태어나면서 자연적으로 갖게 된 신분적 우월감, 태생적으로 이어받은 탁월한 지력(知力)과 체력(體力), 한성감옥으로 이감되기 전 혹독한 고문을 이겨내면서 체득한 용기, 담력 및 인내력, 그리고 옥중에서 기독교에 귀의한 후에 갖게 된 소명감 내지 메시아 의식 등이 복합적으로 작용하여 형성된 것이라고 생각한다.

이승만은 조선 왕조의 창건자 태조 이성계(李成桂)를 배출한 전주 이씨 왕족의 일원으로서 세종대왕의 형인 양녕대군의 16대손이었다. 그는 배재학당을 졸업한 후 꾸준히 민주주의를 주창하였기 때문에 정치·외교 활동을 펼치는 동안 자신이 왕족이라는 사실을 내세워 자랑하지 않았다. 그러나 가끔 사석(私席)에서 자신이 왕족임을 은근히 내비침으로써 자기의 권위를 높였다고 한다.[1] 이승만이 왕족이었다는 사실은, 1945년까지 여전히 '봉건적' 사고방식을 완전히 탈피하지 못한 대다수의 한국인, 특히 상하이 임정의 기호파(畿湖派) 인사들 사이에 그를 자신들의 최고 지도자로 받들게 만든 정치적 자산이었다.

한성감옥에서 기독교에 귀의할 무렵부터 이승만은 하나님의 '보이지 않는 손'이 자신을 항상 보호해준다고 믿었다.[2] 또한 그는 자신이, 나라 잃은 한민족을 구원할 도구로 하나님이 선택한 인물이라는 일종의 메시아 의식을 가졌다. 그는 이러한 종교적 확신을 더욱 강화하기 위해 프린스턴대학원에 입학한 직후 신학(神學) 과목을 부전공으로 택하여 공부하였다. 또 프린스턴대학원에서 국제정치학 박사학위를 취득한 다음 세속적인 직장을 구하지 않고 박봉을 받는 서울YMCA의 학감직을 맡아 기독교 교육에 헌신했다. 하와이로 망명한 후에도 하와이 감리교 선교본부에서 운영하는 중등교육기관인 한인중앙학원의 교장직을 맡아 일했다. 그리고 1919년 호놀룰루에 한인기독학원과 한인기독학교를 창설·운영하였다.

그는 일상 생활에서 성경 공부와 기도를 그치지 않았다. 그렇기 때문에 그에게 독립 운동이란 자신의 신앙 생활의 일부분이었다고 말할 수 있다. 그는 독실한 신앙 생활을 유지함으로써 흘러넘치는 정신적 활력과 함께 온갖 수모를 견뎌내는 인내심을 기를 수 있었다고 여겨진다. 그의 일상 생활은 금욕주의로 일관했다. 이러한 그의 검소한 생활 태도에 감명받은 일부 추종자들은 그를 성자(聖者)와 같이 우러러보았다.

나. 탁월한 학문적 실력

이승만은 탁월한 지적(知的) 능력, 특히 비상한 기억력을 갖고 태어난 천재(天才)였다. 그는 만 20세 이전에 서당 교육을 통해 유교(儒敎)의 사서삼경과 중국의 역사를 철저하게 익힌 후 배재학당에 들어가 영어를 배우고 신학문에 접하였다. 그는 배재학당에서 2년 동안 공부하고 졸업하면서 한국 역사상 최초로 영어로 졸업 연설을 할 만큼 지적 능력이 뛰어난 인물이었다.

이승만은 한성감옥에 투옥된 후 그곳에서 영어 공부를 계속하면서 한국 역사상 최초로 영한사전(英韓辭典) 편찬 작업을 시도하였다. 동시에 그는 수감된 정치범 동료들과 함께 열심히 성경 공부를 하였다. 덕분에 성경의 내용과 기독교 교리를 미국의 일반 기독교인들에 뒤지지 않을 정도로 잘 파악하였다.

출옥 후 그는 미국에 건너가 미국 동부의 3개 명문대학에 입학하여 서양사(특히 미국사), 정치학, 외교학 및 국제법 등을 전공하였다. 그 결과 5년 만에 학사(BA), 석사(MA), 박사(Ph.D.)를 모두 취득하는, 세계 교육사상 초유의 개가를 올렸다. 이렇게 미국의 명문대학에서 고등 교육 과정을 이수함으로써 그는 첫째, 미국의 최고 정치 지도자들에게 뒤지지 않는 영어 구사 능력을 갖추었고, 둘째, 미국 정치사와 헌법을 이해함에 있어 미국의 고위 정치·군사 지도자들에게 뒤지지 않는 실력을 갖추었다. 셋째, 외교사와 국제법을 이해함에 있어 미국의 직업 외교관들에 비해 손색없는 실력을 확보하였고, 넷째, 미국의 독립운동사와 영국의 헌정사를 깊이 연구함으로써 한국인이 새로운 근대적 국민 국가를 자율적으로 건설하는 데 필요한 기초적 교양을 갖추었다. 한마디로, 이승만은 해방 당시 기라성같이 많은 독립운동가 가운데 누구보다도 더 국제 정세를 올바로 파악하고 국가 건설 작업을 추진할 수 있는 학문적 준비를 갖춘 인물이었다.

다. 능수능란한 마키아벨리적 정치 수완

이승만은 청년 시절에 독립협회 산하의 만민공동회 총대(總代)로 뽑혀 가두 데모를 진두지휘한 적이 있다. 이때 '깡패와 같은' 황국협회 회원들(보부상들)로부터 공격을 받아 죽을 고비를 넘기기도 했다. 그는 약 6년 동안 한성감옥에서 옥고를 치를 때 비좁은 감방에서 온갖 잡범들과 어울려 침식을 같이 하며 동고동락(同苦同樂)한 경험이 있다. 그 후 그는 미국에 건너가 대학 교육을 받을 때 아름다운 대학 캠퍼스에서 미국 상류층에 속한 청년들의 행동 양태를 눈여겨 살피며 그들을 선별적으로 모방했다. 그는 화려한 국제 무대에서 외교 활동을 펼치면서 세련된 매너와 고단수의 처세술을 터득했다. 이러한 다양한 경험을 통해 그는, 인간에게는 공통적으로 이기적 본능이 있음을 깨닫고 그 본능을 각자의 분에 맞게 조종하고 이용하는 방법을 스스로 개발하였다.

그는 정치 지도자로서 행세함에 있어 항상 모범적인 기독교인으로서 '점잖은' 외양을 유지하되, 공적(公的)인 목적 달성을 위해서는 필요한 경우 허세와 과장[3], 공갈과 협박[4], 첩자를 통한 정적(政敵)들의 행동 감시[5], 미인계(美人計) 등을 서슴지 않고 활용했다. 그는 자신을 도와준 사람에 대해서는 반드시 보상하고, 자신을 배신한 사람에 대해서는 기어코 응징하는 신상필벌(信賞必罰)의 원칙을 엄격히 따랐다. 한마디로, 이승만은 마키아벨리적 수단을 능란하게 구사할 줄 아는 노회한 정치가였다. '정글의 정치'라고 말할 수 있는 해방 후 한국의 정치 판도에서 이승만의 권모술수(權謀術數)를 당해낼 수 있는 인물이 없었다고 여겨진다.

라. 비상한 정치 자금 모금 능력

이승만은 일상 생활에서 사치와 낭비를 멀리하고 근검 절약하는 청빈한 생활을 영위했다.[6] 그러나 독립운동을 지도하는 공인으로서 그는 자신이 추구하는 사업에 필요한 자금을 비교적 넉넉하게 확보했던 교육자, 언론인, 정치가였다. 돈(자금)이 얼마나 중요한 지를 누구보다도 깊이 깨닫고 적극적으로 자금을 모으는 방법을 개발하거나 기증금을 얻어내는 데 힘쓴 결과였다. 이 점에서 그는 유교적 가치관에 젖어 돈을 가볍게 여겼던 대부분의 다른 독립운동가와 차이가 있었다.

이승만은 1915년에 하와이에서 한인 교포들로부터 '기부금'을 거두어 한인기독학원과 한인기독교회 등을 설립·운영함으로써 한인 교포들 사이에 모금의 귀재(鬼才)로 소문났다.[7] 1923년 그는 한인기독학원의 교사 및 학생들로 구성된 이른바 '모국방문단'을 한국에 파견하여 스포츠 경기를 통해 모금을 시도하였다. 학교의 규모 확장을 위해서였다.[8] 1919년 4월에 이르러 대한민주국(세칭 한성 임시정부)의 수반이 된 그는 독립운동에 필요한 자금을 확보하기 위해 8월에 워싱턴D.C.에 구미위원부를 설립하고 이 기구를 통해 공채표(bond)를 발매하였다. 이로써 그는 1922년 이전 어느 개인이나 단체가 독립운동 명목으로 거둔 자금 가운데 최고치인 14만 8,653달러를 거두었다.[9] 1921년 이후 그는 워싱턴군축회의, 제네바 국제연맹 총회, 샌프란시스코 국제연합창립총회 등 여러 국제 회의에 참가하는 데 필요한 외교 활동 비용을 호놀룰루에 본부를 둔 동지회를 위시하여 뉴욕 및 캘리포니아 주의 여러 도시에 거주하는 교포 단체들과 국내의 유지들로부터 거두어 충당하였다.

이승만은 1919년 4월 필라델피아에서 개최된 '한인총대표회의'의 개최 경비와 그 회의 종료 후 워싱턴D.C.에 설립한 구미위원부의 설립·운영비를 필라델피아 회의에 참석하기 위해 영국에서 달려온 장택상과 민규식 등 한국 굴지의 재력가들로부터 기부받았다고 저자는 생각한다.[10] 1921년 초에 상하이를 방문하여 임시대통령직을 수행할 때 재정적으로 곤경에 빠져 있던 이승만은 필요한 경비 3,000원을 상하이에 체류하고 있던 재력가 윤보선(尹潽善)에게 부탁하여 조달받았다. 이는 당시 서울에서 집 서너 채를 살 수 있는 금액이었다.[11] 이승만은 1933년 1월부터 8월까지 제네바 및 모스크바에서의 외교 활동 경비와 그가 하와이를 떠나 워싱턴D.C.에 정착한 1939년 12월부터 한국으로 돌아온 1945년 10월까지의 생활비(월 400달러) 및 여비 등을 모두 동지회(중앙회장 이원순)로부터 지원받았다.[12]

1945년 10월 16일 조국에 돌아온 이승만은 1946년 5월 대한경제보국회(회장 민규식)로부터 '독립 자금 헌성금'이라는 명목으로 1천만 원(미화 약 20만 달러)을 기증받았고, 1946년 12월 방미 외교를 위해 서울을 출발할 때 김성수, 백성욱(白性郁) 등으로 구성된 '한국민족대표외교후원회'로부터 147만4,820원(약 3만5,000달러), 그리고 민주의원으로부터 50만 원(약 1만 달러)을 지원받았다. '외교 후원금' 명목이었다. 1947년 4월 방미 외교를 마치고 귀국하는 길에 중국 난징을 방문했을 때는 중국 국민당 정부의 장제스 총통으로부터 20만 달러를 제공받았다.

한마디로, 이승만은 독립운동 기간에 자신이 필요로 하는 정치·외교 활동 자금을 갖가지 방법을 통해 모금하여 썼다. 이 점에서 그는 만성적인 재정 결핍 상태에 빠져 '풍찬노숙(風餐露宿)'을 하거나 소련 및 중국 국민당 정부가 지원하는 한정된 액수의 '정치적' 지원금에 매달렸던 중국 내 다른 독립운동가들에 비해 훨씬 더 유리한 입장에 서 있었다고 할 수 있다.

마. 언론 및 저술 활동을 통한 세계적 명성 확보

이승만은 망명객으로 호놀룰루에 도착한 후 맨 먼저 『태평양잡지』라는 월간지를 창간하였다. 이 잡지는 하와이를 비롯한 해외 각지의 한인 교포들에게 세계 정세를 알리고 기독교를 전파하며 조국에 대한 애국심을 유지토록 하는 목적으로 만들어졌다. 이승만은 이 잡지에 게재한 논설들을 통해 자신의 정치 사상과 독립운동 방략을 홍보하였다. 그는 또 호놀룰루에서 자신이 저술하거나 번역한 『한국교회핍박』, 『독립정신』(제2판), 『청일전기』 등 여러 책을 출판하였다. 1919년 대한민국 임시정부의 수반이 된 그는 호놀룰루의 태평양잡지사를 통해『대한독립혈전긔』(大韓獨立血戰記)라는 정기간행물을 창간(1919.8.15)함으로써 대한민주국과 자신을 홍보하였다.

1919년 8월 이후에 이승만은 구미위원부 산하에 '대한민주국 홍보부'를 설치하고 영문 잡지와 각종 책자를 출판하였다. 그 중 가장 중요한 것은 필라델피아에서 서재필이 편집·발간한 영문 잡지 *The Korea Review*(대한평론)였다.[13] 1922년 초까지 3년 동안 간행된 이 잡지는 대한민국 임시정부의 '임시대통령' 이승만의 활약상을 집중적으로 조명·홍보하였다. 1919년 4월에 필라델피아에서 개최되었던 '대한인대표자회의'의 회의록인 *The First Korean Congress*(제1차 한인의회)와 1942년 2월 말 워싱턴에서 개최된 '한인자유대회'의 회의록인 *Korean Liberty Conference*(한인자유대회)라는 책자에도 이승만의 활약상이 부각되어 있었다.

1933년에 제네바에서 외교·선전 활동을 펼칠 때 그는『만주에 있는 한국인들』(*The Koreans in Manchuria*)이라는 책자를 출판하였다. 이 책에는 "이승만 박사의 논평을 곁들인 리튼보고서 발췌문"(*Extracts from the Lytton Report with Comments by Dr. Syngman Rhee*)이라는 부제(副題)가 달렸다. 그는 이 책을 국제연맹 총회에 참석한 각국 외교관과 언론인들에게 배포함으로서 자신의 성가(聲價)를 높였다.

그는 미·일 사이의 태평양전쟁이 발발하기 4개월 전인 1940년 8월 1일에 출판한 *Japan Inside Out : The Challenge of Today*(일본, 그 가면의 실체)이라는 명저를 통해 일본인의 침략 근성과 일본 군국주의자들의 세계 제패 야욕을 폭로하였다. 아울러 미국이 일본에 대해 선제 공격을 가하는 것이 바람직하다고 주장하였다. 그는 이 책을 프랭클린 루스벨트 대통령과 그의 영부인 엘리노 여사, 헐 국무장관, 스팀슨 육군장관, 혼벡 국무부 극동정치 고문 등 미 행정부의 정상급 지도자들에게 증정함으로써 자신을 홍보하였다. 이러한 적극적이고 지속적인 홍보 활동을 통해 그는 영어

사용권 안의 국제적 지도자들, 특히 미국 정부의 요인들에게 한국 독립의 당위성을 홍보함과 동시에 자신의 명성을 높이고 있었다.[14]

바. 동지회를 통한 미국 내 한인 교포들의 지지 확보

이승만은 1921년 7월 상하이에서 워싱턴으로 귀환하는 도중, 호놀룰루에 들러 민찬호, 이종관, 안현경 등 자신의 심복 세 사람을 앞세워 '대한인동지회'(大韓人同志會 : '동지회'로 약칭)라는 이름의 후원 단체를 조직하였다. 당시에는 박용만이 1919년 3월에 호놀룰루에서 결성한 '대조선독립단'을 비롯하여 상하이 임시정부와 이승만을 적대시하는 세력들이 있었다. 이승만은 이들 적대 세력의 비판적 공세로부터 임시정부와 스스로를 보호하고 자신이 곧 워싱턴에서 추진할 외교 활동에 소요되는 경비를 지원받기 위해 동지회를 조직하였다.

그 후 이승만은 상하이의 임시의정원에 의하여 탄핵·면직당하기 전 1924년 11월에 '하와이한인대표회'를 소집하여 동지회로 하여금 자신을 종신 총재로 임명하도록 조치하였다. 한편 비폭력주의와 경제적 자립을 동지회의 정강으로 내세우면서 동지회를 일종의 정당으로 육성하려 하였다. 이때부터 그는 『태평양잡지』(1930년 말부터는 『태평양주보』로 개명)를 동지회의 기관지로 발행하였다. 그리고 '1백만 동지 확보'라는 야심찬 목표 아래 로스앤젤레스, 뉴욕, 시카고, 몬태나, 디트로이트 등지에 동지회 지회를 조직하였다. 이렇게 발족된 미국 본토의 동지회 지회들은 1943년에 로스앤젤레스에 설립된 '동지회 북미총회'로 통합되어 호놀룰루의 동지회 중앙부와 쌍벽을 이루었다. 이승만은 이렇게 확대·강화된 동지회 조직을 총괄하였다. 이로써 1925년 3월에 상하이 임시정부에 의해 탄핵·면직된 이후에도 여전히 자신은 한성 임시정부의 집정관총재(대통령)라고 주장하면서 1930년 후반까지 하와이 교포 사회에서 최고의 권위를 누렸다. 사실상 교포 사회에 '군림(君臨)'한 것이다.

동지회의 회원 수는 정확히 알 수 없으나 1920년대에는 '200~300명', 그리고 1930~1940년대에는 '1천 명 정도'였다고 추정되고 있다. 이 수치는 1940년대 초반을 중심으로 볼 때 미주에서 회원 수가 가장 많았던 교포 단체 '대한인국민회총회'(일명 북미국민회)의 회원 총수에 약간 못 미치거나 거의 비슷한 수준이었다.[15]

동지회 회원들 중에는 이원순, 손승운(孫承雲), 송철(宋哲), 이종림(李宗林), 허정 등 재력가가 있는가 하면, 미국의 대학과 대학원에서 고등 교육을 받은 지식인이 여럿 있었다. 그들 가운데 남궁 염, 임병직, 정한경, 김도연(金度演), 장덕수(張德秀), 김양수(金良洙), 이기붕(李起鵬), 노디 김, 윤치영, 김세선(金世旋), 김현철, 한표욱 등은 해방 후 조국에 돌아가 대한민국 정부 수립과 이승만의 집권에 일익을 담당하였다.

요컨대 해방 이전의 이승만은, 일부 이승만 비판자들이 주장하는 것처럼 미주 한인 사회에서 따돌림을 받는 '외톨이 독립운동가'가 아니었다.[16] 오히려 그는 미주 내 여러 한인 교포 단체들 가운데 수적으로나 질적으로 가장 실속 있는 단체인 동지회로부터 확고한 재정적 및 정신적 지원을 받는 독립운동가였다.

사. 흥업구락부를 통한 국내 지지 세력 확보

독립운동 기간에 이승만은 배재학당, 한성감옥 및 서울YMCA 등에서 사귄 동창생 혹은 신앙 동지들과 평생 교류하면서 그들과의 교분을 활용하였다. 그는 국내의 옛 동지들로부터 물심양면의 지원을 꾸준히 받으며 해외에서 외교 활동을 벌였다. 이로써 장차 조국에 돌아가 건국 운동을 전개할 때 자신을 도와줄 인적 네트워크를 미리 마련해 두고 있었다. 국내 지지 세력 가운데 그가 가장 많은 은혜를 입은 인물은 이상재와 신흥우 등 한성감옥의 옥중 동지들이었다.

조선일보사 사장과 신간회 회장직을 역임한 이상재는 1919년 4월 23일 서울에서 선포된 한성 임시정부를 출범시키는 데 결정적인 영향력을 발휘한 인물로 알려져 있다. 그는 이승만이 집정관총재로 추대된 사실을 입증하는 '선포문' 등 주요 자료들을 미국 선교사와 신흥우 등을 통해 이승만에게 전달해 주었다. 또 1921~1922년 워싱턴D.C.에서 개최된 태평양회의의 현장에서 이승만이 회의 참가국 대표들에게 배포한 '한국인민치태평양회의서'(韓國人民致太平洋會議書)를 작성하여 송부하였다. 그리고 그는 1923년 1월 상하이 임시정부가 무정부 상태에 빠져 있을 때 임시대통령 이승만의 입장을 북돋아줄 목적으로 '경고해외각단체서'(敬告海外各團體書)라는 문건을 작성하여 이를 이승만에게 보냄으로써 이승만의 정치·외교 활동을 원격 지원하였다. 그는 또 태평양회의가 개최되었을 때 이승만이 절실히 필요로 하는 외교 활동 자금을 국내에서 비밀리에 모금하여 조달해주기도 했다.[17] 한성감옥 동지로서 서울YMCA 총무를 역임한 신흥우 역시 3·1운동 후 한성 임시정부 관련 문건들을 미국으로 몰래 갖고 나가 이승만에게 전달하는 등 여러 모로 이승만의 독립운동을 도왔다.

이상재와 신흥우처럼 이승만을 높이 평가했던 국내의 기독교계 인사들은 1925년 3월 23일 비밀리에 서울의 신흥우 자택에서 동지회의 자매단체인 흥업구락부(興業俱樂部)를 결성하였다. 흥업구락부의 창립 멤버는 이상재, 신흥우, 윤치호, 장두현(張斗鉉), 오화영(嗚華英), 구자옥(具滋玉), 박동완(朴東完), 이갑성(李甲成), 유성준, 유억겸(兪憶兼), 안재홍, 홍종숙(洪鍾肅) 등 열두 명이었다. 이 단체의 초대 회장은 이상재였다. 1938년 흥업구락부가 일제 경찰에 발각되어 해산당했을 당시 회원 수는 52명이었다.

흥업구락부의 회원들은 대체로 기호(畿湖)지역 출신의 감리교 교인들로서 미국 또는 일본에 유학한 경력이 있는 우파 민족주의 지식인들이었다. 이들은 서울YMCA의 간부, 『조선일보』 및 『동아일보』의 편집인 혹은 기자, 그리고 연희전문학교와 이화전문학교 교수들이었다. 그들 중 일부(신흥우, 백관수, 송진우, 유억겸, 김양수, 김활란)는 1925년과 1927년 여름에 호놀룰루에서 개최된, 태평양문제연구회(The Institute of Pacific Relations)가 주관한 '태평양회의'에 참석하는 한국 대표로 호놀룰루에 방문하여 그곳에서 이승만과 비밀히 접촉하였다.[18]

흥업구락부 회원들은 해방 후 대부분 한민당의 주요 멤버가 되어 이승만을 후원했다. 달리 말하자면, 이승만은 1920~1930년대에 이미 국내의 많은 보수적 민족주의자와 교분을 쌓음으로써 집권에 필요한 기반을 닦았다고 할 수 있다.

아. 1932년 이후 상하이·충칭 임시정부와의 협력 관계 유지

이승만은 1925년 3월 상하이 임시의정원으로부터 대통령직을 탄핵·면직당하는 수모를 겪었다. 그러나 그는 1932년 이후 김구가 주도권을 쥔 임시정부와 상호의존적인 공생(symbiotic)관계를 수립하고 이 관계를 해방 후 1948년 초까지 유지했다. 김구는 1922년 8월 이승만 임시대통령에 의해 임시정부의 내무총장으로 임명된 것을 계기로 상하이 임시정부 내의 실권자가 된 인물이다. 그는 1926년에 국무령, 1940년에 주석(主席)으로 추대됨으로서 상하이·충칭 임시정부의 최고 실력자가 되었다.

김구는, 1923년 1월 상하이 임정 내의 반(反)이승만 세력이 상하이에서 '국민대표회의'를 개최하여 임정의 개조 혹은 창조를 논의할 때 내무총장의 직권으로 '내무부령 제1호'를 발포하여 국민대표회의를 해산시킴으로써 임시대통령 이승만의 입장을 옹호하였다. 그 후 그는 1930년에 임정 내 기호파 인사들을 규합하여 '한국독립당'을 창당하였다. 그는 1932년 11월 상하이에 남아 있는 자파(自派) 인사들로 구성된 국무원회의에서 이승만을 임시정부 국무위원으로 영입하도록 조치했다. 윤봉길 의거 직후였던 당시 김구는 상하이를 떠나 피신 중이었다. 이어서 상하이 임시정부는 11월 10일 이승만을 제네바에서 개최될 국제연맹 총회의 전권대표로 임명함으로써 이승만과 임정 간의 협력 관계를 강화하였다.

김구는 1934년 4월 이승만을 '주미외무위원'으로, 그리고 1941년 6월 대한민국 임시정부 주미외교위원회의 '주미외교위원장 겸 주 화성돈[워싱턴] 전권대사'로 임명하였다. 이로써 이승만에게 미국 정부를 상대로 한 외교의 전권을 위임한 것이다. 이렇게 이승만은 1932년 이후 중국에 있는 김구 중심의 임시정부와 긴밀한 상호 협력 관계를 구축하였다.

이승만은 김구가 영도하는 '한국독립당'의 이시영, 이동녕, 조완구, 조소앙, 신익희 등 기호파 인사들과 우호적 관계를 유지했다. 이들 가운데 임시정부의 외교부장직을 오래 맡았던 조소앙은 1925년 3월 임시의정원이 이승만 임시대통령을 탄핵·면직할 때 이에 적극 반대했다. 아울러 1926년 말까지 하와이에 있는 이승만에게 임정 내부의 정황을 보고하면서 이승만의 복권을 도모했다.[19] 임정의 내무차장직을 맡았던 신익희 역시 1919년 이후 이승만에게 꾸준히 호의적인 태도를 견지하였다. 이승만은 1940년 9월에 충칭에서 창설된 광복군의 이청천 사령관 및 이범석 제2지대장과도 개인적으로 친밀한 관계를 유지했다.

1932년 이후 이승만과 김구 휘하의 임시정부 사이에 형성·유지된 이러한 협력 관계는 해방 후 이승만이 환국하여 정치 활동, 특히 반탁 운동을 펼칠 때 매우 소중한 정치적 자산이 되었다. 다른 한편으로, 이승만은 1936년에 난징에서 결성된 민족혁명당의 김원봉과 그 당의 주석이었던 김규식 등 좌익 독립운동가들에 대해서는 경계심을 늦추지 않았다.

자. 미국인 지지 세력 확보(1) : 선교사, 목사, 교육자, 변호사, 언론인, 사업
가 등

이승만은 1895년에 배재학당에 입학한 후 배재학당 교사들과 서울에 있는 개신교 선교사들로부터 높이 인정받는 존재가 되었다. 이승만에게 제일 먼저 관심을 기울인 선교사는 물론 배재학당의 당장(교장) 아펜젤러 목사였다. 배재학당 재학 시 이승만에게 가장 큰 사상적 영향을 끼친 교사(강사)는 한국인으로서 미국에 건너가 의과대학을 졸업하고 미국 시민이 되어 한국에 돌아온 서재필이었다.

이 밖에 이승만이 배재학당 밖에서 만나서 깊이 사귄 선교사가 두 명 더 있었다. 그 중 하나는 제중원의 원장 애비슨 박사이고, 다른 하나는 제중원에서 근무하던 여자 의료선교사 화이팅이었다. 이승만은 애비슨과 자주 만나 자신의 진로 등에 관해 깊이 있고 솔직한 대화를 나눔으로써 그로부터 크게 감화를 받았다.[20] 이승만은 화이팅에게 보수를 받으며 한국어를 가르치면서 영어회화 능력을 길렀다. 이렇게 시작된 이승만과 북미(미국과 캐나다) 선교사들과의 교제 범위는 이승만이 배재학당을 졸업하고 서재필이 창립한 독립협회 산하의 만민공동회의 총대로서 과격한 반(反)정부 개혁 운동을 펼치다가 1899년 여름에 한성감옥에 투옥된 다음 더 넓어졌다.

한성감옥에 갇혀있는 동안 이승만은 여러 차례 아펜젤러 목사 이외에 감리교 선교사 존스 및 장로교 선교사 언더우드 등의 심방을 받았다. 그가 약 6년 동안의 감옥 생활을 끝내고 출옥하여 1904년 11월 처음으로 도미할 때 서울에 있는 북미 출신 개신교 선교사 여섯 명이 그의 미국 대학 입학에 필요한 추천장을 써 주었다. 그들 가운데는 1900년부터 연동교회에서 목회활동을 하면서 한국의 역사와 문학을 깊이 연구한, 세계적으로 유명한 한국학 권위자인 캐나다 출신 장로교 선교사 게일이 포함되어 있었다.[21]

미국 유학 기간에 이승만은 미국 동부의 세 군데 대학에서 공부하면서 그 지역의 교회와 YMCA의 초청을 받아 무려 170여 회에 걸쳐 한국에 관한 강연을 하였다. 이로써 미국 개신교 목회자들 및 교인들과 친분 관계를 넓혔다. 이승만은 조지 워싱턴대와 하버드대 대학원에서는 행복한 학창 생활을 영위하지 못했다. 그러나 1908년부터 1910년까지의 프린스턴대학교 대학원에서의 학창 생활은 달랐다. 그는 이 기간에 그 대학교의 총장인 윌슨과 대학원장인 웨스트 박사로부터 총애를 받으며 행복하고 즐겁게 박사학위 과정을 이수하였다.[22] 이승만은 윌슨 총장의 관저에 여러 번 초대되어 총장의 가족들과 친교를 맺었다. 이승만에게 박사학위증을 수여한 윌슨은 나중에 미국의 28대 대통령(1913~1921)이 되었다.

이승만은 1910년 여름 프린스턴대학교에서 박사학위를 취득한 다음, 서울에 있는 언더우드 목사의 주선으로 황성기독교청년회(서울YMCA)의 학감으로 임명받아 귀국하였다. 이승만 '박사'를 서울YMCA의 학감으로 임명한 인물은 뉴욕에 본부를 YMCA국제위원부의 해외 업무 담당 비서 모트 박사였다.[23] 서울YMCA의 학감으로 재직하는 동안 이승만은 그 직장의 총무인 질렛과 긴밀한 협조 관계를 유지하였다. 두 사람 사이의 인간 관계는 질렛이 1921년 중국 난징의 YMCA총무로 근무할 때까지 지속되었다.

1912년 일제 총독부가 날조한 이른바 '데라우찌 총독 암살 미수 사건'(일명 105인 사건)에 연루된 국내의 개신교 지도자들이 일망타진될 때 이승만도 체포 대상이 되었다. 이때 그는 모트와 질렛의 도움으로 3월 26일 한국을 떠났다. 5월에 미국 미니애폴리스에서 열리는 '국제 기독교 감리회 4년 총회'에 한국 평신도 대표로 참석한다는 명목이었다. 그 후 그는 미국 동부에서 YMCA활동을 하다가 1913년 2월 3일 하와이 호놀룰루에 망명하였다.

하와이 망명 초기 그는 하와이 미 감리교 선교부의 와드맨 감리사(박사)의 추천으로 감리교 선교부에서 설립·운영해온 '한인 남자 기숙학교'의 교장직을 맡았다. 이승만은 이 학교의 이름을 '한인중앙학원'으로 고치고 여학생을 받아들여 남녀 공학 학교로 개편하였다. 이 학교에서 민족교육을 펼쳐나간 결과 1915년에 이르러 한인기독학원을 창립할 수 있었다. 말하자면, 이승만이 하와이 망명 기간 초기에 교육 분야에서 괄목할 만한 성과를 거둘 수 있었던 것은 이승만의 인격과 능력을 높이 평가한 와드맨 감리사의 도움 덕택이었다.[24]

3.1운동이 일어난 1919년은 이승만의 생애에 있어 획기적인 해였다. 왜냐하면 그 때부터 그는 해외 독립운동의 최고 지도자로 부상하여 직업적인 정치·외교가로 활약했기 때문이다. 독립운동가 이승만은 1919년 4월에 필라델피아에서 열린 '대한인총대표회의'(The First Korean Congress)를 개최하는 데 주역을 담당하였다. 이 회의가 끝난 후 8월에 그는 워싱턴에 '구미위원부'를 설립하여 대한민주국 및 상하이 대한민국 임시정부의 외교 및 자금 모금 업무를 총괄하였다.

이승만은 1920년 12월부터 1921년 5월까지 6개월 동안 상하이를 방문하여 상하이 대한민국 임시정부의 임시대통령직을 수행한 바 있다. 그 후 그는 1921년 11월 워싱턴에서 개최된 태평양회의에 한국대표단의 단장으로 참석하여 발언권을 행사하려고 했으나 안타깝게도 이 노력이 무위로 끝나자 1925년 3월 상하이 임정에서 탄핵·면직을 당하였다.

1919년부터 1925년까지의 기간에 '임시대통령' 이승만은 구미위원부에 돌프라는 유능한 변호사를 법률고문으로 영입하였는데, 돌프는 태평양회의에 제출·배포할 각종 영문 자료들을 작성하는 데 큰 공을 세웠다.[25]

이승만은 필라델피아에 있는 성삼위일체 교회(The Holy Trinity Church)의 교구 사제(rector) 톰킨스 박사의 주도 아래[26] 결성된 '한국친우회'로부터 여러 모로 많은 지원을 받았다. 이승만은 -서재필과 함께- 1920년 미국 내 18개 도시와 유럽의 런던 및 파리 등지에 한국친우회를 설립하는 데 주력하였다. 그 결과 1921년 말에 이르러 약 2만 5,000명의 회원을 확보한 대규모 친한 단체로 발전하였다. 한국친우회 멤버들은 1919년 후반 이승만이 서재필, 헐버트 및 벡 목사 등과 함께 미국 내 주요 도시를 순방하면서 한국 독립에 관한 강연을 할 때 이 순회 강연을 후원해주었다. 그리고 그들은 1921~22년에 워싱턴D.C.에서 태평양회의가 개최되었을 때 백악관, 의회 및 국무부에 편지 쓰기 운동을 벌이면서 이승만의 외교 노력을 지원했다.

1919년 9월 상하이 임정은 개헌을 통해 이승만을 '임시대통령'으로 선출하였다. 이승만은 이 직책을 수행하기 위해 1920년 12월부터 1921년 5월까지 상하이를 방문하였다. 이승만은 무국적자일 뿐만 아니라 그의 머리에는 일제의 현상금 30만 달러가 걸려 있었다.[27] 그래서 그가 상하이를 왕복하고 그 곳에서 거주하는 데에는 많은 어려움이 있었다. 이 같은 문제점들을 해결해준 사람들은 그의 미국인 친구 및 상하이에서 활약하는 개신교 선교사들이었다. 우선 이승만이 상하이로 가는 선박편은 호놀룰루의 미정부 총세무장인 그의 친구 보스윅이 알선해 주었다. 이승만이 상하이에서 안전하게 거처할 장소를 물색해 준 인물은 1909년부터 상하이 YMCA의 총무직을 맡고 있던 장로교 목사 피치였다고 여겨진다.[28] 자신이 살고 있던 관사 2층을 6개월 동안(1920.12.12~1921.5.28) 이승만의 거처로 제공한 인물은 미국인 안식교 선교사 크로푸트 목사 부부였다.[29] 피치 목사는 이승만이 5월 29일 상하이를 떠나 미국으로 돌아갈 때 마닐라까지의 선표를 마련해주었다.[30]

1922년 2월 6일 태평양회의가 끝나자 이승만은 상하이가 아니라 호놀룰루로 돌아갔다. 그 곳에서 한인기독학원과 한인기독교회 일에 다시 열정을 쏟던 그는 1939년에 이르러 미·일 간에 조만간 전쟁이 벌어질 것이라고 예상했다. 이에 대비하는 작업에 착수하기 위해 1939년 12월 그는 워싱턴D.C.로 이사하였다. 1941년 12월 태평양전쟁이 발발하자 이승만은 자신의 대미 외교 활동을 밀어줄 미국인 친구들을 규합하여 1942년 1월 16일 워싱턴D.C.에 '한미협회'라는 로비 단체를 발족시켰다. 한국의 독립과 대한민국 임시정부의 승인을 획득하는 운동에 동참할 미국인들이 중심을 이뤘다. 이어서 그는 1942년 9월 '기독교인친한회'라는 로비 단체를 추가로 구성하여 한미협회를 지원하도록 조치했다.

이승만은, 한미협회의 이사장으로는 워싱턴에서 영향력이 가장 큰 교회의 하나인 파운드리 감리교회의 담임목사 겸 미 연방 상원 원목인 해리스 박사를,[31] 그리고 회장으로는 주 캐나다 특명전권공사를 역임한 크롬웰을 각각 영입했다. 그리고 그 밑에 INS의 기자 윌리엄스와 워싱턴에서 개업한 법률변호사 스태거스에게 재무 담당 이사와 법률고문역을 각각 맡겼다.

기독교인친한회의 회장으로는 아메리칸대학교의 더글러쓰 총장(목사)을, 서울의 연희전문학교 교장직을 역임하고 은퇴한 애비슨 박사를 서기로, 그리고 상하이YMCA의 총무인 피치 목사의 부인인 피치 여사를 재무 및 서기보로 각각 영입하였다.

이승만은 이 미국인 후원자들 가운데 특히 해리스 목사, 윌리엄스 기자, 스태거스 변호사, 그리고 1942년 8월부터 알고 지낸 시러큐스대학교의 언론소통학 교수인 올리버 박사[32] 등으로 하여금 백악관, 국무부, 의회 및 언론기관 등을 상대로 로비 활동을 적극적으로 펼치도록 했다. 이들은 각기 자신의 분야에서 전문성을 높이 인정받는 고급 두뇌들이었다.

1945년 10월에 환국한 후 1946년 12월 '방미 외교'를 위해 다시 워싱턴을 방문했을 때 이승만은 이들 이외에 굿펠로우 대령까지를 포함한 '전략협의회'라는 자문기구를 조직하였다. 전략협의회의 멤버들은 방미 기간에 이승만이 미 국무부에 건의한 남한 과도정부 수립에 관련된 구체적 행동 방침을 고안하고 이를 실현하는 데 필요한 로비 활동을 하였다.[33]

차. 미국인 지지 세력 확보(2) : 군부 인사들

이승만은 1905년 8월 4일 뉴욕 주의 오이스터 베이에서 시어도어 루스벨트 대통령을 면담한 것을 시작으로 미국의 최고 정치 지도자들과 면담을 시도하거나 그들에게 편지 또는 전보를 보내 문서 외교를 전개하였다. 그런데 그는 윌슨 대통령, 하딩 대통령, 프랭클린 루스벨트 대통령 및 트루먼 대통령 등과의 면담은 실현하지 못했다. 다만 서한과 전보를 보내면서 문서 외교를 펼쳤을 뿐이다. 그는 또한 1940년대 초반의 여러 국무장

관, 즉 힐, 스테티니우스, 번스 및 마셜 등과도 면담을 하지 못했다. 1940
년대 초반에 그가 면담할 수 있었던 국무부의 고위 관리들은 극동국 동
아시아 정치 담당 고문 혼벡, 국무장관 특별보좌관 히스, 그리고 국무부
내에서 비주류파에 속한 점령 지역 담당차관보 힐드링 소장 등에 국한되
었다.[34] 한마디로, 이승만은 국무부의 문관 관리들로부터 '귀찮은 고집쟁
이 늙은이', 즉 기피 인물로 취급당하였다.

1941년 12월 태평양전쟁이 발발한 후, 이승만은 미국 행정부로부터 대
한민국 임시정부의 승인을 획득하는 데 총력을 기울이며 미 군부에 접근
하였다. 그리고 미 군사 당국이 미국에 거주하는 한국 청년들을 선발·훈
련시켜 미국의 대일 전쟁에 투입하여 활용하라고 설득했다. 또 미국이 충
칭 임정의 광복군에게 무기대여법(Lend-lease Act)을 적용시켜 광복군으로
하여금 대일 전쟁에서 일익을 담당할 수 있게 해달라고 요청하였다. 이 과
정에서 그는 미국 전략첩보국(OSS)의 특수 공작 담당 부국장인 굿펠로우

대령과 친밀한 관계를 맺게 되었다.

굿펠로우는 이승만의 반소·반공사상에 공명하여 한·미 군사 협력에 관련된 이승만의 건의 사항들을 수용하여 실현시켜주려고 노력하였다. 그 결과 1943년 초 이승만이 추천한 재미 한국 청년 열두 명이 OSS에 의해 선발되었다. 이들은 특수 훈련을 받

고 중국과 태평양지역에 파견되어 미군 첩보 활동에 참여하였다. 이러한 경험에 입각하여 OSS는 1945년에 70명의 한인을 OSS가 추진하는 두 갈래의 한반도 침투 작전의 특공대원으로 선발하여 특수 훈련을 받게 하였다. 두 갈래 침투 작전은 바다 밑으로 한반도에 침투하는 납코작전(Napko Project)과 광복군을 이용한 독수리작전(Eagle Project)이었다. 그러나 전쟁이 예상 외로 빨리 끝났기 때문에 OSS가 선발·훈련한 특공대원들은 실전에 투입되지 못하였다. 또 이승만이 요구했던 광복군에 대한 무기대여법 적용은 미 국무부 등의 반대로 실현되지 못하였다.

굿펠로우는 해방 후 이승만이 환국을 서두를 때 미 국무부로부터 그의 여행권을 얻어내는 일에 적극 나섰다. 1945년 12월 말 남한의 미군정 사령관 하지의 특별정치고문으로 서울에 부임한 그는 1946년 5월 말까지 한국에 머물면서 이승만의 정치 기반 조성 작업을 도왔다.

이승만은 1945년 5월 샌프란시스코에서 열린 국제연합 창립총회 도중에 '얄타 밀약'을 폭로했다. 이로써 그는 미국의 보수계 언론으로부터 각광을 받았고 반소·반공주의자로 명성을 얻었다. 이를 계기로 이승만은 반소·반공사상을 공유하고 있던 미 태평양지구 육군 총사령관 맥아더 장군의 관심을 끌게 되었다. 그 결과 두 사람은 1945년 7월부터 교신하면서 상호 존경하고 협력하는 사이가 되었다.[35)]

맥아더는 이승만이 1945년 10월 도쿄를 거쳐 귀국할 때 그에게 면담할

기회를 제공하고 또 미 군용기 탑승을 허용하였다. 그 후 1946년 12월에 이승만이 미국으로 가는 도중 도쿄에 들렀을 때와 1947년 4월 이승만이 방미 외교를 끝내고 귀국할 때 도쿄에서 다시 만나 면담하는 등 이승만에게 각별한 호의를 표시했다.

맥아더는 1947년 2월 22일 미 국무장관 마셜에게 한국 문제 해결 방안의 하나로써 한국 문제를 유엔에 이관할 것을 제의하였다. 이는 아마도 이승만에 요청에 따른 것으로 추측된다. 마셜 국무장관은 맥아더의 이 제의를 수용함으로써 1948년 대한민국이 유엔의 감시 하에 탄생하는 데 크게 기여하였다. 맥아더는 1948년 8월 15일 대한민국 정부 수립 기념식에 참석하여 축사를 하였다. 이 자리에서 그는 이승만 대통령에게 만약 한국이 공산주의자들에게 침략을 당한다면 자신은 미국의 캘리포니아 주처럼 여기고 한국을 위해 싸우겠다고 다짐했다.[36]

요컨대, 이승만은 해방 이전에 미국의 민간인들 가운데 유능하고 영향력 있는 다수의 인사를 자신의 지지자 내지 자문관으로 확보했다. 또 미 군부 내에서 자신의 입장을 밀어주는 지도급 인물들을 지지자로 포섭하는 데 성공했다. 이렇게 확보된 미국의 고급 인력이야말로 독립운동가로서 이승만이 확보·유지했던 정치적 자산 중에 가장 중요한 것의 하나였다.

이승만이 1948년에 대한민국 초대 대통령으로 선출되기 이전에 그가 축적한 이상의 여러 가지 정치적 요건들을 종합해 보면 그는 당시 남한에서 그와 경쟁했던 다른 여러 독립운동가에 비해 '일당백(一當百)'의 능력을 갖춘 탁월한 정치가였다고 말할 수 있다.

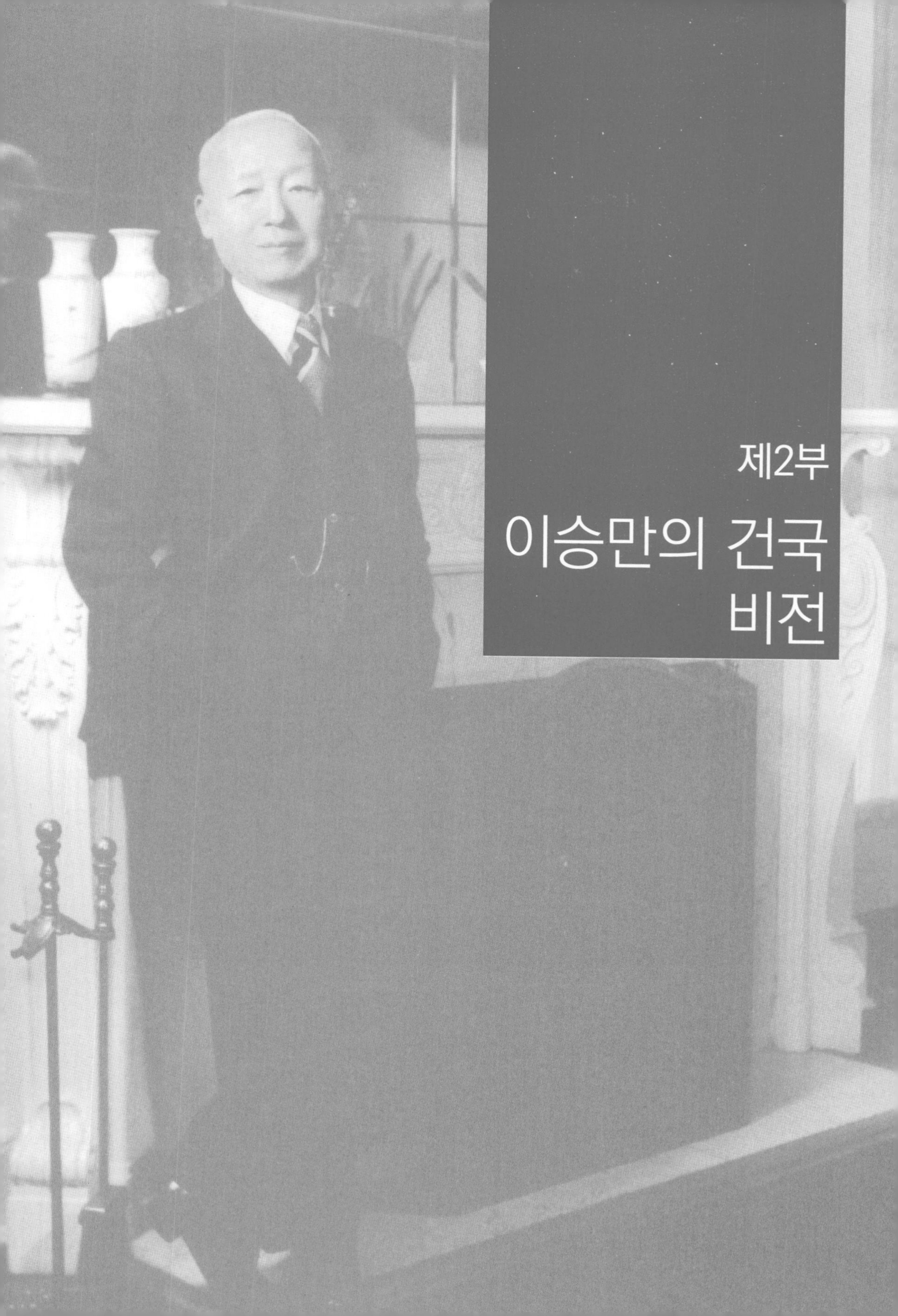

제2부
이승만의 건국 비전

이승만은 조국의 광복에 헌신했던 여러 독립운동가 중에서 외교 독립 노선을 추구했던 인물로 정평이 나 있다. 그러므로 한국독립운동사에서 그의 업적을 논할 때 연구자들은 그의 정치와 외교활동에 관심을 쏟되 그의 사상은 등한시하는 경향이 있었다. 예외적으로 그의 사상을 논평한 연구자들의 글을 살펴보면, "이승만에게는 독창적 정치 이론이 없다"라느니 "그의 정치 사상은 고작 선동론·정략론에 불과하다"라고 치부하는 실정이다.[1]

이승만의 사상성이 이같이 폄하되는 것은 일견 타당성이 있다. 왜냐하면 독립운동 기간에 그는 쑨원[孫文]의 '삼민주의'나 마오쩌둥[毛澤東]의 '신민주주의' 혹은 조소앙의 '삼균주의' 등에 비견되는 매혹적인 '이즘'을 개발하지 않았기 때문이다. 그렇다면 과연 대한민국 건국 대통령인 이승만에게 이것들에 비견되는 건국의 비전이 없었을까? 그렇지 않다. 그것을 찾아 소개하는 것이 이 글의 알파이자 오메가이다.

무엇보다 저자는 이승만이 보기 드문 학자형의 언론인 출신 정치가였다는 사실에 주목한다. 그는 동시대의 다른 여느 독립운동가 혹은 외국의 최고 지도자들에 비해 더 높은 수준의 교육을 받았으며 왕성한 저술 활동을 펼쳤다. 그는 청년기로부터 꾸준히 신문과 잡지에 논설을 발표했으며 『독립정신』, 『한국교회핍박』, 『미국의 영향을 받은 [국제법상] 중립』(Neutrality As Influenced By·the United States), 및 『일본, 그 가면의 실체』(Japan Inside Out) 등 저서를 국문 혹은 영문으로 출판했다. 뿐만 아니라 그는 대한민국 임시정부의 임시대통령이었을 때와 해방 후 기회 있을 때마다 논설이나 연설을 통해 신생 조국의 미래상에 대한 자신의 구상을 제시했다. 그리고 대통령이 된 다음에 '일민주의'라는 소박하나마 특색 있는 정치 지도 이념을 제창하기도 했다.[2] 이렇게 그는 다양하고 활발하게 자기의 생각을 글이나 말로써 발표했기 때문에 그가 발표한 자료들을 면밀히 살펴보면 그의 정치 사상을 파악할 수 있다.

여기서는 이승만이 남긴 여러 종류의 논저와 연설문 속에 담긴 그의 정치 사상, 특히 해방 전후에 그가 포회했던 건국의 비전을 추출하여 조명하고자 한다. 이승만의 건국 사상은 대체로 대한민국의 건국 이념인 반일 및 반공민족주의, 자유민주주의, 국제평화주의, 사회균등주의 등과 동일시되고 있다.[3] 그러나 이것들은 건국을 전후한 시기에 대다수 우익 독립운동가가 공통적으로 추구했던 정치 이념으로 딱히 이승만에게만 고유했던 이념이라고 말하기 어렵다. 이 글에서는 이러한 일반론을 수용한 바탕 위에서 이승만의 사상 형성 과정 중 특유하게 발견되는 정치적 이상, 특히 '새나라 건설의 비전'을 요약하여 소개하는 데 초점을 두고자 한다.

1. 기독교 국가 건설

이승만은 1899년 초 한성감옥에서 기독교에 귀의한 후 꾸준히 한국과 미국에서 선교와 교육활동에 종사했고 '경천애인'(敬天愛人 : 하늘을 공경하고 사람을 사랑하라)이라는 경구를 좌우명으로 삼고 살았다. 1948년 5월 총선거를 기해 그는 '방구명신'(邦舊命新 : 나라는 오래지만 명은 새롭다)이라는 휘호를 남겼는데 이 글에 나타난 '새로운 명'이란 기독교적인 '하느님의 명'을 의미한다고 여겨진다. 한마디로, 이승만은 기독교라는 새로운 정신적 토대 위에 새 나라를 건설할 것을 염원했다고 볼 수 있다. 이 점이 이승만의 건국 비전 중 가장 돋보이는 것이다.

이승만은 원래 유가(儒家)에서 태어나 소년기에 유교적 교양을 체질화했다. 그러나 그는 기독교 미션학교인 배재학당에서 수학하고 독립협회에 가담하여 활동하면서 유교적 전통과 결별했다. 그 대신 기독교와 이에 바탕한 서양 문명을 전적으로 수용하는 서향주의자(西向主義者)가 되었다. 그의 이러한 생각은 1903년 옥중에서 『신학월보』라는 잡지에 발표한 「예수교가 대한 장래의 기초」라는 글에 잘 표출되어 있다. 이 글에서 그는 한국의 전통 종교인 유교를 '사람의 도'라고 칭하는 한편 기독교를 '하느님의

도'라고 칭하면서 "옛적에는 사람의 도로 다스리던 것을 지금은 하느님의 도로 감화시켜야 될지라"라는 명제를 내걸었다. 그리고 이어서 그는,

> 이 세대에 처하여 풍속과 인정이 일제히 변하여 새 것을 숭상하여야 할 터인데, 새 것을 숭상하는 법은 교화로써 근본을 아니 삼고는 그 실상 대익을 얻기 어려운데, 예수교는 본래 교회 속에 경장(更張)하는 주의를 포함한 고로 예수교 가는 곳마다 변혁하는 힘이 생기지 않는 데 없고 … 한번 된 후에는 장진(奬進 : 권면하여 나아감)이 무궁하여 상등문명(上等文明)에 나아가느니, 이는 사람마다 마음으로 화하여 실상에서 나오는 까닭이라. 우리나라 사람들이 마땅히 이 관계를 깨달아 [예수교를] 서로 가르치며 권하여 실상 마음으로 새 것을 행하는 힘이 생겨야 영원한 기초가 잡혀 오늘은 비록 구원하지 못하는 경우를 당할지라도 장래에 소생하여 다시 일어서 볼 여망이 있을 것이오[4]

라고 설파하였다. 이로써 장차 한국인이 소생하고 번영할 수 있는 희망의 원천을 '예수교'(기독교)에서 찾았다.

이 무렵에 쓴 다른 한 글에서 그는 "대한 사람들의 새 물줄기는 예수교회라"라고 갈파하고 이 물줄기를 붙잡고 백성을 감화시켜 새 사람이 되게 한 후에야 정부가 스스로 맑아질 것이라고 논하기도 하였다.[5]

1905년 초 미국 조지 워싱턴대에서 공부를 시작하기 전에 세례를 받은 그는 자신의 유학 동기가 지극히 저열한 상태에 빠져 있는 한국인의 도덕 수준을 기독교 교육을 통해 향상시키는 데 있다고 고백하고 평생을 기독교 전도에 헌신할 것을 다짐하였다.[6]

3.1운동 발발 후 임시정부의 수반으로 추대된 그는 어떤 미국인 신문 기자와의 인터뷰에서 자신은 장차 한국을 '완전한 예수교 나라로 만들 예정'이라고 말하였다.[7] 또한 그는 1919년 4월 14일 필라델피아에서 소집된

'대한인총대표회의'에서 '미국[인들]에의 호소문'을 직접 기안(起案)하여 이를 대회 결의문의 하나로 통과시켰는데 그 핵심 내용은 아래와 같다.

우리의 대의명분은 하나님과 인간의 법 앞에서 당당한 것입니다. 우리의 목적은 [우리 민족을 일본의] 군국주의적 전제로부터 해방시키는 것이며, 우리의 목적은 아시아에 민주주의를 부식하는 것이며, 우리의 희망은 기독교를 보급시키는 것입니다. 그러므로 우리는 우리의 호소가 여러분의 지지를 받을 만하다고 확신하는 바입니다.[8]

해방 후 귀국한 이승만은 그가 청·장년기에 보여주었던 왕성한 기독교 선교 열정을 공개적으로 드러내지 않았다. 그러나 그는 마음속 깊이 한국을 '예수교 국가'로 만들겠다는 처음의 뜻을 여전히 품고 있었음에 틀림없다. 그는 1945년 11월 28일 김구와 함께 서울의 정동 예배당에서 열린 '기독교조선남부대회'에 초대되었을 때 아래와 같은 연설을 했다.

나는 여러분께 감사합니다. 40년 동안 사람이 당하지 못할 갖은 고난을 받으며, 감옥의 불같은 악형을 받으며 예수 그리스도를 불러온 여러분께 감사를 드리는 것입니다. … 지금 우리나라를 새로이 건설하는 데 있어서 아까 김구 주석의 말씀대로 튼튼한 반석 위에다 세우려는 것입니다. 오늘 여러분이 예물로 주신 이 성경 말씀을 토대로 해서 세우려는 것입니다. 부디 여러분께서도 하느님의 말씀으로 반석삼아 의로운 나라를 세우기 위해 매진합시다.[9]

그 후 그는 1946년 3.1절 기념 행사의 식사(式辭)에서 "한민족이 하나님의 인도 하에 영원히 자유 독립의 위대한 민족으로서 정의와 평화와 협조의 복을 누리도록 노력합시다"[10]라고 말했다. 나아가 그는 1948년 5월 31

일에 임시국회의장으로서 제헌국회를 개원하기에 앞서 이윤영 의원(목사)에게 하나님께 감사 기도를 드려달라고 부탁했다. 그리고 그는 7월 24일 대통령 취임식에서 하나님의 이름으로 취임 선서를 했다.

이상의 자료로써 우리는 이승만이 기독교의 섭리를 믿었으며 기독교 정신에 입각하여 대한민국이라는 새로운 국가를 건설하려 했다는 것을 확인하게 된다. 더구나 그는 제헌국회 개원식이나 대통령 취임식을, 식순에 감사 기도와 하나님 이름으로 하는 취임 선서를 넣는 방식으로 거행했다.

2. 자유 민주공화제 정부 수립

이승만은 1949년 8월 15일 정부 수립 1주년 기념사에서 신생 대한민국을 가리켜 '4천여 년 유래된 정치 사상과 신세계의 새 정치주의를 합류시켜 만든 모범적 정체'라고 말하였다. 또 다른 기회에 그는 대한민국을 '모범적인 민주주의 정부' 혹은 '동양에서의 모범적 민주주의의 보루(堡壘)'라고 칭하였다.[11] 이러한 표현들로 미루어 이승만이 건국 당시 이 땅 위에 '모범적' 민주주의 정부를 수립하려 했음을 엿볼 수 있다. 그렇다면 그가 구상한 새 나라 정부의 구체적 형태는 어떤 것이었을까?

이승만은 일찍이 청년기부터 민주주의를 신봉했다. 민주주의에 대한 그의 신념은 그가 배재학당에 입학하여 서재필과 미국인 교사들을 통해 자유와 평등이라는 새로운 사상에 접했을 때부터 개발되었다. 그는 자신이 깨달아 알게 된 이 혁명적 정치 사상들을 배재학당 동창들과 함께 1898년 1월 1일과 4월 9일에 각각 창간한 『협성회회보』와 『매일신문』 등을 통해 열심히 전파하였다.[12] 그 후 그는 1904년 옥중에서 집필한 『독립정신』이란 책에서 서양의 '개명한' 나라들이 '부강문명'(富强文明)과 '극락 세계'(極樂世界)를 누리게 된 비결이 국가를 구성하는 국민 각자에게 '자유 권리'를 허여한 데 있다고 설파하였다.[13]

이승만은 한 나라를 부강하게 만드는 요소인 자유를 최대한으로 보장하는 정치 제도가 민주공화제라고 확신하였다. 그리고 이러한 그의 생각을 『독립정신』의 '세 가지 정치 구별'이라는 장(章)에서 다음과 같이 개진하였다.

민주 정치라 하는 것은 백성이 주장한다는 뜻이라. 인군을 인군이라 칭하지 않고 대통령이라 하며 전국 백성이 받들어 천거하여 다 즐거이 추승한 후에야 비로소 그 위에 나가며 그리하고도 오히려 염려가 있어 혹 4~5년이나 8~9년씩 연한을 정하여 한이 찬 후에는 한 기한을 다시 잉임(仍任)도 하고 혹 다른 이로 선거하기도 하여 일국을 다스리게 하며 모든 관원의 권한을 구별하여 한두 사람이 임의로 못하게 하니 이런 정부를 이르되 백성이 백성을 위하여 백성으로 조직한 정부라 하는 바라. ⋯ 지금 미국과 프랑스 등 몇몇 부강한 나라의 행하는 정치니 이는 곧 상고 요순(堯舜) 적에 부자상전(父子相傳)하지 아니하고 어진 이를 택하여 받들며 온 나라 사람이 다 가로되 어질다 한 후에 인재를 쓰며 다 가로되 죽일 만하다 한 후에야 죽이던 옛 법이니 지극히 공변되고('공변되다'의 옛말 : 치우치거나 사사롭지 않고 공평하다는 뜻) 바른 제도라. 요순 세상을 고서(古書)에 말만 들었더니 지금 시대에 곧 행함을 볼 줄 누가 짐작하였으리오.[14]

즉, 그는 민주공화제(대통령 중심제)를 동양에서 고대, 즉 요순시대에 한 번 시도되었으나 나중에 실종된 제도로 보았다. 현대에는 미국과 프랑스 등 몇몇 서양 국가에서 채택하여 운용하고 있는 것이라 말하면서, 이 제도야 말로 '지극히 공변되고 바른 제도'라고 극찬하였다. 그렇지만 그는 이 책의 다른 부분에서 민주공화제가 '세상에서 가장 선미(善美)한 제도'이긴 하지만 당시 우리나라 백성의 민도(民度)가 낮기 때문에 이 제도를 당장 도입하자고 주장하는 것은 '지극히 위험한 생각'이라고 못 박고, 우리나라에서는 우선 영국과 일본에서 행해지는 입헌군주제(立憲君主制)의

도입을 시도해야 한다고 결론지었다.[15]

1910년 대한제국이 멸망하고 1912년에 중국에서 신해혁명(辛亥革命)을 거쳐 중화민국이 탄생하자 한국인이 당장 추구할 이상적 정치 제도에 대한 이승만의 생각이 달라졌다. 특히 그는 제1차 세계대전에서 민주주의 국가들, 즉 연합국이 '군국주의 국가'인 독일을 제패한 사실을 민주주의의 승리로 간주하고, 장차 민주공화제가 전 세계적으로 보편화될 것이라 전망하였다. 이러한 그의 역사관은 1919년 7월 4일 그가 『대한독립혈전기』(大韓獨立血戰記)를 통해 발표한 '대통령 선언서'에 아래와 같이 나타나 있다.

> 슬프다. 저 군국주의와 제국주의는 곧 저맨[German] 황제의 일패도지(一敗塗地 : 패하여 다시 일어날 수 없게 됨)가 한 근원이라. 유럽과 아메리카 열국이 이 만습(蠻習 : 야만스러운 풍습)을 타파하고 공화 신세계를 성립키 위하여 고금에 처음 있는 대혈전으로 저맨 군사를 꺾어 뉘고 평화를 강구하는 중이라. 이 고대 유습을 유럽에서 저처럼 몰아내었거늘 아시아 주에서만 횡포를 방종하리오. 이는 거세(擧世 : 온 세상)가 허락지 않을지며 공리가 용납지 않으리라.[16]

이승만은 3.1운동 후에 러시아, 서울 및 상하이 등지에서 연쇄적으로 수립된 임시정부에 의해 국무총리, 집정관총재 혹은 임시대통령으로 추대되었다. 이 무렵 4월 15일에 그는 서재필을 앞세워 필라델피아에서 '대한인총대표회의'를 개최하고 '한국인의 목표와 희망'(Aims and Aspirations of the Korean People)이라는 10개조의 결의문(일명 종지〈宗旨〉, Cardinal Principles)을 채택하였다.[17] 이 결의문은 이 대회에 참가했던 연인원 150명의 미국과 유럽의 한인 애국지사들의 신국가 건설의 청사진으로서, 이 무렵 이승만의 새 나라 건설 구상을 이해하는 데 관건이 된다.

이 결의문의 핵심은 앞으로 한국에 대통령 중심의 민주주의 정부를 수립하되 정부 수립 후 10년 간 교육의 발달을 도모하자는 것이었다. 이 결의문의 10개 조항 가운데 가장 중요한 것은 아래의 제2조였다.

우리는 할 수 있는 데까지 미국의 정체를 모방한 정부를 세우기로 제의하여 … 앞으로 오는 10년 동안에는 필요한 경우를 따라서 권세를 정부로 더욱 집중하며 또 국민인 자 교육이 발전되고 자치상의 경험이 증가할진대 그에게 대하여 관리상 책임의 공권을 더욱 허락할 일.[18]

이 조항을 음미해 보건대, 3.1운동 후 이승만 등 구미에 살고 있던 애국지사들은 앞으로 세워질 한국인의 새 정부가 미국의 정체를 모방한 대통령 중심의 민주공화제 정부여야 된다는 데 의견의 일치를 보았다. 아울러 그들은 일반 한국인의 민도가 아직 미국 국민이 실행하는 민주주의적 자치를 실현하기에 미흡하다는 사실을 감안하여, 건국 후 '10년 간' 정부가 중앙집권적 통치를 하는 것이 바람직하다고 생각한 것이다.

이승만은 이 결의문을 스스로 기안하지는 않았지만 이 결의안의 채택 여부를 결정하는 본회의에서 찬성 발언을 하고 채택에 동의했다.[19] 이로 미루어 저자는 그가 새로 태어날 한국의 정부 형태가 대통령 중심의 미국식 민주공화제 정부이되 건국 후 10년 간 강력한 중앙집권적 통치 체제를 유지하는 것이 바람직하다고 생각했으리라 판단한다.

해방 후 조국에 돌아온 그는 1946년 2월 '모범적 독립국을 건설하자'라는 제목의 방송 연설을 통해 자신의 건국 구상을 구체적으로 밝혔다. 이 연설의 결론 부분에서 그는 한국민이 앞으로 "군주 정치나 독재 정권 하에서 구속을 받고 지내는 습관을 다 타파하고 민주 정체 밑에서 자유[롭게] 활동하여 전 세계의 해방된 민족들과 같이 동등의 복리를 누리[자]"라고 역설했다.[20] 또 그는 1948년 5월 31일 제헌국회 의장으로서 역사적인 헌법 제정 작업을 개시할 때 국회 개원 식사를 통해 아래와 같이 대한민국 헌법의 기본 요건을 제시하였다.

이 국회의 최대한 목적은 이미 세계에 알려진 바와 같이 민주주의를 토대로 한 헌법을 제정하고 그 헌법에 따라 정부를 수립하고 국방군을 조직하여 안녕 질서와 강토를 보장하며 민생 곤란을 구하기 위하여 확고한 경제 정책을 공평히 실시할 것과 개인의 평등권을 법률로 제정하여 보호할 것과 해외에 거류하는 동포의 생명과 권리를 국제상 교섭으로 보호할 것과 교육을 향상하며 공업을 발전하며 평등 호혜의 조건으로 해외 통상을 열 것과 언론, 출판, 집회, 종교 등 자유를 보장할 것과 국제상 교의(交誼)를 돈독히 하여 세계 평화를 증진할 것과 소련과 교제를 열어서 양국의 중대 관계를 시정할 것과 길이 열리는 대로 일본과 담판을 열어서 정치와 경제상 모든 문제를 타정(妥定 : 사리에 어그러지지 않게 작정함)할 것 등이니 우리 국회의원들의 책임이 중대하고 긴박합니다. …[21]

이와 같이 그는 새로 출범할 대한민국이 민주주의 원칙에 입각한 국가이되 그 안에 사는 모든 국민이 평등권과 언론, 출판, 집회, 종교 등 모든 분야의 자유권을 누려야 된다는 건국 비전을 제시했다. 이승만의 이러한 건국 비전은 결국 1948년 7월 17일에 공포된 대한민국 헌법(제헌헌법)에 '미국 헌법에서와 마찬가지로'[22] 반영되었다.

요컨대, 이승만은 1948년 8월 15일 대한민국 정부가 수립될 당시 대한민국은 개인의 자유를 최대한으로 보장하는 민주주의 국가이며 그 정부는 미국의 대통령중심제를 모방한 강력한 중앙집권적 정부이기를 소망했다고 말할 수 있다.

3. 반공 노선의 확립

이승만은 철저한 반공주의자였다. 그런데 그의 반공 사상은 해방 후 한반도에서 격화된 미· 소의 냉전(冷戰)에 대응하는 과정에서 갑자기 생각해낸 것이 아니었다. 그는 청년기부터 제정 러시아에 대해 공로증(恐露症) 혹은 혐아(嫌俄) 의식을 가지고 있었으며 이러한 반(反)러시아 의식의 연장선상에서 반공 노선을 택하게 된 것이다.

이승만은 청년기 1898년 『협성회회보』에 발표한 한 논설에서 대한제국 정부가 러시아 정부의 압력에 굴복하여 부산 절영도(絶影島)를 러시아에 조차해주려 하는 것을 통렬히 비판한 바 있다. 이것이 언론인으로서 그가 반러시아 의식을 최초로 표출한 보기였다. 그 후 그는 『독립정신』에서 '세 가지 정치 구별'을 논하는 가운데 러시아를 '태고 시대에 인심이 양순하고 풍속이 순후할 때에 무위이치(無爲而治 : 아무것도 하지 않고 능히 다스림)하던 전제 정치를 아직도 펴고 있는 나라'라고 소개함으로써 러시아를 '노대국'(老大國) 청국과 다름없는 후진국으로 분류하였다.23) 그러면서 그는 러시아야말로 일본 못지않게 한반도에 대해 침략 야욕을 가진 위험한 이웃이라고 묘사했다.

이러한 이승만의 반러시아 의식은 그가 미국에서 유학 및 망명 생활을 하는 동안 변치 않고 유지되었다. 그러다 1917년 볼셰비키 혁명을 통해 러시아의 로마노프 왕조가 붕괴하고 공산주의 정부가 들어서자 반공 사상으로 바뀌었다. 이 무렵부터 그는 공산주의를 가리켜 "원래 자유롭게 되기를 원하는 인간의 본성을 거역해가며 국민을 지배하려는 사상 체계"라고 규정하면서 공산주의에 입각한 정치는 반드시 실패할 것이라고 단언했다.24)

그 후 이승만은 상하이 임시정부의 임시대통령으로서 1921년 초 상하이에 부임했을 때 당시까지 임정 내에서 막강한 영향력을 발휘하고 있던 한인공산당의 중앙위 위원장인 국무총리 이동휘와 임정 개혁안을 둘러싸고 격렬한 논쟁을 벌였다. 그 결과 이동휘는 임정을 탈퇴하였다. 이 사건이 발생할 무렵 상하이에는 공산주의를 수용하는 사람의 수가 증가하는 현상이 나타났다. 이들 공산주의자들은 임시대통령 이승만을 탄핵·면직시키려는 세력이었다. 이 사실을 알아차린 이승만은 1923년 3월 호놀룰루에서 편집·발간한 『태평양잡지』를 통해 공산주의 사상을 이론적으로 분석·비판하는 「공산당의 당부당」(當不當)이라는 논설을 발표하였다.

이승만은 「공산당의 당부당」에서 우선 공산주의의 '마땅한 점'(當)을 논한 다음, 공산주의의 '마땅하지 않은 점'(不當) 다섯 가지를 지적하고, 마지막으로 한국의 독립운동가들이 공산주의를 배격해야 하는 이유를 밝혔다. 이 논설은 한국 현대 정치사에서 길이 기억될 글이라고 여겨지기 때문에 아래에 그 원문 전체를 인용·소개한다.

공산당 주의가 이 20세기에 나라마다 사회마다 아니 전파된 곳이 없어, 혹은 공산당이라 사회당이라 무정부당이라 하는 명목으로 극렬하게 활동하기도 하며, 혹은 자유권, 평등권의 명의로 부지 중 전염하기도 하여, 전제 압박하는 나라에나 공화 자유하는 백성이나 그 풍조의 촉감을 받지 않은 자가 없도다.

공산당 중에도 여러 부분이 있어 그 의사가 다소간 서로 같지 아니하나, 보통 공산당을 합하여 의론하건대, 그 주의가 오늘 인류 사회에 합당한 것도 있고 합당치 않은 것도 있으므로, 이 두 가지를 비교하여 이 글의 제목을 '당부당'(當不當)이라 하였나니 그 합당한 것 몇 가지를 먼저 들어 말하건대,

인민의 평등주의라. 옛적에는 사람을 반상(班常)으로 구별해 반(班)은 귀하고 상(常)은 천함으로, 반은 의례히 귀하고 부하며 상은 의례히 천하며 빈하여 서로 변동치 못하게 등분으로 방한을 정하여 놓고, 영영 이와 같이 만들어서, 양반(兩班)의 피를 타고난 자는 병신 천치라도 윗사람으로 모

든 상놈을 다 부리게 마련이오, 피를 잘못 타고난 자는 영웅 준걸의 자질을 타고 났을지라도 하천한 대우를 면치 못하였으며, 또한 노예[제]를 마련하여 한 번 남에게 종으로 팔린 자는 대대로 남의 종으로 팔려 다니며 우마와 같은 대우를 벗어나지 못하게 마련이라. 이와 같이 여러 천 년을 살아오다가, 다행히 법국(法國 : 프랑스) 혁명과 미국 공화를 세운 이후로 이 사상이 비로소 변하여 반상의 구별을 혁파하고 노예의 매매를 법률로 금하였나니, 이것이 서양 문명의 사상 발전된 결과라. 만세 인류의 무궁한 행복을 끼치게 하였도다.

그러나 근대에 이르러 보건대, 반상의 구별 대신에 빈부(貧富)의 구별이 스스로 생겨서, 재산 가진 자는 이전 양반 노릇을 여전히 하며, 재물 없는 자는 이전 상놈 노릇을 감심(甘心 : 괴로움이나 책망 등을 당연하게 생각함)하게 된지라. 그런즉 반상의 명칭은 없이 하였으나 반상의 등분은 여전히 있어 고금에 다를 것이 별로 없도다. 하물며 노예로 말할지라도, 법률로 금해 사람을 돈으로 매매는 못 한다 하나, 월급이라 공전이라 하는 보수 명의로 사람을 사다가 노예같이 부리기는 일반이다. 부자는 일 아니 하고 가난한 자의 노동으로 먹고 살며, 인간 행복에 모든 호강을 다하면서 노동자의 버는 것으로 부자 위에 더 부자가 되려고 월급과 삭전을 점점 깎아서 가난한 자는 호구지계를 잘못하고 늙어 죽도록 땀 흘리며 노력해 남의 종질로 뼈가 늘도록 사역하다가 말 따름이오. 그 후생이 난 뒤로 또 이같이 살 것뿐이니 이 어찌 노예생활과 별로 다르다 하리오.

그러므로 공산당의 평등주의가 이것을 없이 하여 다 균평하게 하자 함이니, 어찌하여 이것을 균평히 만들 것은 딴 문제어니와, 평등을 만들자는 주의는 대저 옳으니, 이는 적당한 뜻이라 하겠다.

공산당 주의 중 시세(時勢)에 부당(不當)한 것을 말할진대,

1. 재산을 나누어 가지자 함이라. 모든 사람의 재산을, 토지·건축 등 모든 부동산까지 다 합해 평균히 나누어 차지하게 하자 함이니, 이것을 가

난한 사람은 물론 환영하겠지마는, 토지를 평균히 나누어 맡긴 후에 게으른 사람들이 농사를 아니 하든지 일을 아니 하든지 해 토지를 다 버리게 되면 어찌하겠느뇨. 부지런한 사람들이 부지런히 일해 게으른 가난장이를 먹여야 될 것이요, 이 가난장이는 차차 수효가 늘어서 장차는 저마다 일 아니하고 얻어먹으려는 자가 나라에 가득할 것이다.

2. 자본가를 없이하자 함이라. 모든 부자의 돈을 합해다가 공동히 나누어 가지고 살게 하면 부자의 양반 노릇하는 폐단은 막히려니와, 재정가들의 경쟁이 없어지면 상업과 공업이 발달되기 어려우리니, 사람의 지혜가 막히고 모든 기기묘묘한 기계와 연장이 다 스스로 폐기되어, 지금에 이용 후생하는 모든 물건이 더 진보되지 못하며, 물질적 개명이 중지될 것이다. 자본가를 폐하기는 어려우리니, 새 법률로 제정하여 노동과 평등 세력을 가지게 하는 것이 나을 것이다.

3. 지식 계급을 없이하자 함이니, 모든 인민의 보통 상식 정도를 높여서 지금에 학식으로 양반 노릇하는 사람들과 비등하게 되자 하는 것은 가하거니와, 지식 계급을 없이하자 함은 불가하다.

4. 종교 단체를 혁파하자 함이라. 자고로 종교 단체가 공고히 조직되어 그 안에 인류 계급도 있고, 토지 소유권도 많으며, 이 속에서 인민 압제의 학대를 많이 하였나니, 모든 구교(舊敎) 숭배하던 나라에서는 이 폐해를 다 알지라. 그러나 지금 새 교회의 제도는 이런 폐단도 없고 겸하여 평등 자유의 사상이 본래 열교(裂敎 : 개신교) 확장되는 중에서 발전된 것이라. 교회 조직을 없이하는 날은 인류 덕의상 손해가 다대할 것이다.

5. 정부도 없고 군사도 없으며 국가 사상도 다 없이 한다 함이라. 이에 대하여서는 공산당 속에서도 이론이 많을 뿐더러 지금 공산당을 주장한다는 아라사(俄羅斯 : 러시아)로만 보아도 정부와 인도자와 군사가 없이는 부지할 수 없는 사정을 자기들도 다 아는 바라. 더 설명을 요구치 않거니와, 설령 세상이 다 공산당이 되며, 동서양 각국이 다 국가를 없이 하여 세계

적 백성을 이루며 군사를 없이 하고 총과 창을 녹여서 호미와 보습을 만들지라도, 우리 한인은 일심 단결로 국가를 먼저 회복해 세계에 당당한 자유국을 만들어놓고, 군사를 길러서 우리 적국의 군함이 부산 항구에 그림자도 보이지 못하게 만든 후에야, 국가주의를 없이할 문제라도 생각하지, 그전에는 설령 국가주의를 버려서 우리 2천만이 다 밀년에어(millionaire : 백만장자)가 된다 할지라도 우리는 원치 아니할 것이다.

우리 한족에게 제일 급하게 제일 긴하고 제일 큰 것은 광복 사업이라. 공산주의가 이 일을 도울 수 있으면 우리는 다 공산당 되기를 지체치 않으려니와, 만일 이 일이 방해될 것 같으면 우리는 결코 찬성할 수 없노라.[25]

  * 밑줄은 저자가 추가한 것임.

제2차 세계대전 종결 후 이승만은 소련이 동유럽의 약소 국가들을 위성국으로 병탄한 사실과 중국에서 국민당과 공산당 사이에 내전이 전개되는 상황을 주시하면서 공산주의에 대한 경각심을 한층 더 높였다. 그렇지만 환국 후 그는 한동안 조선공산당에 대해 유연한 태도를 나타내었다. 즉, 그는 1945년 10월 21일 밤 중앙방송 연설을 통해 "나는 공산당에 대하여 호감을 가지고 있는 사람입니다. 그 주의에 대하여도 찬성함으로 우리나라의 경제 대책을 세울 때 공산주의를 채용할 점이 많이 있습니다"[26]라고 발언하였다. 이어서 그는 11월 21일 「공산당에 대한 나의 관념」이라는 제목의 방송 연설에서 "악독한 왜적의 압박 하에서 지하 공작으로 절불굴(折不屈)하고 배일항전(排日抗戰)하던 공산당원들을 나는 공산당원으로 보지 않고 애국자로 인정한다. 왜적이 침략한 후에 각국의 승인을 얻기 위하여 인민공화국을 세운 것이 사욕이나 불의의 생각이 아닌 줄로 믿는다"라고 하면서 자신은 "공산 정부만 수립하기 위하여 무책임하게 각 방면으로 선동하는 중 … 국사(國事)에 손해를 끼치는 이들"과는 협동할 수 없지만 "경제 방면으로 근로 대중에게 복리를 줄 목적으로 공산주의를 주장하는 인사들과는 협조할 용의가 있다"라며 선별적인 공산당원 포용 정책을 내비치기도 했다.[27]

그러나 좌우익 사이의 갈등이 날로 심화되어 공산당과의 이데올로기적 대결이 불가피해진 1945년 12월 19일에 이르러 이승만은 드디어 「공산당에 대한 나의 입장」이라는 제목의 방송연설을 통해 아래와 같이 조선공산당 내 친소파 당원들을 소련의 앞잡이로 규정하였다. 아울러 이들에 대해 강경한 입장을 취하겠다고 선포하였다.

> 한국은 지금 우리 형편으로 공산당을 원치 않는 것을 우리는 세계 각국에 대하여 선언합니다. 이왕에도 재삼 말한 바와 같이 우리가 공산주의를 배척하는 것이 아니요, 공산당 극좌파들의 파괴주의를 원치 않는 것입니다. 이 극렬분자들의 목적은 우리 독립국을 없이해서 남의 노예로 만들고 저의 사욕을 채우려는 것을 누구나 볼 수 있을 것입니다. 이 분자들이 로국(露國: 소련)을 저의 조국이라 부르다니, 과연 이것이 사실이라면 우리의 요구하는 바는 이 사람들이 한국에서 떠나서 저의 조국에 들어가서 저의 나라를 충성스럽게 섬기라고 하고 싶습니다.[28]

즉, 그는 한국의 극좌파 공산당원들을 소련의 범세계적 '적화(赤化) 정책'에 농락당한 반민족적 이기주의자들로 낙인찍고 있었다. 그 후 동서 냉전이 더욱 악화되자 그는 1949년 5월 공산당이 국내에서 계급 간 알력을 조장하고 계급 투쟁을 선동한다면서 이에 대처할 자기 나름의 이데올로기로서 '일민주의'(一民主義)를 제창하였다. 그러면서 그는 한국에서의 반공 운동은 '세계 모든 자유민들의 싸움'[29]이라고 말하기도 하였다.

4. 평등사회의 실현

이승만은 왕족의 후예였지만 대인 관계나 인사 행정에 있어 신분이나 출신 지역보다는 개인의 능력과 충성도를 중시했다. 말하자면 그는 대인 관계에서 상당히 '서민적'이었는데 그의 이러한 처신은 그가 태어난 가정이 비교적 빈한했기 때문이기도 하고 또 그가 일찍이 기독교 평등 사상에 영향을 받은 덕분이라고 여겨진다. 여하튼 그는 청년기부터 천부인권(天賦人權) 사상에 바탕한 평등주의를 표방하고 실천했다. 그는 자신의 평등주의 사상을 일찍이 『독립정신』에서 아래와 같이 천명하였다.

세상에서 이르는 바 높다, 귀하다, 천하다 하는 것은 인심으로 질정(質定: 사리를 따지고 잘 헤아려 결정함)한 형편을 구별함이려니와 실로 천리(天理)를 볼진데 그 소위 귀하고 높다는 자이나, 약하고 천하다는 자이나 이목구비와 사지백태는 일반으로 타고나서 더하고 덜한 것 이 없나니 이는 하늘이 다 가기 제가 제 일을 하며 제가 제 몸을 보호할 것을 일체로 품부(稟賦: 선천적으로 타고남)하심이라.[30]

그는 개인의 평등권이 보장되어야만 나라가 '문명부강'하게 된다고 말하면서 전통시대 한국에서 발달한 반상차대(班常差待)의 폐습을 시급히 혁파할 것을 주장하였다.[31]

미국 망명 시절 그는 학교와 교회, 임시정부 등 공적 기관의 책임자로서 신분의 벽을 허물고 남녀 성별 및 출신 지역별에 따른 차별 대우를 일소하는 데 솔선수범했다. 해방 후 그는 「모범적 독립국을 건설하자」라는 제목의 방송 연설에서 '과도정부 당면 정책 33항'을 열거할 때 그 제1과 제2항에서, "우리 독립국의 건설은 민중의 빈부귀천을 물론하고 국법상에는 다 평등대우를 주장할 터입니다.", "이 주의 내에서 최속 한도(最速限度) 내에 정부를 조직하되 남녀를 물론하고 18세 된 시민권을 가진 자는 다

투표권과 또 피선거권을 가지게 할 것입니다"[32]라고 선언함으로써 신분 평등과 아울러 남녀 평등을 강조했다. 이승만의 이러한 평등주의 사상은 1948년 이승만의 주도 아래 제정된 헌법의 '국민의 평등권' 조항에서 "모든 국민은 법률 앞에 평등이며 성별, 신앙 또는 사회적 신분에 의하여 정치적, 경제적, 사회적 생활의 모든 영역에 있어서 차별을 받지 아니한다(제2장 제8조)"라는 표현으로 법제화되었다.

이승만은 대한민국 초대 대통령으로 선출된 다음 1949년에 점차 증가하는 공산주의의 위협에 대처할 목적으로 '일민주의'를 제창, 이를 대한민국의 국시(國是)로 삼아 국민 운동을 통해 보급하려 하였다. 일민주의의 핵심은 아래와 같이 국수적 민족주의와 이승만 특유의 평등주의 사상을 결합한 것이었다.

나는 일민주의를 제창한다. 이로써 신흥 국가의 국시를 명시하고저 한다. 우리는 본대 오랜 역사를 가진 단일한 민족으로서 언제나 하나요 둘이 아니었다. … 우선 지역적 관념을 없애서 우리가 하나 됨을 억제게[원문대로] 하고, 남녀 구별을 [하지] 말아서 우리가 하나 됨으로 북돋게 하자 하였으니, 이 두 가지는 우리 독립운동 초기에 있어서부터 실천하려 한 바요, 귀천 계급의 제거와 빈부 차등의 근절 같은 것은 이념의 체계화로부터 체계의 실현화에 미치게까지 우리 운동의 보철(步轍 : 일이 진행되는 과정)에 맞추어서 일층 우일층(又一層) 금일의 현상을 나타내게 될 것이니 이 '일민'이라는 두 글자는 나의 50년 [독립]운동의 출발이요 또 귀추(歸趨 : 일이 되어 나가는 형편이나 상황)이다. …[33]

그리고 이승만은 아래의 네 가지를 일민주의의 '4대 강령'으로 내걸었다.

1. 경제상으로는 빈곤한 인민의 생활 정도를 높여 부요하게 하야 누구

나 동일한 복리를 누리게 할 것

2. 정치상으로는 다대수 민중의 지위를 높여 누구나 상등 계급의 대우를 받게 되도록 할 것

3. 남녀 동등의 주의를 실천해서 우리의 화복 안위의 책임을 삼천만이 동일히 분담케 할 것

4. 지역의 도별(道別)을 타파해서 동서남북을 물론하고 대한 국민은 다 한 민족임을 표명할 것[34]

이상을 종합해 보면, 이승만이 제창한 일민주의의 특징은 전 국민의 계급 간 차이 혹은 경제적 차이 이외에 남녀 간과 지역 사이의 차대(差待 : 차등을 두어 대함)를 없애고 전 민족 구성원을 '균등화'하는 데 있었다고 말할 수 있다. 이승만은 '일민주의'를 보급함으로써 자신이 오랫동안 품고 있던 평등주의 국가 건설의 꿈을 실현하고 나아가 공산주의의 확산에 대처하려 했다고 볼 수 있다.

5. 교육과 상공업 진흥을 통한 문명 부강국 건설

이승만은 일찍이 한성감옥에 갇혀 있을 때 「나라를 세우는 데는 교화를 근본으로 삼아야 한다」(立國以敎化爲本)라는 한문 논설을 집필한 바 있다. 그리고 그는 아래와 같은 칠언절구(七言絶句)를 남기기도 하였다.

정치의 급무는 외교에 있고
일일랑 능한 분께 물어 보소

외로우면 나라가 위태롭다오
자유로서 백성을 인도합세다.

그릇된 옛 법은 선뜻 고치고
신식도 좋으면 받아들이소

오늘엔 교육이 가장 중요해
양병은 전쟁을 막을 뿐이고.[35]

　이로써 이승만은 19세기말~20세기 초 한국 민족이 서둘러야 할 개혁 과제로 국민 교육을 제일로 강조하고 있었음을 알 수 있다. 그 후 그는 몸소 교육 사업에 종사하면서 자신의 주장을 실천에 옮겼다. 그리고 1919년 필라델피아에서 열린 '대한인총대표회의'에서 이승만과 그의 동지들은 자신들이 채택한 10개조의 종지(宗旨) 제7항에서 "우리는 국민 교육을 믿나니 국민교육은 정부에 대한 모든 활동 중에 가장 긴절한 일"[36]이라고 주장하였다. 이로써 국민 교육을 신생 한국 정부의 최우선 정책 과제로 꼽았다.

　해방 후 이승만은 「모범적 독립국을 건설하자」라는 연설문의 '과도정부 당면 정책 33항' 가운데 제17·18항에서, "강제교육령을 발하여 학령(學齡)에 참여한 남녀 아이는 학교에 안 가지 못하게 할 것이며 교육 경비는 정부의 담보로 할 것"과 "국민의 문화를 발전하되 정부에서 경비를 담임할 것"[37]을 주장함으로써 의무 교육을 통한 전 국민의 민도(民度) 향상과 발전을 강조하고 있었다. 이로써 우리는 이승만이 남달리 국민 교육에 관심이 컸으며 새로 태어날 한국을, 교육을 가장 강조하는 나라로 만들 것을 소망하고 있었음을 확인할 수 있다.

　경제 정책면에서, 이승만은 농업보다는 상·공업의 발달을 중시했다. 그는 일찍이(1901년 4월 19일) 한성감옥에서 집필하여 『제국신문』에 발표한 「이젠 천하 근본이 농사가 아니라 상업이다」라는 논설에서 아래와 같이 농업보다는 상업이 더 중요하다고 역설했다.

옛글에 말하기를 농사는 천하의 큰 근본이라 하였은즉 이 말이 이전 세월에는 극히 통리한 말이라. 그러하되 그 때는 세계 각국이 바다에 막혀 서로 내왕을 통하지 못 하고 각기 한 지방만 지키고 있으매 백성들이 다만 그 땅에서 생기는 곡식만 믿고 살았은 즉 이대로 말하면 나라에서 유익한 것이 농사보다 더욱 큰 것이 없었거니와 지금으로 말할 지경이면 세계 만국이 서로 통상이 되었은즉 나라의 흥망성쇠가 상업 흥왕함에 달렸으니 지금은 천하의 큰 근본을 장사라고 할 수 밖에 없도다.[38]

즉, 그는 농업이 '천하의 대본'이라는 과거의 통념을 과감히 비판하고 국제 교역이 활발해진 현대에는 상업, 특히 무역을 장려해야 된다고 설파한 것이다.

이승만은 1930년에 북미[한인]유학생회에서 발간하는 『우라키』(*The Rocky*)라는 잡지(기관지)에 기고한 글에서 "자본을 합하여 공업, 상업 등 모든 경제 근원을 공동적으로 착수 … 하루 바삐 우리의 경제력을 발전시키자"라고 주장하였다.[39]

해방 후 1946년 2월에 이승만은 「모범적 독립국을 건설하자」라는 제목의 방송 연설을 통해, "경제책을 제도(制度)하여 우리 경제와 공업을 속히 회복 발전하며 일용 필수품의 물산을 속히 산출하여 민중의 생산(生産)[원문대로] 정도를 개량시킬 것입니다." "중요한 공업과 광업과 임업과 은행과 철도와 통신과 운수와 모든 공익기관 등 사업을 국유로 만들어 발전시킬 것입니다"(제6·7항)라고 발언하였다.[40]

이어서 1946년 5월 26일 돈암장 기자회견을 통해 발표한 「조선의 부강 대책에 대한 담화」에서 이승만은 아래와 같이 생사업(生絲業)과 광업(鑛業)의 발달의 중요성에 대해 언급하였다.

한정된 토지에 고착하여서는 격증될 국민의 경제 생활을 건전케 할 수 없을 것이다. 그러므로 국내에 잠겨 있는 모든 자원을 개발함으로써 국제 무역권에 참가하여 농업국으로서 산업국으로서 발전 향상하여야 할 것이다. 미국 전문가의 관측에 의하면 조선의 생사업(生絲業)은 기술적으로 노력하면 1950년에는 일본·중국보다도 우수하여 동양에서 수위를 차지할 수 있고, 광업도 동양 2대 광산의 하나가 조선에 매장되어 있다고 한다. 그러므로 우리는 부단히 노력하여 우리나라의 산업화를 도모하여야 할 것이[다].[41]

이같은 일련의 경제 정책 관련 발언은 해방 전후 이승만이 한국을 농업국에서 상·공업국으로 탈바꿈시켜 산업화를 촉진할 것을 염두에 두고 있었다는 것을 의미한다.

이승만이 상·공업의 발달을 중시했다고 해서 그가 한국의 전통 산업인 농업과 농민 문제를 등한시한 것은 결코 아니다. 해방 후 그는 일제 지주 및 대농장주(대지주)들이 소유한 토지를 국가가 몰수하고 유상으로 매입하여 이를 빈한한 소작농에게 유상으로 분배함으로써 농민 생활을 안정시킴과 동시에 농업생산력을 높이려 하였다. 이러한 그의 생각은 1946년 2월의 「모범적 독립국을 건설하자」의 제9·10·11·15항에 나타나 있다. 그리고 그가 구상한 농지개혁의 성격과 그 파급 효과에 관하여는 그가 저술한 『일민주의 개술』(1949)에서 아래와 같이 상론하였다.

지주들은 토지를 팔고 정부에서는 토지를 농민에게 유상으로 분배하여 그 소출로 대금을 갚은 후에는 다 각각 제 소유로 만들게 할 것이며 지주는 그 대금으로 공장이나 혹은 다른 장구 이익을 도모할 것이니 이 공업시대에 재산을 토지에만 넣지 말고 자본을 다른 공업에 사용하면 개인이나 국가 경제에 크게 이익될 것이요 공업과 상업상으로도 큰 재산가가 될 수 있을 것이니 이것이 곧 경제의 세 가지 기본되는 토지와 자본과 노동

이 합작해서 서로 평균 이익을 누리자는 유일한 계획일 것이다.[42]

전체적으로, 대한민국 건국 전후에 이승만은 상·공업을 육성하여 한국의 산업화를 촉진함으로써 국부(國富)를 늘리며 동시에 유상몰수·유상분배의 원칙에 따라 농지개혁을 단행함으로써 과거의 소작인들과 지주들이 다 함께 공생(共生)·비익(裨益 : 보태서 도움이 되게 함)할 수 있는 방안을 모색하고 있었다고 말할 수 있다.

맺음말

위에서 살핀 대로, 이승만은 세련되지는 않았지만 착실한 건국의 비전을 갖춘 인물이었다. 그의 건국 비전은 대체로 그가 청년기에 주창했던 개혁 사상의 연장선상에서 형성된 것이었다. 즉 그는, 1890년대 후반에 독립협회의 급진적 개혁 지도자로서 대한제국의 정치 제도를 혁신하려고 시도했을 때 품었던 꿈을 초지일관 소중히 간직하였다가 이를 해방 후 대한민국 건국 과정에서 실현하려 했다.

이승만이 품었던 건국의 비전은 신생 한국을 '아시아의 모범적 예수교 국가', '동양의 모범적 자유 민주주의 국가', '반공의 보루', '평등한 사회', '교육 수준이 높고 부강한 나라'로 만드는 것이었다. 달리 말하자면, 그의 건국 비전은 한반도에 자유와 평등이 최대한으로 보장되는, 미국·영국·프랑스 등 서양의 일등 국가와 동등한, 개명·부강한 기독교 민주주의 국가를 건설하는 것이었다.

부록

주(註)/연표
참고문헌/색인

주(註)

1부 이승만의 생애

제1장 민주 투사의 탄생

제1절 가족

1) Syngman Rhee, "Child Life in Korea." *The Korea Mission Field*, 8:3(March 1903). pp. 93~4.

2) 종정원 편, 『선원속보(태종 자손록: 양녕대군파)』(규장각 소장, 1902) 제1·3·11·22책 참조.

3) 고정휴, 「개화기 이승만의 사상 형성과 활동(1875~1904)」, 『역사학보』 109(1986), 26쪽; 서정민, 「구한말 이승만의 활동과 기독교」, 연세대학교 교육대학원 석사학위 논문(1987), 6~7쪽 참조.

4) 이승만을 다룬 일부 전기에서는 그를 왕족 의식이 강하여 왕족이라는 사실을 내놓고 자랑했던 인물로 묘사하고 있다. 예컨대, 손세일, 『이승만과 김구』(일조각, 1970), 5~6쪽. 그러나 실제로 이승만이 남긴 문헌에서는 이것을 확인할 수 없다. 오히려 그는 조선의 양반들이 족보를 캐면서 출신 배경을 자랑하며 그에 의존하려는 행태를 혐오하였다. 이정식 역주, 「청년 이승만 자서전」, 『신동아』 1965년 9월호, 425~426쪽 참조.

5) Rhee, "Child Life in Korea." p. 94.

6) 위의 글, pp. 96~97. 이승만은 만5세의 어린 나이에 아래와 같은 한시를 지었다.

"바람은 손이 없어도 / 뭇나무를 흔들고 / 달은 발이 없어도 / 하늘을 간다."(風無手而 搖樹 月無足而行空)

리(이)인수, 「우남 이승만」, 한국사학회 편, 『한국현대인물론』(을유문화사, 1987), I, 7쪽. 이승만은 1920년대 초에 쓴 것으로 추정되는 영문 자서전 초고에 이 시를 아래와 같이 번역하여 실었다. "The wind has no hands but it shakes all the trees. The moon has no feet but travels across the sky." Syngman Rhee, "Autobiography of Dr. Syngman Rhee." p. 305

7) 조혜자, 「인간 이승만의 새 전기」, 『여성중앙』, 1983년 4월호(통권 제14권 제4호), 363쪽; 문일신 편저, 『이승만의 비밀(제1집): 박씨 부인은 살아 있었다』(범양출판사, 1960), 12~25쪽 참조. 이승만은 박 씨 부인과 사실상의 이혼을 할 때 재력이 있는 고종사촌

숭아밭을 사주었다고 한다. 조혜자 여사의 증언.

8) Syngman Rhee, "Log Book of S.R – Since 1904"(이승만의 일기 : 아래에서 *LBSR*로 약 칭), 1906년 2월 25~6일자 기록. 봉수가 미국에 도착한 후 필라델피아에서 사망할 때 까지의 우여곡절에 관해서는, 이종숙, 「아. 태산아(Taisanah)!」, 『월간조선』 2012년 5월 호, 524~532쪽 참조.

9) 리인수, 「우남 이승만」, 7쪽 참조.

제2절 전통적 교육과 신식 교육

1) 이근수의 배경에 관해서는, 국사편찬위원회 편, 『고종·순종실록』(탐구당, 1970) 상· 중·하권에 실린 이근수 관련 기록들 참조.

2) 서정주, 『이승만박사전』(삼팔사, 1949), 55~8, 73~97쪽. 서정주는 이승만이 과거 급제에 실패한 원인에 관련하여 "그 당시 급제(及第)는 모두 시험관(試驗官)들에게 바치는 금 품으로만 팔리는 때였다." 라고 하였다. 저자는 이같은 경제적 이유 이외에 이승만의 신분적 배경에 약점이 있었기 때문이라고 생각한다. 이 점에 관해서는, 주진오, 「청년 기 이승만의 언론·정치 활동, 해외 활동」, 『역사비평』 1996년 여름호, 159쪽; *Youmg Ick Lew, The Making of the First Korean President : Syngman Rhee's Quest for Independence*, 1875~1948(Honolulu : University of Hawaii Press, 2014), p. 1 참조.

3) 김세한, 『배재 팔십년사』(1965), 252쪽. 이승만이 배재학당에 입학한 날짜에 대해서는 우남실록편찬회 편, 『우남실록』(우남실록편찬회, 1976), 341쪽 참조.

4) 이만열 편, 『아펜젤러-한국에 온 첫 선교사』(연세대학교 출판부, 1985), 59~66, 77~83쪽.

5) 졸저(Young Ick Lew), *Early Korean Encounters with the United States and Japan: Six Essays on Late Nineteenth-Century Korea*(Seoul: The Royal Asiatic Society Korea Branch, 2008), pp. 31~34 참조.

6) D. A. Bunker, "Pai Chai College." *The Korean Repository*(July 1896), pp. 363~364; J. Earnest Fisher, "Philip Jaisohn, M.D.." *Pioneers of Modern Korea*(Seoul: The Christian Literature Society of Korea, 1977), p. 235; 학교법인 배재학당 편, 『배재백년사 (1885~1985)』(배재100년사편찬위원회, 1989), 72~89쪽.

7) 서정주, 위의 책, 124~130쪽.

8) 이갑수, 『위인 이대통령 전기』(이승만박사전기보급회, 1955), 12쪽. 배재학당에 조교사 (tutor) 제도가 도입된 것은 1895년 2월 16일에 조선 정부가 배재대학에 매년 200명 의 학생을 입학시키되 이들의 교육에 필요한 재정 원조를 하기로 협약을 체결한 결 과였다. 이 협약에 따르면 한국인 조교는 월 20달러의 봉급을 받도록 규정되어 있 었다. Lak-Geon George Paik, *The History of Protestant Missions in Korea, 1832~1910*(Yonsei University Press, 1971; the first edition: 1927), pp. 451~452 참조.

9) "The Closing Exercises of Pai-chai." *The Korean Repository*(July 1897), pp. 271~274. 고정휴, 「개화기 이승만의 사상 형성과 활동」, 31~32쪽; Daniel M. Davies,

The Life and Thought of Henry Gerhard Appenzeller(1858~1902)(Lewiston, N.Y. and Queenston, Ontario: The Edwin Mellen Press, 1988), pp. 225~226.

10) 김동면, 「협성회 활동에 관한 고찰-토론회와 기관지 간행을 중심으로」, 『한국학보』 25(1981 여름), 71쪽: 서정민, 「구한말 이승만의 활동과 기독교(1875~1904)」, 연세대학교 교육대학원 석사학위 논문, 1987, 15~22쪽.

제3절 한성감옥 생활

1) 이병주는 "카리스마는 사람들로 하여금 함부로 범접할 수 없게 만드는 어떤 권위의 발현이다."라고 정의하고 이승만의 카리스마 형성 관계에 대한 자신의 소견을 개진하였다. 이에 관해서는, 이병주, 『대통령들의 초상-우리의 역사를 위한 변명』(서당, 1991), 25~30쪽 참조.

2) 정진석, 「언론인 이승만의 말과 글」, 원영희·최정태 편, 『뭉치면 살고: 1898~1944 언론인 이승만의 글 모음』(조선일보사, 1995), 32~50쪽 참조.

3) 이승만 저, 이정식 역주, 「청년 이승만 자서전」, 431~432쪽(이 자서전의 영어 원본 제목은 "Autobiography Notes"이다.); 윤병희, 「제2차 일본 망명시절 박영효의 쿠데타 음모 사건」, 『이기백 선생 고희기념 한국사학논총 하: 조선시대편·근·현대편』(일조각, 1994), 1684~1688쪽; 주진오, 「청년기 이승만의 언론·정치 활동, 해외 활동」, 171~173쪽 참조.

4) 정교, 『대한계년사』(국사편찬위원회, 1957), 하, 12~14쪽; 김병화, 『근대한국재판사』(한국사법행정학회, 1974), 576쪽; 서정민, 「구한말 이승만의 활동과 기독교(1875~1904)」, 1987, 36~38쪽 참조.

5) 이정식 역주, 「청년 이승만 자서전」, 439쪽.

6) 위와 같음. 이승만의 영어(囹圄) 기간은 1899년 1월 9일(음력 1898년 11월 28일)부터 1904년 8월 9일까지 5년 7개월이었다. 이 기간을 음력으로 따지면 '6년 반'이 된다.

7) 이광린, 「구한말 옥중에서의 기독교 신앙」, 『동방학지』, 제46·47·48합집(1985. 6), 492~497쪽; 서정민, 위의 논문, 64~67쪽 참조.

8) 서정민, 위의 논문, 51~61쪽 참조.

9) 고정휴, 「개화기 이승만의 사상 형성과 활동」, 50~56쪽.

10) 이능화, 『조선기독교급외교사』(조선기독교창문사, 1925), 하, 203~204쪽.

제2장 최초의 대미 외교와 미국 유학

제1절 최초의 대미 외교

1) 이승만의 미간(未刊) 영문 자서전에 의하면, 민영환은 이승만을 미국으로 보내기 전에 그를 주미공사에 임명하려 했으나 당시 대한제국의 외교권이 이미 일본인들의 손에 들

어간 상태였기 때문에 그렇게 하지 못했다. 이정식 역주, 「청년 이승만 자서전」, 441쪽.

2) 이승만은 고종을 '4200년 한국의 왕통 계승 역사상 가장 겁약(怯弱)했던 임금 가운데 한 사람(one of the weakest and most cowardly emperors of a 4200-year-old succession of sovereigns)'이라고 혹평했다. Syngman Rhee, "History of the Korean Provisional Government"(이승만연구원 소장 자료), p. 3.

3) *LBSR* 1904년 11월 29일자 일기.

4) 딘스모어 하원의원은 1887년부터 1890년까지 서울에서 근무했던 친한파 미국 공사였다. 주한 공사 시절 그의 친한적 언동에 관해서는, 유영익, 「조미조약의 성립과 초기 한미관계의 전개」, 『한국근현대사론』(일조각, 1992), 23쪽 참조.

5) 여기에서 저자가 밝히는 사실들은 주로 이승만이 민영환과 한규설 앞으로 쓴 1905년 8월 9일자 한글 보고서(이승만연구원 소장 자료)에 바탕한 것이다.

6) Channing Liem, *Philip Jaisohn: The First Korean-American-A Forgotten Hero*(Elkins Park, Penn.: 1984), pp. 215~216.

7) 1905년 7월 12일자로 작성된 이 탄원서의 영어 원문은 F. A. McKenzie, *The Tragedy of Korea*(London: Hodder and Strongton, 1908), pp. 311~312에 실려 있다.

8) 위와 같음.

9) 『뉴욕 타임스』지 1905년 8월 4일 및 8월 5일자 기사들(제목: "Will Ask Roosevelt to Protect Koreans"; "Koreans See the President"). 방선주, 『재미한인의 독립운동』(한림대학교 아시아문화연구소, 1989), 228~229쪽.

10) 이승만이 민영환 및 한규설 앞으로 쓴 1905년 8월 9일자 보고서.

11) 위와 같음.

12) 이 당시 김윤정이 이미 주미 일본 공사관에 포섭되어 일본인과 내통하고 있었다는 사실에 관해서는 Oliver, *Syngman Rhee: The Man*, pp. 89, 90, 91 참조.

13) Tyler Dennett, "President Roosevelt's Secret Pact with Japan," *Current History* 21(1924), pp. 15~21. 태프트-카츠라 밀약에 관한 연구로는, Raymond A. Esthus, *Theodore Roosevelt and Japan*(Seattle and London: University of Washington Press, 1967), pp. 97~107; 나가타 아키후미[長田彰文] 지음, 이남규 옮김, 『미국, 한국을 버리다; 시어도어 루스벨트와 한국』(기파랑, 2007), 107~152쪽; Ki-Jung Kim, "Theodore Roosevelt's Image of the World and United States Foreign Policy toward Korea, 1901~1905," *Korea Journal*, 35:4(Winter, 1995), pp. 46~48; Andrew C. Nahm, "U.S. Policy and the Japanese Annexation of Korea," Tae-Hwan Kwak et al. eds., *U.S.-Korean Relations, 1882~1982*(Seoul: Kyungnam University Press, 1982), pp. 43~45; John E. Wilz, "Did the United States Betray Korea in 1905?" *The Pacific Historical Review* 54(August 1985), pp. 243~244 등이 있다.

제2절 조지 워싱턴대학교 유학

1) 이승만이 도미할 때 한국에 와 있던 북미 선교사들이 써준 추천장들의 필사본이 이승

만의 영문 일기(*LBSR*)의 서두에 실려 있다.

2) Oliver, *Synmgman Rhee: The Man Behind*, p. 97.

3) 조지워싱턴대의 학적주임(University Registrar) 개그리온(J. Matthew Gaglione)이 1994년 11월 30일에 David S. Lew를 통해 저자에게 보내준 이승만의 성적표 참조.

4) *LBSR*, 1906년 6월 25, 26일자 일기.

5) 이 숫자는 이승만의 일기에서 추출하여 계산한 것이다.

6) 1906년 8월 7일자 『대한매일신보』에 실린 「미국대학교에서 졸업생 이승만 씨가 제국신문에 보낸 편지」 참조. 원영희·최정태 편, 『뭉치면 살고 … 1898~1944-언론인 이승만의 글 모음』(조선일보사, 1995), 176~177쪽.

7) Oliver, *Syngman Rhee: The Man*, p. 101.

제3절 하버드와 프린스턴대학교 대학원

1) 서재필이 이승만에게 보낸 1906년 12월 27일자 및 1907년 1월 11일자 편지(이승만연구원 소장 자료) 참조.

2) 이승만이 하버드대 대학원 원장의 비서 로빈슨에게 보낸 1906년 12월 15일자 및 1907년 1월 9일자 편지(이승만연구원 소장 자료) 참조. 이 무렵 이승만은 펜실베이니아대 대학원에도 지원서를 제출했다. 펜실베이니아대 대학원장 촤일드(Clarence G. Child)가 1906년 11월 30일에 이승만에게 보낸 편지(이승만연구원 소장 자료) 참조.

3) 하버드대 대학원 원장의 비서 로빈슨이 이승만에게 보낸 1907년 1월 7일자 편지(이승만연구원 소장 자료) 참조.

4) 펜실베이니아대 대학원의 촤일드 원장이 1907년 5월 21일에 워싱턴D.C.에 머물고 있는 이승만에게 보낸 편지(이승만연구원 소장 자료)와 시카고대 인문대학원의 스몰(Albion W. Small) 원장이 1908년 4월 21일에 이승만에게 보낸 편지(이승만연구원 소장 자료) 참조.

5) 이승만이 프린스턴대 대학원 원장 웨스트 앞으로 보낸 1908년 9월 23일자 편지(프린스턴대 The Seeley G. Mudd Manuscript Library(아래에서 SGM Library로 약칭) 소장 자료) 참조.

6) 프린스턴대 대학원 원장 웨스트가 이승만에게 보낸 1908년 10월 2일자 편지(프린스턴대 SGM Library 소장 자료) 및 동료 교수 다니엘스(W. M. Daniels)에게 보낸 1908년 10월 8일자 편지(프린스턴대 SGM Library 소장 자료) 참조.

7) 이승만이 쓴 박사학위 논문의 내용에 관해서는, 최정수, 「이승만의 『미국 영향 하에 성립된 중립론』과 외교독립론」, 송복 외, 『이승만의 정치사상과 현실 인식』(연세대학교 출판부, 2001), 쪽; 김학은, 『이승만의 정치·경제 사상, 1899~1948』(연세대학교 대학출판문화원, 2014), 1~15, 148~166; 341~348쪽 참조.

8) 하버드대 인문대학원 원장의 비서 로빈슨이 이승만에게 보낸 1909년 6월 4일 및 1910년 3월 8일자 편지(이승만연구원 소장 자료)와, 하버드대 하계(夏季)대학 인문과학 교과목 위원회(Committee on Summer Courses in Arts and Sciences, Harvard University)의

소브(James S. Sove) 위원장이 1909년 8월에 발급한 하계 과목 이수 증명서(이승만연구원 소장 자료) 참조.

제4절 유학 기간의 국권수호운동

1) 이정식 역주, 「청년 이승만 자서전」, 454쪽.
2) 원영희·최정태 편, 『뭉치면 살고…』, 176~178쪽.
3) 뉴욕에 본부를 둔 '미국 및 캐나다 청년 선교운동'의 미체너(C. C. Michener) 총무가 이 승만에게 보낸 1908년 2월 24일, 3월 2일 및 3월 13일자 편지(이승만연구원 소장 자료)와 워싱턴D.C. YMCA의 헌(Edward W. Hearne) 총무가 이승만에게 보낸 1907년 11월 11자 편지(이승만연구원 소장 자료) 참조.
4) Oliver, *Syngman Rhee: The Man*, p. 106 참조.
5) 방선주, 『재미한인의 독립운동』, 175쪽 참조.
6) 매켄지가 런던에서 이승만에게 보낸 1908년 8월 4일자 편지(이승만연구원 소장 자료) 참조.
7) 대동보국회에 관해서는, 최기영, 「구한말 미주의 대동보국회에 관한 일고찰」, 『수촌박영석교수 화갑기념 한민족독립운동사논총』(탐구당, 1992), 1317~1346쪽 참조.
8) Oliver, *Syngman Rhee: The Man*, p.111.

제3장 열정적으로 일했던 서울 YNCA의 1년 반

제1절 썰렁했던 금의환향

1) 게일이 이승만 앞으로 쓴 1908년 3월 12일 및 7월 22일자 편지(이승만연구원 소장 자료) 참조.
2) 언더우드가 1910년 2월 16일 이승만에게 보낸 편지(이승만연구원 소장 자료). Lillias H. Underwood, *Underwood of Korea*(Seoul: Yonsei University Press, 1983; original edition, 1918), pp. 301~302; 이광린, 『초대 언더우드 선교사의 생애』(연세대학교 출판부, 1991), 238~240쪽 참조.
3) 모트는 1907년에 한국을 방문하여 평안도 지방에서 전개되는 개신교 부흥 운동을 참관하고 '한국이야 말로 머지않아 아시아에서 가장 먼저 기독교 국가가 될 것이다'라고 확신한 인물이었다. 이기동, 「피치—한국의 독립운동과 기독교청년회를 도운 은인」, 『한국사시민강좌』 34(2004), 54~55쪽.
4) 이승만이 1910년 4월 13일에 언더우드 목사 앞으로 보낸 편지(이승만연구원 소장 자료).
5) 질렛이 서울에서 이승만에게 보낸 1910년 5월 23일자 편지(이승만연구원 소장 자료).
6) 이승만이 메릴랜드 주 포코모크(Pocomoke)에서 1910년 7월 19일에 그레그 앞으로 보낸 편지(이승만연구원 소장 자료) 참조.

7) 방선주, 『재미한인의 독립운동』, 36쪽.

제2절 서울YMCA 학감으로서의 활동

1) 조혜자, 「인간 이승만의 새 전기」 『여성중앙』 1983년 4월호, 360~361, 363쪽 참조.
2) 조혜자 여사와의 면담에서 들은 증언과 위의 글 361, 363쪽. 이승만은 1912년 3월에 다시 미국으로 향해 떠나기 전에 친척 가운데 재력이 있는 한사건으로부터 일금 200 원을 지원받아 그 중 100원으로 박 씨에 대한 이혼 위자금조로 창신동에 있는 복숭아 밭을 사주었다고 한다. 한사건의 손녀사위 전재범(全載範)의 증언에 바탕한 조혜자 여 사의 증언.
3) 전택부, 『한국 기독교청년회 운동사』(범우사, 1994), 149~150쪽 참조.
4) 이승만이 뉴욕에 있는 YMCA국제위원회에 보낸 1911년 2월 13일자 보고서. 『한국일 보』 연재 「인간 이승만」 제64회분(1975. 6. 18)에서 재인용.

제3절 종교적 망명

1) 전택부, 『이상재 평전』(범우사, 1985), 118~119쪽.
2) 전택부, 『월남 이상재』(한국신학연구소, 1977), 147쪽.
3) Oliver, *Syngman Rhee: The Man*, p. 118.
4) 유동식, 『재일본한국기독교청년회사, 1906~1990』(도쿄: 재일본한국YMCA, 1990), 118쪽.
5) 서울 종로중앙감리교회의 이경직 목사가 1912년 3월 14일 미국 매사추세츠 주 케임브 리지에 있는 엡워스감리교회의 담임목사 앞으로 보낸 편지(이승만연구원 소장 자료) 및 엡워스감리교회의 스콰이어(A. L. Squire) 목사가 이경직 목사에게 보낸 1912년 4월 10 일자 회신(이승만연구원 소장 자료) 참조. 김용직, 『하와이에서 만주까지-한국 초대교회 이경직 목사의 삶과 믿음 이야기』(성신여자대학교 출판부, 2009), 119~124쪽 참조.
6) 1912년 3월 25일자 이승만의 육필 편지(수신자 불명: 이승만연구원 소장 자료)와 1912 년 7월 16일자 미 감리교 합동신학교 교장(President, Methodist Union Theological Seminary) 케이블(E. M. Cable)이 이승만 앞으로 쓴 편지(이승만연구원 소장 자료) 참조.
7) 歎世看書慕古先 憂時還欲眼無穿 / 心歸淨界空空佛 夢入華胥夜夜仙 / 擧遠經綸同渚 雁* / 處高踪跡等秋蟬 / 從來志士無窮恨 / 忠孝元難兩得全 *(활자 난독), 이승만 작, 신호열 역주, 『체역집』(동서출판사, 1961) 건(乾), 30~31쪽.

제4절 일본에서의 선교 활동과 미니애폴리스 회의 참가

1) *LBSR*, 1912년 3월 29일 기록.
2) 위 자료 1912년 3월 30일자 기록. 유동식, 『재(在)일본한국기독교청년회사』, 118~121, 124~125쪽. 김정식이 도쿄조선YMCA의 초대 총무가 되기까지의 생애와 최상호가 서 울YMCA 및 도쿄조선YMCA에서 부총무로서 활약한 사실에 관해서는 유동식, 『재

일본한국기독교청년회사』, 50, 123~125쪽 참조. 최상호는 1914년에 호놀룰루에 가서 이승만과 함께 그곳에 한인YMCA를 조직하였다. 그는『실용영선회화(*Practical Anglo-Korean Conversation*)』(경성 신구서림, 1921)의 편·저자이다. 이승만이 일본 방문 기간에 함께 만나서 사귄 재일 한국 유학생들에 관해서는 민경배,『일제하의 한국기독교 민족·신앙운동사』(대한기독교서회, 1991), 115쪽 참조.

3) Oliver, *Syngman Rhee*, pp. 119~120.

4) 서정주,『이승만박사전』, 242쪽.

5) 해리스 감독과 드레이퍼(Gideon F. Draper)의 공동 명의로 작성된 1912년(날짜 미상) 육 필 메모(이승만연구원 소장 자료) 참조.

6) 프린스턴대 유학 시절 이승만과 제시는 서로 연애 감정에 빠질 정도로 절친했다고 한 다. 그녀는 1913년 11월에 외교관 세이어(Francis Sayre)와 결혼했는데 결혼 후에도 이 승만의 활동을 꾸준히 도와주었다. 이원순,『세기를 넘어서: 해사 이원순 자전』(신태양 사, 1989), 271쪽.

7) *LBSR*, 1912년 6월 5일 및 6월 19일자 기록.

8) 서정주, 위의 책, 243~245쪽 참조.

9) *LBSR*, 1912년 6월 20일, 6월 30일 및 7월 6일자 기록.

10) *LBSR*, 1912년 8월 14일 및 8월 17일자 기록. 방선주,『재미한인의 독립운동』, 35~36 쪽 참조.

11) *LBSR*, 1912년 8월 29일~11월 4일자 기록. 김현구,「우남약전」,『재미한인의 민주독립 운동 자료』(최창희 교수 소장 자료), 18쪽 참조.

제4장 하와이에서의 교육·선교 사업

제1절 하와이에서의 첫 사업

1) *LBSR*, 1913년 2월 3일자 기록.

2) Arthur L. Gardener, "The Korean Nationalist movement and an Chang-Ho, Advocate of Gradualism." an unpublished Ph. D. dissertation, University of Hawaii, 1979, p. 151.

3) LBRS, 1913년 6월 26일 기록. 안현경은 이때부터 1943년 12월까지 이승만의 사업을 충실히 돕는 심복 역할을 했다. 그러나 1943년 말 그는 이승만에 대한 지지를 철회했 다. 그 경위에 관해서는, 홍선표,『재미한인의 꿈과 도전』(연세대학교 출판부, 2011), 391 쪽 참조.

4) 이승만이 서재필에게 보낸 1913년 1월 24일자 편지(이승만연구원 소장 자료)와 서재필이 이승만에게 보낸 1919년 2월 20일자 편지(이승만연구원 소장 자료) 참조.

5) 유동식,『하와이의 한인과 교회-그리스도 연합감리교회 85년사』(호놀룰루: 그리스도 연 합감리교회, 1988), 89~100쪽 참조.

제2절 한인기독학원

1) Oliver, *Syngman Rhee: The Man*, p. 121. 이광린, 『초대 언더우드 선교사의 생애』, 238~245쪽 참조.
2) 유동식, 『하와이의 한인과 교회』, 93쪽.
3) 유동식, 위의 책, 100~109쪽 참조.
4) 이승만은 1935년부터 1939년 하와이를 떠나기까지 이 학교의 교장직을 맡았다. 이 기간에 그의 부인 프란체스카 여사는 기숙사 사감직을 맡았다. 이덕희, 『이승만의 하와이 30년』(북앤피플, 2015), 119~121쪽.
5) 『한국일보』 연재물 「인간 이승만 백년」, 75(1975. 7. 5) 참조.
6) 이덕희, 위의 책, 124쪽. 김원용에 의하면, 1928년까지 한인기독학원을 졸업한 학생 수는 150명이었다. 김원용, 『재미한인오십년사』, 244~246쪽. 이 숫자는 하와이에서의 이승만의 교육 업적을 과소평가한 데서 비롯된 것이라고 여겨진다.
7) 『한국일보』 연재물 「인간 이승만 백년」, 76(1975.7.8) 참조.
8) 이승만 대통령이 1953년 6월 4일에 부산 피난 정부 청사에서 라디오 방송으로 발표한 '인하대학 설립에 관하여 대통령 담화(공보처 발표 제248호)'; 인하40년사 편찬위원회 편, 『인하40년사』(인하대학교, 1994), 3~6쪽; 이덕희, 위의 책, 124~130쪽. 이들 자료 가운데 처음 것을 입수하여 저자에게 제공하여 주신 남종우(南宗祐) 인하대(전)부총장님께 감사를 드린다.

제3절 한인기독교회

1) *LBSR*, 1905년 3월 26일자 기록.
2) 유동식, 『하와이의 한인과 교회』, 108~113쪽; 김원용, 『재미한인오십년사』, 54~57쪽; 『한국일보』 연재물 「인간 이승만 백년」, 75(1975. 7. 5) 참조.
3) Oliver, *Syngman Rhee: The Man*, p. 125.
4) 이덕희, 『이승만과 하와이 30년』, 138, 142쪽 참조.
5) 김원용, 위의 책, 55쪽 및 한인기독교회의 목회자로 근무한 경력이 있는(전)연세대학교 부총장 김중기(金重基) 박사(목사)의 증언.
6) 유동식, 위의 책, 112쪽 참조.
7) 이덕희, 앞의 책, 152~156쪽.
8) 현재의 호놀룰루 한인기독교회의 건물은 2006년에 개축(改築)된 것이다. 이덕희, 같은 책, 156쪽 참조.

제4절 이승만과 박용만

1) 1915년부터 1931년까지 하와이 한인 사회에는 세 번의 '풍파'가 일어났다. 그 중 이승

만과 박용만에 관련된 1915년과 1918년의 '풍파들'에 관해서는, 김원용, 『재미한인오십년사』, 136~164쪽; 손보기, 「박용만」, 신동아편집실 편, 『한국근대인물백인선』(동아일보사, 1970), 215~216쪽; 한승인, 『독재자 이승만』(일월서각, 1984), 37~45쪽; 방선주, 「박용만 평전」, 『재미한인의 독립운동』, 78~105쪽; 홍선표, 「1910년대 후반 하와이 한인사회의 동향과 대한인국민회의 활동」, 『한국독립운동사사연구』 8(1994), 2~15쪽; 최영호, 「박용만-문무를 겸비한 비운의 민족주의자」, 『한국사시민강좌』 47(2010), 117~120쪽; 이덕희, 『하와이 대한인국민회 100년사』(연세대학교 대학출판문화원, 2013), 73~99쪽; John K. Hyun, *A Condensed History of the Kungminhoe, The Korean National Association*(1903~1945)(Seoul: The Korean Cultural Research Center, Korea University, 1986), pp. 30~31; Dae-sook Suh, "Pak Yong-man in Hawaii," *A Festival of Korea: Humanities Guide*(Honolulu: University of Hawaii, 1992), p. 19 등 참조.

2) 김희곤, 『중국관내 한국독립운동단체 연구』(지식산업사, 1995), 145~147쪽 참조.

3) Oliver, *Syngman Rhee: The Man*, p. 55; 방선주, 위의 책, 14쪽, 주7.

4) 방선주, 위의 책, 11~78쪽; 윤병석, 『국외한인사회와 민족운동』(일조각, 1990), 414~418쪽; 최영호, 앞의 논문, 94~104, 108쪽.

5) 방선주, 위의 책, 20, 36쪽,

6) 최영호, 앞의 논문, 110~112쪽.

7) 윤병석, 위의 책, 413~415쪽.

8) 윤병석, 위의 책, 415쪽; 최영호, 위의 논문, 112~115쪽.

9) 『신한민보』, 1914년 9월 24일자(제340호) 1면.

10) 윤병석, 앞의 책, 420~422쪽; John K. Hyun, 앞의 책, p. 29 참조.

11) 방선주, 앞의 책, 85쪽.

12) 김원용, 앞의 책, 139~142쪽.

13) 김원용, 위의 책, 145~146쪽; Bong-youn Choy, *Koreans in America*(Chicago: Nelson-Hall, 1979), p. 162. 정인수의 배경에 관해서는 유동식, 『하와이이 교회와 교회-그리스도감리교회 85년사』(그리스도연합감리교회, 1988), 25쪽; 이만열, 「하와이 이민과 한국교회」, 한국기독교역사연구회 편, 『한국기독교와 역사』 36(2002.2), 41쪽 참조.

14) 최영호, 「이승만의 하와이에서의 초기 활동-교육사업과 1915년의 대한인국민회 사건」, 유영익 편, 『이승만 연구-독립운동과 대한민국 건국』(연세대학교 출판부, 2000), 88~94쪽; 이덕희, 앞의 책, 76쪽. 홍한식의 배경에 관해서는 유동식, 앞의 책, 85, 92쪽 참조.

15) 김원용, 앞의 책, 148쪽. 그 후 어느 때인가 하와이국민회에서의 이승만의 직책명은 '재무'로 바뀌었다. 같은 책, 149, 150, 153쪽 참조.

16) 방선주, 앞의 책, 86~87쪽, 161쪽.

17) 김원용, 앞의 책, 147~154쪽 참조.

18) 최영호, 「박용만」, 115쪽 참조. 박용만의 '대조선국민군단'은 1915년 이승만 때문에 일어난 '풍파'가 없었더라도, ① 일본 정부의 요청에 따른 미국 정부와 하와이 총독으로부터의 '군단' 해체 압력, ② 파인애플 농장 주인의 농장 안에서의 군사 훈련 반대,

③ 하와이국민회의 재정력 부족, ④ 신문사 주필직과 군단장직을 겸임했던 박용만의 개인적 과욕 등 이유로 오래 지속되지 못하였을 것으로 추정된다.

19) 이덕희, 『하와이 대한인국민회 100년사』, 77~78쪽 참조.

제5절 주위의 여인들

1) Winifred Lee Namba, "Sohn, Nodie Kimhaikim." Barbara Bennett Peterson, ed., *Notable Women of Hawaii*(Honolulu: University of Hawaii Press, 1984), p. 356; "Life History of Mrs. Nodie Kimhaikim Sohn"(Namba여사가 저자에게 제공한 이력서) 참조.

2) Wilfred Lee Namba, "Sohn, Nodie Kimhaikim." p. 356.

3) *First Korean Congress*, pp. 17~9, p. 22, 57 참조.

4) Wilfred Lee Namba, "Life History of Mrs. Nodie Kimhaikim Sohn"과 Namba 여사가 저자의 1995년 7월 24일자 질문 서한에 대해 답변한 내용 참조.

5) Wilfred Lee Namba, "Life History of Mrs. Nodie Kimhaikim Sohn" 참조.

6) Wilfred Lee Namba, "Sohn, Nodie Kimhaikim." p. 357. 김노디와 이승만 간의 관계에 대해서는 이덕희, 『이승만의 하와이 30년』, 235~241, 330~340쪽 참고 바람.

7) 손충무, 『한강은 흐른다: 승당 임영신의 생애』(동아출판사, 1972), 237~246쪽; 이현희, 『승당 임영신의 애국운동 연구』(동방도서, 1994), 148쪽.

8) 손충무, 위의 책, 258~264쪽.

9) 손충무, 위의 책, 309~314쪽 참조.

10) 윤치영, 『동산회고록: 윤치영의 20세기』(삼성출판사, 1991), 157쪽; 손충무, 위의 책, 400~434쪽.

11) Louise Yim, *My Forty Year Fight for Freedom: The Thrilling Personal Story of Korea's Joan of Arc*(Seoul: International Culture Research Center, Chungang University, 1951), pp. 257~277 참조.

제5장 상하이 임정의 임시대통령

제1절 3·1운동 전후의 동정

1) 이승만은 「1919년 운동(The 1919 Movement)」이라는 제목의 미간(未刊) 영문 메모(이승만연구원 소장 자료)에서 자신이 3.1운동 발발에 크게 기여했다고 주장했다. 그의 주장을 저자 나름대로 정리하여 소개하면 아래와 같다.

이승만은 윌슨 대통령이 주도적 역할을 하고 있던 파리강화회의에 한국 대표로 참가하기 위해 1919년 2월 초 워싱턴D.C에 도착, 미 국무부에 파리 행 여권을 신청했는데, 3월 5일 미 국무부에서 윌슨 대통령의 지시에 따라 여권 발급 거부를 통보했다. 그래서 할 수 없이 파리강화회의 참가를 포기하였다. 그리고 일이 이렇게 꼬인 경위를 자신을 후원하는 하와이 교포들에게 편지로 알렸다. 그런데 이 편지가 하와이에서 인쇄되어 교포들 간에 널리 퍼지자 아마도 호놀룰루 주재 일본 총영사관을 통해 서울의 일본 총독부가 알게 되었다. 이 문서를 입수한 총독부는 이승만이 아무리 윌슨을 만나려고 해도 윌슨이 만나주지 않았다는 사실을 한국인들에게 주지시키면 한국인의 반일 폭동을 예방하는 데 도움이 되리라 판단하고 이 문서를 수천 장 복사하여 전국에 뿌렸다. 그러나 이 문서를 읽어본 한국인들은 총독부가 기대한 것과는 정반대로 이승만의 외교 활동을 돕기 위하여 3.1운동을 일으켰다는 것이다.

1986년 3월 1일 당시 3.1동지회 부회장이었던 허경신(許景信)은 「일구팔륙년(병인) 삼일운동 육[십]칠회 경축사(이화장 소장 육필본)」라는 제목의 '개회사'에서 이승만과 3.1운동에 관련하여 아래와 같이 증언했다.

"… 20세기 초에 조선 왕조의 전제 정치가 무너지니 이 기회를 이용하여 일제(日帝)는 정치적·영토적 야심에서 식민 통치에 강압적 통치로 우리 민족은 감내할 수 없게 된 때에 맞침[원문대로] 세계평화회의가 개최함[원문대로]에 있어 미국 웰슨[원문대로] 대통령의[원문대로] 민족자결 문제를 제의한 시기를 이용하여 재미 이승만(李承晩) 박사로부터 평북 선천(宣川) 미동(美東)병원장 미국인 사락수[원문대로] 씨 편을 이용하여 국내에서도 우리 조선은 자유독립국가임을 세계 만방에 알리도록 우리와 같이 떠들어달라는 부탁을 남대문교회 함태영(咸台永) 담임목사와 선천에 양전백(梁甸伯) 목사에게 전해달라고 하여 양 목사는 즉시 정주(定州) 오산(伍山)에[원문대로] 이승훈(李昇薰) 장로를 통해서 여러분 목사 장로들과 합의하여 기독교계 15인과 천도교 15인, 불교 2인, 무소속 1인 등 33인과 제2단계 대표로 15인, 합 48인이 계속할[원문대로] 조선 민족 대표가 독립선언문을 초안하여(세브란스병원 내에서 극비리에) 초안해서 최남선(崔南善) 씨에게 보내서 독립선언문이 완전 작성되어 독립만세를 고창하게 된 것입니다."

이 밖에도 이승만이 3.1운동 발발에 영향을 끼쳤다는 주장을 편 자료가 많이 있다. 최시중 편저, 『인촌 김성수: 인촌 김성수의 사상과 일화』(동아일보사, 1985), 123쪽; 고하 선생 전기편찬위원회 편, 『독립을 향한 집념: 고하 송진우 전기』(동아일보사, 1990), 108쪽; Doretha E. Mortimore, "Dr. Frank W. Schofield and the Korean National Consciousness." C. I. Eugene Kim and Doretha E. Mortimore, eds., *Korea's Response to Japan: The Colonial Period, 1919~1945*(Kalamazoo: The Center for Korean Studies, Western Michigan University, 1977), pp. 246~247; Margaret K. Pai, *The Dream of Two Yi-min*(Honolulu: University of Hawaii Press, 1989), pp. 8~33 등 참조.

2) Syngman Rhee, "The 1919 Movement," pp. 1~2.

3) 주요한, 『안도산전』(삼중당, 1975), 126쪽. 최기영, 『잊혀진 미주 한인 사회의 대들보 이대위』(역사공간, 2013), 128~129, 133쪽.

4) *LBSR*, 1919년 1월 22일자 기록.

5) *LBSR*, 1919년 2월 5일자 기록; Syngman Rhee, "The 1919 Movement." pp. 3~4.

6) *LBSR*, 1919년 2월 13일자 기록; Syngman Rhee, "The 1919 Movement." p. 4. 유영익, 「3·1 운동 후 서재필의 신대한(新大韓) 건국 구상」, 김용덕 등 편, 『서재필과 그 시

대』(서재필 기념회, 2003), 339~341쪽 참조.

7) 미 내무장관 레인이 폴크 앞으로 쓴(날짜 미상의) 육필 편지(이승만연구원 소장 자료); *LBSR*, 1919년 2월 26일 및 3월 5일자 기록.

8) *LBSR*, 1919년 3월 1~4일자 기록; 프란크 볼드윈, 「윌슨, 민족자결주의, 3.1운동」, 고재욱 편, 『3.1운동 50주년기념논집』(동아일보사, 1969), 519쪽.

9) *LBSR*을 살펴보면, 이승만은 하와이를 떠나 미 본토로 향하여 항행하는 도중 1919년 1월 11일 오후부터 배 안에서 병기(病氣)를 느꼈는데 본토에 착륙한 후 그 병(피부질환)이 악화되어 뉴욕에 도착한 2월 4일에는 병세가 매우 심각하였다. 그래서 그는 2월 24일 이전 어느 날 '워싱턴 요양원'에 입원하였다가 2월 26일에 퇴원했다. *LBSR*, 1919년 1월 11일, 1월 25일, 2월 4일, 2월 24일 및 2월 26일 기록과 Syngman Rhee, "The 1919 Movement." p. 4 참조.

10) *LBSR*, 1919년 2월 26일, 3월 3~5일 기록. 방선주, 「이승만과 위임통치안」, 『재미한인의 독립운동』, 219~221, 235~239쪽. 오영섭, 「대한민국임시정부 초기 위임통치 청원 논쟁」, 『한국독립운동사연구』 41(2012.4). … 참조.

11) *LBSR*, 1919년 3월 10일 기록.

12) 원성옥 역, 『*First Korean Congress*: 최초의 한국의회』(범한서적주식회사, 1986), 91쪽; 이우진, 「서재필의 재미활동」, 이택휘 등, 『서재필』(민음사, 1993), 271~278쪽; 홍선표, 「서재필의 독립운동(1919~1922)연구」, 『한국독립운동사연구』 7(1993), 199~203쪽, 유영익, 앞의 논문, 344쪽 참조.

13) First Korean Congress, Held in The Little Theatre…, April 14, 15, 16,(Philadelphia, 1919), p. 80.

제2절 한성 임시정부 집정관총재 내지 대한민주국 임시대통령

1) *LBSR*, 1919년 4월 5일 기록; 김영우 편, 『대한독립혈전긔』(호놀룰루: 한인긔독학원, 1919), 20, 40쪽 참조.

2) 1919년 4월 15일 현순이 이승만에게 보낸 전문(cablegram, 이승만연구원 소장 자료). 이승만이 상하이 임시정부에서 국무총리로 선출된 경위에 관해서는, 이광수, 「나의 고백」, 『이광수 전집』(삼중당, 1971), 7, 257쪽; 고정휴, 『3.1운동과 임시정부 수립의 숨은 주역 현순』(역사공간, 2016), 65~72쪽 참조.

3) 전택부, 『인간 신흥우』(대한기독교서회, 1971), 128~129쪽; 고정휴, 「대한민국 임시정부 구미위원부(1919~1925) 연구」, 고려대학교 대학원 사학과 박사학위 논문, 1991, 87쪽, 유영익, 「대한민국 임시정부 수반 이승만의 초기 행적과 사상」. 유영익 외 지음 『이승만과 대한민국 임시정부』(연세대학교 출판부, 2009), 19쪽, 각주 14 참조.

4) "Republic of Korea"라는 영문 국호는 1919년 4월 14일부터 16일까지 필라델피아에서 개최되었던 대한인총대표회의에서 서재필과 이승만 등 회의 참가자들이 이미 사용하고 있었다. 원성옥 역, 『*First Korean Congress*: 최초의 한국의회』, 8~9, 24, 26, 34, 38, 48, 91쪽 참조.

5) 김영우 편, 『대한독립혈전긔』, 4, 51, 132쪽. 이승만 '대한민주국'이란 용어를 일관성 있게 쓰지 않았다. 예컨대, 그는 1919년 9월 1일에 발행된 공채표에는 자기 자신의 직함을 '대한민국 집정관총재'라고 명기하였다. 저자가 여기에서 '대한민주국'이라는 국호를 내세운 이유는 1919년 중반 그가 상하이 임정의 '임시대통령'직과 소위 한성임시정부의 '집정관총재'직을 겸임하고 있을 때 그가 한국의 국호에 대해 확정적인 의견을 갖고 있지 않았음을 강조하기 위해서이다.

6) 유영익, 「대한민국임시정부 수반 이승만의 초기 행적과 사상」 19~24쪽.

7) 유영익, 앞의 논문, 24~25쪽.

8) 김영우 편, 『대한독립혈전긔』, 130~131쪽.

9) 임병직, 『임병직 회고록』(여원사, 1964), 128~129쪽.

10) *LBSR*, 1919년 7월 17일자 기록.

11) *LBSR*, 1919년 10월 10일부터 1920년 6월 22일까지의 기록 참조.

제3절 구미위원부

1) 구미위원부의 사무실은 워싱턴D.C.에서 개업한 변호사 스태거스(John W. Staggers)가 소유하고 있던 워싱턴D.C. 동북 5가 416번지에 있는 콜롬비아 빌딩 1층에 있었다. 한표욱, 『이승만과 한미외교』(중앙일보사, 1996), 61~62, 69~70쪽; 허동현·태수경 편, 『장면, 수첩(1948~1949)에 세상을 담다』(경인문화사, 2016), 107쪽 참조.

2) 김원용, 『재미한인오십년사』, 376쪽. *LBSR*을 살펴보면, 이승만은 1919년 3월 18일에 필라델피아에 사무실을 개설·운영하다가, 그 후 7월 17일에 워싱턴으로 '공사관'을 이전하였다.

3) 김규식은 1920년 8월 7일 이승만에게 사표를 제출했는데, 이승만이 이를 수리하지 않자 10월 3일에 '휴직' 상태로 미국을 떠났다. 그 후 그는 상하이 임정의 학무총장직을 맡아 일하다가 이 직위에서 사퇴하기 5일 전인 1921년 4월 25일에 구미위원부 위원장직을 정식으로 사임했다. 김규식의 구미위원부 위원장직 사퇴 동기 및 경위에 관해서는 Young Ick Lew, *The Making of the First Korean President*, pp. 136~138, 356, fn.78; 이상훈, 「김규식의 구미위원부 활동(1919~1920)」, 한림대학교 대학원 사학과 석사학위 논문(1995), 53~64쪽 참조. 김규식의 후임으로 현순이 1920년 5월부터 구미위원부의 임시위원장으로 근무하다가 1921년 4월 26일에 이승만 임시대통령에 의해 해임되자 서재필이 임시위원장직을 맡아 1922년 2월까지 일했다. 현순이 구미위원부 임시위원장으로서 시도했던 야심적인 기도에 관해서는, Peter Hyun, *Man Sei!*(Honolulu: University of Hawaii Press, 1986), pp. 151~159; 고정휴, 『3.1운동과 임시정부 수립의 주역 현순』, 106~114쪽 참조.

4) 노재연, 『재미한인사략』(로스앤젤레스: 아미리가인쇄공사, 1951) 상권, 151쪽. 이승만은 1918년 뉴욕에서 개최되는 소약국 대표회의에 참석하기 위해 미 본토로 가는 도중 호놀룰루를 방문한 핀란드의 여류 독립운동가 말음스트롬(Malmstrom)으로부터 공채 발행을 통한 모금 아이디어를 얻었다고 한다.

5) 고정휴, 「대한민국 임시정부 구미위원부(1919~1925) 연구」, 129~130쪽.

6) 방선주, 「1921~22년의 워싱턴회의와 재미한인의 독립청원운동」, 국사편찬위원회 편, 『한민족독립운동사』 6 『열강과 한국독립운동』(국사편찬위원회, 1989), 206쪽; 김구, 『백 범일지』(서문당, 1989), 280~281쪽 참조.

7) 한홍수, 「임시정부 빠리위원부 통신국이 발행한 월간지 *La Corée Libre*(1920~21)에 대 하여」, 『한불연구』 8(1991), 116, 123쪽; 정용대, 「주파리위원부의 유럽 외교 활동에 관 한 연구」, 『서암 조항래 교수 화갑기념한국사학 논총』(1992), 786~787쪽; 홍선표, 「서재 필의 독립운동(1919~1922) 연구」, 『한국독립운동사연구』, 7(1993), 208~211쪽.

8) 신재홍, 「대한민국 임시정부와 대미외교」, 국제역사학회의 한국위원회 편, 『한미수교 100년사』(국제역사학회의 한국위원회, 1982), 277~281쪽; 홍선표, 위의 논문, 219~235쪽 참조.

9) 고정휴, 「3.1운동과 미국」, 한국역사연구회 역사문제연구소 엮음, 『3.1 민족해방운동 연 구』(청년사, 1989), 452~457쪽; 『한국일보』 연재물 「인간 이승만 백년」 8(1975. 7 .27).

10) 신재홍, 「대한민국 임시정부와 구미와의 관계」, 『한국사론』 10(1981), 319~322쪽; 방선 주, 위 논문, 212~222쪽 참조.

제4절 상하이로의 밀항과 임시대통령직 수행

1) 반병률, 「이승만과 이동휘」, 유영익 편, 『이승만 연구―독립운동과 대한민국 건국』(연세 대학교 출판부, 2000), 300~302쪽 참조.

2) 이원순, 『세기를 넘어서』, 164쪽.

3) 보스윅의 직업적 배경과 그가 이승만의 밀항을 도와준 경위에 대해서는, 한철영 편, 『임병직대사 외교연설전집』(문화춘추사, 1958) 1쪽과 이덕희, 『이승만의 하와이 30년』, 254~256쪽 참조.

4) 이승만은 상하이에 다녀온 전말을 일기(*LBSR*)에 자세히 기록했을 뿐만 아니라 10 쪽 길이의 타이프된 여행기로 남겼다. 이승만연구원에 소장된 미간의 영문 여행기 에는 제목이 없다. 이 책에서 저자는 이 여행기를 편의상 "Story of How I Went to Shanghai"라고 칭하기로 한다. Syngman Rhee, "Story of How I Went to Shanghai." pp. 1~4; *LBSR* 1920년 11월 16일, 11월 17일, 12월 2일 기록.

5) 상하이에서 발행된 『독립신문』의 주필 이광수가 1921년 초에 크로푸트 목사 집을 방 문하여 그 집 2층에 있는 이승만의 거실 침대에 앉아 이승만과 면담했다. 이광수는 자 신이 목격한 이승만의 거실에 대해, "그 방은 서양 집 나지막한 이층으로 밝고 깨끗은 하였으나 대통령의 숙소로는 너무도 초라하여 우리 민족의 실력이 어떻게나 빈약한 것을 보이는 것 같아서 나는 한숨을 지었다"라고 평하였다. 이광수, 「나의 고백」, 『이광 수 전집』(삼중당, 1971), 7, 259쪽. 피치는 이승만이 상하이를 떠날 때 미국으로 돌아가 는 선표(船票)를 구입해 주었다. 이기동, 「피치―한국의 독립운동과 기독교청년회를 도 운 은인」, 『한국사시민강좌』 34(2004), 58~60쪽 참조.

6) *LBSR*, 1920년 12월 5일, 12월 7일, 12월 12일 기록 및 Syngman Rhee, "Story of

How I Went to Shanghai." p. 5.

7) 『한국일보』 연재 「인간 이승만 백년」 90(1975. 7. 30).

8) 김원용, 『재미한인오십년사』, 478~480쪽 참조.

9) Young Ick Lew, *The Making of the First Korean President*, pp. 122~124 참조.
Lew, *ibid.*, pp. 124~125 참조.

10) 여운형은 1920년 5월에 상하이에서 국제공산당(Communist International)의 요원
(要員)인 보이틴스키(Grigorii Voitinsky)를 만난 후 이르쿠츠크파 고려공산당에 가입
했다. 이정식, 『시대와 사상을 초월한 융화주의자 여운형』(서울대학교 출판부, 2008),
264~271쪽 참조. 이동휘가 1921년 5월에 상하이에서 이른바 상하이파 고려공산당을
발족시킨 사실에 관해서는, 반병률, 『통합임시정부와 안창호, 이동휘, 이승만 – 삼각
정부의 세 지도자』(신서원, 2019) 419~420 쪽 참조.

11) 이승만은 1921년 2월 19일 서재필에게 보낸 편지에서 임시대통령직을 사퇴할 의사
를 밝히면서 후임자 선정에 어려움이 있다고 실토하였다. 2월 27일 그는 내무총장 이
동녕, 재무총장 이시영, 내각 총서 신익희 등을 통해 안창호에게 국무총리직(임시대
통령직대리 겸임)을 맡아달라고 부탁했는데 안창호가 이를 거절하였다. 위의 책, pp.
127~128. 주요한, 『안도산전』, 204~206쪽 참조.

12) 유영익, 『건국대통령 이승만—생애·사상·업적의 재조명』(일조각, 2013), 40쪽 및 Lew,
op. cit., pp. 132~143 참조.

13) *LBSR*, 1921년 3월 5일부터 3월 27일까지와 5월 19일부터 28일까지의 기록과
Syngman Rhee, "The Story of How I Went to Shanghai," pp. 6~11 참조.

14) 이덕희, 『한인기독교회, 한인기독학원, 대한인동지회』(한국기독교역사연구소, 2008), 301
쪽; 홍선표, 「이승만과 대한인동지회」, 오영섭·홍선표 외 지음, 『이승만과 하와이 한인
사회』(연세대학교 대학출판문화원, 2012), 149~154쪽 참조.

제5절 태평양회의에서의 외교 실패와 상하이 임정의 임시대통령 탄핵·면직

1) 이 국제회의는 제1차 세계대전 중에 시작된 미국과 일본의 군함 건조 경쟁으로 과도한
군비 지출 현상이 발생하자 군축의 필요성을 느낀 미국의 제의로 개최되었다. 이 회의
에는 미국·영국·프랑스·이탈리아·일본·중국·네덜란드·포르투갈 등 9개국이 참가하
였고, 1922년 2월 6일에 5개국(미국·영국·일본·프랑스·이탈리아)이 해군 군축 조약을 체
결하면서 막을 내렸다. 이 회의의 결과로 독일은 산둥반도의 권리를 중국에 넘겨주었
고, 일본은 시베리아에서 철군했다. 덕분에 미국은 태평양지역에서 일본의 세력 확대
를 견제할 수 있었다.

2) Lew, *Making of the First Korean President*, pp. 146~147.

3) *Ibid.*, pp. 147~148.

4) *Ibid.*, p. 151.

5) *Ibid.*, p. 152.

6) 이강훈, 『대한민국 임시정부사』(서문당, 1999), 125, 140쪽 참조.

7) 이정식, 『시대와 사상을 초월한 융화주의자 여운형』, 318~329, 649쪽 참조.

8) 국민대표회의에 관해서는 위의 책, 114~134쪽; 김희곤, 「국민대표회의와 참가 단체의 성격」, 『중국관내 한국독립운동단체 연구』(지식산업사, 1995), 139~192쪽 참조.

9) 김구 저, 윤병석 직해, 『백범일지』(집문당, 1995), 244쪽; 한시준 편, 『대한민국 임시정부 법령집』(국가보훈처, 1999), 281쪽; 신용하, 『백범 김구의 사상과 독립운동』(서울대학교 출판부, 2003), 181~182쪽; 김희곤, 『대한민국 임시정부 연구』(지식산업사, 2004), 325~326쪽.

10) 윤대원, 『상해 시기 대한민국 임시정부 연구』(서울대학교 출판부, 2006), 220~222, 239쪽.

11) 위의 책, 241~242쪽.

12) 위의 책, 242쪽.

13) 김희곤, 앞의 논문. 143, 145쪽 참조.

14) 고정휴, 『이승만과 한국독립운동』, 243~244쪽.

15) 임시대통령 이승만의 탄핵과 면직 전반에 관해서는, Warren Y. Kim, *Koreans in America*(Seoul: Po Chin Chai Printing Co. Ltd., 1971), pp. 109~110; Chong-Sik Lee, *The Politics of Korean Nationalism*(Berkeley, Cal.: University of California Press, 1965), pp. 168~169; 한시준, 「이승만과 대한민국 임시정부」, 유영익 편, 『이승만 연구』, 207~210쪽; 윤대원, 앞의 책, 248~249쪽; 반병률, 「상해 임정의 이승만 탄핵과 그 주도 세력」, 114쪽 참조, 위의 책, 483~501쪽 등 참조.

16) 윤대원, 앞의 책, 249쪽에서 재인용. 『재미한인오십년사』의 저자 김원용은 임시의정원의 심판위원회에서 임시대통령 이승만을 면직 판정할 때 근거가 된 자료 두 가지를 소개하였다. 그것들은 아래와 같다:

가. 탄핵 심판의 내용
- 임시대통령 이승만은 시세에 암매해 정견이 없고 무소불위의 독재 행동을 감행했으며 포용과 덕성이 결핍해 민주주의 국가 정부의 책임자 자격이 없음을 판정함.
- 임시대통령 이승만이 대한민국 임시 헌법을 기탄없이 저촉했고 국정을 혼란시키어서 국법의 신성과 정부의 위신을 타락하게 했음을 판정함.
- 임시대통령 이승만의 범과(犯科 : 법에 위배되는 일을 함) 사실을 심리하고 대한민국 임시헌법 제4장 제21조 제14장에 의해서 탄핵 면직에 해당함을 판정함.

나. 이승만 범과의 사실
(1) 임시대통령 이승만이 그 직임에 피임된 지 7년[원문대로]에 임시대통령의 선서를 이행하지 않았으며 정부의 행정을 집행하지 않았고 각원들과 불목하여 정책을 세워보지 못 했다.
(2) 임시대통령 이승만이 대미 외교 사업을 목적하고 건립한 구미위원부를 가지고 국무원과 충돌했고 아무 때나 자의로 법령을 발포해서 질서를 혼란하게 했으며 정부의 처사가 자기 의사에 맞지 않으면 동지자들을 선동해 정부를 반항했다.
(3) 임시대통령 이승만은 그 직임이 국내 13도 대표가 임명한 것이라 해 신성불가침의

태도를 갖고 임시 의정원 결의를 무시하며 대통령 직임을 '황제'로 간주해 '국부(國父)'라 하며 '평생 직업'을 만들려는 행동으로써 민주주의 정신을 말살했다.

(4) 임시대통령 이승만이 미주에 앉아서 구미위원부로 하여금 재미동포의 인구세와 정부 후원금과 공채표 발매금들을 전부 수합해 자의로 처단하고 정부에 재정 보고를 제출하지 않아서 재정 범포(犯逋 : 국고에 바칠 돈이나 곡식을 써 버림)가 어느 정도까지 달했는지 알지 못하게 했다.

(5) 임시대통령 이승만이 민중 단체의 지도자들과 충돌해 정부의 고립 사태를 주출하고 재미한인 사회의 인심을 선동해서 파쟁을 계속하므로 독립운동에 막대한 지장을 주었다.

김원용, 『재미한인오십년사』, 498~500쪽. 김원용은 이 자료들의 전거(典據)를 밝히지 않고 『신한민보』 및 정부통신을 참조하였다고 기술하였다.

17) 윤대원, 앞의 책, 251쪽.

제6장 동지식산회사의 파산, 제네바·모스크바 외교 행각. 새로운 인연과의 만남

제1절 동지식산회사의 실패와 하와이에서의 이승만 배척운동

1) '하와이 학생 모국방문단'에 관해서는 정병준, 앞의 책, 308~313쪽; 이덕희, 『이승만의 하와이 30년』, 113~114쪽 참조.
2) 교민총단에 관해서는 이덕희, 『한인기독교회, 한인기독학원, 대한인동지회』(한국기독교 역사연구소, 2008), 298~299쪽 참조.
3) 「대한인동지회 3대 정강」과 「대한인동지회 3대 정강 진행 방침」은 이덕희, 위의 책 307~308쪽에 실려 있음.
4) 이덕희, 위의 책, 308쪽.
5) 이승만이 한인대표회에서 채택한 비폭력주의 노선과 한인의 경제력 향상 치중 방침은 이승만을 지지하는 서울의 일부 민족주의 지도자들 사이에 공감을 일으켰다. 그 결과 그들은 상하이 임정에서 이승만이 임시대통령직에서 면직되던 날, 즉 1925년 3월 23일에 신흥우의 자택에서 동지회의 자매단체인 흥업구락부(興業俱樂部)를 비밀리에 조직하였다. 이 단체의 회장으로는 이상재가 추대되었다. 흥업구락부에 관해서는, 윤치영, 『윤치영의 20세기: 동산회고록』(삼성출판사, 1991), 126, 132쪽; 김상태, 「1920~1930년대 동우회와 흥업구락부 연구」, 『한국사론』 28(1992), 219~132쪽, 고정휴, 앞의 책, 309~314쪽; 정병준, 앞의 책, 341~389쪽; 김권정, 「1920~30년대 이승만과 국내 기독교 세력의 유대 관계」, 오영섭·홍선포 외 지음, 『이승만과 하와이 한인사회』(연세대학교 대학출판문화원, 2012), 281~291쪽 참조.
6) 동지식산회사와 동지촌의 설립, 운영 및 파산 경위에 관해서는, Dae-Sook Suh, ed. and tr., *The Writings of Henry Cu Kim: Autobiography with Commentaries on Syngman Rhee, Pak Yong-man, and Chŏng Sun-man*(Honolulu: University of Hawaii Press/Center for Korean Studies, University of Hawaii, 1987), pp. 207~209; Lew,

Making of the First Korean President, pp. 172~174; 이덕희, 『이승만의 하와이 30년』 (북앤피플, 2015), 177~189쪽 등 참조.

7) 이덕희, 위의 책, 242쪽.

8) John K. Hyun, *A Condensed History of the Kungminhoe: The Korean National Association(1903~1945)*(Seoul: The Korean Cultural Research Center, Korea University, 1986), p. viii; 홍선표, 『재미한인의 꿈과 도전』, 47~49쪽.

9) 홍선표, 위의 책, 53~54쪽.

10) 김현구가 앞장섰던 '민중화운동'에 관해서는, Kingsley K. Lyu, "Korean Nationalist Activities in Hawaii and the Continental United States, 1900~1945," *Amerasia Journal* 4:1(1977), pp. 82~83 and 4:2(1977), pp. 62~63, 68~70; John K. Hyun, *ibid.*, pp. 34~35; 손세일, 『이승만과 김구』, 4, 217~238쪽; 홍선표, 『재미한인의 꿈과 도전』, 46~47쪽 참조. '민중화운동'은 그 당시 '민주화운동'이라고도 불리었는데, 그것의 영어 표현은 'Democratization Revolt'였다. John K. Hyun, 앞의 책의 같은 쪽 참조.

11) 유영익, 「『이승만 동문 서한집』 해제」, 유영익·송병기·이명래·오영섭 편, 『이승만 동문 서한집』(연세대학교 출판부, 2009), 상, 9, 31쪽 참조. 그런데, 김현구는 ① 1919년 4월 14일부터 16일까지 필라델피아에서 열린 '대한인총대표회의'에 참석하여 「한국인의 목표와 열망」(Aims and Aspiration of the Koreans) 이라는 결의안을 작성하는 위원회의 위원으로 활약한 경력이 있고, ② 1925년 봄에는 상하이에 나타나 대한민국임시정부 제 13회 임시의정원의 '하와이 [조선]독립단' 대표로서 3월 18일에 '이승만 임시대통령 탄핵안'을 작성·제출하는데 핵심적 역할을 담당하고, 3월 23일에는 탄핵안의 심판위원으로서 이승만 임시대통령의 면직안을 통과시키는데 일익을 담당했던 인물이다. 이승만은 위사실 중 ②에 대해 전혀 알지 못한 상태에서 그를 구미위원부의 위원으로 임명했음에 틀림없다. *First Korean Congress*, p. 12; 반병률, 『통합임시정부와 안창호, 이동휘, 이승만』, 496~499쪽.

12) 홍선표, 앞의 책, 54~55쪽 참조.

13) 김도형, 「1930년대 하와이 한인사회의 분열과 통합 운동」, 건국대통령 이승만 박사 기념사업회/연세대학교 이승만연구원 공동 학술회의 편, 『일제강점기 하와이 한인사회의 독립운동』(건국대통령 이승만 박사 기념사업회, 2013), 84쪽.

14) 홍선표, 앞의 책, 63~64, 65쪽; 김도형, 위의 논문, 95쪽 참조.

15) 홍선표, 위의 책, 57쪽 참조.

16) 위의 책, 59~61쪽 참조.

17) 교민총단관 점령사건의 발발 경위에 관해서는, 김도형, 「1930년대 초반 하와이 한인사회의 동향—소위 '교민총단관 점령사건'을 통하여」, 『한국근현대사연구』 9(1998), 211~212쪽 참조.

18) 한인기독교회 내에서 분쟁이 발생한 경위에 관해서는, 김도형, 위의 논문, 226쪽; 홍선표, 『재미한인의 꿈과 도전』, 69쪽 참조.

19) 교민총단관 점령 사건 관련 법정 공방 및 판결에 관해서는, 김도형 위의 논문, 216~230쪽; 홍선표, 위의 책, 68~69쪽; Richard S. Kim, "Local Struggles and Diasporic Politics: The 1931 Court Cases of the Korean National Association

of Hawaii," in Young-ho Ch'oe, ed., *From the Land of Hibiscus: Koreans in Hawaii*(Honolulu: University of Hawai'i Press, 2007), pp. 153~158, 172~173 참조. 이 밖에 김원용, 앞의 책, 160~163쪽; 정두옥 「재미한족독립운동 실기」, 『한국학 연구』 3권 별집(1991.3), 79쪽; Warren Y. Kim, *Koreans in Hawaii*(Seoul: Po Chin Chai Co., Ltd., 1971). p. 135; Roberta Chang, *The Koreans in Hawaii: A Pictorial History*(Honolulu: University of Hawai'i Press, 2003), pp. 142~143 등에서도 이 주제가 다루어지고 있다.

20) 이덕희, 『이승만의 하와이 30년』, 249쪽.

21) 김도형, 「1930년대 하와이 한인사회의 분열과 통합 운동」, 78, 88쪽 참조.

22) *LBSR*, 1931년 11월 21일자 기록.

23) 고정휴, 「대한인동지회 회원 분석: 1930년대 하와이 '회적'을 중심으로」, 『한국민족운동사연구』 40(2004), 165쪽 참조.

24) 이덕희, 『하와이 대한인국민회 100년사』, 112쪽.

25) Lew, *op. cit.*, pp. 167~168.

26) 홍선표, 앞의 책, 80~81쪽.

27) 이덕희, 『이승만의 하와이 30년』, 215쪽 참조.

28) Lew, *op. cit.*, pp. 179, 204; 이덕희 위의 책, 227쪽. 김원용은 1918년 4월에 콜로라도주 푸에블로(Pueblo)에 '대한인국민회 푸에블로 지방회'가 조직되었을 때 그 지방회의 재무로 선임된 바 있다. 이 때부터 그는 지방회의 서기로 선임된 김호와 평생 동지가 되었다.

제2절 제네바와 모스크바에서의 외교·선전 활동

1) 손세일, 『이승만과 김구』(조선뉴스프레스, 2015), 4, 400~401쪽, 이한우 『거대한 생애 이승만 90년』 상,(조선일보사, 1995), 163쪽.

2) *LBSR*, 1932년 12월 11일 및 12월 23일자 기록. 이승만에게 '외교관 여권'을 발급해 준 스팀슨 국장관은 1932년 1월 7일 일본인의 자위권(自衛權)의 발동이라고 변명하는 만주사변으로 인하여 일어난 모든 사태에 대해 불승인(不承認) 정책을 적용한다는 이른바 '스팀슨 주의(Stimson Doctrine)'의 장본인이다.

3) 서영해에 관해서는, 이현희, 『대한민국 임시정부사』(집문당, 1982), 123, 338쪽; 홍순호, 「독립운동과 한불관계」, 『한국정치외교사학회 논총』 2(평민사, 1985), 276쪽; 한국정치외교사학회 편, 『한불외교사』(평민사, 1987), 213쪽, 정상천 『파리의 독립운동가 서명해』(산지니, 2019), 105~109쪽 등 참조.

4) *LBSR*, 1933년 1월 11일~2월 2일자 및 2월 13일~22일자 기록. 이 당시 옌후이칭의 직함은 주(駐)소련공사, 쿠오타이치는 주영공사, 쿠웨이쥔은 리톤위원회(The Lytton Commission)의 중국위원, 후시처는 중화민국 국제연맹 상주대표(permanent Chinese delegate), 그리고 커공진은 The Chinese News Agency의 특파원이었다.

5) *LBSR*, 1933년 1월 19일~30일자, 2월 1일 및 2월 8일자 기록.

6) 위의 자료, 1933년 4월 25일, 4월 28~29일, 5월 2~3일, 5월 11일, 5월 30일 및 6월 6일 자 기록.

7) 위의 자료, 1933년 6월 12일자 기록.

8) 위의 자료, 1933년 7월 14일자 기록.

9) 위의 자료, 1933년 7월 18~19일자 기록.

10) 위의 자료, 1933년 7월 19일자 기록; 서정주, 『이승만박사전』, 287쪽 참조.

11) 위의 자료, 1933년 7월 20일자 기록.

12) 위의 자료, 1933년 5월 28~30일, 6월 15일, 7월 9~13일, 7월 19일, 7월 25일, 7월 31일~8월 10일자 기록.

13) 위의 자료, 1933년 3월 4~5일, 4월 13~18일, 4월 29일, 5월 2일, 6월 28일, 7월 4일 및 7월 25~30일자 기록.

제3절 프란체스카 도너와의 결혼

1) 최정호, 「빈 제5구 라우렌츠 가세 4번지를 찾아」, 『한국일보』, 1965년 8월 5일자 기사; 리 푸랜세스카 지음, 조혜자 옮김, 『대통령의 건강』(도서출판 촛불, 1988), 17쪽.

2) 최정호, 「프 여사 친정과 그의 랑데뷰 시절」, 『한국일보』, 1965년 8월 10일 기사 및 「프 여사의 행방」, 『한국일보』, 1965년 10월 17일자 기사.

3) 여기에 저자가 제시한 날짜는 이승만이 프란체스카를 처음 만난 다음 날 발간되었다고 여겨지는, 이승만 인터뷰 기사가 실린 신문 『라 트리뷴 도리앙』(La Tribune D'Orient)의 발행 일자에서 추리한 것이다.

4) 리 푸랜세스카 지음, 조혜자 옮김, 『대통령의 건강』, 15~16쪽.

5) LBSR, 1933년 2월 21일자 기록.

6) 위의 자료, 1933년 5월 9일자 기록. 이 일기에는 프란체스카의 이름이 Miss F. Downer로 '잘못' 기록되어 있다.

7) 위의 자료, 1933년 7월 7~9일, 7월 15일 및 1934년 1월 10일자 기록.

8) 위의 자료, 1934년 6월 7일, 7월 22일, 9월 26일 및 10월 10일자 기록.

9) 올리버는 이 두 사람의 결혼을 '역사상 가장 헌신적으로 맺어진 부부[관계] 가운데 하나(one of the most devotedly married couples in history)'라고 평했다. Robert T. Oliver, "A Study in Devotion." A Reader's Digest Reprint(July 1956), p. 2.

10) 이원순, 『세기를 넘어서』, 192~194쪽.

제1절 워싱턴D.C.에서의 임정 승인 획득 노력

1) Oliver, *Syngman Rhee: The Man*, p. 172.

2) 임병직, 『임병직 회고록』, 234~235쪽 참조.

3) 김원용, 『재미한인오십년사』, 407쪽; 신재홍, 「대한민국 임시정부의 대미외교」, 291~292
   쪽; 홍선표, 『재미 한인의 삶과 꿈』, 188, 191~192쪽; Warren Y. Kim, *Koreans in
   America*, p. 137 참조.

4) Oliver, *Syngman Rhee: The Man*, p. 177; 신재홍, 「제2차 세계대전기 대한민국 임시
   정부의 대[對]구미외교활동」, 864쪽.

5) Department of State, U.S.(한림대학교 아시아문화연구소 편), *United States Policy
   Regarding Korea*, 1834~1950(아래에서 *USPRK*로 약칭)(춘천: 한림대학교 아시아문화연구
   소, 1987), pp. 56~57.

6) Oliver, *Syngman Rhee: The Man*, pp. 177~178; Michael C. Sandusky, *America's
   Parrallel*(Alexander, Virginia: Old Dominion Press, 1983), pp. 74~75. 1995년 이후에 밝
   혀진 바에 의하면, 히스는 당시 소련의 고정간첩이었다. 그는 위증죄로 1953년 3월부
   터 1954년 11월까지 교도소에서 복역했다. G. Edward White, *Alger Hiss's Looking-
   Glass Wars: The Covert Life of a Soviet Spy*(Oxford and New York: Oxford
   University Press, 2004), pp. 212~235; 이상돈, 「(해외 서평) 앨저 히스의 거울전쟁」, 『시
   대정신』 27(2004 겨울), 280~306쪽; 이주천, 「앨저 히스 간첩 사건에 대한 연구사적 검
   토―전통주의의 입장에서」, 『미국사 연구』 22(2005), 119~155쪽; 손세일, 앞의 책, 5,
   182~183쪽. 참조.

7) 고정휴, 『이승만과 한국독립운동』, 492쪽.

8) (SR-)Hull 면담신청=2/16)()

9) 손세일, 『이승만과 김구』, 5, 210쪽.

10) *USPRK*, p. 79.

11) 손세일, 앞의 책, 5, 191쪽 참조.

12) 아래에 제시된 랭던 보고서의 대강은 고정휴, 앞의 책, 495~499쪽과 손세일, 위의
    책, 191~196쪽의 내용을 참조하여 저자 나름대로 정리한 것이다.

13) 이정식, 『대한민국의 기원』(일조각, 2006), 301쪽 참조.

14) 고정휴, 앞의 책, 497쪽.

15) 고정휴, 위의 책, 498쪽.

16) 고정휴, 위의 책, 498쪽.

17) 한미협회의의 결성 경위와 그 주요 멤버들에 관해서는, 고정휴, 위의 책, 428~431쪽
    참조. 한미협회와 한족연합회가 1942년 2월 27일부터 3월 1일까지 워싱턴의 라파예
    트 호텔에서 공동으로 개최한 '자유한인대회'에서 회의 상황을 라디오 Station WINK
    를 통해 보도한 아나운서 오웬(J. Owen)은 시청자들에게 이승만을 소개할 때 '한국
    공화국의 국부(the father of the Korean Republic)'라고 칭하였다. The United Korean

Committee in America, ed., *Korean Liberty Conference*(Los Angeles, California and Honolulu, T.H, 1942), pp. 13, 19. 프란체스카 여사는 그 당시 미국 시민권 소유자였다. *Korean Liberty Conference*, p. 43.

18) 고정휴, 위의 책, 431~432쪽. 손세일, 앞의 책, 5, 306~307쪽 참조.

19) Lew, *The Making of the First Korean President*, pp. 217~218.

20) 고정휴, 앞의 책, 435쪽; 손세일, 앞의 책, 5, 198쪽.

21) 이승만의 개회사는 *Korean Liberty Conference*, pp. 7~13에 실려 있다. 여기에 제시된 개회사의 번역문은 손세일, 위의 책, 199~204쪽 참조.

22) *Korean Liberty Conference*, pp. 14, 67.

23) *Ibid.*, pp. 37~39. 번역문은 고정휴, 앞의 책, 435~437쪽과 손세일, 앞의 책, 5, 207쪽을 참조하여 저자가 나름대로 번역한 것이다.

24) 고정휴, 위의 책, 436쪽; 손세일 위의 책, 5, 207쪽.

25) 고정휴, 위의 책, 436~437쪽; Lew, *op. cit.*, pp. 215~216.

26) 고정휴, 위의 책, pp. 429~430; Lew, *ibid.*, p. 217.

27) *USPRK*, pp. 82~3, 87, 96~8. 구대열, 『한국국제관계사 연구 2: 해방과 분단』(역사비평사, 1995), 42~48쪽; 고정휴, 위의 책, 503~504쪽 참조.

28) 손세일, 앞의 책, 5, 362쪽. 박명수, 「해방 직전 이승만과 기독교친한회(The Christian Friends of Korea)의 대한민국 임시정부 승인 운동」, 한중국제교류재단(KCF) 주관 학술대회: 『대한민국 임시정부와 기독교』(2018년 9월 5일), 119쪽.

29) 손세일, 위의 책, 5, 363쪽; 박명수, 위의 논문, 119쪽 참조.

30) 손세일, 위의 책, 5, 363쪽.

31) 박명수, 앞의 논문, 119쪽.

32) Lew, op, *cit.*, p. 218; 손세일, 위의 책, 362~364쪽.

33) 굿펠로우는 1941년 9월부터 12월초까지 열렸던 COI의 부간협의회(interdepartmental conference)에서 이승만을 만났을 때, 그의 청년 시절 멘토였던 주한 캐나다 선교사 제임스 게일의 조카인 에손 게일 박사로부터 이승만이 '한국의 쑨원[孫文]'이라는 칭찬을 들었다. Clarence N. Weems, "Washington's First Steps toward Korean-American Joint Action(1941~1943)." 미 남가주대학교 동아시아연구소, 독립기념관 한국독립운동연구소 주관 한국 무장 독립운동에 관한 국제학술회의(1988.11.12~13) 발표 논문, p. 330. 1973년 9월 7일자 *The Washington Post* 지에 굿펠로우의 약력이 실려 있다.

34) 정병준, 『우남 이승만 연구』(역사비평사, 2005), 251~252쪽 각주105; 장석윤, 「나의 회고록」, 『강원일보』 연재 제6~7회(1974년 1월 31 및 2월 7일); 이현희 대담 「정운수 지사」, 『한국독립운동 증언자료집』(한국정신문화연구원, 1986), 336~346쪽; 한시준, 『한국광복군연구』(일조각, 1993), 272~301쪽; 방선주, 「아이프러 기관(機關)과 재미한인의 복국운동」,(인하대학교 40주년기념 제2회 한국학국제회의) 『해방50주년, 세계 속의 한국학』(1995. 5. 25~26)(인하대학교 한국학연구소), 131~143쪽 참조.

35) 방선주, 「아이프러 기관과 재미한인의 복국운동」, 131~143쪽.

36) 정병준, 앞의 책, 249~253쪽; 고정휴, 『1920년대 이후 미주·유럽지역에서의 독립운

동』(독립기념관 한국독립운동사연구소, 2009), 228~232쪽.

37) 고정휴, 『이승만과 한국독립운동』, 450쪽.

38) Clarence N. Weems, "American-Korean Cooperation(1941~1945): Why Was It So Little and So Late?" Columbia University Seminar on Korea(1981.9)에서 발표된 논문, pp. 34~39; 방선주, 앞의 논문. 140~143쪽; 김광재, 「한국광복군의 한미공동작전과 그 의의」, 『군사』 52(2004), 8~13쪽.

39) '미국의 소리' 한국어 방송의 담당자는 1903년 북장로교회 선교사로 내한했다가 1913년부터 서울의 경신학교 교장으로 근무하던 중 총독부의 신사참배 강요에 반대하여 교장직을 사퇴하고 1942년에 미국으로 귀환한 쿤스(Edwin W. Koons) 목사였다. 정병준, 앞의 책, 254. 402, 413쪽; 손세일, 앞의 책, 5, 282~286쪽; 박명수, 앞의 논문, 118쪽 각주83, 84.

40) 정병준, 위의 책, 402~404쪽.

41) Oliver, *Syngman Rhee: The Man*, pp. 180~181, 362~364.

42) *Ibid.*, pp. 189, 189~190.

43) 한표욱, 「이승만 박사 체미[滯美] 40년: 알려지지 않은 일화들」, 『우남회보』 3(1994.9.15.), 3쪽.

제2절 '카이로선언'의 숨은 공로자

1) 정일화, 『대한민국 독립의 문 카이로 선언』(선한 약속, 2010), 56쪽.

2) 신용하, 『한국 항일독립운동사 연구』(경인문화사, 2006), 523~531쪽; 한시준, 「백범 김구, 장제스, 그리고 카이로 선언」, 『동북아역사재단뉴스』 89(2014.4), 15쪽; 배경한, 「카이로회담에서의 한국문제와 장개석」, 『역사학보』 제224집(2014.12), 317, 318, 330쪽; Oliver, *Syngman Rhee: The Man*,. p. 190.

3) 정일화, 앞의 책, 30~45쪽. 박보균, 「카이로 회담 70년: 현장과 진실을 찾아서 – '한국 자유·독립조항' 루스벨트가 주역… '장제스 역할론'은 과장된 신화다」, 『중앙일보』, 2013년 11월 16일, 1~15쪽.

4) 정일화, 위의 책, 10쪽.

5) 정일화, 위의 책, 72쪽.

6) 이것은 장제스가 미국의 초안에 만족하였고 그 때문에 한국의 '완전독립'을 '역쟁(力爭)'할 의사가 없었음을 의미한다. 손세일, 앞의 책, 5, 444쪽 참조.

7) 손세일, 위의 책, 5, 445쪽.

8) 손세일, 앞의 책, 5, 201쪽.

9) Oliver, *Syngman Rhee: The Man*, pp. 180~181, 362~364.

10) Homer L. Calkin, *Castings from the Foundry Mold: A History of the Foundry Church Washington, D.C., 1814~1964*(Nashville, Tennessee: The Parthenon Press, 196, pp. 290~292.

11) 정일화, 앞의 책, 502~510쪽 참조.

12) 이승만은 이 서한을 자기의 비서 임병직으로 하여금 홉킨스를 직접 만나 손수 전달 토록 하였다. 허정,『위대한 한국인』(태극출판사, 1974), 180쪽

13) *SRCE*, 1, pp. 525~526. 여기에 제시된 번역문은 저자가 허정, 위의 책, 179~180쪽에 실린 번역문과 손세일, 앞의 책, 5, 421~422쪽에 실린 번역문을 참고하여 나름대로 새로 번역한 것이다.

14) *USPRK*, p. 80, fn.1; 손세일, 위의 책, 423쪽 참조.

15) *USPRK*, p. 80, fn.1.

16) John Z. Moore to Franklin D. Roosevelt, November 19, 1943. Record Group 353. 895.01/308, National Archives. Sandusky, America's Parallel, p. 91. 한배호,『자유를 향한 20세기: 한국정치사』(일조각, 2008), 65쪽 참조.

17) Lew, *The Making of the First Koren President*, p. 225.

18) Loc. *cit.*, p. 225.

19) Oliver, *Syngman Rhee: The Man*, p. 190.

20) *USPRK*, p. 88.

21) *SRCE*, 1, p. 545.

제3절 샌프란시스코 연합국회의에서의 '얄타 밀약설' 폭로

1) 유엔창립총회에 참석할 한국대표단의 구성 과정에 관해서는, 홍선표,「1945년 샌프란시스코회의를 둘러싼 미주한인의 대응과 전략」,『한국독립운동사연구』25(2005.12), 300~301; 손세일,『이승만과 김구』, 5, 588쪽.

2) Syngman Rhee to the Secretary of State [Edward R. Stettinious, Jr.], March 8, 1945, *SRCE*, 1, p. 531.

3) Earl R. Dickover to Syngman Rhee, March 28, 1945, *USPRK*, p. 92.

4) Oliver, Syngman Rhee: The Man, p. 199; 복거일,『프란체스카』(북앤피플, 2018), 238쪽.

5) 저자는 이 진정서의 사본을 방선주 박사로부터 입수했다. 이 자리를 빌려 방선주 박사에게 감사한다.

6) 복거일, 위의 책, 238쪽.

7) 고정휴, 앞의 책, 457~458쪽; 홍선표, 앞의 책, 469쪽; Oliver, *Syngman Rhee: The Man*, p. 200. 얄타 밀약의 영문 내용은 다음과 같다. "Secret Agreement signed by the United States, Great Britain [and] Russia declaring Korea will remain in orbit of Soviet influence until after the end of Japanese War and further declared United States and Great Britain shall make no commitment to Korea until after the Japanese War has ended. All this was signed at Stalin's request in Yalta."

8) 고브로우의 이름은 대부분의 학자들이 알고 있는 것처럼 구베로우(Gouvereau)가 아니며 또 그는 '가공 인물'이 아니었다. 그는 1945년 4월 당시 펜실베이니아 주의 포인트 프레센트(Point Pleasant)에 거주하고 있던 '직업적 신문 기자(professional

newspaperman)'이었다. Emile Gauvreau to Jay Jerome Williams, April 17, 1945, in *SRCE*, pp. 254~255. 그는 1945년 4월 17일 이전에 윌리암스에 의해 이승만에게 소개되었고 5월 11일 이전에 샌프란시스코에 도착하여, 이승만과 면담했다. Syngman Rhee's letter to an unidentified person, May 11, 1945, *ibid*., p. 539.

9) 허스트는 5월 21일자 『로스앤젤리스 이그재미너』지에 이승만의 얄타 밀약설을 대서특필로 보도했다. 홍선표, 앞의 논문, 476~477쪽 참조.

10) 이승만이 이들 의원에게 보낸 전보문은 Oliver, *Syngman Rhee: The Man*, pp. 199~200에 실려 있다.

11) Syngman Rhee to President Harry S. Truman, July 18, 1945. *SRCE* 1, p. 545; *FRUS* 1945, VI, p. 103.

12) *USPRK*, pp. 93~94. 고정휴, 위의 책, 461쪽; 손세일, 위의 책, 5, 602쪽 참조.

13) Oliver, *Syngman Rhee: The Man*, p. 200.

14) 홍선표, 위의 논문, 478쪽.

15) Syngman Rhee to President Harry S. Truman, July 18, 1945, *SRCE* 1, 5. p. 544; *FRUS*, 1945, VI, p. 1031.

16) Syngman Rhee to Frank P. Lockhart, July 25, 1945. *SRCE*, 1, p. 545; *FRUS* 1945, VI, pp. 1032~1033.

17) 조순승, 『한국분단사』(형성사, 1982), 35쪽.

18) 이웅희, 「(비록) 6.25를 몰고 온 미군철수」 2, 『동아일보』 1977년 4월 제17088호; John Edward Wilz, "Did the United States Betray Korea in 1905?" *Pacific Historical Review* 54(August 1985), pp. 243~244; 차상철, 「이승만과 한미상호방위조약」, 유영익·이채진 편, 『한국과 6.25전쟁』(연세대학교 출판부, 2002), 264쪽; 유영익, 「한미동맹 성립의 역사적 의의—1953년 이승만 대통령의 한미상호방위조약 체결을 중심으로」, 『한국사시민강좌』 36(2005), 162쪽.

19. 기광서는 2014년에 『슬라브연구』 제30권 4호에 발표한 그의 논문 「해방 전 소련의 대한반도 정책 구상과 조선 정치 세력에 대한 입장」에서 아래와 같은 주장을 폈다. "지금까지 '얄타밀약'에서 문서화된 부분 이외에 다른 합의가 존재한다는 결정적인 증거가 제시된 적은 없다. 그런데 1945년 6월 29일 주중 소련대리대사 T. F. 스크보르초프와 중국공산당 왕뤄페이[王若飛]의 대담록에는 …… 얄타에서 루스벨트와 스탈린은 참전 조건은 아니지만 위의 합의 이외에 한반도 문제를 포함해서 별도의 합의에 도달하였다고 한다. 곧, 그들은 소련군과 미군이 조선에 진주하고, 조선에서 일본을 축출한 후 소련, 미국, 중국이 조선에 대해 신탁통치를 실시하기로 합의하였다는 것이다." 38쪽.

19) 권영근, 「얄타회담에서 한반도 관련 밀약설 사실일까?」 2018.12.22.9:07 http://blog.naver.com/PostList.nhn?blogId=ygk555&categoryNo=16&skinType=&skinId=&from=menu&userSelectMenu=true. 김인서(金麟瑞)는 1963년에 출판된 그의 저서에서, "1946년 1월 29일 미 국무장관 번즈 씨가 '큐-릴'과 남부 '사카린'을 소련이 점령하게 된 데 대한 '얄타' 비밀협정이 있었다는 것을 인정하였다. 그 다음 신문기자 회합 석상에서 트루먼 대통령이 얄타 비밀협정의 일부가 아직 발표되지 않았으나 그것

은 적당한 시기에 발표될 것이라고 암시했다." 김인서, 『망명 노인 이승만 박사를 변호함』(부산: 신앙생활사, 1963), 67쪽.

20) 이상호는 맥아더를 아시아우선주의자이며 반공주의자일뿐만 아니라 독실한 기독교인으로 파악했다. 이상호, 『맥아더와 한국전쟁』(푸른역사, 2012), 57~67쪽.

21) 맥아더는 1945년 7월 이승만이 한국인을 대상으로 행한 단파방송의 영문 요약문을 읽고 7월 30일 육군부의 통신망을 통해 이승만의 투쟁 정신을 격려하는 전보를 보냈다. O. T. Jamerson, etc. to Syngman Rhee, July 30, 1945, *SRCE* 7, pp. 638~639. 맥아더가 7월 30일에 이승만에게 보낸 이 전보는 두 사람간의 최초의 교신이었다고 여겨진다. 이것은 샌프란시스코 회의 기간에 이승만이 줄기차게 미 행정부의 대소(對蘇) 유화 정책을 비판한 결과라고 볼 수 있다.

제4절 이승만 외교 활동의 훼방자들

1) 북미국민회의 지도자들(일명 '리들리 그룹')의 인적 배경에 관해서는, Lew, *Making of the First Korean President*, pp. 238~239 참조.

2) 해외한족대회의 개최 경위와 재미한족연합회의 창립 및 주미외교부 설치에 관해서는, 홍선표, 『재미한인의 꿈과 도전』, 173~194쪽 참조.

3) 신재홍, 「대한민국 임시정부의 대미외교」, 『한미수교100년사』(국제역사학회의 한국위원회, 1982), 291~292쪽; 고정휴, 『이승만과 한국독립운동』, 197쪽; 홍선표, 위의 책, 188~192쪽; Lew, *Making of the First Korean President*, pp. 205~206, 242 참조.

4) Lew, *ibid.*, pp. 212~213; 홍선표, 『재미한인의 독립운동의 표상 김호』(아래에서 '김호'로 약칭)(역사공간, 2012), 167쪽.

5) 홍선표, 위의 책, 121, 144~145쪽 참조.

6) 1942년 가을부터 1945년까지 이어진 이승만과 연합회(북미국민회) 간의 갈등 관계는 매우 복잡하다. 이 문제에 관해서는 홍선표, 『재미한인의 꿈과 도전』, 330~430쪽 참조 바람. 이 밖에 Lew, *op. cit.*, pp. 242~251; 홍선표, 『김호』, 183~200쪽; 김원용, 『재미한인오십년사』, 426~444쪽; 최봉윤, 『미국속의 한국인』(종로서적,1983), 179~185쪽; 이원순, 『세기를 넘어서』, 256쪽 등 참조.

7) 홍선표, 『김호』, 209~228쪽 참조.

8) 홍선표, 『재미한인의 꿈과 도전』, 431~482쪽; Lew, *op. cit.*, pp. 250~251; 홍선표, 『김호』, 201~208쪽 참조.

9) 이주영, 『이승만과 그의 시대』(기파랑, 2011), 130~132쪽; 홍선표, 『김호』, 209~228쪽 참조.

10) Lew, *op. cit.*, p. 292.

11) 홍선표, 『재미한인의 꿈과 도전』, 81~82쪽.

12) 위의 책, 143~144쪽.

13) 이나바 쓰요시[稲葉強], 「太平洋戰爭中の在美朝鮮人運動-特に韓吉洙の活動を中心に」, 『朝鮮民族運動史研究』, 7(1991.4), 54~60쪽; Lew, *op. cit.*, p. 252. 한길수의 출생

지에 대해서는 이설이 있다. '중한민중동맹단'(일명 '중한민중대동맹')에 관해서는, 추헌수 편, 『자료 한국독립운동』(연세대학교 출판부, 1973), 3, 27쪽; 한상도, 『한국독립운동과 중국군관학교』(문학과 지성사, 1994), 238~241쪽; 「1930년대 좌우익 진영의 협동전선 운동」, 김희곤·한상도·한시준·유병용 공저, 『대한민국 임시정부의 좌우합작운동』(한울아카데미, 1995), 68~71쪽 참조.

14) 이나바 쓰요시, 「太平洋戰爭中……」, 58쪽; 방선주, 「한길수와 이승만」, 유영익 편, 『이승만 연구-독립운동과 대한민국 건국』, 334, 341~342쪽; Lew, *op. cit.*, pp. 254~255.

15) Lew, *op. cit.*, pp. 255~256; 홍선표, 『재미한인의 꿈과 도전』, 144~145쪽.

16) Lew, *op. cit.*, 257. 김원봉과 '조선민족전선연맹'에 관해서는, 추헌수, 『대한민국 임시정부사』(독립기념관 한국독립운동사연구소, 1989), 113~117쪽; 한상도, 「김원봉의 생애와 항일역정」, 『국사관논총』18(1990), 195~196쪽; 한시준, 「조선민족혁명당의 성립과 변천과정」, 『백산 박성수 교수 화갑기념논총』(1991), 339쪽; 강만길, 「1930년대 중국관내 민족해방운동 통일전선론」, 『한국사연구』90(1995), pp. 295~299쪽; 김준엽 편, 『석린 민필호 전』(나남출판, 1995), 95, 103~106, 113쪽 참조. 1.

17) Lew, *ibid.*, pp. 258~259.

18) Lew, *ibid.*, pp. 259~260, 226~228 참조.

19) Lew, *ibid.*, p. 262 참조. The Korean National Front Federation과 The Sino-Korean Peoples′ League의 공동 명의로 1942년 10월 14일에 배포된 "Why We Oppose Dr. Rhee′s Policy"라는 제목의 유인물(이승만연구원 소장 자료). 최봉윤, 『미국속의 한국인』, 181~183쪽; 사사끼 하루노부[佐佐木春隆], 『朝鮮戰爭前史としての 韓國獨立運動の研究』(東京: 圖書刊行會, 1985), 418~434쪽 참조. 이 무렵 한길수의 미 국무부를 상대로 한 활동에 관해서는, Hong-Kyu Park, "From Perl Harbor to Cairo: America's Korean Diplomacy, 1941~1943," *Diplomatic History* 13-3(Summer 1989), pp. 346~347; 곽림대, 『못잊어 화려강산』(대성문화사, 1973), 189~204쪽; 선우학원, 『아리랑 그 슬픈 가락이여』(도서출판 대흥기획, 1994), 77~78쪽 참조.

20) Lew, *op. cit.*, p. 261.

21) Lew, *ibid.*, pp. 262~263.

제8장 대한민국 건국 대통령이 되다

제1절 건국 대업의 성취

1) 한표욱, 『한미외교 요람기』(중앙일보사, 1984), 37~38쪽.

2) 이정식, 『대한민국의 기원』(일조각, 2006), 312~313쪽; 이도형, 『건국의 아버지 이승만』(한국논단, 2001), 30~35쪽; 손세일, 『이승만과 김구』(조선뉴스프레스, 2015), 6, 167~173쪽 참조.

3) Syngman Rhee to Harry S. Truman, August 27, 1945. *SRCE*, 7, p. 646. 이승만은

1945년 8월 10일 미 육군 참모총장 마셜 대장에게 전보로 장차 한반도에 미군이 상륙할 때 자기도 한국에 갈 수 있게 도와달라고 요청한 바 있다. Michael C. Sandusky, *America's Parallel*, p. 34.

4) 이정식, 앞의 책, 318~319쪽. Won Sul Lee, *The United States and the Division of Korea*(Seoul: Kyung Hee University Press, 1982), pp. 201~208; 이주영, 『대한민국의 건국과정』(건국이념보급회 출판부, 2013), 68쪽 참조.

5) Sandusky, *op. cit.*, pp. 34~35.

6) 이정식, 앞의 책, 314~315쪽; 손세일, 앞의 책, 175쪽.

7) 하지는 이승만을 만나기 전날(10월 13일) 맥아더의 정치고문인 애치슨(George Atcheson, Jr.)과 한국 문제 처리 방안에 관해 숙의(熟議)했다. Bruce Cumings, *The Origins of the Korean War: Liberation and the Emergence of Separate Regimes, 1945~1947*(Princeton, N.J.: Princeton University Press, 1981), p. 180; 정병준, 『우남 이승만 연구』, 444~445쪽; 손세일, 앞의 책, 181~182쪽 참조.

8) 저자의 '추정'은 정병준, 앞의 444~445쪽과 손세일의 앞의 책 179~182쪽의 회담 관련 내용을 나름대로 종합하여 정리한 것이다.

9) 손세일, 앞의 책, 181~182쪽. 정병준, 앞의 책, 530~532쪽 참조.

10) Oliver, *Syngman Rhee: The Man*, p. 213.

11) 커밍스(Bruce Cumings)와 매트레이(James I. Matray)는 이승만이 맥아더의 전용기(*The Spirit of Bataan*)를 타고 김포공항에 도착했다고 기술했다. 그러나 이정식은 이 사실을 극력 부인한다. 이정식 지음, 허동현 엮음, 『21세기에 다시 보는 해방후사』 개정판(경희대학교 출판문화원, 2013), 123쪽. 저자는 여기서 이정식의 견해를 따랐다.

12) 우남실록편찬회 편, 『우남실록, 1945~1948』(아래에서 『우남실록』으로 약칭)(열화당, 1976), 332쪽. 과거 일부 한국 현대사 전공자들은 여운형이 건국준비위원회를 기반으로 인공을 수립했다고 서술했는데, 이것은 오류이다. 최상룡, 『미군정과 한국 민족주의』(나남, 1988), 84쪽, 이완범, 『한국 해방 3년사, 1945~1948』(태학사, 2007), 84, 86쪽; 이정식, 앞의 책, 284~286쪽; 양호민, 『한반도의 격동 1세기 반: 권력, 이데올로기, 민족, 국제관계의 교착』(한림대학교 출판부, 2010), 상, 350쪽 참조.

13) 이승만은 한민당이 추대한 일곱 명의 영수 중 하나였다. 양동안, 『대한민국 건국사: 해방 3년의 정치사』(현음사, 2001), 107~108쪽; 백완기, 『인촌 김성수의 삶: 인간 자본의 표상』(나남, 2012), 174쪽.

14) 양동안, 위의 책, 309쪽.

15) 양동안, 위의 책, 143~145쪽. 10월 23일은 미 국무부의 극동국장 빈센트(John C. Vincent)가 10월 20일 미국의 민간 단체인 외교정책협의회에서 미국이 한반도에 공동 신탁통치를 실시할 것이라고 연설한 사실이 국내 언론에 보도된 날이었다.

16) 양동안, 위의 책, 147~148쪽; 이현주, 「조선공산당의 영입 추진과 이승만의 대응」, 최상오·홍선표 외 지음, 『이승만과 대한민국 건국』(연세대학교 출판부, 2010), 213쪽. 이날 발송된 결의문의 한국어 원문은 『우남실록』, 324~326쪽에 실려 있다. 그런데 워싱턴 D.C.에 있는 한국위원부의 임병직 원장은 이승만의 별도 지시에 따라 서울에서 발송한 결성문의 영역본을 그대로 미 국무부에 전달하지 않고 자신이 작성한 '신탁통치설

을 반대하는'을 11월 7일에 빈센트 극동국장에게 손수 전달했다. 임병직, 『임병직 회고록』, 281~284쪽.

17) 『우남실록』, 314~315쪽.

18) 10월 31일 돈암장에서 진행된 이승만과 박헌영 사이의 회담에 관해서는 이병주, 『남로당』(기파랑, 2015) 상, 123~135쪽 참조. 이병주의 회담 관련 서술은 1945년 11월 2일 『매일신보』에 보도된 기사에 바탕하였기에 신빙성이 있다고 여겨진다.

19) 위의 책, 102쪽; 양동안, 앞의 책, 141~154쪽. 이승만이 인공 주석직 취임을 거부하는 방송을 하기 전·후에 조선공산당 측에서 이승만에게 취한 태도에 관해서는, 이호재, 『한국 외교정책의 이상과 현실』 제3증보판(법문사, 1980), 114~119쪽 참조.

20) 『우남실록』, 351쪽

21) 박헌영의 12월 24일자 반박문은 이병주, 위의 책, 150~164쪽에 실려 있다.

22) 11월 16일 조선 공산당의 독촉중협 탈퇴 선언에 관해서는 양동안, 앞의 책, 141~154쪽 참조.

23) 김보영, 「대한독립촉성국민회의 조직과 활동」, 한양대학교 대학원 석사학위 논문, 1994, 30~37쪽; 정병준, 앞의 책, 711쪽 참조.

24) 이승만은 2월 14일에 미군정에 의해 민주의원의 의장에 임명되었고 또 2월 23일에 민주의원 규범에 따라 다시 의장에 추대(선임)되었다. 천관우, 『자료로 본 대한민국 건국사』, 149~150쪽. 따라서 전자를 '임시 의장'이라고 칭할 수 있다.

25) 굿펠로우가 미군정의 '특별' 정치고문으로 부임한 경위는 다음과 같다. 이승만이 도쿄에서 맥아더와 하지를 만나 그들에게 굿펠로우를 미군정의 요원으로 추천해 달라고 요청한 후, 11월 5일 미국에 있는 이승만의 지지자 윌리엄스(Jay J. Williams)가 트루먼 대통령에게 편지로 그를 대통령의 '특사(personal representative)'로 한국에 파견할 것을 요청하였다. 그 후 11월 9일 이승만이 굿펠로우에게 전보로 한국에 와서 자기 일을 도와달라고 요청했다. 그리고 11월 11일 하지중장이 굿펠로우를 미군정에 배속시켜달라고 육군부에 신청했다. 그 결과 번스 국무장관이 그를 '아무런 공식 직함이 없이(without any official status)' 미군정에서 일하도록 조처해달라고 대통령에게 건의하여 승낙을 받았다. 굿펠로우는 12월 26일 워싱턴을 떠나 그 다음해 1월 초 서울에 도착, 하지의 '특별고문(special advisor)'으로 행세하였다. Syngman Rhee to M. P. Goodfellow, November 9, 1945, *SRCE*, 1, p. 549; James Irving Matray, *The Reluctant Crusade: American Foreign Policy in Korea, 1941~1950*(Honolulu: University of Hawai'i Press, 1985), p. 58; 정용석, 『해방 전후 미국의 대한정책』(서울대학교출판부, 2003), 217~218쪽과 264쪽; 정병준, 위의 책, 441~442쪽 참조. 메릴과 도진순은 굿펠로우를 트루먼 대통령이 임명한 특별고문 혹은 '어사(御使)'로 파악했다. John Merrill, Korea: *The Peninsular Origins of the War*(Newark: University of Delaware Press, 1989), p. 57; 도진순, 『한국 민족주의와 남북관계: 이승만·김구 시대의 정치사』(서울대학교출판부, 1997), 89쪽. 올리버는 굿펠로우가 한국에 온 것은 하지와 이승만 간의 연락(liaison) 역할을 하기 위해서였다고 기술했다. Oliver, *Syngman Rhee: The Man*, p. 219.

26) 1946년 1월 14일 이승만이 〈민주의원 개원에 즈음한 이승만 박사 연설〉을 행한 사실

로 미루어 이승만은 2월 14일 이전에 미 군정청의 하지 및 굿펠로우와 민주의원 설립에 관해 협의했다고 볼 수 있다. 천관우, 『자료로 본 대한민국 건국사』, 146~147쪽 참조.

27) 손세일, 『이승만과 김구』, 6, 471쪽; 이인수, 『대한민국의 건국: 이승만 박사의 나라세우기』(촛불, 2009), 100쪽.

28) 강만길·심지연, 『우사 김규식 생애와 사상 1: 항일독립투쟁과 좌우합작』(한울, 2000), 179쪽.

29) 오영섭, 「대한민국 건국의 일등공신 윤치영」, 『한국사시민강좌』 43(2008), 101~102쪽 참조.

30) 〈임시정책 대강〉의 전문은 국사편찬위원회 편, 『자료 대한민국사』1(탐구당, 1969), 244~245쪽 및 Oliver, Syng.man Rhee: The Man, pp. 365~367에 실려있다. 〈임시정책 대강〉은 이승만이 1946년 2월 6일에 「모범적 독립국을 건설하자」라는 제목의 방송을 통해 발표했던 「과도정부 당면 정책 33항」에 기초한 것이었다. 『우남실록』, 382~385쪽 참조.

31) Proposed Message to General of the Army Douglas MacArthur Drafted in the Department of State, FRUS 1946, VIII, pp. 645~646); 손세일, 앞의 책, 496쪽.

32) 송남헌에 의하면, 이승만은 3월 19일에 하지의 압력에 의해 의장직을 칭병 사직했으나 4월 11일 의장직 복직을 천명했다. 미군정은 이승만이 칭병 사직 후 이승만의 집에 가설했던 전화를 철수하고 미 헌병을 보초로 보내 그를 감시했다. 송남헌, 『해방 3년사, 1945~1948』(까치, 1985), 285쪽.

33) 김보연, 위의 논문, 6~10쪽; 정병준, 위의 책, 543~556쪽, 손세일, 앞의 책, 509~519쪽; 김원, 『젊은 대한민국사: 건국』(백년동안, 2015), 275~277쪽; 이은순, 「이승만의 남선순행과 정읍 발언의 의미 분석」, 『한국정치외교사논총』 39:2(2018.2), 39~58쪽 참조.

34) 김보연, 앞의 논문, 32~37쪽.

35) 로버트 T. 올리버 저, 한준석 역, 『건국과 나라 수호를 위한 이승만의 대미 투쟁, 1942~1960』(비봉출판사. 2013) 상, 99~100쪽; Grant Meade, American Military Government in Korea(New York: King's Crown Press, 1951), p. 163; 박명수, 「1946년 미군청의 여론조사에 나타난 한국인의 사회인식」, 『한국정치외교사논총』 40:1(2018.8), 54쪽

36) Joungwon A. Kim, Divided Korea: The Politics of Development, 1945~1972 (Cambridge, Mass.: East Asain Research Center, Harvard University, 1975), p. 63; 정병준, 앞의 책, 560~561쪽; 김수자, 『해방정국 이승만의 대동단결론과 단체 통합운동』, 최상오·홍선표 외, 앞의 책, 22~23쪽 참조.

37) 『동아일보』 1946년 7월 23일자 보도. Oliver, Syngman Rhee: The Man, p. 370; 이정식, 앞의 책, 228쪽에서 재인용. 미 군정청의 공보부가 1946년 3월 22~29일에 실시한, "다음의 인물 가운데 누가 한국인 전체의 이익을 위하여 가장 열심히 일하겠는가?"라는 주제의 설문 조사에서 응답자 2,269명 가운데 30%가 이승만, 20%가 김구, 8%가 김규식, 15%가 여운형, 11%가 박헌영, 2%가 김일성을 꼽았다. 손세일, 위의 책, 534쪽.

38) 천관우, 『자료로 본 대한민국 건국사』, 387쪽.

39) 김보연, 앞의 논문, 8쪽 참조.

40) 정병준, 위의 책, 594~597쪽 참조.

41) William G. Morris, "The Korean Trusteeship, 1941-1947: The United States, Russian and the Cold War," unpublished Ph.D. dissertation, The University of Texas at Austin, August 1974, p. 185; James Irving Matray, *The Reluctant Crusade*, p. 86; 도진순, 앞의 책, 86쪽

42) 『서울신문』 1946년 6월 4일자 보도. 『자유신문』, 『중앙신문』, 『중외신문』 등도 6월 5일에 보도함. 도진순, 위의 책, 87쪽 주107.

43) 천관우, 앞의 책, 185~186쪽에 실린 '민족통일총본부 발족에 즈음한 이승만 박사 담화'(1946.6.29.) 참조.

44) 최상룡, 『미군정과 한국민족주의』(나남, 1988), 233~235쪽.

45) Hilldring to the Operations Division, War Department, June 6, 1946, *FRUS* 1946, VIII, pp. 692-699); 이정식, 앞의 책, 343~344쪽; 손세일, 앞의 책, 537~539쪽.

46) 손세일, 앞의 책, 538~539쪽.

47) 이정식, 『김규식의 생애』(신구문화사, 1974), 140-141쪽; 이덕주, 『한국현대사비록』(기파랑, 2007), 66쪽. 좌우합작을 하게 된 김규식에 대한 이승만의 생각에 대해서는, 김용삼, 『이승만의 네이션빌딩—대한민국의 건국은 기적이었다』(북앤피플, 2014), 160쪽 참조.

48) 승당 임영신 박사 전집편찬위원회 편, 『승당 임영신 박사문집』(승당 임영신 박사전집편찬위원회, 1986), 2, 965쪽; Louise Yim, *My Forty Year Fight for Korea*, pp. 254~277; 손충무, 『한강은 흐른다: 승당 임영신의 생애』(동아출판사, 1972), 앞부분에 실린 사진(9월 10일자 주미위원 임명증)과 446쪽 참조.

49) 손충무, 위의 책, 452~456쪽.

50) 위의 책, 463쪽.

51) 양동안, 앞의 책, 326~327쪽.

52) 천관우, 앞의 책, 188쪽.

53) Oliver, *op. cit.*, p. 230; 정병준, 앞의 책, 607~609쪽; 손세일, 앞의 책, 734~736쪽.

54) 양동안, 앞의 책, 328쪽, 각주10; 정용욱, 앞의 책, 308쪽, 손세일, 위의 책, 738쪽.

55) 『우남실록』, 191쪽.

56) 정용욱은, 맥아더가 1월 22일 마셜장관에게 보낸 한국 문제 해결을 위한 네 가지 정책 대안을 맥아더와 하지가 공동으로 작성한 것 혹은 하지가 1월 하순 워싱턴에 발송한 전문 내용을 맥아더가 '중재한 것'이라고 보았다. 정용욱, 위의 책, 364~365쪽. 다른 한편, 이상호는 맥아더가 마셜에게 보낸 1월 22일자 건의서는 1월 23일[원문대로]에 하지가 맥아더에게 보낸 건의서에 영향받은 것으로 판단하였다. 이상호, 「이승만과 맥아더 그리고 대한민국 정부수립」, 120쪽. 이에 더하여, 이상호는 하지가 1946년 4월 4일에 한국 문제를 유엔이나 4대 강국회의에 회부하자는 제안을 한 일이 있음을 지적하였다. 이상호, 같은 논문, 115쪽. 말하자면, 이상호는 맥아더가 1946년 4월 4일부터 한국 문제 유엔 안을 고려했을 것이라고 본 것이다.

57) 손세일은 맥아더가 1월 22일에 마셜에게 보낸 건의서의 제1항은 '방미 길에 도쿄에 들렸던 이승만의 주장이 반영된 것일 수 있다'라는 —저자의 주장에 부합하는— 견해를 제시하였다. 손세일, 앞의 책, 6, 768쪽.

58) 연세대학교 이승만연구원 소장 1946년 12월 9일자 문건.

59) 이 명단은 유동적이었고, 이 회의체가 정기적으로 회합을 했는지 여부도 이다.

60) 이승만은 애당초 –1946년 5월 트루먼 대통령의 배상 특사로 남·북한을 방문했던– 폴리(Edwin W. Pauly)를 매개로 트루먼 대통령을 면담하려 했으나 폴리가 하와이로 장기 휴가를 갔기 때문에 이 계획에 차질이 생겼다. Syngman Rhee to Edwin W. Pauley, December 21, 1946, *ibid.*, pp. 569~570; Syngman Rhee to Edwin W. Pauley, January 4, 1947, *ibid.*, 572~573. 해리스 목사는 1945년 4월 트루먼이 대통령직을 맡은 후 백악관으로 초대받아 트루먼 대통령에게 자문을 했고, 트루먼은 이에 대한 답례로 영부인과 함께 4월 29일에 해리스 목사가 담임한 파운드리감리교회의 예배에 출석했다. Homer L. Calkin, *Castings from the Foundry Mold*, pp. 289~311.

61) 손세일, 앞의 책, 743쪽.

62) 올리버는 1942년 9월 워싱턴D.C. 시내의 한 식당에서 정킨(Edward Junkin)이라는 장로교 목사의 소개로 이승만을 처음 만나 그로부터 자신이 추진해 온 한국 독립운동에 관한 얘기를 듣고 그가 '한국인 가운데 가장 위대한 인물(the greatest of all Koreans)'이라는 인상을 받았다. 그 결과 그는 이승만이 요청하는 대로 한국인의 독립운동을 미 국민에게 널리 알리는 글을 쓰겠다고 약속했다. 그 후 그는 1946년 이전에 이미 많은 칼럼을 신문에 투고하였고 많은 단행본 책자를 발간했다. 우리에게 가장 잘 알려진 저서는 *Syngman Rhee: The Man Bhind the Myth*(초판본: 1954)라는 제목의 이승만 전기이다. Robert T. Oliver, "The Way It Was—All the Way": A Documentary Accounting(Np.: The Eastern Communication Association, ca. 2004), p. 24.

63) *FRUS*, 1947, VI, pp. 604~605. 이 문건의 번역본은 여러 가지가 있다. 여기에 제시된 번역문은 저자 나름의 본이다.

64) 이승만연구원 소장 1947년 1월 4일자 이승만·올리버 사이의 계약서.

65) *FRUS*, 1947, VI, pp. 603~605.

66) SIDCK에서 어떠한 논의가 전개되고 어떠한 보고서가 채택되었는지에 관해서는, 정용욱, 앞의 책, 366~368쪽; 남시욱, 『6.25전쟁과 미국: 트루먼·애치슨·맥아더의 역할』(청미디어, 2015), 328~339쪽 참조.

67) Bruce Cumings, *The Origins of the Korean War*, Volume II: *The Roaring of the Catract, 1947~1950*(Princeton, NJ: Princeton Univerisiy Press, 1990), 50. 커밍스는 이 책의 제1부 제2장의 42에서 마셜이 국무장관으로 임명된 지 얼마 안 된 시점에 어떻게 그런 조치를 취했는지 모르겠다고 말했다.(I do not know what gave Marshall this idea, so shortly after he had assumed this new position.) *ibid.*, p. 781. 이 말은 그가 이승만의 방미 외교에 대해 무지했음을 방증한다.

68) 『우남실록』, 202쪽.

69) 이승만이 마셜에게 면담 요청을 한 사실에 관해서는, Syngman Rhee to Secretary of State, George C. Marshall, January 21, 1946, *SRCE*, 1, p. 577 참조.

70) Robert P. Patterson to Syngman Rhee, March 3, 1947, *SRCE*, 3, p. 557.

71) Secretary of War(Patterson) to the Acting Secretary of State, April 4, 1947, *FRUS* VI, pp. 625~628. 이 점에 관련하여 학계에서는 1979년부터 지금까지 논의가 계속되고 있다. Okonogi Masao, "The Shifting Strategic Value of Korea, 1942~1950," *Korean Studies* 3(1979), p. 63; 남시욱, 앞의 책, 341~342쪽 등 참조.

72) 이승만연구원 소장(   )

73) 이승만은 1947년 3월 5일과 3월 22일 이전의 어느 날 힐드링과 면담했다. 이승만연구원 소장 문서 "Interview between Dr. Syngman Rhee and Gneral John R, Hilldring" 및 Robert T. Oliver, *Syngman Rhee and American Involvement in Korea, 1942~1960: Personal Narrative*(Seoul: Panmun Book Company Ltd, 1978), p. 63 참조.

74) Syngman Rhee to President Harry S. Truman, March 13, 1947. *FRUS*, 1947, VI, p. 620 and *SRCE*, I, p. 586.

75) 이승만이 트루먼 대통령에게 보낸 서한을 게재한 위 *FRUS*의 p. 39에 의하면, 백악관은 이승만의 서한을 3월 14일에 국무부에 회부했는데, 이 서한을 검토한 국무부의 일본담당과 부과장인 엘리슨(John M. Allison)이 3월 28일 대통령에게 "이 서한에 대한 회답을 하지 말아 주십시오"라는 내용의 메모(notation)를 보냈다. 남시욱, 앞의 책, p. 340쪽 참조.

76) Oliver, *Syngman Rhee and American Involvement*, pp. 63~64. 저자는 이 성명서를 번역함에 있어 로버트 T. 올리버 저, 한준석 역,『(건국과 나라 수호를 위한) 이승만의 대미 투쟁, 1942~1960』(비봉출판사, 2013), 상, 130~131쪽을 참고하였다. 이승만이 이 성명서의 요구사항 제5항에서 언급한 차관의 규모는 약6억 달러였다.『우남실록』451쪽 참조.

77) The Acting Secretary of State to the Political Adviser in Korea(Langdon), March 21, 1947. *FRUS*, 1947, VI, p. 621.

78) 예컨대,『경향신문』은 3월 23일자 신문 제1면에 '단정 수립에 이 박사 언명'이라는 제목 아래 아래와 같은 '워싱턴 22일 AP합동발' 기사를 보도했다:
"이승만 박사는 남조선 단정 수립에 관하여 다음과 같이 언명하였다. '30일 내지 60일 이내에 남조선 임시독립정부는 수립될 것이다. 그리고 미 문관 고등 판무관이 군정장관에 대치될 것이다. 이에 대하여 국무성 대변인은 이 박사의 언명은 단지 장차에 대한 이 씨 개인의 추측에 불과한 것이라고 해설하였다."
같은 날의『서울신문』과『동아일보』에서도 이와 유사한 보도를 하였다.

79) Oliver, *Syngman Rhee: The Man*, pp. 235~236.

80) 천관우, 앞의 책, 196쪽.

81) 이상호,「이승만과 맥아더 그리고 대한민국 정부수립」,『정신문화연구』31:3(2008 가을), 121쪽.

82) 천관우, 앞의 책, 196쪽.

83) Syngman Rhee to Mrs. Gwendolyn R, Frye, April 16, 1947, *SRCE*, 1, p. 590.

84) Syngman Rhee to Mr. H. W. Ireland, May 15, 1947, *SRCE*, I, p. 591.

85) 『우남실록』, 203쪽.

86) 위의 책, 454쪽.

87) 위의 책, 455~456쪽.

88) 차상철, 『해방 전후 미국의 한반도 정책』, 139쪽; Joungwon A. Kim, *op. cit.*, p. 73 참조.

89) 이인수, 앞의 책, 117~118쪽.

90) 배은희는 일제 치하에서 독립운동을 했던 장로교 목사로서, 해방 후 독촉국민회 전북지부장과 전국대회의장을 역임한 인물이다. 안용수 편, 『한국인사 명감(名鑑) 중앙판』(서울, 1952), 69~70쪽; 이은선, 「배은희 목사의 서울·전북지역 정치 활동」, 서울신학대학교 현대기독교역사연구소 엮음, 『해방 후 한국 기독교인의 정치활동』(선인, 2018), 319~357쪽 참조.

91) 이철승·박갑동, 『대한민국, 이렇게 세웠다』(계명사, 1998), 323~330쪽. 이철승이 이끈 극우파 청년들은 6월 24일 소련 대표단에게 오물을 투척하는 소동을 벌였다. 매트레이 저, 구대열 역, 『한반도의 분단과 미국』(을유문화사, 1989), 147쪽. 7월 24일에는 대규모의 우익 데모가 또 일어나 소련 측 대표단에게 공격을 가하였다. 조승순, 『한국 분단사』(형성사), 133쪽. 해방 후 3년 동안 이철승이 이승만 지지자로서 벌인 반탁운동 전반에 관해서는, 배진영, 〈『위대한 결단 반탁과 단정이 대한민국을 반석 위에 세웠다』(이철승)〉, 『월간조선』 2008년 2월호, 635~663쪽 참조.

92) 배은희, 『나는 왜 싸웠나』(일한도서주식회사, 1955), 68~72쪽; 이동현, 「미·소공동위원회의 쟁점과 결말」, 『한국사시민강좌』 38(2007), 34~35쪽; James I. Matray, "Fighting the Problem: George C. Marshall and Korea," Charles F. Brower ed., *George C. Marshall: Servant of American Nation*(N.Y.: Palgrave Macmillan, 2011), p. 92 참조.

93) 양동안, 위의 논문, 213쪽.

94) 미국의 '3부정책조정위원회(SWNCC)' 산하에 설치된 '한국문제임시위원회(Ad Hoc Committee on Korea)'는 7월 23일부터 한국 문제 처리 방안을 논의한 끝에 7월 29일 국무성 동북아 부국장 앨리슨이 작성·제출한 '앨리슨 계획'에 따라 한국 문제를 유엔에 이관할 것을 8월 4일 마셜 국무장관에게 건의했다. 마셜 장관은 이 안에 대해 트루먼 대통령의 재가를 받은 후 그 안을 SWNCC 176/30으로 확정했다. 이 과정에 관해서는, *FRUS*, 1947, IV, p. 741; 정용욱, 앞의 책, 419쪽; 차상철, 『해방 전후 미국의 한반도정책』(지식산업사, 1991), 153~176쪽; James I. Matray, *The Reluctant Crusade*, pp. 119~124; 매트레이, 「미국은 왜 한국에서 극우 세력을 지지했는가」, 98~99쪽; Chong-Sik Lee, "The Road to the Korean War: The United States Policy in Korea, 1945~1948," G. Krebs and C. Oberlander, eds., 1945 *in Europe and Asia*(München: Iudicium, 1997), pp. 208~209; 이정식, 앞의 책, 165~173쪽; 양동안, 앞의 책, 376~383쪽; 한배호, 『자유를 향한 20세기 한국 정치사』(일조각, 2008), 111~119쪽 등 참조.

95) James Irving Matray, *ibid.*, pp. 120.

1) 송건호, 「이승만 박사의 정치사상」, 『신동아』 1965년 9월호, 214쪽; 김도현, 「이승만 노선의 재검토-민족통일사관의 입지에서」, 송건호 외, 『해방전후사의 인식』(한길사, 1979), 309쪽. Richard C. Allen, *Korea's Syngman Rhee: An Unauthorized Portrait*(Rutland, Vermont and Tokyo, Japan: Charles E. Tuttle Co., 1960), pp. 41, 70~71; Bruce Cumings, *The Origins of the Korean War*, Vol. II: *The Roaring of the Cataract*, 1947~1950(Princeton, N.J.: Princeton University Press, 1990), pp. 226~227 참조.

2) '일민주의'는 대한민국 초대 문교부장관이었던 안호상(安浩相)이 공산주의의 계급투쟁에 대항하기 위해 개발한 정치 이론으로서 한 때 민족청년단의 공식 이데올로기로 채택되어 활용되다가 1952에 자취를 감춘 정치 이념체계로 알려져 있다. 한승조, 「한국정치의 지도이념과 영도자」, 김운태 외, 『한국정치론』(박영사, 1976), 490~491쪽 참조. 그러나 저자는 1949년에 발간된 『일민주의 개술』(일민주의보급회, 1949)은 적어도 내용 면에서 이승만 고유의 사상을 반영한 저작이라고 판단한다. 따라서 여기서는 이 책자를 이승만의 저작으로 다룬다.

3) 리인수, 『대한민국의 건국』(도서출판 촛불, 1988), 127~129쪽; 한승조, 「한국정치의 지도이념과 영도자」, 488~491쪽 참조.

4) 리승만, 「예수교가 대한 장래의 기초」, 『신학월보』(1903.8); 원영희·최정태 편, 『뭉치면 살고…… 1898~1944: 언론인 이승만의 글 모음』(조선일보사, 1995), 150쪽.

5) 리승만, 「두 가지 편벽됨」, 『신학월보』(1903. 9), 원영희 등 편, 『뭉치면 살고』, 153쪽.

6) 이정식, 「청년 이승만 자서전」, 원영희 등 편, 『뭉치면 살고』, 119쪽.

7) 1919년 4월 7일발 연합통신 보도 「대한으로 예수교 나라를 만들 예정」 참조. 김영우 편, 『대한독립혈전기』, 43쪽.

8) 원성옥 역, 『First Korean Congress: 최초의 한국 의회』(범한서적주식회사, 1986), 141쪽.

9) 우남실록편찬회 편, 『우남실록』(우남실록편찬회, 1976), 343쪽.

10) 『대동신문』, 1946년 3월 2일자 기사. 위의 『우남실록』, 386쪽에서 재인용.

11) 김광섭 편, 『이대통령 훈화록』(중앙문화협회, 1950), 3, 17, 32쪽.

12) 정진석, 『두 언론 대통령: 이승만과 박은식』(기파랑, 2012), 39~64쪽; 원영희 등 편, 『뭉치면 살고』, 35쪽 참조.

13) 리승만, 『독립정신』(정동출판사, 1993), 31쪽. 1910년에 출판된 『독립정신』의 원본은 20세기 초의 구식 문체로 쓰였기 때문에 현대인이 읽기에 불편하다. 그러므로 이 글에서는 이를 현대어로 고친 1993년도 정동출판사 판본을 인용하기로 한다.

14) 위의 책, 78~79쪽.

15) 위의 책, 110~112쪽.

16) 김영우 편, 『대한독립혈전기』, 130쪽.

17) 이 결의문을 기초(起草)한 인물은 유일한이었고 이승만은 그 결의안을 채택하는 데 앞장섰다. 이점에 관해서는 유영익, 「서재필과 미국에서의 3·1운동 - 1919년 4월 필라델피아에서 개최된 '대한인총대표회의'를 중심으로」를 참고 바람.

18) 위의 책, 27쪽. 이 조항의 영어 원문은 아래와 같다.

"We propose to have a government modelled after that of America, as far as possible, consistent with the education of the masses. For the next decade it may be necessary to have more centralized power in the government; but as education of the people improves and as they have more experience in the art of self-governing, they will be allowed to participate more universally in the governmental affairs." 원성옥 역, 『First Koran Congress』, pp. 36~38.

19) 원성옥 역, 『First Korean Congress』, pp. 40, 49 참조.

20) 『대동신문』, 1946년 3월 4~9일 연재. 앞의 『우남실록』, 385쪽에서 재인용.

21) 『우남실록』, 542쪽.

22) Robert T. Oliver, *Syngman Rhee and American Involvement in Korea*, p. 182.

23) 리승만, 『독립정신』, 75~76쪽.

24) 1979년 3월 22일 장석윤의 증언. 리인수, 『대한민국의 건국』, 131쪽에서 재인용. 이승만이 공산주의에 대한 부정적 견해를 이같이 단호하게 갖게 된 것은 1920년에 뉴욕에서 출판된 윌리엄(Maurice William)의 『역사의 사회적 해석-마르크스의 경제적 역사 해석에 대한 반론』(*The Social Interpretation of History: A Refutation of the Marxian Economic Interpretation of History*)에서 일정한 영향을 받은 것으로 추정된다. 이 책은 중국 국민당 지도자 쑨원이 용공적 입장을 버리는 데 영향을 끼친 책이다. Syngmann Rhee, *Japan Inside Out: The Challenge of Today*(New York: Fleming H. Revell Co., 1941), p. 194 참조. 그리고 1933년 이승만이 모스크바를 잠깐 방문했을 때 소련인의 비참한 생활상을 목격한 것이 그로 하여금 그의 반공사상을 더욱 굳히게 만들었던 것 같다. 리승만, 「일민주의 정신과 민족운동」, 『일민주의 개술』(일민주의보급회, 1949), 13~14쪽 참조.

25) 이승만, 「공산당의 당부당」, 『태평양잡지』 1923년 3월호, 16~18쪽. 이승만은 공산주의를 비판하는 논설을 1925년까지 두 번 더 『태평양잡지』에 실었다. 이승만, 「사회공산주의에 대하여」, 『태평양잡지』 1924년 7월호, 12~13쪽; 「공산주의」, 같은 잡지, 1925년 7월호, 9~11쪽 참조.

26) 『우남실록』, 80쪽.

27) 『우남실록』, 121쪽

28) 『우남실록』, 122~123쪽.

29) 김광섭 편, 『이대통령 훈화록』(중앙문화협회, 1950), 40쪽.

30) 리승만, 『독립정신』, 55쪽.

31) 위의 책, 114쪽 참조.

32) 『우남실록』, 383쪽.

33) 리승만, 『일민주의 개술』, 4~10쪽.

34) 위의 책, 3, 16~24쪽; 김광섭 편, 『이대통령 훈화록』, 134~135쪽.

35) 圖治先在篤交隣/臨事當問達變人/憂國戒存孤立勢/導民務作自由身/法僑恐後無泥舊/從善爭前莫厭新/敎育俊英今最急/養兵唯止壓邊塵, 「和白虛八條詩(백허의 8조시를 화작함)」, 리승만 저, 신호열 역, 『체역집(替役集)』(동서출판사, 1961), 건(乾), 56~57쪽.

36) 『대한독립혈전긔』, p. 27; "We believe in education of the people, which is more important than any other governmental activities." 원성옥 역, 『First Korean Congress』, 38쪽.

37) 『우남실록』, 384쪽.

38) 원영희 등 편, 『뭉치면 살고』, 272쪽.

39) 위의 책, 212쪽.

40) 『우남실록』, 383쪽.

41) 위의 책, 399~400쪽.

42) 리승만, 『일민주의 개술』, 19~20쪽.

연표(年表, 1875~1948)

1875(고종12년) 3. 26. | 황해도 평산군(平山郡) 마산면(馬山面) 능내동(陵內洞)에서 부친 이경선(李敬善)과
　　　　모친 김해 김씨(金海金氏) 사이에 3남 2녀 중 막내로 출생. 아명은 승룡(承龍). 승룡의 두 형이
　　　　어린 나이에 요절했기 때문에 6대 독자로 자라남.

1877 | 서울로 이사하여 남대문 밖 염동(鹽洞)과 낙동(駱洞)에서 살다가 도동(桃洞)의 우수현(雩守峴)으
　　　　로 옮겨가 성장함.

1879 | 퇴직 대신 이건하(李建夏)의 낙동서당(駱洞書堂)에 입학.

1885 | (전)종친부 종정경 이근수(李根秀)가 세운 도동서당(桃洞書堂)에 입학하여 신긍우(申肯雨), 신흥
　　　　우(申興雨) 등과 함께 수학.

1890(15세) | 동갑내기인 음죽(陰竹) 박씨(朴承善)와 결혼.

1895(20세). 4. 2. | 신긍우의 권유로 배재학당(培材學堂)에 입학.

1895. 8. | 배재학당 초급 영어반의 조교사(tutor)로 임명됨.

1896. 11. 30. | 서재필(徐載弼)의 지도하에 배재학당 안에 결성된 협성회(協成會) 서기가 됨.

1897(22세). 7. 8. | 배재학당을 '졸업'함. '방학 예식'에서 "조선의 독립(The Independence of Korea)"이라
　　　　는 주제로 영어 연설을 함.

1898. 1. 1. | 『협성회회보』의 주필이 됨.

1898. 3. 10. | 독립협회(獨立協會)가 후원하는 제1차 만민공동회(萬民共同會)의 총대위원(總代委員)으로
　　　　뽑혀 가두연설을 함.

1898. 4. 9. | 『매일신문』 창간에 참여함. 5월 14일부터 사장, 저술인 및 기재원(記載員)직을 겸임함.

1898. 8. 10. | 『제국신문』의 창간에 참여하여 편집과 논설을 담당.

1898. 11. 29.~1899. 1. 1. | 중추원(中樞院) 의관(議官)으로 임명되어 활약함.

1899(24세). 1. 9. | 박영효(朴泳孝) 지지자들이 주동한 고종(高宗) 황제 폐위 음모에 가담한 죄목으로
　　　　체포되어 경무청에 구금됨.

1899. 1. 30. | 탈옥 실패.

1899. 7. 11. | 고등재판소 재판에서 태일백(笞一百)과 종신형(終身刑) 선고를 받고 한성감옥서(漢城監獄
　　　　署)에 수감됨.

1899. 7. 27. | 아들 봉수(鳳秀(아명 : 태산〈泰山〉))가 태어남.

1904. 6. 29. | 옥중에서 『독립정신』을 탈고함.

1904. 8. 9. | 세 차례의 특사(特赦)로 출옥함.

1904(29세). 11. 4. | 대한제국의 밀사로 뽑혀 미국으로 출발.

1904. 11. 29. | 하와이의 호놀룰루에 도착.

1904. 12. 31. | 샌프란시스코를 거쳐 워싱턴D.C에 도착.

1905. 1. 15. | 『워싱턴 포스트』지, 일본의 한국 침략을 규탄하는 이승만의 인터뷰 기사를 게재함.

1905. 2. | 조지워싱턴 대학교(George Washington University)에 입학함.

1905. 2. 20. | 딘스모어(Hugh A. Dinsmore) 미 하원의원과 함께 미 국무장관 헤이(John M. Hay)를 면담함.

1905. 4. 23. | 워싱턴D.C에 있는 커베넌트 장로교회(The Covenant Presbyterian Church)의 햄린(Lewis T. Hamlin) 목사로부터 기독교 세례를 받음.

1905(30세). 8. 4. | 윤병구(尹炳求)와 함께 뉴욕 오이스터 배이(Oyster Bay)의 사가모어 힐 (Sagamore Hill)에 있는 '여름 백악관'에서 미국 대통령 시어도어 루즈벨트(Theodore Roosevelt)를 면담함. 루즈벨트에게 한국의 독립 보존을 위해 미국이 거중조정을 해 줄 것을 요청함.

1905. 9. 10. | 대한제국의 시종무관장(侍從武官長) 민영환(閔泳煥)으로부터 친서와 함께 300 달러를 받음(11. 30. 민영환 자결).

1906. 2. 26. | 아들 봉수가 미국 필라델피아에서 사망함.

1907. 6. 5. | 조지 워싱턴 대학교의 콜럼비아 학부를 졸업함(B.A. 취득).

1906. 7. | 매사추세츠 주(州) 노스필드(Northfield)에서 개최된 '만국[기독]학도대회'에서 한국 총대(總代)로 활약함.

1907. 6. 23. | 『워싱턴 포스트』지, 이승만이 YMCA에서 행한 연설(제목 | '고요한 아침의 나라 한국')을 게재함.

1907. 9. | 하버드 대학교(Harvard University) 대학원 석사과정에 입학함.

1907. 8. 1. | 뉴욕에서 이상설(李相卨)을 만남.

1908. 7. 10.~15. | 콜로라도 주 덴버(Denver)에서 개최된 '애국동지대표자대회(The Korean Patriots' Delegation Convention)'에서 의장(議長)으로 선출됨.

1908. 9. | 프린스턴 대학교(Princeton University) 대학원 박사과정에 입학함.

1910. 2. 23. | 하버드대 대학원에서 석사학위(M.A.)를 취득함. 이 달에 로스앤젤레스에서 『독립정신』이 출판됨.

1910. 3. 21. | 대한인국민회(大韓人國民會) 북미상항지방회(北美桑港地方會)에 입회함.

1910(35세). 7. 18. | 프린스턴 대학교에서 박사학위(Ph.D.)를 취득함(논문 제목 "Neutrality As Influenced by the United States").

1910. 7. 19. | 황성기독교청년회(서울YMCA)의 '학생부 간사'(Student Department Secre-tary. 일명 한국인 총무〈Chief Korean Secretary 또는 학감〈學監〉)로 임명됨.

1910. 9. 3. | 귀국 차 뉴욕 출발.

1910(35세). 10. 10. | 서울에 도착함.

1910. 10.~1912. 3. 26. | 서울YMCA의 학감(Principal of YMCA High School)으로 활동함.

1911. 5.~6. | 전국 순회 전도여행 끝에 개성(開城)에 있는 한영서원(韓英書院)에서 '제2회 전국기독학생 하령회(夏令會)'를 개최함.

1911. 10. | 모트(John R. Mott: 穆德) 저 『신입학생인도(Work for New Students)』를 번역 출판함.

1912. 3. 9. | 서울에 소집된 '감리교회 각 지방 평신도 제14기 회의'에서 미국 미네소타 주 미니애폴리스에서 열리는 '기독교 감리회 4년총회'의 한국 평신도 대표로 선출됨.

1912(37세). 3. 26. | 미국을 향해 서울 출발.

1912. 3말~4초 | 중도에 일본 카마쿠라[鎌倉]에서 개최된 '[한인]학생대회'에 참가하여 의장직을 맡음.

1912. 4. 5. | 도쿄에서 '학생복음전도단'을 발족시킴.

1912. 4. 10. | 감리교 동북아 총책 해리스 감독(Bishop Merriman C. Harris)과 함께 미국으로 향발.

1912. 2. | 이승만의 영문 저서 『미국의 영향하의 (국제법상) 중립(Neutrality As Influenced By the United States)』이 프린스턴대학교 출판부에서 출판됨.

1912. 5. 1. | 미니애폴리스에서 개최된 기독교 감리회 4년총회에 한국 평신도 대표로 참석 함.

1912. 6. 19. | 뉴저지 주 지사(知事) 윌슨(Woodrow Wilson)을 씨거트(Sea Girt)에 있는 주지사 별장에서 면담. 이 면담에서 일제 총독부의 한국 기독교 탄압에 관해 보고하고, 윌슨이 개입해 줄 것을 요청했을 것으로 추정됨.

1912. 6. 30. | 윌슨 주지사와 두 번째로 면담.

1912. 7 .6. | 윌슨 주지사와 세 번째로 면담.

1912. 8. 14. | 네브래스카 주 헤스팅스(Hastings)에 있는 박용만(朴容萬)을 찾아가 그가 조직한 '한인소년병학교'의 학도들을 격려하고, 박용만과 앞으로의 진로에 대해 상의함.

1913. 1. 10. | 미국 동부 캠던(Camden)에서의 YMCA 직무를 완수하고 하와이로 떠남.

1913(38세). 2. 3. | 하와이의 호놀룰루에 도착함. 부친의 부음(1912. 12. 5.)에 접함.

1913. 4. | 호놀룰루에서 『한국교회핍박』을 출판함.

1913. 5.~7. | 안현경(安玄卿)의 안내로 하와이 군도(群島)를 답사함.

1913. 8. 26. | 미 감리교 선교회 감리사 와드맨(John W. Wadman) 박사의 추천으로 '한인기숙학교'의 교장직을 맡음.

1913. 9. 2. | '한인기숙학교'의 이름을 '한인중앙학원'으로 바꾸고 학제를 개편함.

1913. 9. 20. | 『태평양잡지(The Korean Pacific Magazine)』를 창간함.

1914. 8. 29. | 박용만이 창설한 '대조선국민군단(大朝鮮國民軍團)'의 병학교(兵學校) 막사와 군문 낙성
식에 참석하여 '믿음'이라는 주제로 강연을 함.

1915(40세). 5. 1.~6. 15. | '대한인국민회 하와이 지방총회'(회장 김종학)의 임원들이 재정을 범용(犯用)했
다는 이유로 특별 대의회를 소집하게 만든 다음, 이 대의회를 통해 (박용만의 대조선국민군단을 밀
어 주던) 기존의 회장단을 축출하고 그 대신 자기를 지지하는 인사들로써 새 회장단을 구성함.
이 '풍파'를 통해 이승만은 '대한인국민회 하와이 지방총회'의 재정권을 장악함.

1915. 6. | '한인중앙학원'의 교장직과 미 감리교 지방회 교육분과 위원장직을 사퇴함.

1915. 7. | '하와이 국민회'의 재정 지원으로 학교 부지 3에이커를 확보하고, '여학생 기숙사'를 건립함.

1916. 3. 10. | '여학생 기숙사'를 확장하여 '한인여자학원'을 설립함.

1918. 3. 19. | 박용만이 제2차 풍파에서 이승만을 '독재자'라고 규탄함.

1918. 7. 29. | 호놀룰루에 '신립교회'를 세움.

1918(43세). 9. | '한인여자학원'을 '한인기독학원(The Korean Christian Institute)'으로 개명하고 남녀공학
제로 개편함.

1918(43세). 11. 25. | 샌프란시스코의 '대한인국민회 중앙총회' 임시협의회에서 이승만을 정한경(鄭翰
景)·민찬호(閔燦鎬)와 함께 파리 강화회의에 참석할 한국 대표로 선출함.

1918. 12. 23. | '신립교회'의 평신도회의에서 교회 이름을 '한인기독교회(The Korean Christian Church)'
로 바꾸기로 결의함.

1919. 1. 6. | 파리 강화회의에 참석하기 위해 미주 본토를 향해 호놀룰루를 출발함.

1919. 1. 22. | 로스앤젤레스에서 대한인국민회 중앙총회장 안창호(安昌浩)를 만나 현안을 논 의함.

1919. 2. 3. | 필라델피아에 도착하여 서재필, 정한경, 장택상(張澤相), 민규식(閔奎植) 등과 함께 향후
독립운동 추진 방략에 대해 논의함.

1919. 2. 25. | 정한경이 작성해온 '위임통치청원서'를 검토한 다음 이 문서에 공동으로 서명 함.

1919. 2. 27. | 미 국무장관 대리 폴크(Frank L. Polk)에게 파리행 여권을 신청함.

1919. 3. 3. | 정한경과 공동 명의로 '장차 완전한 독립을 보장해 준다는 조건하에 한국을 [조만간 창설
될] 국제연맹(The League of Nations)의 위임통치(委任統治)하에 둘 것'을 요청하는 청원서를 윌슨
미 대통령에게 제출함.

1919. 3. 5. | 미 국무부의 폴크 국무장관 대리로부터 여권 발급 불가(不可) 통고를 받음.

1919(44세). 3. 10. | 서재필로 부터 국내에서 3.1운동이 발발했다는 소식을 전해 들음.

1919. 4. 5. | 자신이 노령(露領)에 수립된 임시정부의 '국무급(及)외무총장(국무경)'으로 추대되었다

(3.21.)는 소식을 들음.

1919. 4. 14.~16. | 필라델피아 시내 '리틀 시어터(Little Theater)'에서 서재필을 의장으로 추대하고 '한인대표자대회(The First Korean Congress)'를 개최함.

1919. 4. 15. | 상하이[上海]에 수립된 대한민국임시정부(大韓民國臨時政府)의 '국무총리'로 선임되었다는 사실(4.10.)을 전보로 통보받음.

1919. 4. 23. | 워싱턴D.C.에 'The Republic of Korea'의 활동본부를 설치함.

1919. 5. 16. | 필라델피아 시내 성삼위교회(Holy Trinity Church)의 톰킨스(F. W. Tomkins) 목사가 '한국친우회(The League of the Friends of Korea)'를 설립함. 서재필이 서기직을 맡음.

1919. 5. 말 | 서울에서 선포된 세칭 한성임시정부(漢城臨時政府)의 '집정관총재(執政官總裁)'로 추대되었다(4.23.)는 사실과 이를 입증하는 문건들을 입수함.

1919. 6. 14.~27. | '대한민주국 대통령(President of the Republic of Korea)'의 명의로 미. 영, 프(佛), 이(伊), 일본 등 여러 나라 정부 수반들과 파리 강화회의 의장에게 '대한민주국'을 승인할 것을 요청하는 공문을 발송함.

1919. 7. 4. | '대한민주국 임시대통령' 명의로 「대통령 선언서」를 발포함.

1919. 7. 17. | 워싱턴D.C.에 '대한민주국' 임시공사관을 개설함.

1919. 8. 15. | 호놀룰루의 태평양잡지사를 통해 『대한독립혈전기(大韓獨立血戰記)』를 출판함.

1919. 8. 25. | '대한민국 집정관총재' 직권으로 워싱턴D.C.에 '구미위원부(The Korean Commis-sion to America and Europe)'를 설립하고 김규식(金奎植)을 초대 위원장으로 임명함.

1919. 9. 1. | 김규식 위원장과의 공동 명의로 작성된 '대한민국 공채표(公債票)'를 발매하기 시작함.

1919. 9. 6 | 상하이 대한민국 임시정부에서 개헌을 단행하여 이승만을 '임시대통령'으로 선출.

1919. 10.~1920. 6. | 서재필, 헐버트(Homer B. Hulbert) 및 베크(S. A. Beck) 목사 등과 함께 미국 각지를 순회하면서 '대한민주국(혹칭 대한민국)' 지지를 호소하는 강연을 하고 방문한 도시에 '한국친우회'를 조직함.

1920. 3. 17. | 미 상원 본회의에서 한국과 아일랜드에 대한 독립 동정안이 상정되어 표결에 부쳐진 결과 아일랜드안은 38:36으로 가결되고 한국안은 34:46으로 부결됨.

1920. 6. 29. | 상하이에 있는 임시정부를 방문하기 위해 워싱턴D.C.를 떠나 호놀룰루에 도착.

1920. 11. 16. | 임병직(林炳稷)과 함께 상하이행 운송선 웨스트 히카호(The West Hika)에 승선함.

1920(45세). 12. 5. | 상하이에 도착함.

1920. 12. 12.~5. 28. | 미국인 안식교 선교사 크로푸트(J. W. Crofoot)목사의 사택에서 기거(寄居)함.

1920. 12. 13. | 상하이 임시정부 청사를 순시함.

1920. 12. 28. | 상하이교민단[上海僑民團]이 베푼 환영회에 참석함.

1921. 1. 1. | 신년 하례식을 치른 다음 '임시대통령'의 직무 수행 개시. 1월 중에 국무총리 이동휘(李東輝), 노동국총판(《전》내무총장 겸 국무총리서리) 안창호(安昌浩), 학무총장 김규식(金奎植) 등과 세 차례 국무원[내각]회의를 개최하고 독립운동 추진 방략 및 구미위원부 개혁 문제 등에 관해 격론을 펼침.

1921. 2. | 호놀룰루의 갈리하이 계곡에 '한인기독학원'의 새 교사가 준공됨.

1921. 3. 5.~10. | 장붕(張鵬)과 함께 난징[南京]을 방문하여 관광함.

1921. 3. 25.~27. | 크로푸트 목사 부처와 함께 자딩현 류허[嘉定縣 劉河]를 유람함.

1921. 5. 17. | 상하이 임시정부 임시의정원에 '외교상 긴급과 재정상 절박'을 이유로 불가피하게 상하 이를 떠난다는 교서를 제출함.

1921. 5. 18. | 일반 국민을 상대로 '임시대통령의 유고(諭告)'를 발표함.

1921. 5. 24.~25. | 크로푸트 목사 부처 및 신익희(申翼熙)와 함께 쑤저우[蘇州]를 관광함.

1921. 5. 29. | 마닐라 행 기선 콜럼비아호(S. S. Columbia)에 탑승하여 상하이를 출발함.

1921. 6. 29. | 호놀룰루 항에 도착.

1921(46세). 7. 21. | 호놀룰루에서 민찬호 이종관(李鍾寬) 안형경을 앞세워 '임시정부의 옹호와 유지' 를 표방하는 단체로서 대한인동지회(大韓人同志會, 약칭 동지회)를 발족시킴.

1921. 8. 27. | 워싱턴 군비축소회의(The Washington Disarmament Conference, 약칭 워싱턴회의, 일명 태평양회 의)에 참석하기 위해 워싱턴D.C에 도착함.

1921. 9. 29. | 상하이 임시정부로부터 워싱턴회의 '한국대표단'의 대표장(代表長)으로 임명됨. 이와 동 시에 서재필은 대표, 정한경은 서기, 돌프(Fred A. Dolph)는 법률고문으로 각각 임명됨. '한국대 표단'은 (전)미 상원 의원 토마스(Charles S. Thomas)을 특별고문으로 기용함.

1921. 10. 10. | 워싱턴회의에 참석하는 각국 대표들에게 「한국독립청원서」를 배포함.

1921. 12. 1. | 「군축회의에 드리는 한국의 호소[문]」을 배포함.

1921. 12. 28. | 국내 13도 260군의 대표들이 서명한 「한국인민치태평양회의서(韓國人民致太平洋會議 書)」를 워싱턴회의에 배포함.

1922. 1. 25. | 「군축회의에 드리는 한국의 호소[문]」 속편을 배포함.

1922. 3. 22. | '대한인국민회 하와이 지방총회'를 '하와이 대한인 교민단'으로 개명 개편함.

1922. 9. 7. | 워싱턴회의가 아무 소득 없이 폐막(2.6.)한 후, 이승만은 미 본토의 여러 도시를 거쳐 호 놀룰루로 귀환함.

1923. 6. | 남학생 12명, 여학생 8명 및 3명의 지도교사로 구성된 '(하와이)학생고국방문단'을 한국에 파견함.

1923. 1. 3.~6.27. | 상하이에서 이승만을 반대하는 인사들이 '국민대표회의(國民代表會議)'를 개최하

고 임정의 '개조' 혹은 '창조'에 관해 논의함.

1924. 1. 23.~10. 25. | 이승만, 호놀룰루를 떠나 미국 본토를 두루 여행함.

1924. 1. 19.~31. | 샌프란시스코를 방문함. 임영신(任永信)으로부터 관동대진재(關東大震災) 당시 일본 정부가 저지른 조선인 대학살에 관련된 -유태영(柳泰永)이 수집한- 자료들을 전달받음.

1924. 1. 24.~11. 1. | 미 본토 여러 도시를 순방한 다음 파나마 운하를 거쳐 하와이로 귀환.

1924(47세). 6. 16. | 상하이 임시정부의 임시의정원, '대통령 유고안(有故案)'을 통과시키고 이를 이승만에게 통보함.

1924. 9. 10. | 상하이 임시의정원, '대통령 유고안'을 확정하고, 국무총리 이동녕(李東寧)에게 대통령직 직무대리를 명함.

1924. 11. 23. | 호놀룰루에서 개최된 '하와이한인대표회의'에서 이승만이 '대한인동지회'의 '총재'로 선출됨.

1924. 12. 17. | 상하이 임정의 이동녕 국무총리가 사퇴하고 그 대신 박은식(朴殷植)이 '국무총리 겸 임시대통령 직무대리'직을 맡음.

1925. 3. 10. | 박은식 국무총리 겸 임시대통령 직무대리, '임시대통령령(令) 제1호'로 구미위원부 폐지를 명함.

1925(50세). 3. 18. | 상하이 임시정부의 임시의정원, 임시대통령 이승만 탄핵안을 가결함.

1925. 3. 23. | 상하이 임정의 '임시대통령 이승만 심판위원회'에서 이승만 임시대통령 면직안을 가결함. 이날, 서울의 신흥우 자택에서 흥업구락부(興業俱樂部, 회장 이상재)가 비밀리에 결성됨.

1925(50세). 12. | 이승만, 호놀룰루에 동지식산회사(同志殖産會社)를 설립하고 하와이 섬(Island of Hawaii)에 동지촌(同志村)을 조성함.

1930(55세). 7. 15.~21. | 이승만, 호놀룰루에 '동지미포대표회(同志美布代表會)'를 소집 개최.

1930. 8. | 호놀룰루에서 김현구(金鉉九), 김원용, 이용직 등이 이승만을 배격하는 '민중화운동(Democratization Revolt)'을 개시함.

1931. 1. 13. | 동지회 회원들이 호놀룰루의 교민총단관(僑民總團館)을 점령하고 그 건물의 소유권을 주장하는 사건이 발생함.

1931. 4. 16. | 하와이 순회재판소의 크리스티(Albert M. Cristy) 판사, 교민총단관의 소유권이 교민단에 있다고 판결함. 이 달에 동지식산회사가 파산(破産)함.

1931. 11. 21. | 이승만, 하와이를 떠나 로스앤젤레스를 거쳐 뉴욕으로 감.

1932(57세). 11. 10. | 상하이 임시정부의 국무회의에서 이승만을 제네바에서 열릴 예정인 '국제연맹(The League of Nations)총회'에 참석할 대한민국 임시정부의 '특명전권수석대표'로 임명함.

1932. 12. 23. | 이승만, 미 국무장관 스팀슨(Henry L. Stimson)이 서명한 '외교관 여권'을 가지고 제네바

의 국제연맹 본부로 향해 뉴욕을 출발함.

1933. 1. 2. | 영국 리버풀에 도착함.

1933. 1. 4. | 비행기로 런던을 떠나 파리를 거쳐 제네바에 도착함.

1933. 2. 1. | '하와이 교민총단'의 명칭이 '하와이 국민회'로 복원됨.

1933. 2. 8. | 이승만, 「만주에 있는 한국인의 진상(Statement of the Koreans in Manchuria)」이라는 문건을 작성하여 이를 국제연맹 회원국 대표들과 신문기자들에게 배포함.

1933. 3. 20. | 『만주에 있는 한국인들(The Koreans on Manchuria)』이라는 책자를 저술하여 이를 국제연맹 사무총장 드러먼드(Eric Drummond)에게 증정하고 제네바에 모여든 각국 외관들과 언론인들에게 배포함.

1933. 2. 21. | 제네바의 '드 룻시 호텔' 식당에서 프란체스카 도너(Francesca Donner) 양을 처음 만남.

1933. 4. 13. | 취리히에 사는 이한호(李漢浩)의 가족과 함께 부활절 주말을 즐김.

1933. 6. 27. | 파리에서 러시아 입국 비자를 취득함.

193.7. 4. | 런던을 방문하여 '런던경제회의(The London Monetary and Economic Conference)'의 진행 상항을 라디오를 통해 청취함.

1933. 7. 9. | 러시아 입국을 준비하기 위해 빈(비엔나)에 들렀을 때 프란체스카 도너 양과 데이트를 즐김.

1933. 7. 14. | 빈 주재 중국 대리공사 둥더치엔[董德乾]의 소개로 소련공사 페트로부스키(Adolph M. Peterovsky)를 만나 자시의 '4국 항일연대안((抗日連帶案)'을 설명하고 협조를 요청. 페트로부스키 공사, 본국에 보고하여 협조토록 하겠다고 약속.

1933. 7. 19.~20. | 모스크바에 도착한 지 하루 만에 강제 출국을 당함.

1933. 8. 19. | 미국을 향해 이탈리아의 니스(Nice) 항을 출발.

1933. 8. 16. | 뉴욕에 도착함.

1934. 7. 22. | 미 국무부의 정치고문 혼벡(Stanley Hornbeck) 박사에게 프란체스카 도너 양의 미국 입국 비자 발급 협조 요청.

1934. 10. 8. | 뉴욕 렉싱턴 가의 몽클래어 호텔(Hotel Montclair)에서 프란체스카 도너 양과의 결혼식을 거행함.

1935. 1. 24. | 이승만 부부, 호놀룰루 항에 도착함.

1938. 4. 24. | 호놀룰루 시 릴리하 가에 '한인기독교회' 예배당 건물을 낙성함.

1939(64세). 11. 17. | 이승만 부부, 호놀룰루를 떠나 워싱턴D.C.로 이사함.

1941. 8. 1. | 뉴욕의 프래밍 H. 레벨사를 통해 영문 저서 『일본내막기(Japan Inside Out)』를 출판함.

1941. 4. 20. | 재미한족연합위원회(在美韓族聯合委員會), 충칭 임시정부에 이승만을 주미 외교위원장으로 추천함.

1941. 6. 4. | 충칭 임시정부, 이승만을 '대한민국임시정부 주미외교위원부(駐美外交委員部) 위원장(委員長) 겸 주워싱턴전권대표(駐華城頓全權代表)'로 임명함.

1941. 12. 9. | 미 국무부 정치고문 혼벡에게 자신의 '신임장'을 제출하고, 미 대통령 프랭클린 루스벨트(Franklin D. Roosevelt)와 국무장관 헐(Cordell Hull)에게 충칭 임시정부의 대일(對日)선전포고문을 보내면서 대한민국 임시정부의 승인을 요청함.

1942. 1. 16. | 이승만의 대미 외교를 도와줄 로비 단체 '한미협회(The Korean-American Council)'가 결성됨(이사장 해리스〈Frederick B. Harris〉 목사).

1942. 2. 27. | 미 국무장관 헐에게 자신의 '신임장'과 임정 승인 요청서를 정식으로 제출함.

1942. 3. 23. | 미 국무장관 헐에게 임정 승인을 문서로 요청함.

1942. 2. 28.~3. 1. | 워싱턴D.C.의 라파예트 호텔(Lafayette Hotel)에서 '한인자유대회(The Korean Liberty Conference)'를 개최함.

1942. 5. 5. | 한미협회의 크롬웰(James H. R. Cromwell) 회장이 미 국무장관 헐에게 문서로 임정 승인을 촉구함.

1942. 6. 13.~7. | 몇 차례에 걸쳐 '미국의 소리(VOA)' 단파 방송망을 통해 고국의 동포들에 게 일제의 패망이 임박했다는 기쁜 소식을 전함.

1942. 10. 10. | 미 전략첩보국(OSS)의 부국장 굿펠로(M. Preston Goodfellow) 대령에게 한인 항일 게릴라 조직을 건의함.

1942. 12. 31. | 미 국무장관 헐에게 면담을 요청함.

1943. 2. 16. | 미 국무장관 헐에게 편지로 만약 미 정부가 임정을 당장 승인하지 않으면 전후(戰後) 한반도에 친소 공산 정권이 수립될 것이라고 경고함.

1943. 2. 17. | 미 육군장관 스팀슨에게 한인 항일 게릴라 조직안을 제출함.

1943. 3. 30. | 미 육군장관 스팀슨에게 "하와이에 거주하는 한인 동포들을 일본인과 동일하게 취급하지 말아 달라"라는 내용의 서한을 발송함.

1943. 5. 15. | 미 대통령 루스벨트에게 극동에서의 소련의 야욕에 대한 경각심을 불러일으키면서 충칭 임정을 즉각 승인할 것을 요청하는 서한을 보냄.

1943. 8. 23. | 제1차 퀘백(Quebec)회의에 참석한 루스벨트 대통령과 처칠(Winston Churchill) 영국 총리에게 전보로 임정 승인과 광복군에 대한 군사 지원을 요청함.

1943. 10. 4. | 재미한족연합위원회 이사부(理事部), 이승만의 외교 실권을 약화시킬 목적으로, 충칭 임정에 이승만을 임시정부의 '외교 고문'으로 천거함.

1943. 12. | 이승만을 지지하는 동지회가 재미한족연합위원회에서 탈퇴함.

1944. 8. 21. | 이승만, 루스벨트 대통령에게 임정 승인을 촉구하는 서한을 다시 보냄.

1944. 9. 11. | 제2차 퀘백회의에 참석 중인 루스벨트와 처칠에게 전보로 카이로 선언문의 문제점을 지적하면서 일본 패망 후 한국의 즉각적인 독립을 요구함.

1944. 10. 25. | 루스벨트 대통령에게 편지로 임정 승인을 다시 촉구함.

1944. 11. | 미 체신부, 태극기 마크가 그려진 우표를 발행함.

1945. 2. 5. | 미 국무차관 그루(Joseph C. Grew)에게 편지로 중국 정부가 임정을 승인할 태세를 갖추었음을 알리고, 한반도에 공산 정권을 수립하려는 소련의 야욕을 좌절시키기 위해 충칭 임정을 당장 승인할 것을 촉구함.

1945. 3. 8. | 미 국무장관 스테티니우스(Edward R. Stettinius, Jr.)에게 임정 대표를 4월에 샌프란시스코에서 개최될 '국제기구에 대한 연합국회의(The United Nations Conference on International Organization)'에 초청해줄 것을 요구함.

1945. 4. 20. | 스테티니우스 장관에게 임정의 샌프란시스코 연합국회의 참가권을 재차 요구.

1945. 5. 11.~15. | 샌프란시스코 연합국회의에서 '얄타 밀약' 폭로.

1945. 7. 21. | 포츠담에서 처칠 및 스탈린과 회담 중인 미 대통령 트루먼(Harry S. Truman)에게 전보로 해방 후 1년 이내에 총선을 실시할 것을 전제로 연합국의 3거두가 임정을 승인한다는 공동성명서를 발표해 줄 것을 요청함.

1945. 9. 14. | 서울에서 결성된 '조선인민공화국'의 주석(主席)으로 추대됨.

1945. 10. 4. | 환국 차 단신으로 워싱턴D.C. 공항을 출발함.

1945. 10. 14.~15. | 일본 도쿄에서 미 태평양 육군 총사령관 겸 일본 점령 연합국 총사령관 맥아더(Douglas A. MacArthur) 장군과 주한 미군 총사령관 하지(John R. Hodge) 중장을 면담함.

1945(70세). 10. 16. | 정오에 김포공항에 도착하여 조선호텔에 투숙함.

1945. 10. 24. | 돈암장(敦岩莊)으로 숙소를 옮김

1945. 10. 25. | '조선독립촉성중앙협의회(朝鮮獨立促成中央協議會)'를 개최함. 회장으로 추대됨.

1946. 2. 8. | '조선독립촉성중앙협의회'와 '신탁통치반대국민총동원위원회'를 통합한 '대한독립촉성국민회(大韓獨立促成國民會)'의 총재로 추대됨.

1946. 2. 21. | 프란체스카 여사가 서울에 도착함.

1946. 2. 25. | 남조선대한국민대표민주의원(南朝鮮大韓國代表民主議院)의 의장으로 선출됨.

1946. 2. 말 | 중앙방송을 통해 '과도정부 당면정책 33항'을 발표함.

1946. 4. 15.~6. 말 | 이승만, 남한 각지를 순회하며 반공 반탁 및 독립촉성을 강조하는 강연을 함.

1946. 6. 3. | 정읍(井邑)에서 '남방만이라도 임시정부 혹은 위원회 같은 것을 조직해야 할' 필요가 있다는 이른바 남한 과도정부 수립론을 제창함.

1946. 6. 29. | 이승만, 민족통일총본부(民族統一總本部)를 설립함.

1946. 9. 12. | 돈화문(敦化門) 앞에서 권총 저격을 받음.

1946. 12. 4. | 미 정부의 최고지도자들과 UN총회 의장 등에게 한국의 실정을 알리고 남한 과도 독
립 정부 수립을 촉구할 목적으로 미국으로 출발함('방미외교' 개시). 도쿄에 들러 맥아더 장군을
면담함.

1946(71세). 12. 8. | 워싱턴D.C에 도착함.

1947. 1. 17. | 미 국무부 극동국장에게 「한국 문제 해결책」(A Solution for Korean Problem)이라는 6개 항
목의 정책건의서를 제출함.

1947. 2. 15. | 애치슨(Dean Acheson) 국무차관 주관 아래 '한국 문제 [국무부-육군부] 부간(部間)특별위
원회(Special Inter-Departmental Committee on Korea)' 설치 가동

1947. 2. 22. | 맥아더 장군, 신임(新任) 미 국무장관 마셜(George C. Marshall)에게 한국 독립 문제 해결
방안의 하나로서 한국 문제를 유엔에 이관할 것을 건의함.

1947. 3. 13. | '트루먼 독트린'이 발표된 다음 날, 트루먼 대통령에게 미국이 남한에서 추진 하고 있는
좌우합작운동을 중단하고 남한에 과도 독립 정부를 수립할 것을 촉구하는 서한을 발송함.

1947. 3. 22. | 『뉴욕 타임스』지에 남한에 과도 독립 정부가 조만간 수립될 것이라고 예고하면서, 그
정부에 대해 미 행정부가 대규모의 경제 지원을 하고, 남 북한이 통일될 때까지 미군을 주류
(駐留)시킬 것 등을 요구하는 내용의 「성명서」를 발표함.

1947. 4. 4. | 이승만, 워싱턴D.C를 출발함. 이날, 미 육군장관 패터슨(Robert P. Patterson)이 애치슨(Dean
Acheson) 국무차관에게 남한에 대규모 경제 원조를 제공하지 않는다는 조건 아래 남한에서
조속히 그리고 '우아하게' 철군을 단행하되 그 방법으로서 한국문제를 유엔에 이관하거나 남
한에 독립 정부를 세울 것을 제의함,

1947. 4. 6. | 도쿄에서 맥아더 장군과 면담함.

1947. 4. 13. 16. | 난징에서 장제스[蔣介石] 총통과 두 차례 면담함.

1947. 4. 21. | 광복군 사령관 이청천(李靑天) 등과 함께 김포공항에 도착.

1947. 5. 22. | 제2차 미소공위 회담이 서울에서 개최됨.

1947. 7. 1. | 서재필이 하지 사령관의 최고 고문 겸 미 군정청 특별의정관으로 서울에 도착.

1947. 7. 10. | '한국민족대표자대회'(의장 배은희(裵恩希))를 발족시킴.

1947. 7. 29. | 제2차 미소공위 회담이 혼돈 상태에 빠짐. SWNCC 산하의 '한국 문제 담당 특별위원
회(Ad Hoc Committee on Korea)를 설치함. 이 위원회에서 8월 6일 전후에 미소공위가 완전히 결
렬될 경우 미국은 남한에서 유엔 감시 하에 총선거를 실시하여 단독 정부를 수립한다는 등의
내용이 담긴 '앨리슨 계획(The Allison Plan)'을 작성 제시함.

1947. 8. 6. | SWNCC, '앨리슨 계획'을 미 정부의 공식 정책안(SWNCC 176/30)으로 채택함.

1947. 8. 26. | 민대 산하에 '총선대책위원회'(위원장 신익희〈申翼熙〉)를 발족시킴.

1947. 9. 17. | 마셜 국무장관이 유엔 총회에 출석하여 그 동안 미소공위에서 어떠한 합의도 이루어지지 않았기 때문에 한국 문제를 유엔 총회에 이관한다는 취지의 연설을 함.

1947. 9. 21. | 이승만, '대동청년단'(단장 이청천)의 총재직을 수락함.

1947. 9. 29. | 마셜 국무장관의 집무실에서 개최된 '임시간부회의'에서 주한 미군을 완전히 철수하기로 결정. 그리고 이 철군 계획을 미국이 유엔 총회에 제출할 한국 정부 수립 결의안에 포함시키기로 결정함.

1947. 10. 18. | 이화장(梨花莊)에 입주함.

1947. 11. 14. | 뉴욕의 레이크 석세스(Lake Success)에서 개최된 제2차 유엔 총회에서 미국 대표 덜레스(John Foster Dulles)가 제안한 한국 독립 정부 수립 결의안이 찬성 43표, 반대 0표, 기권 6표로 통과됨.

1948. 1. 8. | 남 북한에서 실시될 총선거를 감시하는 데 필요한 조치를 취하기 위해 8개국(오스트레일리아, 캐나다, 중국, 엘살바도르, 프랑스, 인도, 필리핀, 시리아) 대표들로써 구성된 유엔한국임시원단(UNTCOK)이 서울에 도착.

1948. 2. 26. | 유엔 소총회, 선거 실시가 가능한 남한에서 총선거를 실시하여 남한 단독 정부를 수립하자는 미국 대표(Philip C. Jessup)의 결의안이 찬성 31, 반대 2, 기권 11표로 가결됨.

1948. 3. 12. | 유엔임시위원단의 전체 회의에서 "선거가 언론, 출판 및 집회의 자유라는 민주적 권리가 인정되고 존중되는 자유 분위기에서 행해진다는 조건 하에…선거를 참관한다"라는 결의안에 대해 찬반 투표를 실시한 결과 찬성 4표, 반대 2표, 기권 2표로 결의안이 간신히 통과됨.

1948. 5. 10. | 총선거에 유권자 등록률 79.7%, 투표율 95.2%라는 압도적 다수의 남한 국민 이 참여함. 이승만, 제헌국회의원 총선거에 동대문 갑구에서 출마, 무투표로 당선됨.

1948. 5. 31. | 이승만, 제헌의회(制憲議會) 의장으로 선출됨.

1948. 7. 20. | 이승만, 국회에서 대통령(大統領)으로 당선됨.

1948(73세). 7. 24. | 이승만, 대통령직에 취임함.

1948. 8. 15. | 이승만 대통령, 대한민국(大韓民國) 정부 수립을 선포함.

1948. 12. 12. | 파리에서 개최된 제3차 유엔총회에서 48대 6의 다수결로 대한민국 승인안이 통과됨.

1949. 1. 1. | 트루먼 대통령, 무초(John R. Muccio)를 초대 주한 미국 대사로 임명함.

참고문헌

1차 자료

이 책에서 인용된 주요 1차 자료들의 약어(略語)

FRUS: U.S. Department of State. *Foreign Relations of the United States*. Washington, D.C. United States Government Printing Office, 1943~1960.

LBSR: Syngman Rhee. "Log Book of S. R. Since 1904." The manuscript of Syngman Rhee's diary preserved in the Syngman Rhee Institute. Yonsei University.

SRCE: Young Ick Lew, ed., *The Syngman Rhee Correspondence in English*, 1904~1948. Seoul: The Institute for Modern Korean Studies, Yonsei University, 2009.

USPRK: Department of State, U.S., *United States Policy Regarding Korea, 1834~1950*, (미국무부, 미국의 대한정책 1834~1950). Edited and published by the Institute of Asian Culture Studies, Hallym University, 1987.

1. 자료집

국사편찬위원회 편. 『고종·순종실록』. 전3권. 탐구당, 1970.

_____. 『한국독립운동사: 자료』. 제1~3권. 국사편찬위원회, 1971~1973.

_____. 『한민족독립운동사 자료집』. 제5~6권. 국사편찬위원회, 1988.

_____, 『자료 대한민국사』2. 탐구당, 1969.

_____, 『대한민국사 자료집 (28): 이승만 관계 서한 자료집』. 탐구당, 1996.

국회도서관 입법조사국 편. 『구한말조약휘찬』. 전3권. 입법참고자료 제26호. 국회도서관 입법조사국, 1965.

국회사무처 편. 『제헌국회 경과보고서』. 국회사무처, 1986.

대한민국 국회 편. 『제헌국회 속기록』. 대한민국 국회, 1987.

독립기념관 한국독립운동사연구소 편. 『대한민국임시정부 공보』. 독립기념관 한국독립운동사연구소, 2004.

우남실록편찬회(대표: 이위태) 편. 『우남실록, 1945~1948』. 열화당, 1976.

우남이승만문서편찬위원회(위원장: 유영익) 편. 『(이화장 소장) 우남이승만 문서: 동문편』. 전17권. 중앙일보사/연세대학교 현대한국학연구소, 1998.

우남이승만박사 서집발간위원회 편. 『우남 이승만박사 서집』. 도서출판 촛불, 1990.

원영희·최태진 편. 『뭉치면 살고…1898~1944: 언론인 이승만의 글 모음』. 조선일보사, 1995.

유영익·송병기·이명래·오영섭 편. 『이승만 동문 서한집』. 전3권. 연세대학교 출판부, 2009.

정두옥. 「재미 한족독립운동 실기」. (인하대학교)『한국학연구』 3(1991), 37~99쪽.

『조선왕조 선원록』. 전10책. 경기도 광명시, 1992.

종정원 편. 『선원속보』(태종 자손록: 양녕대군파) (규장각 소장, 1902), 제1·3·11·22책.

한국임시정부선전위원회 편, 조일문 역주. 『한국독립운동 문류』. 건국대학교출판부, 1976.

한국정신문화연구원 편. 『한국독립운동사 자료집: 중국인 증언』. 박영사, 1983.

한림대학교 아시아문화연구소 편. Department of State, U.S., *United States Policy Regarding Korea, 1834~1950*. Institute of Asian Culture Studies, Hallym University, 1987.

한림대학교 아시아문화연구소 편. 『주한미군 주간정보요약』. 전5권. 춘천: 한림대학교 아시아문화연구소, 1990.

한시준 편. 『대한민국임시정부 법령집』. 국가보훈처, 1999.

The Institute for Modern Korean Studies ed. *The Syngman Rhee Telegrams*. 4 volumes. Seoul: JoongAng Ilbo and the Institute for Modern Korean Studies, Yonsei University, 2000.

Kim, Se-jin, ed. *Documents on Korean-American Relations, 1943~1976*. Seoul: Research Center for Peace and Unification, 1976.

Lee, Chong-Sik, ed. *Syngman Rhee: Early Years*. Institute for Modern Korean Studies, np. and nd.

U.S. Department of State. *Foreign Relations of the United States*. Washington. D.C.: United States Government Printing Office, 1943~1960.

2. 신문 및 잡지

『공립신문/신한민보』. 학술자료개발원 편. 1905. 11. 22.~1973. 12. 20. 논문자료사. 1991.

김영우 편. 『대한독립혈전긔(獨立血戰記)』. 제1권. 호놀룰루: 한인긔독학원, 1919

『대동신문』. 서울, 1946. 3. 4.~9.

『독립신문』. 서울. 1896. 4. 7.~1899. 9. 14.

『독립신문』. 상하이, 1919~1925.

『동아일보』. 서울, 1920~.

『서울신문』. 서울, 1946. 6. 4.

『태평양잡지』. 호놀룰루, 1913~1930.

『태평양주보』. 호놀룰루. 1930~1940.

The Korean Mission Field. Seoul: Evangelical Missions of Korea, 1895~1941.

The Korean Repository. Seoul: Triljngual Press, 1892, 1895~1898.

Korea Review. Philadelphia: The Korean Student League of America under the auspices of the Bureau of Information for the Republic of Korea/The Korean Information Bureau, 1919~1922.

3. 팸플릿

First Korean Congress, Held in The Little Theatre, 17th and Delancey Streets [Philadelphia], 1919. A pamphlet. Np. nd.

Korean Liberty Conference, Hotel Lafayette, Washington D.C. A pamphlet. Los Angeles, California and Honolulu. T. H.: The United Korean Committee in America, 1942.

Korea's Appeal to the Conference on Limitation of Armament. A pamphlet presented by Mr. Spencer, December 21, 1921. Washington: Government Printing Office, 1922.

원성옥 역. 『최초의 한국 의회』. 서울: 범한서적주식회사, 1986.

4. 사전(辭典)

김승태·박혜진 엮음. 『내한 선교사 총람, 1884~1984』. 한국기독교역사연구소, 1994.

이홍직 편. 『국사대사전』. 지문각, 1963.

Boorman, Howard I. ed. *Biographical Dictionary of Republican China*. 4 volumes. New York and London: Columbia University Press, 1970.

5. 연세대학교 이승만 연구원 소장 자료

(1) 이승만의 미간 원고

Rhee, Syngman. "Auto-Biographical Notes." N.d.

_____. "Autobiography of Dr. Syngman Rhee." A collection of Rev. George A. Fitch.

_____. "Brief Biography." October 31, 1932.

_____. "Dr. Rhee [in] San Francisco-April, 1945.

_____. "Grew's Statement." June 15, 1945.

_____. "Historical Accounts of Korean Provisional Government." Ca. 1942.

_____. "Koreans who are opposed to the Korean provisional government." Ca. 1942.

_____. "Log Book of S. R." November 4, 1904 to December 28, 1934; January 5 to December 31, 1944.

_____. "Memo-June 2, 1945."

_____. "Memorandum—June 10, 1945."

_____. "The 1919 Movement." N.d.

_____. (가칭) "Story of How I Went to Shanghai." Ca. 1921.

_____. "What is Our State Department Doing[?]." June 21, 1945.

(2) 서한문

From Syngman Rhee to Philip Jaisohn. January 24, 1913.

From Sygman Rhee to Kiusic S. Kimm. September 8, 1920.

From Syngman Rhee to the Members of the Korean National Council, July 5, 1919.

From Syngman Rhee to Horace G. Underwood. April 13, 1910.

From E. M. Cable to Syngman Rhee. March 25, 1912.

From Clarence G. Child to Syngman Rhee. November 30, 1906.

From James S. Gale to Syngman Rhee. May 23, 1910

From George A. Gregg to Syngman Rhee. May 27, 1910 and July 19, 1910.

From Philip L. Gillett to Syngman Rhee. May 23, 1910.

From Edward W. Hearne to Syngman Rhee. November 11, 1907.

From Philip Jaisohn to Syngman Rhee. December 27, 1906, January 11, 1907 and February 20, 1913.

From Kiusic S. Kimm to Syngman Rhee. September 30, 1920.

From Franklin Lane to Mr. Polk. N.d.

From Kyung Chik Lee to A. L. Squire. March 14, 1912.

From C. C. Michener to Syngman Rhee. February 24, 1908, March 2, 1908 and March 13, 1908.

From Young M. Park to Syngman Rhee. January 21, 1912 and November 5, 1912.

From George W. Robinson to Syngman Rhee. June 4, 1909 and March 8, 1910.

From Albion W. Small to Syngman Rhee. May 21, 1907.

From James S. Sove to Syngman Rhee. August 1909.

From A. L. Squire to Kyung Chik Lee. April 10, 1912.

From Horace G. Underwood to Syngman Rhee. February 16, 1910.

이승만이 민영환·한규설 앞으로 쓴 한글 보고서. 1905. 8. 9.

이승만이 한문으로 쓴 상해 밀항기. 임경일 역. 한철영 편, 『임병직대사외교연설선집』(문화춘추사, 1958), 1~4쪽.

(3) 전문(Cablegrams)

From Soon Hyun to Syngman Rhee. April 15, 1919.

From Youngwoo Kim, Chongkwan Lee and S. W. Iong to Syngman Rhee. April 15, 1919.

(4) 기타 문건

"Why Isn't Korea Recognized?" The Correspondence between James H. R. Cromwell, President of the Korean-American Council, and Cordell Hull. U.S. Secretary of State, 1942.

"Life History of Mrs. Nodie Kimhaikim Sohn." A biography preserved by Mrs. Winifred Lee Namba in Honolulu, Hawaii.

"Home is Wanted for Korean Boy; Taisanah Rhee May Become Nation's Messiah; Father Has Sad History-Filled with Progressive Ideas, Started Daily Newspaper and Thrown into Jail." *Washington Times*, June 4, 1905.

"The Closing Exercises of Pai-chai." The Korean Repository, July 1897.

The Kilsoo Haan papers. Documents preserved in the Syngman Rhee Insitutue, Yonsei University.

7. 하버드대 및 프린스턴대 소장 문건

From Syngman Rhee to George W. Robinson, the Graduate School of Arts and Sciences, Harvard University. December 15, 1906 and January 9, 1907.

From Andrew F. West to Syngman Rhee. October 2, 1908.

From Andrew F. West to Professor W. M. Daniels. October 8, 1908.

8. 이승만의 논저 및 역서 등

리승만. 『독립정신』. 1910. 영인본. 우남 이승만 전집 2. 유남이승만전집발간위원회/연세 대학교 이승만 연구원 편, 연세대학교 대학출판문화원, 2019.

_____. 『독립정신』. 정동출판사, 1993.

_____. 『독립정신』. 박기봉 교주. 비봉출판사, 2017.

_____. 『한국교회핍박』. 하와이: 신한국보사, 1913. 4.

_____. 『청일전긔』. 호놀룰루: 태평양잡지사, 1917.

_____. 『일민주의 개술』. 일민주의보급회, 1949.

_____. 구자혁 발행. 『대통령 이승만박사 유교 담화집』. 유도회 총본부, 1958.

_____. 이은상 역. 『우남시선』. 공보실, 1949.

_____. 신호열 역주. 『체역집』. 전2권. 동서출판사, 1961.

_____. 이정식 역주. 「청년 이승만 자서전」. 『신동아』 (1979. 9), 424~469쪽.

Syngman Rhee. "Child Life in Korea." *The Korea Mission Field*. 8:3 (March 1912), pp. 93~98.

_____. "Autobiographical Notes." 연세대학교 이승만 연구원 소장.

_____. "History of the Korean Provisional Government." 연세대학교 이승만 연구원 소장.

_____. *Japan Inside Out: The Challenge of Today*. 2nd ed. New York: Fleming H. Revell Co., 1941.

_____. *Neutrality As Influenced By the United States*. Princeton, N.J.: Princeton University Press, 1912.

_____. 「대통령 션언셔」, 김영우 편, 『대한독립혈젼긔』(호놀룰루: 한인긔독학원, 1910), 130~132쪽.

_____. 「공산당의 당부당」. 『태평양잡지』. 1923년 3월호, 16~18쪽.

_____. 「공산쥬의」. 『태평양잡지』 1925년 7월호, 9~11쪽.

목덕(John R. Mott)저. 리승만 역. 『신입학생 인도』 (*Work for New Students*). 서울: 황성기독교청년회, 1911.

Syngman Rhee, *The Spirit of Independence: A Primer of Korean Modernization and Reform*. Translated and annotated with an Introduction by Han-kyo Kim. Honolulu: University of Hawai'i Press, 2001.

리 푸랜세스카 지음. 조혜자 옮김. 『대통령의 건강』. 도서출판 촛불, 1988.

김구 저, 최석로 펴냄. 『(원본) 백범일지』. 서문당. 1989.

김구 저, 윤병석 직해. 『직해 백범일지』. 집문당, 1995.

윤보선, 『윤보선 회고록-외로운 선택의 나날-』. 동아일보사, 1991.

윤치호 저, 국사편찬위원회 편. 『윤치호 일기』. 전11권. 탐구당/시사문화사, 1973~1989.

한철영 편, 『임병직대사 외교연설전집』. 문화춘추사, 1958.

허경신. 「1986년(병인) 3.1운동 67회 경축사」. 육필 원고. 이화장 소장.

2차 자료

가. 동문(東文)

가-1. 단행본

갈홍기.『대통령 이승만박사 약전』. 대한민국 공보실, 1955.

건국이념보급회 편.『대한민국의 탄생 사진전』. 건국이념보급회, 2016.

고재욱 편.『3.1운동 50주년기념논집』. 동아일보사, 1969.

고정휴.『이승만과 한국독립운동』. 연세대학교 출판부, 2004.

_____.『1920년대 이후 미주·유럽지역의 독립운동』. 천안: 독립기념관 한국독립운동사연구소, 2009.

_____.『3.1운동과 임시정부 수립의 숨은 주역 현순』. 역사공간, 2016.

고하선생 전기편찬위원회 편.『거인의 숨결』. 동아일보사, 1990.

권오기 편.『인촌 김성수-인촌 김성수의 사상과 일화』. 동아일보사, 1985.

곽림대.『못 잊어 화려강산: 재미독립투쟁 반세기 비사』. 대성문화사, 1973.

구대열.『한국국제관계사 연구 1: 일제시기 한반도의 국제관계』. 역사비평사, 1995.

_____.『한국국제관계사 연구 2: 해방과 분단』. 역사비평사, 1995.

국제역사학회의 한국위원회 편.『한미수교100년사』. 국제역사학회의 한국위원회, 1982.

김경일 지음, 홍면기 옮김.『중국의 한국전쟁 참전 기원』. 논형, 2005.

김낙환.『우남 이승만 신앙연구』. 청미디어, 2012.

김도태.『서재필박사 자서전』. 수선사, 1948.

김명섭.『전쟁과 평화-6.25전쟁과 정전 체제의 탄생-』. 서강대학교 출판부, 2015.

김병화.『근대 한국 재판사』. 한국사법행정학회, 1974.

김세한.『배재팔십년사』. 1965.

김영흠 저, 박무성·이형대 공역.『미국의 아시아 외교 100년사』, 신구문화사, 1988.

김영희.『좌옹 윤치호선생 약전』. 기독교조선감리회 총리원, 1934.

김용삼.『이승만의 네이션 빌딩-대한민국의 건국은 기적이었다-』. 북앤피플, 2014.

_____.『대한민국 건국의 기획자들』. 백년동안, 2015.

김용직.『하와이에서 만주까지-한국 초대교회 이경직 목사의 삶과 믿음 이야기-』. 성신대학교 출판부, 2009.

김원.『젊은 대한민국사: 건국』. 백년동안, 2015.

김원용.『재미한인오십년사』. Reedley, California, 1959.

김인서. 『망명노인 이승만박사를 변호함』. 부산: 독학협회출판사, 1963.

김인식. 『대한민국 정부수립』. 대한민국역사박물관, 2014.

김충남. 『대통령과 국가경영-이승만에서 김대중까지-』. 서울대학교 출판부, 2006.

김학은. 『이승만과 마사리크: 대한민국. 체코 건국대통령의 인물과 사상 비교』. 북앤피플, 2013.

_____. 『이승만의 정치·경제사상, 1899~1948』. 연세대학교 대학출판문화원, 2014.

김학준. 『대한민국의 수립』. 독립기념관 한국독립운동사연구소, 1989.

_____. 『고하 송진우 평전』. 동아일보사, 1990.

김현태. 『이승만 박사의 반공정신과 대한민국 건국』. 비봉출판사, 2016.

김희곤. 『중국관내 한국독립운동단체 연구』. 지식산업사, 1995.

_____. 『대한민국임시정부 연구』. 지식산업사, 2004.

_____. 한상도·한시준·유병용 공저. 『대한민국임시정부 좌우합작운동』. 한울아카데미, 1995.

나가타 아키후미[長田彰文], 이남규 옮김. 『미국, 한국을 버리다: 시어도어 루즈벨트와 한국』. 기파랑, 2007.

_____, 박한무 옮김. 『일본의 조선통치와 국제관계: 조선독립운동과 미국, 1910~1922』. 일조각. 2008.

남시욱. 『한국 보수세력 연구』. 나남출판, 2005.

_____. 『6.25전쟁과 미국-트루먼·애치슨·맥아더의 역할-』. 청미디어, 2015.

대한YMCA연맹 엮음. 『한국 YMCA운동사, 1895~1985』. 로출판, 1986.

도진순. 『한국민족주의와 남북관계-이승만·김구 시대의 정치사-』. 서울대학교 출판부, 1997.

_____ 주해. 『(백범 김구 자서전) 백범일지』. 돌베개. 1997.

로버트 T. 올리버 저, 한준석 역. 『건국과 나라 수호를 위한 이승만의 대미투쟁-1942~1960-』전2권. 비봉출판사, 2013.

류[유]영익·송병기·양호민·임희섭. 『한국인의 대미인식-역사적으로 본 형성과정-』. 민음사, 1994.

로버트 올리버 저, 서정락 역. 『대한민국 건국대통령 이승만』. 단석연구원, 2009

문일신 편저. 『이승만의 비밀(제1집): 박씨 부인은 살아 있었다』. 범양출판사, 1960.

민경배. 『(개정판) 한국기독교회사』. 대한독교출판사, 1982.

_____. 『일제하의 한국기독교 민족·신앙운동사』. 대한기독교서회, 1991.

민병용. 『미주이민100년: 초기인맥을 캔다』. 한국일보사 출판국, 1986.

박갑동. 『박헌영』. 도서출판 인간사, 1983.

박찬표. 『한국의 국가형성과 민주주의-미군정기 자유민주주의의 초기제도화』. 고려대학교 출판부, 1997.

박창화. 『성재 이시영 소전』. 을유문화사, 1984.

박태원. 『약산과 의열단』. 백양당, 1947.

반병률. 『통합임시정부와 안창호, 이동휘, 이승만: 삼각정부의 세 지도자』. 신서원, 2019.

방선주. 『재미한인의 독립운동』. 춘천: 한림대학교 아시아문화연구소, 1989.

방선주·존 메릴·이정식·서중석·와다 하루끼·서대숙. 『한국 현대사와 미 군정』. 춘천: 한림대학교 아시아문화연구소, 1991.

배은희. 『나는 왜 싸웠나』. 일한도서서주식회사, 1955.

배재100년사 편찬위원회 편. 『배재백년사』. 1989.

백완기. 『인촌 김성수의 삶-인간 자본의 표상-』. 나남, 2012.

복거일. 『(악극)프란체스카-우연히 오스트리아에서 태어난 한국 여인』. 북앤피플, 2018.

서울신학대학교 현대기독교역사연구소 엮음. 『해방과 대한민국 독립』. 선인, 2018.

서울YMCA 편(책임 집필: 민경배). 『서울YMCA 운동사, 1903~1993』. 로출판, 1993.

서정민. 『民族お愛した韓國キリスト者達』. 東京: 日本基督教出版局), 1991.

서정주. 『이승만박사전』. 삼팔사, 1949.

서중석. 『한국현대민족운동 연구: 해방 후 민족국가 건설운동과 통일전선』. 역사비평사, 1991.

선우학원. 『아리랑 그 슬픈 가락이여』. 도서출판 대흥기획, 1994.

손세일. 『이승만과 김구』. 일조각, 1970.

_____. 『이승만과 김구』. 전7권. 조선뉴스프레스, 2015.

손충무. 『한강은 흐른다-승당 임영신의 생애-』. 동아일보사, 1972.

_____. 『(실화소설) 마담 프란체스카-이승만을 싸고 돈 그 여인들-』. 동아출판사, 1970.

송남헌. 『해방 3년사, 1945~1948』. 전2권. 까치, 1985.

송건호. 『서재필과 이승만』. 정우사, 1980.

_____. 『한국현대 인물사론』. 한길사, 1984.

승단임영신박사전집편찬위원회 편. 『승단임영신박사문집』 전2권. 승당임영신박사전집편찬위원회, 1986.

츠보에 센지[坪江二]. 『(개정증보)조선민족독립운동 祕史』. 고려서림, 1993. (초판본: 東京: 日刊勞動通信社, 1959.)

신동아 편집실 편. 『한국근대 인물백인선』. 동아일보사, 1970.

신복룡, 『인물로 보는 해방정국의 풍경』, 지식산업사, 2017.

신용하. 『독립협회 연구』. 일조각, 1976.

_____. 『한국 항일독립운동사 연구』. 경인문화사, 2006.

신창현.『내가 모신 해공 신익희선생』. 인물연구소, 1992.

심지연.『미·소공동위원회 연구』. 청계연구소, 1989.

_____.『송남헌 회고록-김규식과 함께한 길-』. 2000.,

안병훈 편.『이승만과 나라세우기』. 조선일보사, 1995.

_____ 엮음.『건국 대통령 이승만의 생애: 젊은 세대를 위한 바른 역사서』. 기파랑, 2015.

안형주.『박용만과 한인소년병학교』. 지식산업사, 2007.

안호상 편술.『일민주의의 본바탕 (일민주의의 본질)』. 일민주의연구원, 1950.

양동안.『대한민국 건국사-해방3년의 정치사-』. 현음사, 2001.

양우정 편저.『이승만대통령 독립노선의 승리』. 독립정신보급회 출판부, 1948.

_____.『이대통령 투쟁사』. 연합신문사, 1949.

양호민 외 저.『한반도 분단의 재인식(1945~1950)』. 나남. 1993.

_____.『한반도의 격동 1세기 반-권력, 이데올로기, 민족, 국제관계의 교착-』.

한림대학교 출판부, 2010.

염인호.『김원봉 연구: 의열단, 민족혁명당 40년사』. 창작과비평사, 1992.

오영섭·홍선표.『이승만과 하와이 한인사회』. 연세대학교 대학출판문화원, 2012.

오인환.『이승만의 삶과 국가』. 나남, 2013.

우남실록편찬회(대표 이위태) 편.『우남실록, 1945~1948』. 열화당, 1976.

월남 이상재선생 동상건립위원회 편.『월남 이상재 연구』. 로출판, 1986.

유동식.『하와이의 한인과 교회: 그리스도연합감리교회 85년사』. 호놀룰루: 그리스도연합감리교회,

1988.

_____.『재일본 한국기독교청년회사, 1906~1990』. 도쿄, 재일본한국YMCA, 1990.

_____.『재일본(在日本)한국기독교청년회사』. 재일본한국YMCA, 1990.

유영익.『이승만의 삶과 꿈-대통령이 되기까지-』. 중앙일보사, 1996.

_____.『젊은 날의 이승만-한성감옥생활(1899~1904)과 옥중잡기 연구-』. 연세대학교 출판부.

2002.

_____.『건국대통령 이승만-생애·사상·업적의 새로운 조명-』. 일조각, 2013.

_____.『한국근현대사론』. 일조각, 1992.

_____ 편.『이승만 연구-독립운동과 대한민국 건국-』. 연세대학교 출판부, 2000.

_____ 편.『이승만대통령 재평가』. 연세대학교 출판부. 2006.

유[류]영익·양호민·임희섭 공저.『한국인의 대미인식-역사적으로 본 형성과정-』. 민음사, 1994.

유진오.『헌법 기초 회고록』. 일조각, 1980.

윤경로.『105인사건과 신민회 연구』. 일지사, 1990.

윤대원.『상해시기 대한민국임시정부 연구』. 서울대학교 출판부, 2006.

윤병석.『국외한인사회와 민족운동』. 일조각, 1990.

_____.『한국독립운동의 해외사적 탐방기』. 지식산업사, 1994.

윤치영.『윤치영의 20세기』. 삼성출판사, 1991.

이갑수.『위인 이대통령 전기』. 이승만박사 전기보급회, 1955.

이강훈.『대한민국임시정부사』. 서문당, 1975.

이경남.『설산 장덕수』. 동아일보사, 1981.

이광린.『한국개화사상 연구』. 일조각, 1979.

_____.『초대 언더우드 선교사의 생애』. 연세대학교 출판부, 1991.

이기동.『비극의 군인들』. 일조각, 1982.

이덕주.『한국 현대사 비록』. 기파랑. 2007.

이덕희.『하와이 대한국민회 100년사』. 연세대학교 대학출판문화원, 2013.

_____.『한인기독교회, 한인기독학원, 대한인동지회』. 한국기독교역사연구소, 2008.

_____.『이승만의 하와이 30년』. 북앤피플, 2015.

이도형.『건국의 아버지 이승만』. 한국논단, 2001.

이동현.『한국 신탁통치 연구』. 평민사, 1990.

이능화.『조선기독교급(及)외교사』. 전2권. 조선기독교창문사, 1928.

이만열 편.『아펜젤러-한국에 온 첫 선교사-』. 연세대학교 출판부, 1985.

이병주.『대통령들의 초상』. 서당, 1991.

_____,『남로당』. 기파랑, 2015.

이병철.『호암 자전』. 중앙일보사, 1986.

이시완 편.『월남 이상재』. 중앙인서관, 1929.

이영일.『미워할 수 없는 우리들의 대통령』. HadA, 2018.

이완범.『삼팔선 획정의 진실』. 지식산업사, 2001.

_____.『한국 해방 3년사, 1945~1948』. 태학사, 2007.

이원순 편저.『인간 이승만』. 신태양사 출판국, 1965.

_____.『세기를 넘어서-해사 이원순 자전-』. 신태양사, 1989.

이윤영.『백사 이윤영 회고록』. 사초, 1984.

이[리]인수.『대한민국의 건국』. 도서출판 촛불, 1988.

_____.『대한민국의 건국: 이승만 박사의 나라세우기』. 도서출판 촛불, 2009.

이정식. 『김규식의 생애』. 신구문화사, 1974.

이정식 지음, 권기붕 옮김. 『초대 대통령 이승만의 청년시절』. 동아일보사, 2002.

이정식. 『이승만의 구한말 개혁운동-급진주의에서 기독교 입국론으로-』. 배재대학교 출판부, 2005.

_____. 『대한민국의 기원』. 일조각, 2006.

_____. 『시대와 사상을 초월한 융화주의자 몽양 여운형』. 서울대학교 출판부, 2008.

이정식 지음, 허동현 엮음. 『21세기에 다시 보는 해방후사』. 경희대학교 출판문화원, 2013.

이제훈. 『고도 '하와이'에서의 이승만박사의 생활』. 은성문화사, 1965.

이주영. 『우남 이승만: 그는 누구인가?』. 배재학당 총동창회, 2008.

_____. 『이승만과 그의 시대』. 기파랑, 2011.

_____. 『대한민국의 건국과정』. 건국이념보급회 출판부, 2013.

_____. 『이승만 평전』. 살림출판사, 2014.

이철승·박갑동 공저. 『대한민국 이렇게 세웠다』. 계명사, 1998.

이춘근. 『미국에 당당했던 대한민국의 대통령들-다시 생각하는 이승만·박정희의 벼랑끝 외교전략-』. 글마당, 2012.

이한우. 『거대한 생애: 이승만 90년』. 전2권. 조선일보사, 1995.

_____. 『우남 이승만, 대한민국을 세우다』. 해냄, 2008.

_____. 『대한민국을 세운 독립운동가 이승만』. 역사공간, 2010.

이현주. 『해방 전후 통일운동의 전개와 시련』. 지식산업사, 2008.

이현진. 『미국의 대한경제원조정책, 1948~1960』. 혜안, 2009.

이현희. 『대한민국 임시정부사』. 집문당, 1982.

_____. 『류일한의 독립운동연구』. 동방도서, 1995.

_____ (대담). 『한국독립운동 증언 자료집』. 한국정신문화연구원, 1986.

이호. 『하나님의 기적: 대한민국 건국』. 전2권. 복의근원, 2012.

이호재. 『한국 외교정책의 이상과 현실』. 제3증보판, 법문사, 1980.

인보길 엮음. 『이승만 다시 보기』. 기파랑,

인촌기념회 편. 『인촌 김성수』. 인촌기념회, 1976.

임병직. 『임병직 회고록』. 여원사, 1964.

_____. 『임정에서 인도까지: 임병직 외교회고록』. 여원사, 1966.

전택부. 『인간 신흥우』. 대한기독교서회, 1971.

_____. 『이상재 평전』. 범우사, 1985.

_____. 『한국 기독교청년회운동사』. 범우사, 1994.

정교. 『대한계년사』. 전2권. 국사편찬위원회, 1957.

정병준. 『우남 이승만 연구』. 역사비평사, 2005.

_____, 『현앨리스와 그의 시대-역사에 휩쓸려간 비극의 경계인-』. 돌베개, 2015.

정상천. 『파리의 독립운동가 서영해』. 산지니, 2019.

정용대. 『대한민국임시정부 외교사』. 성남: 한국정신문화연구원, 1992.

정용욱. 『해방 전후 미국의 대한정책』. 서울대학교 출판부, 2003.

_____, 『존 하지와 미군 점령통치 3년』. 중심, 2003.

정일화. 『대한민국 독립의 문: 카이로 선언』. 선한약속, 2010.

정진석. 『한국언론사』. 나남, 1990.

_____, 『인물 한국언론사』. 나남출판, 1995.

_____, 『두 언론 대통령: 이승만과 박은식』. 기파랑, 2012.

조병옥. 『조병옥: 나의 회고록』. 도서출판 해동, 1986.

존스, G. H. 지음, 옥성득 편역. 『한국 교회 형성사』. 홍성사, 2013.

주요한. 『안도산 전』. 삼중당, 1975.

차상철. 『해방 전후 미국의 한반도정책』. 지식산업사, 1991.

_____, 『이승만과 하지 장군』. 백년동안, 2015.

천관우. 『자료로 본 대한민국 건국사』. 지식산업사, 2007.

최기영. 『대한제국기 신문연구』. 일조각, 1991.

_____, 『잊혀진 미주 한인회의 대들보 이대위』. 역사공간, 2013.

최기일. 『자존심을 지킨 한 조선인의 회상: 한·미·일 3국인의 삶을 산 최기일 박사 자서전』. 생각의
　　　나무, 2002..

최봉윤. 『미국속의 한국인』. 종로서적, 1983.

최상오·홍선표 외 지음. 『이승만과 대한민국 건국』. 연세대학교 출판부, 2010.

최상룡. 『미군정과 한국민족주의』. 나남, 1988.

최장집 편. 『한국현대사 I, 1945~1950』. 열음사, 1985.

최종고. 『대한민국 건국과 한국 여성: 이승만과 메논 그리고 모윤숙』. 기파랑, 2012.

최태웅. 『사실소설: 청년 이승만』. 성봉각, 1960.

추헌수. 『대한민국임시정부사』. 독립기념관 한국독립운동사연구소, 1989.

_____, 『한민족의 독립운동과 임시정부의 위상』. 연세대학교 출판부, 1995.

학교법인 배재학당 편. 『배재백년사 (1885~1985)』. 배재100년사 편찬위원회, 1989.

한국반탁·반공학생운동기념사업회 편. 『한국학생건국운동사-반탁·반공학생운동 중심-』. 한국반

탁·반공학생운동기념사업회 출판국, 1986.

한국사학회 편.『한국현대인물론』. 전2권. 을유문화사, 1987.

한국일보사 편집국 편. (연재)『인간 이승만 백년』. 1975.

한상도.『한국독립운동과 중국군관학교』. 문학과지성사, 1994.

한승조 외 공저.『해방전후사의 쟁점과 평가』. 전2권. 형설출판사, 1990.

한승주.『제2공화국과 한국의 민주주의』. 종로서적, 1983.

한시준.『한국광복군 연구』. 일조각, 1993.

한철영.『자유세계의 거성 이승만대통령』. 문화춘추사, 1954.

한표욱.『한미외교 요람기』. 중앙일보사, 1984.

_____.『이승만과 한미외교』. 중앙일보사, 1996.

한흥수.『근대한국민족주의 연구』. 연세대학교 출판부, 1977.

허동현.『건국·외교·민주의 선구자 장면』. 분도출판사, 1999.

허동현·태수경 편.『장면 시대를 기록하다』. 샘터, 2014.

허동현·태수경 편.『장면, 수첩(1948~1949)에 세상을 담다 I』. 경인문화사, 2016.

허정.『우남 이승만』. 태극출판사, 1974.

____.『내일을 위한 증언: 허정 회고록』. 샘터사, 1979.

현순.『포와유람기』. 경성: 계동 현공렴, 1909.

호춘혜(胡春惠) 저, 신승하 역.『중국 안의 한국독립운동』. 단국대학교 출판부, 1978.

홍선표.『서재필-개화 독립 민주의 삶』. 서재필기념재단, 2009.

_____.『(자주독립과 통일정부 수립을 위한) 재미한인의 꿈과 도전』. 연세대학교 출판부, 2011.

_____.『재미한인의 표상: 김호』. 독립기념관 한국독립운동사연구소, 2012.

가-2. 논문

가. 동문(東文)

고정휴.「개화기 이승만의 언론·정치 및 집필활동(1875~1904)」. 고려대학교 대학원 사학과 석사학위
　　　　논문. 1984.7.

_____.「개화기 이승만의 사상형성과 활동(1875~1904)」.『역사학보』. 109(1986.3), 23~62쪽.

_____.「3.1운동과 미국」. 한국역사연구회 역사문제연구소 편,『3.1 민족해방운동연구』(청년사,
　　　　1989), 430~463쪽.

_____.「대한민국임시정부 구미위원부(1919~1925) 연구」. 고려대학교 대학원 사학과 박사 학위논
　　　　문. 1991.6.

_____.「제2차 세계대전기 재미한인사회의 동향과 주미외교위원부의 활동」.『국사관논총』49(1993), 221~277쪽.

_____.「태평양문제연구회 조선지회와 조선사정연구회」.『역사와 현실』(1991), 282~326쪽.

_____.「독립운동기 이승만의 외교노선과 제국주의」.『역사비평』(1995.겨울: 계간31 호), 129~187쪽.

_____.「이승만과 구미위원부」.『역사비평』14(1991.가을), 67~70쪽.

_____.「이승만은 독립운동을 했는가」.『역사비평』15(1991.겨울), 198~204쪽.

권영근.「얄타회담에서의 한반도 관련 밀약설 사실일까?」. 2018. 12. 22. URL복사.

기광서.「해방 전 소련의 대한반도 정책 구상과 조선 정치세력에 대한 입장」, 슬라브 연구, 30:4(2014), 30~57쪽.

김동면.「협성회 연구-토론회 및 기관지 논설을 중심으로-」. 단국대학교 대학원 사학과 석사학위 논문. 1980.

김도현.「이승만노선의 재검토-민족통일사관의 입지에서-」.『해방전후사의 인식』(한길사, 1979), 301~326쪽.

김명섭.「대한민국 임시정부는 왜 상해 프랑스 조계에 수립되었나?」.『국제정치논총』58: 4 (2018), 179~214쪽.

김보영.「대한독립촉성국민회의 조직과 활동」. 한양대학교 대학원 사학과 석사학위 논문. 1994. 2.

김상도 (정리).「R, T, 올리버 자서전『지나온 길』독점입수: "미군정은 한반도를 소련에 내주려 했다. 그러나 이박사는 그런 미국을 눌렀다"」.『월간중앙』1994.4호, 476~498쪽.

김숙자.「『제국신문』논설의 민권의식 연구-국권회복의식의 시각-」.『수촌 박영석교수 화갑기념 한민족독립운동사 논총』(탐구당, 1992), 185~201쪽.

김승영.「(인터뷰/로버트 올리버가 본 이승만 대통령) "전후 세계사의 흐름을 꿰뚫어 보고 대미 자주노선으로 건국을 지도한 인물」,『월간조선』, 1994. 6월호 (통권 171 호), 144~155쪽.

김영희·김건진.「외국인이 본 이승만박사: 탄신백주 특별기고-로버트 올리버, 존 무초, 마크 클라크, 매듀 리지웨이, 알레이 버크, 맥스웰 테일러, 월터 매카나기, 카터 매구 루더」,『중앙일보』, 1975. 3. 25.~1975. 4. 3. 연재(전 9회).

김용삼.「건국을 도와준 '고마운 인도인 메논', 그리고 모윤숙」.『뉴데일리』. 2015. 5. 15.

김용직.「한국현대정치사의 정치학: 정치인물과 리더십 연구-이승만의 정치 리더십연구와 태평양전쟁기 '얄타밀약'사건」. 해위학술연구원 제1차 세미나 발표논문, 2012. 11. 15., 1~19쪽.

_____.「대한민국 건국의 정치외교사적 일 고찰, 1919~1948」. 이인호·김영호·강규형 편,『대한민국 건국의 재인식』(기파랑, 2009), 225~266쪽.

김정인.「민주공화정 개념의 도입」.『헌정』2018. 5월호 (통권431 호), 47~51쪽,

김중순. 「코리언 아메리칸 도산 안창호」. 『외대사학』 6(1995. 8.), 79~108쪽.

김충남. 「(1)초대 이승만 대통령: 민주공화국을 건립하고 수호한 국가지도자」. 『헌정』 2016 . 5월호.

김학준. 「이승만 론」. 안병훈 편, 『이승만과 나라세우기』(조선일보사, 1995), 21~25쪽.

김행선. 「해방정국(1945. 8. 15~1946. 10) 청년운동과 민족통일전선운동의 전개과정」. 고려대학교 대학원 사학과 박사학위 논문. 1995. 12.

김형석. 「상해거류 한인기독교도들의 민족운동」. 『용암 차문섭교수 화갑기념 사학논총』(도서출판 신서원, 1989), 569~595쪽.

김혜수. 「정부수립 직후 이승만정권의 통치이념 정립과정」. 『이대사원』. 28(1995. 9.), 317~352쪽.

매트레이, 제임스 I. 「미국은 왜 한국에서 극우세력을 지지했는가 –트루먼 행정부의 대한 정책에 대한 실증적 검토」. 『계간사상』 1990. 봄호

문일웅. 「대한제국 성립기 재일본 망명자 집단의 활동(1895~1900)」, 『역사와 현실』 81 (2002), 289~341쪽.

_____. 「만민공동회 시기 협성회의 노선 분화와 『제국신문』의 창간」. 『역사와 현실』 83 (2013), 249~278쪽

류방란. 「개화기 배재학당의 교육과정 운영」. 『교육사학연구』 9 (1998), 161~200쪽

박흥순. 「대한민국 건국과 유엔의 역할」, 이인호·김영호·강규형 편, 『대한민국 건국의 재인식』. (기파랑, 2009), 93~138쪽.

방선주. 「1921~22년의 워싱턴회의와 재미한인의 독립청원운동」, 『한민족독립운동사 6: 열강과 한국독립운동』(국사편찬위원회, 1989), 195~222쪽.

_____. 「재미 3.1운동 총사령관 백일규의 투쟁일생」. 『수촌박영석교수 화갑기념 한민족 독립운동사논총』(탐구당, 1992), 1347~1360쪽.

_____. 「미주지역에서 한국독립운동의 특성」. 『한국독립운동사연구』, 7 (1993), 493~511쪽.

_____. 「아이프러기관과 재미한인의 복국운동」. 『해방50주년, 세계속의 한국학』(인하대 학교 한국학연구소, 1995), 131~143쪽.

배진영. 「『위대한 결단 반탁과 단정이 대한민국을 반석위에 세웠다』(이철승)」, 『월간조선』 2008. 2월호, 635~663쪽

볼드윈, 프랑크. 「윌슨, 민족자결주의, 3.1운동」. 고재욱 편, 『3.1운동50주년기념논집』(동아일보사, 1969), 515~532쪽.

서정민. 「구한말 이승만의 활동과 기독교(1875~1904)」. 연세대학교 교육대학원 석사학위 논문, 1987.11.

서중석. 「이승만대통령과 한국민족주의」. 송건호·강만길 편, 『한국민족주의론: II』(창작과비평사,

1983), 222~271쪽.

손보기. 「박용만」. 신동아 편집실 편, 『한국근대인물백인선』 (동아일보사, 1970), 214~216쪽.

손세일. 「이승만 대통령의 비전과 지도력」. 『이승만 회보』 통권73호, 22~25쪽.

_____. 「단독정부수립이냐 남북협상이냐」. 「이승만과 김구」 98회, 『월간조선』, 2012. 6월호.

송건호. 「이승만박사의 정치사상」. 『신동아』, 1965. 9월호, 214~219쪽.

_____. 「이승만은 과연 애국자인가」. 『역사비평』 7 (1989. 겨울), 181~186쪽.

신재홍. 「대한민국임시정부와 대미외교」. 『한미수교100년사』(국제역사학회의 한국위원 회, 1982), 272~287쪽.

_____. 「대한민국임시정부와 구미와의 관계」. 『한국사론』, 10(1981), 302~341쪽.

안병욱. 「대한민국임시정부와 안창호」. 『한국사론』, 10(1981), 342~363쪽.

안철현. 「이승만 정권의 '임시정부 법통계승론'을 비판함」. 『역사비평』. 8(1990. 봄), 289~296쪽.

양동안. 「이승만과 대한민국 건국」. 『정신문화연구』 31:3 (2008), 41~70쪽.

양영석. 「대한민국임시의정원 연구(1919~1925)」. 『한국독립운동사연구』 1 (1987), 201~223쪽.

오세창. 「대한민국임시의정원의 역할」. 『한국사론』, 10(1981), 27~55쪽.

오영섭. 「상해 임정 내 이승만 통신원들의 활동」. 『한국민족운동사연구』 30 (2007.9)

_____. 「윤치영, 대한민국 건국의 일등 공신」. 『한국사시민강좌』. 43(2008), 93~110 쪽.

_____. 「대한민국임시정부 초기 위임통치 청원 논쟁」. 『한국독립운동사연구』 41 (2012.4)

오유석. 「이승만의 미국인 '사설 고문단'」. 『역사비평』 25(1994. 여름), 395~399쪽.

올리버, 로버트. 「박정희 이전 시대: 이승만 정부와 장면 정부」. 조리제. 카터 에커트 편 저, 『한국 근대화, 기적의 과정』. (월간조선사, 2005), 57~92쪽.

유영익. 「세목(細目)에 철저하며 거시적 형안(炯眼)을 구비한 업적주의자 『이승만』」. 『한국논단』 84(1996. 8.), 128~135쪽.

_____. 「우남 이승만의 개혁·건국 사상」. 『아세아학보』 20 (1997. 12.) 7~45쪽.

_____. 「수정주의와 한국현대사 연구」. 유영익 편, 『수정주의와 한국현대사』(연세대 출판부, 1998), 1~24쪽.

_____. 「간행사」. 우남이승만문서편찬위원회 편, 『(이화장 소장)우남이승만문서: 동문편』(중앙일보사/연세대학교 현대한국학연구소, 1998), 1, 1~5쪽.

_____. 「이화장(梨花莊)문서 속에 숨겨진 이승만의 참모습을 찾아서」. 『한국사시민강좌』 35(2004), 157~172쪽.

_____. 「이상재」. 『한국사시민강좌』 30 (2002). 203~223쪽.

_____. 「3.1운동 후 서재필의 신대한(新大韓) 건국 구상-필라델피아 대한인총대표회의 의사록 및

대한민국임시정부 각원들에게 보낸 공한 분석-) 김용덕 등 편, 『서재필과 그 시대』 (서재필 기념회, 2003), 325~402쪽.

_____. 「우남 이승만의 『독립정신』론」. 『한국논단』 178(2004. 8.), 66~73쪽.

_____. 「이승만 국회의장과 대한민국 헌법 제정」. 『역사학보』 189(2006), 101~137쪽.

_____. 「한 역사학자가 본 인간 이승만」. 『프린스턴 한겨레 문화』(2007. 10.), 56~62쪽.

_____. 「(원)이화장 소장 이승만 영문서한(1903~1948」. 명지대학교 국제한국학연구소 편, 『우남 이승만 관련 사료의 이해』(명지대 국제한국학연구소, 2008)), 1~23쪽.

_____. 「『이승만동문서한집』 해제」. 유영익·송병기·이명래·오영섭 편, 『이승만 동문 서한집』 (연세대학교 출판부, 2009), 상, 5~70쪽.

_____. 「대한민국임시정부 수반 이승만의 초기 행적과 사상-1919년에 작성된 영문 자료 들을 중심으로-」. 유영익 외 지음, 『이승만과 대한민국임시정부』(연세대학교 출판부, 2009), 1~99쪽.

_____. 「대한민국 발전의 비결: 건국 초창기의 '새로운 국민' 만들기」. 이인호·김영호·강규형 편, 『대한민국 건국의 재인식』 (기파랑, 2009), 385~403쪽.

_____. 「이승만-건국과 집권에 성공한 외교독립운동가-」. 『한국사시민강좌』47(2010). 16~35쪽.

_____. 「이승만-독립과 부강의 기반을 다진 국가 창건자-」. 『한국사시민강좌』 50(2012), 1~15쪽.

_____. 「대한민국의 '기적'을 일군 지도자 이승만」. 『한국논단』. 통권274호(2012.8). 46~55쪽.

_____. 「해방 후 이승만의 방미외교(訪美外交)와 남한 과도독립정부 수립운동」, 한국정치 외교사학회·선진통일건국연합 공동주최, 대한민국 독립 70주년 기념 학술대회 『대한민국의 시작과 완성 그리고 과제』, (2018. 8. 6.), 12~38쪽.

_____. 「서재필과 미국에서의 3.1운동」. 서재필 기념회 편, 『서재필과 미국에서의 3.1운동-필라델피아 만세운동을 중심으로-』(서재필 기념회, 2019), 3~26쪽.

유지윤·김명섭. 「프레데릭 B. 해리스의 한국관련 활동: 이승만과의 관계를 중심으로」. 『한국정치외교사논총』 제40집 1호(2018. 8.), 5~40쪽.

윤병석 편주. 「상해임시정부 탄생의 전야-새 자료 '대한민국임시의정원 기사록'을 중심으로-」. 『신동아』 56(1969. 4.), 169~174쪽.

윤병희. 「제2차 일본망명시절 박영효의 쿠데타 음모사건」. 『이기백선생 고희기념 한국사 학술논총 하: 조선시대편·근현대편』. (일조각, 1994), 1678~1707쪽.

윤치영. 「남기고 싶은 이야기들: 내가 아는 이박사」. 『한국일보』, 1972. 초~1972. 8. 25. 연재.

이광린. 「구한말 옥중에서의 기독교 신앙」. 『동방학지』 46·47·48합집(1985. 6.) 477~499 쪽.

이광수. 「나의 고백」. 삼중당 편, 『이광수 전집』 제7권 (1971), 219~238쪽.

이규갑. 「한성임시정부 수립의 전말」. 『신동아』, 1969. 4.(통권 56), 175~187쪽.

이기동. 「피치-한국의 독립운동과 기독교청년회를 도운 은인-」. 『한국사시민강좌』 34(2004), 54~68
　　　　쪽.

이나바 쓰요시[稻葉强] 「太平洋戰爭中の在美朝鮮人運動-特に韓吉洙の活動を中心に」. 『朝鮮民族
　　　　運動史硏究』, 7 (1991). 37~88쪽.

이동현. 「미·소공동위원회의 쟁점과 결말」. 『한국사시민강좌』 38(2006), 21~39쪽.

이만열. 「아펜젤러의 교육활동」. 『유원동박사 화갑기념논총』(정음문화사, 1985), 123~161쪽.

이범석. 「광복군: 3.1운동 50주년기념 시리즈 광복의 증언」. 『신동아』 56(1969. 4.), 188~202쪽.

이병주. 「우남의 한시와 서예」. 안병훈 편, 『이승만과 나라세우기』(조선일보사, 1995), 208~211쪽.

이상훈. 「이승만과 맥아더 그리고 대한민국 정부수립」. 『정신문화연구』, 31:3 (2008. 9.), 103~130쪽.

이웅희. 「(비록) 6.25를 몰고 온 미군철수」. 『동아일보』 연재, 전5회 1977. 4. 17.~

이은순. 「이승만의 남선 순행과 정읍 발언의 의미 분석」. 『한국정치외교사논총』 39:2 (2018. 2.),
　　　　39~74쪽.

이[리]인수. 「우남 이승만」. 한국사학회 편, 『한국현대인물론』(을유문화사, 1987), 3~88쪽.

＿＿＿＿＿. 「한국의 현대정치사상과 『독립정신』」. (명지대)『사회과학논총』, 7(1992), 91~111쪽.

＿＿＿＿＿. 「미군정의 한국정치지도자에 대한 정책연구」. 『국사관논총』54(1994), 65~109쪽.

이재학. 「안에서 본 이승만박사」. 『신동아』, 1965. 9월호. 194~207쪽.

이종숙. 「아, 태산아(Taisanah)!」. 『월간조선』, 2012. 5월호, 524~532쪽.

이주천. 「이승만의 국가승인 노력: 파리 '유엔' 총회를 중심으로(1948~1949)」. 우남이승만 연구회 제
　　　　3차 학술대회(2008. 7. 21.), 35~54쪽.

이택휘. 「거인의 생애 90년」. 안병훈 편, 『이승만과 나라세우기』(조선일보사, 1995), 195~199쪽.

임병직. 「나의 이력서」. 『한국일보』, 1973. 초~1973. 12. 29. 연재(전39회).

임홍빈. 「이승만, 김구, '하지'」. 상·하. 『신동아』, 1983.11, 12

장석윤. 「풍상 끝에 얻은 섭리」. 이재학 외, 『격랑 반세기』(강원일보사, 1988), 1, 287~341쪽.

장흥. 「백범 암살은 신성모의 지령」. 『패배한 암살』. 학민사, 1992. 6. 218~235쪽.

전택부. 「한국 기독교 평신도운동사」. 한영제 편, 『한국기독교성장100년』(기독교문사, 1986), 69~79
　　　　쪽.

정상천. 「파리의 잊혀진 독립운동가 서영해」. 『외교』 제129호 (2019. 4.), 157~168쪽

정용대. 「주(駐)파리위원부의 유럽외교활동에 관한 연구」. 『서암 조항래교수 화갑기념 한국사학논
　　　　총』(1992), 777~788쪽.

조순승, 「강대국의 한반도 분획(分割), 어떻게 이루어졌나-한국분단 40년을 회고하면서-」. 『사회발전
　　　　연구소 월간 소식』, 1985. 7월호, 1:7.

조혜자.「인간 이승만의 새 전기」.『여성중앙』. 14:1~12(1983. 1.~12. 연재).

주진오.「19세기 후반 개화 개혁론의 구조와 전개-독립협회를 중심으로-」. 연세대학교 대학원 사학
　　　과 박사학위 논문. 1995. 8.

_____.「청년기 이승만의 언론·정치활동 해외활동」.『역사비평』 1996. 여름호, 157~203쪽.

차상철.「미국의 대한정책, 1945~1948」, [한국사시민강좌] 38(2006), 1~20쪽.

최기영.「구한말 미주의 대동보국회에 관한 일고찰」.『수촌 박영석교수 화갑기념 한민족 독립운동사
　　　논총』(탐구당, 1992), 1317~1346쪽.

최창희.「한국인의 하와이 이민」.『국사관논총』. 9(1989), 147~238쪽.

한규무.「현순(1878~1968)의 인물과 활동」.『국사관논총』, 40(1992), 71~89쪽.

한상도.「김원봉의 생애와 항일역정」.『국사관논총』. 18(1990), 159~229쪽.

한시준.「조선민족혁명당의 성립과 변천과정」.『백산박성수교수 화갑기념논총』(1991), 333~343쪽.

_____.「3.1운동과 대한민국임시정부」.『수촌박연석교수 화갑기념 한민족독립운동사논총』(탐구당,
　　　1992), 97~116쪽.

한홍수.「임시정부 빠리위원부 통신국이 발행한 월간지 La Coree Libre (1920~21)에 대하여」.『한불
　　　연구』 8(1991), 105~158쪽.

허정.「나의 이력서」.『한국일보』, 1972. 10. 4.~1972. 11. 14. 연재 (전29회).

____.「이승만」. 신동아 편집실 편,『한국근대인물백인선』(동아일보사, 1970), 169~172쪽.

홍석률.「이승만 정권의 북진통일론과 냉전외교정책」.『한국사연구』 88(1995. 3.), 137~180쪽.

홍선표.「서재필의 독립운동(1919~1922) 연구」.『한국독립운동사연구』, 7(1993), 187~244쪽.

_____.「1910대 후반 하와이 한인사회의 동향과 대한인국민회의 활동」.『한국독립운동사연구』
　　　8(1994), 151~182쪽.

_____.「한국독립운동을 도운 미국인」.『한국독립운동사연구] 43 (2012), 169~240쪽.

홍순옥.「한성, 상해, 노령임시정부의 통합과정」.『3.1운동50주년기념논집』(동아일보사, 1969),
　　　893~906쪽.

나. 서문(西文)

나-1. 단행본:

Allen, Richard C. *Korea's Syngman Rhee: An Unauthorized Portrait*. Richmond, Vermont and Tokyo,
　　　Japan: Charles E. Tuttle Co: Publishers, 1960.

Baldwin, Frank. ed. *Without Parallel: The American-Korean Relations Since 1945*. New York: Pantheon
　　　Books, 1973.

Calkin, Homer L., *Castings from the Foundry Mold: A History of Foundry Church Washington, D.C., 1814-1964*. Nashville, Tenn.: The Pantheon Press, 1968.

Chandra, Vipan. *Imperialism, Resistance, and Reform in Late Nineteenth-Century Korea: Enlightenment and the Independence Club*. Berkeley: Center for Korean Studies, Institute of East Asian Studies, University of California, 1988.

Choi, Bong-Yoon. *Koreans in America*. Chicago: Nelson Hall, 1979.

Ch'oe, Yŏng-ho ed. *From the Land of Hibiscus: Koreans in Hawai'i, 1903-1950*. Honolulu: University of Hawai'i Press, 2007.

Chung, Henry. *Syngman Rhee: Prophet and Statesman*. A pamphlet. Washington, D.C.: The Korean-American Council, n.d.

Cumings, Bruce. *The Origins of the Korean War. [Volume I]: Liberation and the Emergence of Separate Regimes, 1945-1947*. Princeton, N.J.: Princeton University Press, 1981.

_____. The Origins of the Korean War. Volume II: The Roaring of the Cataract, 1947-1950. Princeton, N.J.: Princeton University Press, 1990.

_____ ed. *Child of Conflict: The Korean-American Relationship, 1943-1953*. Seattle and London: University of Washington Press, 1983.

Dobbs, Charles M. *The Unwanted Symbol: American Foreign Policy, the Cold War, and Korea, 1945~1950*. Kent, Ohio: The Kent State University Press, 1981.

Fisher, J. Earnest. *Pioneers of Modern Korea*. Seoul: The Christian Literature Society of Korea, 1977.

Goodrich, Leland M. *Korea: A Study of U.S. Policy in the United Nations*. New York: Council on Foreign Relations, 1956.

Han, Sungjoo. *The Failure of Democracy in South Korea*. Berkeley, Los Angeles, London: University of California Press, 1974.

Hiss, Alger. *Recollections of A Life*. New York: Henry Holt and Co., 1988.

Hyun, John K. *A Condensed History of the Kungminhoe: The Korean National Association (1903~1945)*. Seoul: The Korean Cultural Research Center, Korea University, 1986.

Hyun, Peter. *Mansei! The Making of a Korean American*. Honolulu: University of Hawaii Press, 1986.

Kim, Quee-Young. *The Fall of Syngman Rhee*. Korea Research Monograph 7. Berkeley, Cal.: Institute of East Asian Studies, University of California, 1983.

Kim, Warren Y. *Koreans in America*. Seoul: Po Chin Chai Printing Co. Ltd., 1971.

Korean Liberty Conference. Hotel Lafayette, Washington D.C. from February 27 to March 1, 1942.

Published by The United Korean Ommittee in America, Los Angeles, CA and Honolulu, TH.

Lee, Chi-Op. *Call Me "Speedy Lee": Memoirs of a Korean War Soldier*, Ed. by Stephen M. Tharp. Seoul: WonMin Publishing House, 2001.

Lee, Chong-sik. *The Politics of Korean Nationalism*. Berkeley and Los Angeles: University of California Press, 1965.

_____. *Syngman Rhee: The Prison Years of a Young Radical*. Seoul: Yonsei University Press, 2001.

Lee, Samuel S. O. (Committee on the 90th Anniversary Celebration of Korean Immigration to Hawaii) ed. *Their Footsteps* (그들의 발자취). Seoul: Ye Sun Co., Ltd., 1993.

Lew, Young Ick and Sangchul Cha eds. *The Syngman Rhee Presidential Papers, 1948~1960*: A Catalogue. Seoul: The Institute for Modern Korean Studies, Yonsei University, 2002.

Lew, Young Ick. *Early Korean Encounters with the United States and Japan: Six Essays on Late Nineteenth-Century Korea*. Seoul: The Royal Asiatic Society Korea Branch, 2008.
The Making of the First Korean President: Syngman Rhee's Quest for Independence, 1875~1948. Honolulu: University of Hawai'i Press, 2014.

Liem, Channing. *Philip Jaisohn: The First Korean-American — A Forgotten Hero*. Elkins Park, Penn. Philip Jaisohn Memorial Foundation, 1984.

Macdonald, Donald Stone. *U.S.-Korean Relations from Liberation to Self-Reliance: The Twenty-Year Record*. Boulder, Col.: Westview Press, 1992.

Matray, James Irving. *The Reluctant Crusade: American Foreign Policy in Korea, 1941~1950*. Honolulu: University of Hawaii Press, 1985.

McKenzie, F.A. *The Tragedy of Korea*. London: Hodder and Strongton, 1908.

_____. *Korea's Fight for Freedom*. New York, Chicago, London and Edinburgh: Fleming H. Revell Company, 1920.

Moon, Hyung-June. *The Korean Immigrants in America: The Quest for Identity in the Formative Years, 1903~1918*. Reno: University of Nevada Press, 1976.

Nahm, Andrew C. *Historical Dictionary of the Republic of Korea*. Metuchen, N. J. and London: The Scarecrow Press, Inc., 1993.

Oliver, Robert T. *Syngman Rhee: The Man Behind the Myth*. New York: Dodd Mead and Co., 1960.

_____. *Syngman Rhee and American Involvement in Korea, 1942-1960: A Personal Narrative*.

Seoul: Panmun Book Co, Ltd., 1979.

_____. *A History of the Korean People in Modern Times, 1800 to the Present.* Newark: University of Delaware Press,

_____. *The Way It Was–All The Way: A Documentary Accounting.* N.P. The Eastern Communication Association, n.d.

Patterson, Wayne and Kim, Hyung-chan. *The Koreans in America.* Minneapolis: Lerner Publication Co., 1977.

Park, Chung-Shin. *Protestantism and Politics in Korea.* Seattle and London: University of Washington Press, 2003.

Suh, Dae-sook, ed. and tr. with an Introduction. *The Writings of Henry Cu Kim: Autobiography with Commentaries on Syngman Rhee, Pak Yong-man, and Chŏng Sun-man.* Paper No. 13. Center for Korean Studies, University of Hawaii Press, 1987.

Underwood, Lilias H. *Underwood of Korea.* Reprint. Seoul: Yonsei University Press, 1983. Original edition: 1918.

Yim, Louise. *My Forty Year Fight for Korea: The Thrilling Personal Story of Korea's Joan Arc.* Seoul: International Culture Research Center, Chungang University, 1951.

Yoo, Young Sik. *Earlier Canadian Missionaries in Korea: A Study in History, 1888~1895.* Ontario. Canada: Westward Graphics, 1987.

나-2. 논문

Buck, Pearl S. "Our 25,000,000 Forgotten Allies of Korea." Excerpts from the famed author's speech at Town Hall, New York, 2~16. *Pukmi sibo*, March 15, 1944. pp. 1~2,

Bullitt, William. "The Story of Syngman Rhee." *Reader's Digest*, September 1953. p. 37.

Bunker, D.A. "Pai Chai College," *The Korean Repository*, 3 (1896), pp. 361~4.

Ch'oe, Yŏ~ng-ho. "The Early Korean Immigrants to Hawaii: A Background History." Myongsup Shin and Daniel B. Lee eds. *Korean Immigrants in Hawaii: A Symposium on Their Background History, Acculturation and Public Policy Issues (Honolulu: Korean Immigrant Welfare Association of Hawaii and Operation Manong, College of Education, University of Hawaii, 1978),* pp. 1~17.

Dennet, Tyler. "President Roosevelt's Secret Pact with Japan." *Current History*, 21 (1924), pp. 15~21.

Fitch, Geraldine Townsend. "A Forgotten Cause—Korean Independence. " *World Outlook*, February 1942, pp. 53~55.

Gardner, Arthur L. "The Korean Nationalist Movement and An Chang-ho, Advocate of Gradualism." Unpublished Ph.D. dissertation, University of Hawaii, 1979.

Gibney, Frank. "Syngman Rhee: The Free Man's Burden." *Harper's Magazine*, February 1954. pp. 27~34.

Jenks, Steven G. "The Hyun Soon Affair at the Korean Commission in Washington D.C., 1921." An M.A. thesis, Graduate School of International Studies, Yonsei University, June 2002.

Kim, Ki-Jung. "Theodore Roosevelt's Image of the World and United States Foreign Policy toward Korea, 1901~1905." *Korea Journal*, 35:4 (Winter 1995), pp. 39~53.

Lee, Chong-sik. "The Personality of Four Korean Political Leaders." 『(김준엽박사 화갑기념 논집) 한국과 아세아』. 고려대학교 아세아문제연구소, 1984.

_____. "The Road to the Korean War: The United States Policy in Korea, 1945~1948. " G. Krebs and C. Oberlander, eds. *1945 in Europe and Asia* (Munchen, Germany: Iudicium, 1997), pp.195~212.

Lee, Ujin. "Power Politics in the Far East and Theodore Roosevelt's Policy toward Korea." *Journal of Social Sciences and Humanities*, 55 (1982), pp. ???.

Lew, Young I. "American Advisers in Korea, 1885~1894: Anatomy of Failure." Andrew C. Nahm, ed. *The United States and Korea* (Kalamazoo, Mich.: The Center for Korean Studies, Western Michigan University, 1979), pp. 64~90.

Liu, Xiaoyuan. "Sino-American Diplomacy over Korea during World War II." *The Journal of American-East Asian Relations*, 1:2 (1992), pp. 223~264.

Lyu, Kingsley K. "Korean Nationalist Activities in Hawaii and the Continental United States, 1900~1945." Part I: 1900~1919. "*Amerasia* 4:1 (1977). pp. 23~90.

_____. "Ditto. Part II: 1919~1945, "*Amerasia* 4:2 (1977), pp. 53~100.

Matray, James I. "Hodge Podge: American Occupation Policy in Korea, 1945~1948." *Korean Studies*, 19 (1995), pp. 17~38.

Namba, Winifred Lee. "Sohn, Nodie Kimhaikim." Barbara B. Peterson, ed., *Notable Women of Hawaii* (Honolulu: University of Hawaii, 1984), pp. 356~357.

Oliver, Robert T. "A Study in Devotion." *The Reader's Digest*, July 1956, pp. 1~6.

_____. "Syngman Rhee - A World Statesman". An unpublished manuscript. 1994.

_____. "Syngman Rhee Reconsidered: Reflections and Evaluation on the Centennial Anniversary of His Birth." A mimeographed paper.

_____. "My Life as a Korean Ghost. " *Korea Journal*, Winter 1993, pp. 68~80.

_____. "The Way It Was – All The Way: A Documentary Accounting". An unpublished manuscript. 1994.

Palmer, John D. "Syngman Rhee's Diplomatic activities in Geneva and Moscow, 1933. " An M.A. thesis, Graduate School of International Studies, Yonsei University, December 1996.

Park, Hong-Kyu. "From Pearl Harbor to Cairo: America's Diplomacy, 1941~43. " *Diplomatic History*, 13:3 (Summer, 1989) pp. 343~358.

Rhee, Insoo. "Competing Korean Elite Politics in South Korea after World War II, 1945~1948." Unpublished Ph.D. dissertation. New York University, 1981.

Suh, Dae-sook. "Pak Yong-man in Hawaii." *A Festival of Korea: Humanities Guide* (Honolulu: University of Hawai'i Press, 1992), pp. 15~19.

Van Fleet, James A. "The Truth About Korea. " *The Reader's Digest*, July 1953. pp. 1~16.

Wagner, Edward W. "A Political Biography of Syngman Rhee." An unpublished seminar paper, Graduate School of Arts and Sciences, Harvard University, n.d.

Weems, Clarence. "American-Korean Cooperation (1941~1945):Why Was It So Little and So Late?" A paper presented to Columbia University Seminar on Korea, February 20, 1981.

Yoo, Younng Sik. *Earlier Canadian Missionaries in Korea: A Study in History, 1888~1895.* The Society for Korean and Related Studies, Ontario: Canada, 1987.

색인

유영익(柳永益, Young Ick LEW, 1936-2023)

인천중학교, 서울고등학교 졸업
서울대 문리대 정치학과 졸업
미국 하버드대 인문대학원 역사~동아시아언어학과 석사, 박사
미국 휴스턴대 역사학과 조교수·부교수
고려대 문과대 사학과 교수
한림대 인문대 사학과 교수
미국 스탠포드대 역사학과 객원교수
연세대 국제학대학원 한국학 석좌교수
한동대 T. H. Elema 석좌교수
국방대 석좌교수
역사학회 회장
연세대 현대한국학연구소 창립소장
국사편찬위원회 위원장

수상 경력: 한국일보사 출판문화상
하성학술상
성곡학술문화상
경암학술상

주요 저서: 『갑오경장 연구』, 『이승만의 삶과 꿈』, 『젊은 날의 이승만―한성감옥생활(1899-1904)과 옥중잡기 연구―』. 『건국대통령 이승만―생애. 사상. 업적의 새로운 조명―』, The Making of the First Korean President: Syngman Rhee's Quest for Independence, 1875-1948

주요 편서: 『(이화장 소장) 우남 이승만 문서: 동문편』. 전18권(주편), 『이승만 동문 서한집』. 전3권(공편), The Syngman Rhee Correspondence in English, 1904-1948. 전8권(주편)

이승만의 생애와 건국비전

2019년 7월 15일 초판 인쇄
2019년 7월 19일 초판 발행
2019년 8월 26일 제2쇄
2020년 1월 2일 제3쇄
2021년 8월 20일 제4쇄
2022년 11월 21일 제5쇄
2024년 3월 1일 제6쇄

지은이 : 유영익

발행인 : 신동설

발행처 : 청미디어

신고번호 : 제2015-000023호   신고연월일 : 2001.8.1주
소 : 경기도 하남시 조정대로 150 508호 (아이테코)
)전화 : 1855-0415 팩스 : (031)790-0775
E-mail : sds1557@hanmail.net

ISBN 979-11-87861-20-1

정가 : 28,000원

이 도서의 국립중앙도서관 출판예정도서목록(CIP)은 서지정보유통지원시스템 홈
페이지(http://seoji.nl.go.kr)와 국가자료종합목록 구축시스템(http://kolis-net.
nl.go.kr)에서 이용하실 수 있습니다. (CIP제어번호 : CIP2019026728)